"城市轨道交通控制专业"教材编写委员会

国家骨干高职院校建设
郑州铁路职业技术学院项目化教学规划教材建设委员会

高职高专"十二五"规划教材
——城市轨道交通控制专业

电子测量与智能仪器

吴 昕 主 编
付 涛 梁明亮 副主编
张惠敏 主 审

化学工业出版社
·北京·

本书以项目为载体，将教学内容分为11个项目，分别是传感器认知、电子秤设计、转速仪设计、温度采集器设计、声光控制照明设计、信号发生器、电压测量、波形测量、时间频率测量、测量电子元器件参数和智能仪器。在电子测量的设计中，不再以介绍常用仪器仪表的原理为主，而是以仪器仪表的使用及测量方法作为主要内容，同时给出部分测量实例，使学生更快掌握常用电子测量仪器仪表的使用，本书还选编了十二个实验实训项目，以提高学生的实践动手能力。每个项目都附有自主学习，可以帮助学生进一步巩固课堂所学内容。

本教材可供高职高专院校电子信息类、电气控制类、城轨控制类等相关专业使用，也可作为成人教育、职业培训的教材和有关工程技术人员的参考书。

图书在版编目（CIP）数据

电子测量与智能仪器/吴昕主编. —北京：化学工业出版社，2014.2（2024.8重印）
高职高专“十二五”规划教材——城市轨道交通控制专业
ISBN 978-7-122-19528-9

Ⅰ.①电… Ⅱ.①吴… Ⅲ.①电子测量设备-高等职业教育-教材②智能仪器-高等职业教育-教材 Ⅳ.①TM93②TP216

中国版本图书馆CIP数据核字（2014）第009227号

责任编辑：张建茹　　文字编辑：云　雷
责任校对：宋　玮　　装帧设计：尹琳琳

出版发行：化学工业出版社（北京市东城区青年湖南街13号　邮政编码100011）
印　　装：北京科印技术咨询服务有限公司数码印刷分部
787mm×1092mm　1/16　印张 $14\frac{3}{4}$　字数367千字　2024年8月北京第1版第4次印刷

购书咨询：010-64518888　　售后服务：010-64518899
网　　址：http://www.cip.com.cn
凡购买本书，如有缺损质量问题，本社销售中心负责调换。

定　　价：56.00元

序

“城市轨道交通控制专业”是伴随城市快速发展、交通运输运能需求快速增长而发展起来的新兴专业，是城轨交通运输调度指挥系统核心设备运营维护的关键岗位。城市轨道交通控制系统是城轨交通系统运输调度指挥的灵魂，其全自动行车调度指挥控制模式，向传统的以轨道电路作为信息传输媒介的列车运行控制系统提出了新的挑战。随着 3C 技术［即：控制技术（Control）、通信技术（Communication）和计算机技术（Computer）］的飞跃发展，城轨交通控制专业岗位内涵和从业标准也随着技术和装备的升级不断发生变化，对岗位能力的需求向集信号控制、通信、计算机网络于一体的复合人才转化。

本套教材以职业岗位能力为依据，形成以城市轨道交通控制专业为核心、由铁道通信信号、铁道通信技术、电子信息工程技术等专业组成的专业群，搭建了专业群课程技术平台并形成各专业课程体系，教材开发全过程体现了校企合作，由铁路及城市轨道交通等运维企业、产品制造及系统集成企业、全国铁道行业教学指导委员会铁道通信信号专业教学指导委员会和部分相关院校合作完成。

本套教材在内容上，以检修过程型、操作程序型、故障检测型、工艺型项目为主体，紧密结合职业技能鉴定标准，涵盖现场的检修作业流程、常见故障处理；在形式上，以实际岗位工作项目为编写单元，设置包括学习提示、工艺（操作或检修）流程、工艺（操作或检修）标准、课堂组织、自我评价、非专业能力拓展等内容，强调教学过程的设计；在场景设计上，要求课堂环境模拟现场的岗位情境、模拟具体工作过程，方便学生自我学习、自我训练、自我评价，实现“做中学”（learning by doing），融“学习过程”与“工作过程”为一体。

本套教材兼顾国铁与地铁领域信号设备制式等方面的不同需求，求同存异。整体采用模块化结构，使用时，可有针对性地灵活选择所需要的模块，并结合各自的优势和特色，使教学内容和形式不断丰富和完善，共同为“城市轨道交通控制专业”的发展作出更大贡献。

“城市轨道交通控制专业”教材编委会

2013 年 7 月

前言

本书是根据高职高专院校电子信息类、电气控制类、城规控制类等专业教学改革的需要编写的，同时紧密结合“必需”、“够用”的高职高专教学特点，突出实用性与技能性，注重运用能力的培养。以信号的获取、转换与测量为主线，整合自动检测技术(传感器技术)与电子测量仪器与仪表两大部分，并融入了智能仪器等新技术，涵盖了传感检测技术、误差理论基础、电子测量与仪器仪表、测量系统设计、仪器接口技术、智能仪器与自动检测等内容。

因为该门课程结合了《传感器》和《电子测量》两门课程及智能仪器的内容，教学课时又有限，教学内容不可能面面俱到；而且在企事业的实际应用中，不同行业所使用的传感器和测量仪器也各有侧重。针对以上特点，采取以项目为载体，选取了传感器和电子测量的典型工作任务，将教学内容分为五个传感器项目和五个电子测量项目，传感器包含传感器认识、电子秤设计、转速仪设计、温度采集器设计、声光控制照明设计等项目；电子测量包括信号发生器、电压测量、波形测量、时间频率测量、测量电子元器件参数和智能仪器等项目，并加入选修知识模块，方便不同专业的学生学习不同的专业知识，学有余力的同学可以扩展知识，增强职业能力。根据学科的发展，教学内容适当加入智能仪器和虚拟仪器的实验项目，以方便学生更好地适应工作岗位，同时使学生的能力更符合现代科学技术的发展方向。

《电子技术》课程建议教学时数为 56 学时左右，在内容安排上，考虑各院校培养方案的差异，学时可进行适当调整,项目中带“ * ”号部分可作为选学内容。

本书为城市轨道交通控制专业及专业群建设国家骨干院校建设项目中央财政重点支持专业建设项目之一,项目编号 11-18-04。

本书由郑州铁路职业技术学院吴昕任主编,负责全书统稿,并编写了项目 1、项目 6；郑州铁路职业技术学院付涛、梁明亮担任副主编；梁明亮编写了项目 2、项目 5；付涛编写了项目 3、项目 4、实验十一、实验十二；陈志红编写了项目 7，实验一～实验五；朱力宏编写了项目 8、项目 11 中的任务 11. 1；江兴盟编写了项目 9、项目 11 中的任务 11. 2～11. 4；刘海燕编写了项目 10；马丽娟编写了实验六～实验十。张惠敏主审了全书，并提出许多宝贵的修改意见，在此表示衷心的感谢。

由于时间仓促，编者水平有限，书中难免存在不妥之处，敬请广大读者批评指正。

编者

2013 年 12 月

目录

项目1 传感器认知

项目目标

【知识目标】通过完成本项目，使学生掌握以下知识：

① 掌握检测技术的基本概念；

② 掌握传感器的基本概念；

③ 掌握传感器的构成、原理、作用；

④ 掌握测量与误差的基本知识。

【能力目标】通过完成本项目，使学生具备以下能力：

① 具备传感器的辨知能力；

② 具备根据设计目标选择传感器的能力；

③ 具备获取传感检测技术新技术的能力。

任务 1.1 了解检测技术

在信息时代的今天，人们在日常生产和生活中，主要依靠检测技术来获取、传输和处理信息。传感检测技术正是实现信息化、自动化的基础与前提。它汇集和包含了多种学科的成果，是人类探索自然界、实现自动测量和自动控制的首要环节。

所谓检测就是人们借助于仪器设备，利用各种物理、化学、生物等效应，采用一定的方法，将客观世界的有关信息通过检查与测量获取定性或定量的认识过程。检测包含检查与测量两个方面，检查往往是获取定性信息，而测量则是获取定量信息。

1.1.1 检测的目的和应用

在生产生活、科学研究等过程中，为了了解其工作过程，就需要对表征其特性的参量进行测量，比方说温度、压力、流量、浓度、成分、厚度、电压、电流等各种信息。而获取这些信息的过程就是检测，检测的目的在于，通过获得这些信息，对生产过程进行监督和控制，使其始终处于最佳状态，最终达到预期结果，图 1-1 所示是一个防火监控系统。

探头：分别为感温、感烟探头，负责检测温度、浓度信号，输出温度、浓度信号通过

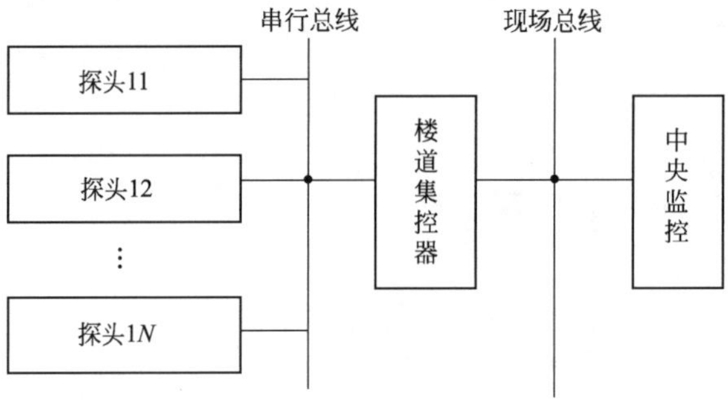

图 1-1　监控系统组成框图

串行通信线送入集控器，具有超限报警的作用。

楼道集控器：负责信号汇总，汇总各房间的温度和浓度信号，并监控各房间温度、烟浓度是否异常，如异常，声光报警并打开喷淋设备灭火，一层一台。

中央监控：各层集控器通过 CAN 总线、M-BUS 总线等现场总线将温度、浓度等信号接入。值班人员在电脑屏幕上直观监视各房间情况（温度、烟雾浓度）。

举例来说，传感检测的应用在以下几方面。

（1）在工业生产过程中的检测与控制方面的应用

在工业生产过程中，必须对温度、压力、流量、液位和气体成分等参数进行检测，从而实现对工作状态的监控。诊断生产设备的各种情况，使生产系统处于最佳状态，从而保证产品质量，提高效益。

（2）在汽车电控系统中的应用

汽车的安全舒适、低污染、高燃率越来越受到社会重视。而传感器在汽车中相当于感官和触角，只有它才能准确地采集汽车工作状态的信息，提高自动化程度。汽车传感器主要分布在发动机控制系统、底盘控制系统和车身控制系统。普通汽车上大约装有一二十只传感器，而高级豪华车有的使用传感器多达三百个。因此传感器作为汽车电控系统的关键部件，将直接影响到汽车技术性能的发挥。

（3）在现代医学及生物科学研究领域的应用

在图像处理、临床化学检验、生命体征参数的监护监测、各种疾病的诊断与治疗等方面，使用传感检测仪器十分普及。在生物科学研究领域中对无机离子、有机物质、蛋白质、核酸以及其他生化成分的检测，也离不开传感检测技术。

（4）在环境监测方面的应用

目前，已有相当一部分电化学、生物传感器应用于城市整体环境监测和污染物排放点的监测，以及排放过程计量检测中，如对大气环境二氧化硫、有机物排放、粉尘颗粒浓度、水中有机污染物浓度等的监测，新出现了多种检测方法和监测手段。

（5）在军事方面的应用

传感检测技术在军用电子系统方面的运用促进了武器、作战系统、控制、监视和通信方面的智能化。传感检测技术在远方战场监视系统、防空系统、雷达系统、导弹系统等方面，以及航天技术发展方面都有广泛的应用，是提高军事战斗能力和航天军事水平的重要技术手段。

（6）在家用电器方面的应用

家用电器正向自动化、智能化、节能环保的方向发展。一台空调器采用微电脑控制配合传感检测技术，就可以实现压缩机的启动、停止、风机控制、换气等，从而对温度、湿度和空气浊度进行控制。随着人们对家用电器方便、舒适、安全、节能要求的提高，传感检测技术将越来越来得到普遍的应用。

(7) 在智能建筑领域中的应用

智能建筑是未来建筑的一种必然趋势，它涵盖智能自动化、信息化、生态化等多方面的内容，具有微型集成化、高精度、数字化和智能化的传感器将在智能建筑中占有重要的地位，今后的作用将更加突出。

除此之外，传感检测还应用于国防科技、生产生活的各个方面，此处不再一一列举。

1.1.2 检测系统的构成和发展

1.1.2.1 检测系统的组成

如图1-2所示为传感检测系统的组成框图。虚框内为传统的检测系统或检测装置的基本组成，主要由传感器、测量电路、仪器显示等组成。现代检测技术可以通过数据采集与接口技术将测量电路输出量输入给计算机，通过计算机的分析处理将结果反馈给控制单元实现自动控制，或是通过通信网将结果实现共享，远程监测、控制，“物联网”等。

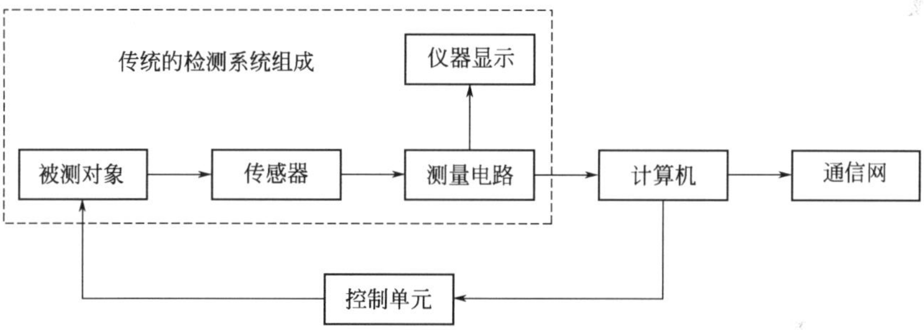

图1-2 传感检测系统的组成框图

(1) 被测对象

被测对象输出的可以直接是被测量，也可是由被测对象的动作间接产生的被测量。被测量可以是物理量、化学量、生物量等，但大多为非电量。

(2) 传感器

传感器是一种能够感受被测量，并按一定的精度将被测量转换为与之有确定关系、便于处理的另一种测量量的装置。由于被测量大多为非电量，而传感器输出的大多为电量，也可以狭义地讲：传感器是完成将非电量转换为电量的装置。

(3) 测量电路

测量电路的作用是将传感器输出信号进行变换，使输出信号转变为满足后一级电路（显示电路、仪器仪表、采集系统等）要求的信号。或者也可以简单说是将传感器输出的信号转换为后一级电路可以识别的信号。

(4) 仪器显示

仪器显示包含仪器仪表与显示面板两层含义，可以是将测量结果通过显示器反映出来并由面板控制按钮进行控制操作，也可以是将一些特殊的测量量通过专用的仪器仪表进行测量显示。

(5) 其他电路

除上述电路外还包括数据采集、A/D与D/A转换、人机接口、数据通信接口等内容，它主要实现了将检测系统输出的信号送入计算机系统，从而实现自动检测与控制、远程监测与控制等。

检测技术是科技领域的重要组成部分，可以说科技发展的每一步都离不开检测技术的配合，尤其是极端条件下的检测技术，已成为深化认识自然的重要手段。近几十年来，随着电子技术的快速发展，检测方法大都是通过各种传感器作电量转换，使测量对象转换成电量。但由于信号本身的强弱、传感器及测量仪噪声等的影响，检测的灵敏度及准确性受到了很大的限制。

1.1.2.2 检测技术的发展方向

总体来说，检测技术的发展方向如下。

(1) 努力提高检测精度和检测可靠性

随着科学技术的发展，对检测仪器和检测系统的性能要求，尤其是精度、测量范围、可靠性指标要求越来越高。例如，在卫星上安装的检测仪器，不仅要求体积小、重量轻，而且既要能耐高温，又要能在极低温和强辐射的环境下长期稳定地工作。

(2) 努力拓宽检测范围

目前，除了超高温、超低温度检测仍有待突破外，诸如混相流量检测、脉动流量检测，微差压（几十个帕）、超高压检测，高温高压下物质成分检测，分子量检测，高精度(0.02%以上)、大吨位重量检测等都是需要尽早攻克的检测课题。

(3) 传感器逐渐向集成化、组合式、数字化方向发展

目前已有不少传感器实现了敏感元件与信号调理电路的集成和一体化，对外直接输出标准的4～20mA电流信号；成为名副其实的变送器。这对检测仪器整机研发与系统集成提供了很大的方便，从而也使得这类传感器身价倍增。其次，一些厂商把两种或两种以上的敏感元件集成于一体，而成为可实现多种功能新型组合式传感器。例如，将热敏元件和湿敏元件和信号调理电路集成在一起，一个传感器可同时完成温度和湿度的测量。

(4) 非接触式检测技术的研究

在检测过程中，把传感器置于被测对象上，可灵敏地感知被测量的变化，这种接触式检测方法直接、可靠、测量精度较高，但在某些情况下，传感器的安装会影响测量精度或根本不能安装，这就要用非接触式检测。

(5) 检测系统的智能化

智能化检测系统以计算机为中心，进行电量、非电量的多种测量，多输入通道的多点测量，在线动态实时测量，信号的分析处理，排除噪声干扰，消除偶然误差，修正系统误差等，以实现测量结果的高准确度和对被测信号的高分辨率。

1.1.3 检测的基本方法

1.1.3.1 测量的概念

测量是检测技术的主要方法，是借助于专门的技术和仪器装置，采用一定的方法获取某一客观事物定量数据资料的认识过程。测量能够帮助人们获取客观事物的信息，寻找并发现客观事物发展的规律。

(1) 测量的实质

测量过程实质上是一个比较过程，即将被测量与同性质的标准量进行比较，从而确定被测量对标准量的倍数，并用数字表示这个结果。比如用尺子测量长度，实质为被测长度与尺子的刻度进行比较，那么尺子的刻度就是标准量。标准量有等级之分，世界公认长度的标准量可以追溯到定义为通过巴黎子午线全长四千万分之一的“米原器”，随着科学技术的发展，最新的标准“米”被定义为 1/299792458 秒时间间隔内光在真空中行程的长度。从最高一级标准到实际应用的测量仪器所进行的量值传递就是各个国家各级计量部门的主要职能。

(2) 测量结果的表示方法

测量结果可以表示为一定的数字，也可以表示为一条曲线，或表示成某种图形。无论用哪种方法表示，定量结果应既包含数值（大小和符号），又包含单位。

(3) 电子测量

电子测量泛指以电子技术为基本手段的一种测量形式。在电子测量过程中，是以电子技术理论为依据，以电子测量仪器和设备为手段，对各种电量、电信号及电路元器件的特性和参数进行测量，还可以通过各种传感器对非电量进行测量。本书将在项目 6～项目 10 对电子测量与仪器进行详细的介绍。

1.1.3.2 测量的方法

实现被测量与标准量比较得出比值的方法，称为测量方法。针对不同测量任务进行具体分析以找出切实可行的测量方法，对测量工作是十分重要的。

(1) 按测量手段分类

根据测量手段的不同可分为直接测量、间接测量和联立测量。

① 直接测量　直接测量就是用标准的仪表直接读取测量结果的方法，例如用万用表测量电压、电流，用标准尺测量长度，用电子秤测量重量等。这种测量方法的优点是简单而迅速，缺点是精度不高，在工程上被广泛采用。

② 间接测量　间接测量就是首先确定被测量的函数关系式，然后对关系式中的有关量进行直接测量，最后将测量值代入函数关系式经计算得出被测量的值。例如测量标准长方体的密度ρ，单位为 kg/m^3，如果没有直接测量该量值的仪器，可以先测出长方体的边长 a、b、c 及其质量 m，然后根据式(1-1) 求得密度

$$\rho=\frac{m}{abc}\ (\mathrm{kg/m^3}) \tag{1-1}$$

间接测量的手续较多，花费时间较长，但是如果对误差进行分析并选择优化的测量方案，有时可以获得精度较高的测量值。间接测量多用于科学实验中的实验室测量。

③ 联立测量　联立测量又称为组合测量，它是一种兼用直接测量和间接测量的方法。如果被测量有多个，且被测量又与某些可以通过直接或间接测量得到结果的其他量存在一定的函数关系，则可以先测量这几个量，再求解函数关系式组成的联立方程组，从而得到多个被测量的数值。例如，在研究热电阻 R_t 随温度 t 变化的规律时，已知在一定的温度范围内满足关系式

$$R_t=R_{20}+\alpha(t-20)+\beta(t-20)^2 \tag{1-2}$$

式(1-2) 中，R_{20}、α、β 是 3 个被测量，R_{20} 是电阻在 20℃时的数值，α、β 是电阻的温度系数。根据该关系式，可以分别测出在 t_1、t_2、t_3 3 个不同测试温度时导体的电阻值 R_{t1}、R_{t2}、R_{t3}，得到联立方程组，求解方程组可得到 R_{20}、α、β。

(2) 按测量时是否与被测对象接触分类

根据测量时是否与被测对象接触可分为接触式测量和非接触式测量。

① 接触式测量　测量时仪器设备与被测对象接触，承受被测参数的作用，感受其变化，从而获得信号，并测量其信号大小的方法，称为接触测量法。例如体温计测体温等。

② 非接触式测量　测量时仪器设备不与被测对象接触，而是间接承受被测参数的作用，感受其变化，从而获得信号，并测量器信号大小的方法，称为非接触测量法。例如铁道车辆中检测轮轴的红外线探伤，高速公路上超速车辆的探测等。一般非接触式测量不影响被测对象的运行情况，特别是对于运动对象、腐蚀性介质及危险场合的参数检测，它更方便、安全和准确。

为了监视生产过程或生产线上监测被加工工件质量的测量称为在线测量；反之，称为离线测量。在线测量一般都采用非接触式测量方法。

(3) 按被测量的变化情况分类

根据被测量的变化快慢可分为静态测量与动态测量。

① 静态测量　静态测量是指测量那些不随时间变化或变化很慢的物理量，例如体检中的身高、体重测量，温度计测气温等。

② 动态测量　动态测量是指测量那些随着时间而变化的物理量，例如汽车运行中的转速仪测量，地震仪测量振动波形等。

(4) 按测量结果的显示方式分类

根据测量结果的显示方式不同可分为模拟式测量与数字式测量。

① 模拟式测量　模拟式测量是指测量结果可根据仪表指针在标尺上的定位进行连续读取的方法，例如模拟万用表测电压、电流等。

② 数字式测量　数字式测量是指以数字的形式直接给出测量结果的方法，如数字万用表测电压、电流等。精密测量时一般采用数字式测量方法。

(5) 按测量方式分类

根据测量的具体手段与方式不动，还可以分为偏差式测量、零位式测量和微差式测量。

① 偏差式测量　以仪表指针的偏移量表示被测量的测量方式称为偏差式测量。应用这种方法测量时，仪表刻度应事先用标准器具标定。在测量时，输入被测量，按照仪表指针在标尺上的示值决定被测量的数值，如磁电式电流表测电流，指针式电压表测电压等。这种方法测量过程比较简单、迅速，但测量结果精度较低，易产生漂移，所以必须定期对偏差式仪表进行校准。

② 零位式测量　在检测过程中，将被测量与仪表内部的标准量进行比较，当测量系统达到平衡时，用已知标准量的值决定被测量的值，这种测量方式称为零位式测量。在测量时，已知标准量直接与被测量相比较，已知量应连续可调，指零仪表指零时，被测量与已知标准量相等，如用天平测量物体质量，用平衡电桥测量电阻值等。这种测量方法的优点是可以获得较高的测量精度，但测量过程比较复杂，速度不快，不适用于测量迅速变化的信号。

③ 微差式测量　微差式测量综合了偏差式测量速度快和零位式测量精度高的优点，测量时预先使被测量与测量装置内部的标准量取得平衡，当被测量有微小变化时，测量装置失去平衡，并指示出其变化部分的数值，如用天平指针在标尺上移动的格数来读取微小差值。这种测量方式的优点是反应快，且测量精度高，特别适用于在线控制参数的测量。

1.1.3.3　检测装置的性能

检测装置就是确定被测量大小的仪器，它既可由许多单独的部件组成，也可以是一个不可分的整体。前者多用于复杂的仪器或实验装置中，后者多为工业用的简单仪表，无论是简单仪表还是复杂仪器，工程上使用的现代检测装置基本上都是由传感器、测量电路与显示面板等部分组成。

检测装置的基本性能是指仪器仪表的输出对输入响应质量，它包含静态特性和动态特性两大类。所谓静态特性是指被测量处于稳定状态下，仪器仪表输出与输入之间的关系；所谓动态特性是指测量装置或系统的输出对于随时间快速变化的输入量的动态响应。当被测量是恒定量或是缓慢变化量时，可以通过一些静态指标衡量；当被测量变化较快时，必须研究输入量变化过程中输出响应的动态误差。下面就介绍几个衡量静态特性的指标。

(1) 精度

检测装置的精度包括精密度、准确度和精确度三个内容。

① 精密度　精密度是指在相同条件下，对同一个量进行重复测量时，这些测量值之间相互接近程度即分散程度，反映了随机误差的大小。

② 准确度　准确度表示测量仪器指示值对真值的偏离程度，它反映了系统误差的大小。

③ 精确度　精确度是精密度和准确度的综合反映，它反映了系统综合误差的大小，并且用来表示测量误差的相对值。

如图1-3所示为打靶弹着点分布图，图(a)的弹着点很分散，它的精密度很低；图(b)的弹着点集中但偏向一方，相当于精密度高但准确度低；图(c)的弹着点集中靶心，相当于既精密又准确，精确度高。

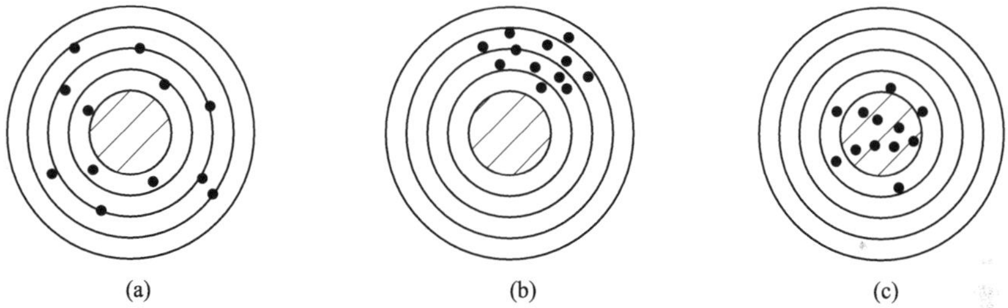

图1-3　打靶弹着点分布图

精度反映了测量中各类误差的综合。测量精度越高，测量结果中包含的系统误差和随机误差越小，当然测量装置的价格就越昂贵。误差理论分析表明，由若干台不同精度的测量仪器组成的测试系统，其测试结果的最终精度主要取决于精度最低的那台仪器。因此，应从被测对象的实际情况出发，选用同等精度的测量仪器，以获得最佳的技术经济效益。

(2) 灵敏度

灵敏度是指单位输入量所引起的输出量的大小。如水银温度计输入量是温度，输出量是水银柱高度，若温度每升高1℃，水银柱高度升高1mm，则它的灵敏度可以表示为2mm/℃。测量装置的静态灵敏度是由静态标定来确定的，即由实测该装置的输入、输出来确定。这种关系曲线叫标定曲线，而灵敏度可以定义为标定曲线的斜率

$$S_a=\frac{\Delta y}{\Delta x} \tag{1-3}$$

式(1-3)中，S_a 表示测量装置的静态灵敏度，Δy 表示输出信号的变化量，Δx 表示被测参数的变化量。

原则上说，测量装置的灵敏度应尽可能高，这意味着它能检测到被测参量极微小的变化，即被测参量稍有变化，测量装置就有较大的输出，并显示出来。因此，在要求高灵敏度

的同时，应特别注意与被测信号无关的外界噪声的侵入。为达到既能检测微小的被测参量，又能控制噪声使之尽量低，要求测量装置的信噪比越大越好。一般来讲，灵敏度越高，测量范围越窄，温度性也越差。

(3) 测量范围与量程

测量范围是指被测量按照规定精确度进行测量的范围。量程是指测量装置允许测量的输入量的上、下极限值。使用时，要求被测量应在量程范围内，如量程为 5A 的电流表不允许测量 8A 的电流。与量程有关的另一个指标是测量装置的过载能力，超过允许承受的最大输入量时，测量装置的各种性能指标得不到保证，这种情况称为过载。过载能力通常用一个允许的最大值或用满量程值的百分数表示。

(4) 稳定性

稳定性表示测量装置在一个较长的时间内保持其性能参数的能力，也就是在规定的条件下，测量装置的输出特性随时间的推移而保持不变的能力。一般以室温条件下经过一个规定的时间后，测量装置的输出与起始标定时的输出差异程度来表示其稳定性。影响稳定性的因素主要是时间、环境、干扰和测量装置的器件状况。因此，选用测量装置时应考虑其抗干扰能力和稳定性，特别是在复杂环境下工作时，应考虑各种干扰如电磁辐射等影响。

1.1.4 测量误差

1.1.4.1 测量误差的概念

测量的目的是要获得被测量的真值。所谓真值，就是一个物理量在一定的时间和环境条件下，被测量所呈现的客观大小或真实数值。或者说，真值是利用理想的量具或测量仪器仪表进行无误差的测量得到的。很显然，真值只是一个理想的概念，实际中无法得到。

(1) 实际值、标称值与示值

由于真值只有理论意义而没有实际意义，所以在实际测量中，常用高一级标准仪器的示值来代替真值，通常称为实际值，也叫做相对真值。实际值的意义是在每一级误差测量和比较中，都是以上一级标准所体现的值当做准确无误的值。

标称值是测量器具上标定的数值，如信号发生器刻度盘上标出的输出正弦波的频率 100kHz。由于制造和测量精度不够及环境因素的影响，标称值并不一定等于它的真值或实际值，所以，在标出测量器具的标称值时，通常还要标出它的误差范围或准确度等级。例如某电阻标称值为 1kΩ，误差±1%，即意味该电阻的实际值在 990～1010Ω 之间。

示值指的是由测量器具指示的被测量的量值，也称测量器具的测量值，它包括数值和单位。一般来说，示值就是测量仪表的读数，但有所区别，读数是仪器刻度盘上直接读到的数字。例如用 100 分度表示 50mA 的电流表，当指针指在刻度盘上的 50 处时，读数是 50，而示值是 25mA。当然，对于数字显示的仪器仪表，通常示值和读数是统一的。

(2) 绝对误差与修正值

绝对误差是指测量值与真值之间的差值，它反映了测量值偏离真值的多少。若被测量的真值为 A_0，测量仪器的示值为 x，则得到绝对误差 Δx 为

$$\Delta x = x - A_0 \tag{1-4}$$

由于真值 A_0 一般无法得到，故常用高一级标准仪器的示值 A 代替真值，那么就有

$$\Delta x = x - A \tag{1-5}$$

一般绝对误差用式(1-5) 表示，也称为仪器的示值误差，它是有大小、有单位的量。

绝对值与 Δx 相等但符号相反的值，称为修正值，一般用 C 表示

$$C=-\Delta x=A-x \tag{1-6}$$

仪器的修正值一般是通过校准由上一级标准给出，在测量时，利用示值和已知的修正值相加，即可计算出被测量的实际值。即

$$A=x+C \tag{1-7}$$

【例 1-1】 某电流表测得的电流示值为 0.83mA，查该电流表使用说明书，得知该电流表在 0.8mA 及其附近的修正值为−0.02mA，那么被测电流的实际值为

$$A=0.83+(-0.02)=0.81\ (\text{mA})$$

(3) 相对误差

实际上，绝对误差的大小并不能代表测量的准确程度，比如用直尺测量几十厘米长度的绝对误差为 0.1mm，而用大地测量几百公里两城市间距的绝对误差为 1m，显然用绝对误差大小来判断哪个测量更准确些不科学。为了表征测量的准确程度，常用相对误差的形式。相对误差反映了测量值偏离真值的程度，可分为实际相对误差、示值（标称）相对误差和引用（满度）相对误差。

① 实际相对误差　由于真值的不可知性，所以用绝对误差与实际值的百分比来表示相对误差，称为实际相对误差，用 γ_A 表示

$$\gamma_A=\frac{\Delta x}{A}\times 100\% \tag{1-8}$$

如例 1-1 中，已知 $\Delta x=-C=0.02\text{mA}$，$A=0.81\text{mA}$，故

$$\gamma_A=\frac{0.02}{0.81}\times 100\%=2.47\%$$

② 示值（标称）相对误差　在误差较小、要求不太严格的场合，也可以用仪器测得值代替实际值，这时的相对误差称为示值（标称）相对误差，用 γ_x 表示

$$\gamma_x=\frac{\Delta x}{x}\times 100\% \tag{1-9}$$

如例 1-1 中，已知 $\Delta x=0.02\text{mA}$，$x=0.83\text{mA}$，故

$$\gamma_x=\frac{0.02}{0.83}\times 100\%=2.41\%$$

③ 引用（满度）相对误差　引用（满度）相对误差定义为用仪器量程内最大绝对误差 Δx_m 的绝对值与测量仪器满度值 x_m 的百分比，用 γ_m 表示

$$\gamma_m=\frac{|\Delta x_m|}{x_m}\times 100\% \tag{1-10}$$

目前中国电工仪表精度等级 S 分为 7 级：0.1、0.2、0.5、1.0、1.5、2.5、5.0 级。例如 5.0 级表示满度相对误差的最大值不超过仪表量程上限的 5%。满度相对误差中的分子、分母均由仪表本身性能决定，所以它是衡量仪表性能优劣的一种简便实用的方法。

【例 1-2】 某温度计的量程范围为 0～500℃，校验时该表的最大绝对误差为 6℃，试确定该仪表的精度等级。

解　已知 $|\Delta x_m|$ 为 6℃，x_m 为 500℃，代入式(1-10) 中，得

$$\gamma_m=\frac{|\Delta x_m|}{x_m}\times 100\%=\frac{6}{500}\times 100\%=1.2\%$$

该温度计的满度相对误差介于 1.0%与 1.5%之间，因此该表的精度等级应等为 1.5 级。

【例 1-3】 现有 0.5 级的 0～300℃和 1 级的 0～100℃两个温度计，欲测量 80℃的温度，用哪个温度计更好些？

解 0.5 级温度计测量时可能出现的最大绝对误差、测量 80℃可能出现的最大实际相对误差分别为

$$|\Delta x_{m1}|=\gamma_{m1}\cdot x_{m1}=0.5\%\times300=1.5$$

$$\gamma_{x1}=\frac{|\Delta x_{m1}|}{A}\times100\%=\frac{1.5}{80}\times100\%=1.875\%$$

1.0 级温度计测量时可能出现的最大绝对误差、测量 80℃可能出现的最大实际相对误差分别为

$$|\Delta x_{m2}|=\gamma_{m2}\cdot x_{m2}=1.0\%\times100=1$$

$$\gamma_{x2}=\frac{|\Delta x_{m2}|}{A}\times100\%=\frac{1}{80}\times100\%=1.25\%$$

计算结果表明，用 1.0 级温度计比用 0.5 级温度计测量时，实际相对误差反而小。因此在选用仪表时，不能单纯追求高精度，而是应兼顾精度等级和量程。

对于同一仪表，所选用量程不同，可能产生的最大绝对误差也不同。当仪表准确度等级选定后，测量值越接近满度值时，测量相对误差越小，测量越准确。因此，一般情况下应尽量使指针在仪表满度值的 2/3 以上区域。但该结论只适用于正向刻度的一般电工仪表，对于万用表电阻挡等这样的非线性刻度仪表，应尽量使指针处于满度值 1/2 左右的区域。

1.1.4.2 测量误差的来源及分类

(1) 误差来源分析

为了减小测量误差，提高测量的准确度，必须明确测量误差的主要来源，以便估算测量误差并采取相应措施减小测量误差。测量误差是多种误差因素共同作用的结果。

① 仪器误差 仪器误差是由于仪器仪表本身及其附件设计、制造、装配、检验等环节的不完善以及在使用过程中元器件老化、机械部件磨损、疲劳等因素而使测量仪器设备带有的误差。如示波器的探极线含有的误差，仪器仪表的零位偏移等。减小仪器误差的主要途径是根据实际测量任务，正确地选择测量方法和使用测量仪器。

② 使用误差 使用误差是由于对测量设备操作不当而造成的误差，又称操作误差。例如未按操作规程进行预热、调节、校准后再测量。减小使用误差的主要途径是提高测量操作技能，严格按照仪器使用说明书规定的方法步骤进行操作。

③ 人身误差 人身误差是由于测量者的分辨能力、视觉疲劳、固有习惯或缺乏责任心等因素引起的误差。例如读错刻度、念错读数等。减小人身误差的主要途径是提高操作者的操作技能和责任心，采用更合适的测量方法，采用数字显示的客观读数等。

④ 影响误差 影响误差是由于各种环境因素与要求条件不一致而造成的误差。对于电子测量来说，最主要的影响因素是环境温度、电源电压和电磁干扰。当环境条件符合要求时，影响误差可以不予考虑。

⑤ 方法误差和理论误差 方法误差是由于测量方法不合理所造成的误差。例如用普通万用表测量电路中高阻值电阻两端的电压，由于表内阻不高而形成分流作用所引起的误差。理论误差是由于用近似公式或近似值计算测量结果所引起的误差。

(2) 误差的分类

虽然产生误差的原因多种多样，但按照误差表现的规律可分为三种，即系统误差、随机误差和粗大误差。

① 系统误差　对同一被测量进行多次重复测量时，若误差固定不变或者按照一定规律变化，这种误差称为系统误差。例如仪表刻度的偏差，使用时的零位不准，温度、湿度、电源电压等变化造成的误差。系统误差的特点是，测量条件一经确定，误差即为一确切数值，用多次测量取平均值的方法并不能改变其大小。产生系统误差的原因是多方面的，但总是有一定规律的，针对其产生的来源采取一定的技术措施，可以减小它的影响。例如对零位不准的仪器重新调零等。

② 随机误差　对同一被测量进行多次重复测量时，若误差的大小随机变化，不可预知，这种误差称为随机误差，又称偶然误差。例如温度环境及电源电压频繁波动，电磁干扰等引起的误差。随机误差的特点是，在足够次数的测量时，其总体服从统计规律，它反映测量值离散性的大小，所以说随机误差的大小表明测量结果的精密度。产生随机误差的来源主要有机械干扰、环境干扰、电磁场变化、放电噪声、光和空气及系统元件噪声等。可以采用对多次测量值取算术平均值的方法来减小随机误差的影响。

③ 粗大误差　测量结果明显地偏离其实际值所对应的误差，称为粗大误差或疏忽误差，又称过失误差，简称粗差。确认含有粗差的测得值称为坏值，应当剔除不用，因为坏值不能反映被测量的真实数值。产生粗大误差的主要来源包括测量方法不当或错误，测量操作疏忽和失误，测量条件的突然变化等。

1.1.5 测量数据的处理

测量数据的处理，就是从测量中得到的原始数据中求出被测量的最佳估计值，并计算其精确程度。测量结果通常用数字或图形图像等形式表示。用数字方式表示的测量结果，可以是一个数据，也可以是一组数据；用图形图像方式表示的测量结果，可以是将测量中数据处理后绘制的图形，也可以是显示在屏幕上的图像，具有形象、直观的特点，如放大器的幅频特性曲线等。

测量中要记录数据并进行运算，记录的数据应取几位，运算后应保留几位，这些要由误差范围来决定，也涉及有效数字的问题。

1.1.5.1 有效数字的概念

任何一个测量量，既然其测量结果都包含有误差，该测量量的数值就不应该无限制地写下去。例如，$(1.3682\cdots\pm0.02)$cm 应写成 (1.37 ± 0.02)cm。因为误差范围 0.02cm 可知，该数值在百分位上已有误差，在它以后的数字便没有意义了。因此，测量结果只写到有误差的那一位数，并且在位数以后按“四舍五入”的法则取舍。最后一位虽然有误差，但在一定程度上也能反映出被测量的客观大小，也是有效的。所以把能反映出被测量实际大小的全部数字，称为有效数字。或者说，把测量结果中可靠的几位数字加上有误差的一位数字，统称为测量结果的有效数字。有效数字的个数叫做有效数字的位数，如上述的 1.37cm 称为三位有效数字。

有效数字的位数与十进制单位的变换无关，即与小数点的位置无关。因此，用以表示小数点位置的 0 不是有效数字。当 0 不是用作表示小数点位置时，0 和其他数字具有同等地位，都是有效数字。显然，在有效数字的位数确定时，第一个不为零的数字左面的零不能算有效数字的位数，而第一个不为零的数字右面的零一定要算做有效数字的位数。如 0.0135m 是三位有效数字，0.0135m 和 1.35cm 及 13.5mm 三者是等效的，只不过是分别采用了米、厘米和毫米作为长度的表示单位；1.030m 是四位有效数字。从有效数字的另一面也可以看出测量用具的最小刻度值，如 0.0135m 是用最小刻度为毫米的尺子测量的，而 1.030m 是用最小刻度为厘米的尺子测量的。因此，正确掌握有效数字的概念对测量来说是十分必要的。

由于数据的最后一位有效数字一般是估测的，所以称为欠准数字或不可靠数字，而其他有效数字均为准确数字或可靠数字。例如某电流值 0.0321mA，其中“3、2、1”三个数字为有效数字，两个“0”为非有效数字，“1”为欠准数字，“3、2”为准确数字。

有效数字的位数多少大致反映相对不确定度的大小。有效数字位数越多，相对不确定度越小，测量结果的精确度越高。

1.1.5.2 有效数字的处理

在实际测量中，经常要对测量结果的几个数据的有效数据进行必要的处理，然后进行运算。保留的有效数字位数过多或过少，都会影响最后的结果。保留位数的总原则是：运算过程中有效数字的位数应按其中准确度最差的数据的有效数字进行取舍。

(1) 运算数据尾数的取舍规则

为了使舍和入的概率相等，现在通用的规则是“四舍六入五凑偶数”。即大于 5 的数，向前入 1。小于 5 的数，舍去。而等于 5 的数要看 5 后面是否有数字：若 5 后没有数字，则舍 5 入 1。若 5 后面没有数字或为 0，那么 5 之前是奇数则舍 5 入 1，是偶数则舍去 5。

【例 1-4】 以下数字均保留小数点后一位有效数字：

10.34→10.3（舍去 4）；

10.36→10.4（舍 6 入 1）；

10.35→10.4（5 后面无数字，5 前面 3 为奇数，5 入 1）；

10.45→10.4（5 后面无数字，5 前面 4 为偶数，舍 5）；

9.150→9.2（5 后面为 0，前面是奇数，舍 5 入 1）；

8.251→8.3（5 后面有数字，舍 5 入 1）。

(2) 加法或减法运算

对于加减类型的运算，运算结果的末位应与参与运算的有效数字中最后一位的位数最高的分量相同，或者说是以小数点后有效数字位数最少的那一项为准。例如：

$$432.3+0.1263-2=430$$

推论：若干个直接测量值进行加法或减法计算时，选用精度相同的仪器最为合理。

(3) 乘法和除法运算

对于乘除类型的运算，运算结果的有效数字位数应与参与运算有效数字位数最少的分量相同。例如

$$\frac{48\times 3.2345}{(1.73)^2}=52$$

推论：测量的若干个量，若是进行乘法除法运算，应按照有效位数相同的原则来选择不同精度的仪器。

(4) 乘方和开方运算

乘方和开方运算的有效数字的位数与其底数的有效数字的位数相同。例如：

$$(7.325)^2=53.66$$

$$\sqrt{32.8}=5.73$$

(5) 三角函数、对数和指数运算

三角函数、对数和指数运算其结果的有效数字位数一般与变量的位数相同。例如：

$$y=\sin\theta，\theta=60°00'$$

则 $$y=\sin 60°00'=0.866025403$$

结果为 $$y=\sin 60°00'=0.8660$$

任务 1.2 传感器认知

1.2.1 传感器定义和结构

中国国家标准对传感器（Transducer/Sensor）的定义是“能够感受规定的被测量并按照一定规律转换成可用输出信号的器件或装置”。即传感器是一种以一定的精确度把被测量转换为与之有确定对应关系的、便于应用的某种物理量的测量装置。

在实际的应用中，传感器通常是将各种现实世界的非电量转化为可测量的电信号，它获得的信息正确与否，直接关系整个系统的精度。传感器又称为变换器，其应用范围很广泛，甚至可以感知人类感官无法觉察的环境变化，是人类五官的延长，通常又把传感器成为电五官。

传感器通常由敏感元件和转换元件组成，如图1-4所示。其中，敏感元件是指传感器中能直接感受或响应被测量的部分；转换元件是指传感器中能将敏感元件感受或响应的被测量转换成适于传输或测量的电信号部分。

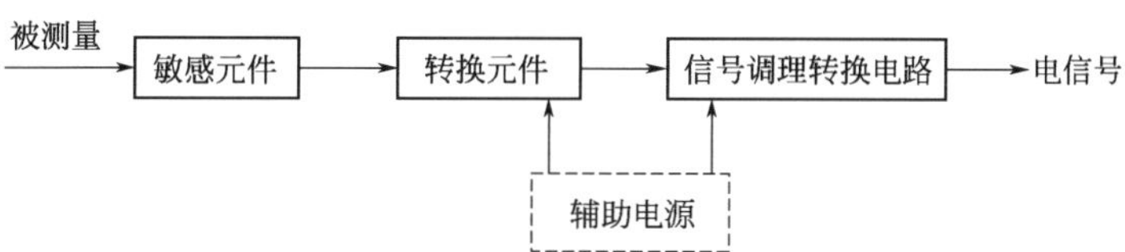

图1-4 传感器组成方框图

需要说明的是，并不是所有的传感器必须包括敏感元件和转换元件。如果敏感元件直接输出的是电量，它就兼为转化元件，如：压电晶体、热电偶等；如果转换元件能直接感受被测量而输出与之成一定关系的电量，此时传感器无敏感元件，如：热敏电阻、光电元件等。

由于转换元件输出信号一般都很微弱，需要信号调理与转换电路进行放大和调制，因此，现在许多集成传感器都将信号调理与转换电路及其工作辅助电源做成一体，集成在一个芯片进行包装外壳。

1.2.2 传感器的分类

传感器的分类方法很多，但常用的分类方法有两种：一种是按测量对象分类，如：温度传感器、湿度传感器、力传感器、位移传感器、速度传感器等；另一种是按传感器的工作原理来分的，如：热电式传感器、电容式传感器、压电式传感器、磁电式传感器等。

常用的分类方法如下。

(1) 机理分类

可分为结构型和物性型传感器。

结构型传感器被测参数变化引起传感器的结构变化，使输出电量变化，利用物理学中场的定律和运动定律等构成，如电容式、电感式。

物性型传感器利用某些物质的某种性质随被测参数变化的原理构成，如湿敏传感器、霍尔传感器等。

(2) 能量转换情况分类

可分为能量控制型传感器和能量转换型传感器。

能量控制型传感器在信息变化过程中其能量需要外电源供给。如电阻、电感、电容等电路参量传感器都属于这一类传感器。基于应变电阻效应、磁阻效应、热阻效应、光电效应、霍尔效应等的传感器也属于此类传感器。

能量转换型传感器主要是由能量变化元件构成，它不需要外电源。如基于压电效应、热电效应、光电动势效应等的传感器都属于此类传感器。

(3) 输出信号的形式分类

可分为模拟式和数字式传感器，输出量分别是模拟量和数字量。传感器的分类如表1-1。

表 1-1　传感器的分类

分类法	型　式	说　明
按测量对象	位移、压力、温度、流量、加速度等	以被测量(即按用途分类)
按工作原理	电阻式、热电式、光电式等	以传感器转换信号的工作原理命名
按基本效应	物理型、化学型、生物型	分别以转换中的物理效应、化学效应等命名
按工作机理	结构型	以转换元件结构参数变化实现信号的转换
	物性型	以转换元件物理特性变化实现信号的转换
按能量转换	能量转换型(自然型)	传感器输出量直接由被测量能量转换而得
	能量转换型(外源型)	传感器输出量能量由外源供给，但受被测输入量控制
按输出信号特性	模拟式	输出为模拟信号
	数字式	输出为数字信号
按电源分	有源式	不需要外接电源即可工作
	无源式	需要外接电源才可工作

1.2.3　传感器的基本特性

传感器的特性主要是指输入与输出的关系，分为静态特性和动态特性。静态特性是指当被测量为常量或变换极慢时，即被测量的值处于稳定状态时的输入与输出的关系。动态特性是指输入量随时间变化的特性。动态特性研究方法与控制理论中的研究方法相似，因此本章不再重复，这里仅介绍静态特性的一些指标。

传感器的静态特性可用一组性能指标来描述，如线性度、灵敏度、分辨力、迟滞、重复性、精度和稳定性等。

(1) 线性度

线性度是指传感器的输出量和输入量之间的实际关系曲线偏离直线的程度，又称为非线性误差。

传感器的线性度常用在全程测量范围内实际特性曲线与拟合直线之间的最大偏差值 ΔL_{max} 与满量程输出值 Y_{FS} 之比表示，即

$$\gamma_L=\pm\frac{\Delta L_{max}}{Y_{FS}}\times 100\% \tag{1-11}$$

式中　ΔL_{max}——最大非线性绝对误差；

Y_{FS}——满量程输出值。

从传感器的性能看，希望输入输出特性曲线具有线性关系，但实际遇到的传感器大多为非线性，如图 1-5 所示。因此常常选用拟合直线代替实际曲线。拟合直线的选取有多种方法，常用的拟合方法有多种：①理论拟合；②过零旋转拟合；③端点连线拟合；④端点平移拟合；⑤最小二乘法拟合等，如图 1-6 为几种直线的拟合方法。选择拟合直线的出发点是获得最小的非线性误差，还要考虑是否使用方便、计算简便。通常用最小二乘法求取拟合直线，应用此方法拟合的直线与实际曲线的所有点的平方和为最小，其线性误差较小。

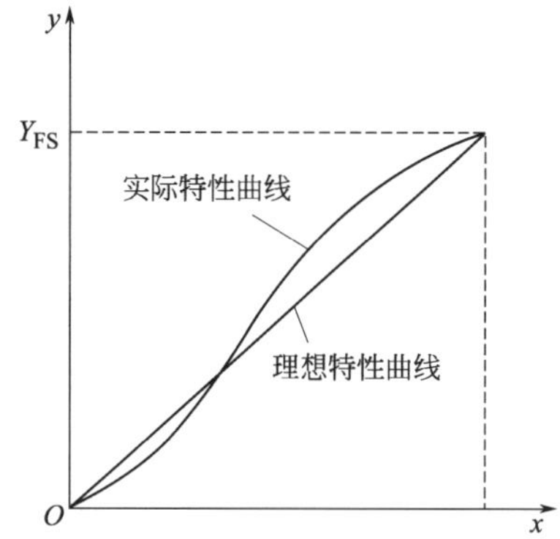

图 1-5　线性度

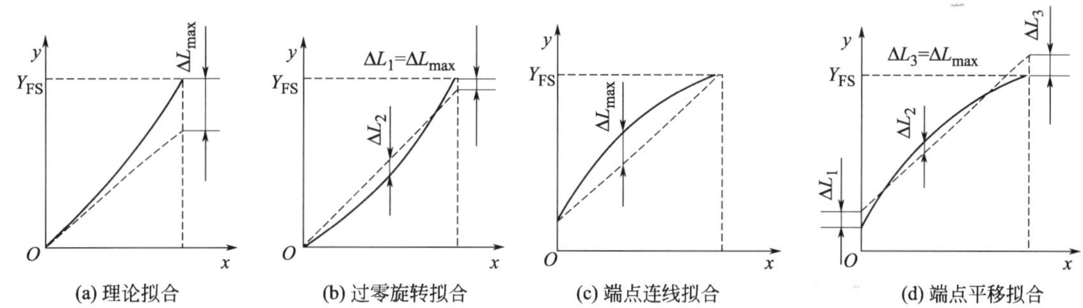

图 1-6　几种直线拟合方法

（2）灵敏度

灵敏度是指输出增量 Δy 与引起输出量增变化的输入量增量 Δx 之比，它反映了测量仪表对被测参数变化的响应能力，常用 S 表示灵敏度，即

$$S=\frac{\Delta y}{\Delta x} \tag{1-12}$$

灵敏度 S 值越大表示传感器越灵敏。线性传感器的灵敏度就是它的静态特性的斜率，其灵敏度 S 在整个测量范围内为常量，如图 1-7(a) 所示；而非线形传感器的灵敏度为一变量，用 $S=\mathrm{d}y/\mathrm{d}x$ 表示，实际上就是输入输出特性曲线上某点的斜率，且灵敏度随输入量的变化而变化，如图 1-7(b) 所示。

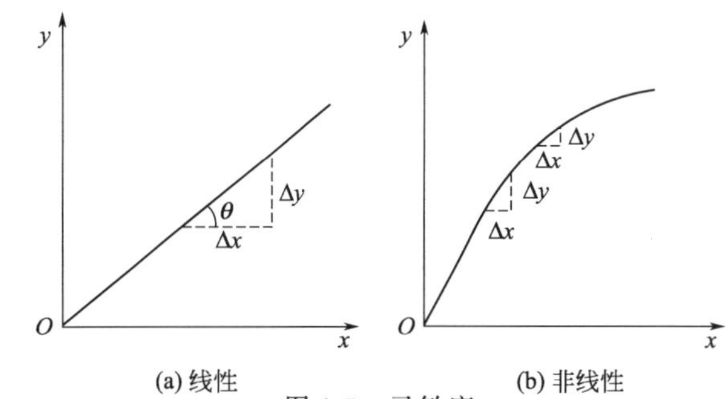

图 1-7　灵敏度

（3）分辨力

传感器的分辨力是指在规定测量范围内所能检测的输入量的最小变化量。分辨力可用绝对值表示，也可以用满量程的百分数表示。当被测量变化小于分

辨力时，传感器对输入量的变化无任何反应。

在传感器输入零点附近的分辨力成为阀值。

(4) 迟滞

迟滞是指传感器在正（输入量增大）、反（输入量减小）行程中输入输出特性曲线不重合的现象。迟滞特性曲线如图 1-8 所示，一般由实验方法获得。传感器同大小输入信号的正反行程输出信号大小不等，这个差值称为迟滞差值。传感器在全量程范围内最大迟滞差值与满量程输出值之比称为迟滞误差，用 γ_H 表示，即

$$\gamma_H=\frac{\Delta H_{max}}{Y_{FS}}\times 100\% \tag{1-13}$$

(5) 重复性

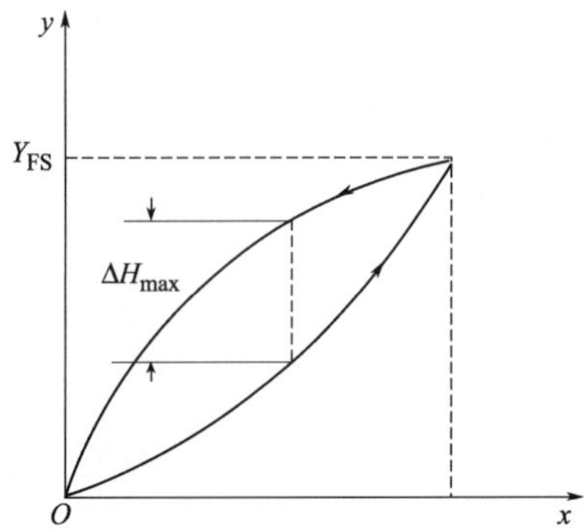

图 1-8 迟滞特性

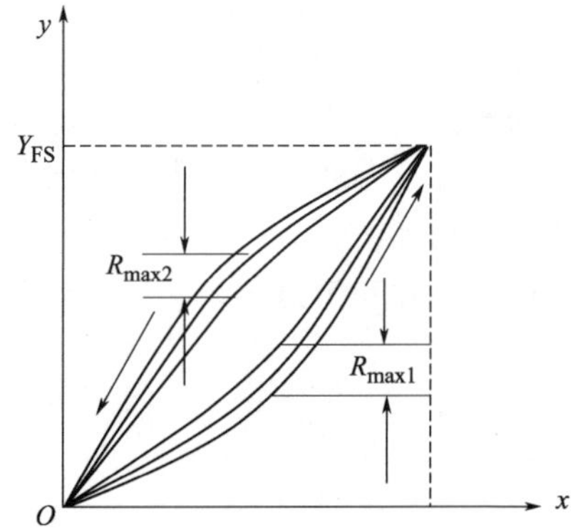

图 1-9 重复性

重复性是指传感器在输入量按同一方向作全量程连续多次变化时，所得特性曲线不一致的程度（见图 1-9）。重复性误差属于随机误差，常用标准差计算，也可用正反行程中最大重复差值计算，即

$$\gamma_R=\pm\frac{(2\sim3)\delta}{Y_{FS}}\times 100\% \tag{1-14}$$

或

$$\gamma_R=\pm\frac{\Delta R_{max}}{Y_{FS}}\times 100\% \tag{1-15}$$

(6) 稳定性

稳定性包括稳定度和环境影响量两个方面。

稳定度是指传感器在所有条件不变时，能在规定时间内地维持其指示值不变的能力，常用指示值的变化量与时间长短的比值表示。

环境影响量是指由于外界环境变化而引起的指示值的变化量。它包括两方面的因素：零点漂移和灵敏度漂移。零点漂移指受外界环境影响后，已调零的传感器输出不为零的现象。灵敏度漂移常使传感器的输入和输出曲线斜率发生变化。

(7) 精度

精度是评价系统的优良程度。精度分为准确度和精密度。所谓准确度就是测量值对于真值的偏离程度，为了修正这种偏差需要进行校正，完全校正是很麻烦的。因此使用时需尽可能地减小误差。

所谓精密度就是测量相同对象每次测量也会得到不同的值，即离散偏差。精密度越高的传感器价格也就越高。

1.2.4 传感器的命名

（1）命名方式

传感器命名构成及各级修饰语如表 1-2，第四级修饰语与厂家、型号有关，表中不再给出。

表 1-2 传感器命名构成及各级修饰语

<table>
<tr><th rowspan="2">主题词</th><th rowspan="2">第一级
修饰语被测量</th><th rowspan="2">第二级
修饰语转换原理</th><th rowspan="2">第三级
修饰语特征描述</th><th colspan="2">第四级修饰语技术指标</th></tr>
<tr><th>范围（量程、精确度、灵敏度）</th><th>单位</th></tr>
<tr><td>传感器</td><td>速度
加速度
加加速度
冲击
振动
力
重量（称重）
压力
声压
力矩
姿态
位移
液位
流量
温度
热流
热通量
可见光
照度
湿度
黏度
浊度
离子活[浓]度
电流
磁场
马赫数
射线</td><td>电位器[式]
电阻[式]
电流[式]
电感[式]
电容[式]
电涡流[式]
电热[式]
电磁[式]
电化学[式]
电离[式]
压电[式]
压阻[式]
应变计[式]
谐振[式]
伺服[式]
磁阻[式]
光电[式]
光化学[式]
光纤[式]
激光[式]
超声[式]
（核）辐射[式]
热电
热释电</td><td>直流输出
交流输出
频率输出
数字输出
双输出
放大
离散增量
积分
开关
陀螺
涡轮
齿轮转子
振动元件
波纹管
波登管
膜盒
膜片
离子敏感 FET
热丝
半导体
陶瓷
聚合物
固体电解质
自源
粘贴
非粘贴
焊接</td><td></td><td></td></tr>
</table>

（2）传感器代号

代号：依次为主称（传感器）—被测量—转换原理—序号

① 主称（传感器）——代号 C。

② 被测量——用一个或两个汉语拼音的第一个大写字母标记。

③ 转换原理——用一个或两个汉语拼音的第一个大写字母标记。

④ 序号——用一个阿拉伯数字标记，厂家自定，用来表征产品设计特性、性能参数、产品系列等。若产品性能参数不变，仅在局部有改动或变动时，其序号可在原序号后面顺序地加注大写字母 A、B、C 等（其中 I、Q 不用）

例：

应变式位移传感器：CWY-YB-20

光纤压力传感器：CY-GQ-2

1.2.5 传感器选用原则

环境合理地选用传感器，是在进行某个量的测量时首先要解决的问题。当传感器确定之后，与之相配套的测量方法和测量设备也就可以确定了。测量结果的成败，在很大程度上取决于传感器的选用是否合理。

(1) 根据测量对象与测量环境确定传感器的类型

要进行一个具体的测量工作，首先要考虑采用何种原理的传感器，这需要分析多方面的因素之后才能确定。因为，即使是测量同一物理量，也有多种原理的传感器可供选用，哪一种原理的传感器更为合适，则需要根据被测量的特点和传感器的使用条件考虑以下一些具体问题：量程的大小；被测位置对传感器体积的要求；测量方式为接触式还是非接触式；信号的引出方法，有线或是非接触测量；传感器的来源，国产还是进口，价格能否承受，还是自行研制。

在考虑上述问题之后就能确定选用何种类型的传感器，然后再考虑传感器的具体性能指标。

(2) 灵敏度的选择

通常，在传感器的线性范围内，希望传感器的灵敏度越高越好。因为只有灵敏度高时，与被测量变化对应的输出信号的值才比较大，有利于信号处理。但要注意的是，传感器的灵敏度高，与被测量无关的外界噪声也容易混入，也会被放大系统放大，影响测量精度。因此，要求传感器本身应具有较高的信噪比，尽量减少从外界引入的干扰信号。

传感器的灵敏度是有方向性的。当被测量是单向量，而且对其方向性要求较高，则应选择其他方向灵敏度小的传感器；如果被测量是多维向量，则要求传感器的交叉灵敏度越小越好。

(3) 频率响应特性

传感器的频率响应特性决定了被测量的频率范围，必须在允许频率范围内保持不失真的测量条件，实际上传感器的响应总有一定延迟，希望延迟时间越短越好。传感器的频率响应高，可测的信号频率范围就宽，而由于受到结构特性的影响，机械系统的惯性较大，因此频率低的传感器可测信号的频率较低。

在动态测量中，应根据信号的特点（稳态、瞬态、随机等）响应特性，以免产生过大的误差。

(4) 线性范围

传感器的线性范围是指输出与输入成正比的范围。以理论上讲，在此范围内，灵敏度保持定值。传感器的线性范围越宽，则其量程越大，并且能保证一定的测量精度。在选择传感器时，当传感器的种类确定以后首先要看其量程是否满足要求。但实际上，任何传感器都不能保证绝对的线性，其线性度也是相对的。当所要求测量精度比较低时，在一定的范围内，可将非线性误差较小的传感器近似看作线性的，这会给测量带来极大的方便。

(5) 稳定性

传感器使用一段时间后，其性能保持不变化的能力称为稳定性。影响传感器长期稳定性的因素除传感器本身结构外，主要是传感器的使用环境。因此，要使传感器具有良好的稳定性，传感器必须要有较强的环境适应能力。

在选择传感器之前，应对其使用环境进行调查，并根据具体的使用环境选择合适的传感器，或采取适当的措施，减小环境的影响。

传感器的稳定性有定量指标，在超过使用期后，在使用前应重新进行标定，以确定传感器的性能是否发生变化。

在某些要求传感器能长期使用而又不能轻易更换或标定的场合，所选用的传感器稳定性要求更严格，要能够经受住长时间的考验。

(6) 精度

精度是传感器的一个重要的性能指标，它是关系到整个测量系统测量精度的一个重要环节。传感器的精度越高，其价格越昂贵，因此，传感器的精度只要满足整个测量系统的精度要求就可以，不必选得过高。这样就可以在满足同一测量目的的诸多传感器中选择比较便宜和简单的传感器。

如果测量目的是定性分析的，选用重复精度高的传感器即可，不宜选用绝对量值精度高的；如果是为了定量分析，必须获得精确的测量值，就需选用精度等级能满足要求的传感器。

对某些特殊使用场合，无法选到合适的传感器，则需自行设计制造传感器。自制传感器的性能应满足使用要求。

举例来说，在进行温度测量的时候，需要用到温度传感器，表1-3列出了三种不同的温度传感器和适用的测量场合，可根据情况选择传感器。

表1-3 温度传感器的选择

温度传感器	热敏电阻 ECT-103	测温范围－55～315℃； 能检测出6～10℃的温度变化； 适用于温度较高，精度要求不大的场合
	两线式铂金属传感器 PT100	测温范围－200～850℃； 在0～100℃之间变化时，最大非线性偏差小于0.5℃。具有较好的植入深度； 测温范围较大，适用于狭小空间设备测温和控制。
	数字信号输出 DS18B20	测温范围－55～125℃； 温度分辨率可达0.0625℃； 数字量输出； 可应于各种狭小空间设备数字测温和控制领域，可用于多点测量

任务1.3 自主学习

1.3.1 任务巩固

1. 检测的目的和意义是什么？

2. 举一个在日常生活中传感检测系统的应用，简单分析它们的功能与特点。

3. 一线性位移测量仪，当被测位移由5mm变为8mm时，输出电压由3V变为4.5V，求仪器的灵敏度。

4. 用一个修正值为－0.2V电压表去测量电压，示值为7.6V，问实际电压应为多少？

5. 有一台温度计，它的测量范围为0～100℃，精度为0.5级，求：

① 该表可能出现的最大绝对误差；

② 当示值分别为20℃、80℃、100℃时的示值相对误差。

6. 若测量10V电压，现有两只直流电压表，一只量程为150V，0.5级；另一只量程为15V，2.5级，选用哪一只电压表测量更合适？

7. 指出下列数据中的有效数字、准确数字和欠准数字，并按照舍入原则进行处理，使其各保留 3 位有效数字：

87.362；8.8135；6.2950；0.03435；58.250；38.7550；0.00095；31.2350。

8. 欲测 240V 左右的电压，要求测量示值相对误差的绝对值不大于 0.6%。那么，若选用量程分别为 250V、300V 和 500V 的电压表，其精度应选择哪一级？

9. 什么是传感器？传感器由几部分组成？

10. 传感器主要有哪些静态性能指标？

11. 查阅资料，总结常用传感器按照用途可以分为哪几类？

12. 查阅资料，总结改善传感器性能的技术途径有哪些？

13. 选择传感器应从几个方面考虑其性能？

14. 传感器型号分别为 CWY-YB-20、CY-GQ-2，分别是什么传感器？

1.3.2 自我评价

项目 1　传感器认知				
评价内容	没有完成	基本完成	大部分完成	完成
检测系统的意义				
检测系统的构成要素				
测量的方法				
绝对误差、相对误差的概念及意义				
有效数字的处理方法				
传感器的构成				
常用传感器的类型及作用				
传感器的静态特性指标				
传感器名称认知				
根据测量环境选择传感器				

1.3.3 课后思考

① 传感检测技术和你的专业有什么关联？

② 在你的专业课学习中接触到什么类型的传感器，是如何应用的？

③ 传感器的各部分组成有什么作用？

④ 传感器的静态特性指标分别有什么实际意义？

1.3.4 课业

调查传感器市场，完成一篇约两千字的小论文，从以下几个方面完成（本项目学习结束完成前 4 项）：

① 传感器的发展历史；

② 目前国际主流的传感器研发公司有哪些？其主要产品是什么，价格和市场占有率；

③ 国内外市场主流的传感器都用在哪些方面？

④ 传感器在哪些行业得到了广泛的应用，列举一个和自己专业相关的典型的传感器应用的例子；

⑤ 选一个和自己专业相关的传感器，设计一个实际应用电路，理论实现。

项目2
电子秤设计

项目目标

【知识目标】 通过完成本设计，使学生掌握以下知识：

① 掌握电阻应变传感器的结构、工作原理和应用；

② 掌握全桥差动电路的结构、工作原理和应用。

【能力目标】 通过完成本设计，使学生具备以下能力：

① 具备利用电阻应变式传感器测量压力、位移等物理量的能力；

② 具备利用传感器进行检测项目搭建的能力；

③ 具备学科之间知识相互融会贯通的能力。

任务 2.1 电阻应变式传感器认知

电阻应变式传感器是压力传感器的一种，是一种将力的变化转变为电信号变化的传感器，主要用来测量的物理信号是压力和位移等。

2.1.1 电阻应变效应

电阻应变效应：导体或半导体材料在外界力的作用下产生机械变形时，其电阻值相应发生变化，这种现象称为“电阻应变效应”。

下面以金属丝应变片为例分析这种效应。

如图 2-1 所示，一根金属电阻丝，在其未受力时，原始电阻值为

$$R=\rho \frac{l}{A} \tag{2-1}$$

式中 ρ——电阻丝的电阻率；

l——电阻丝的长度；

A——电阻丝的截面积。

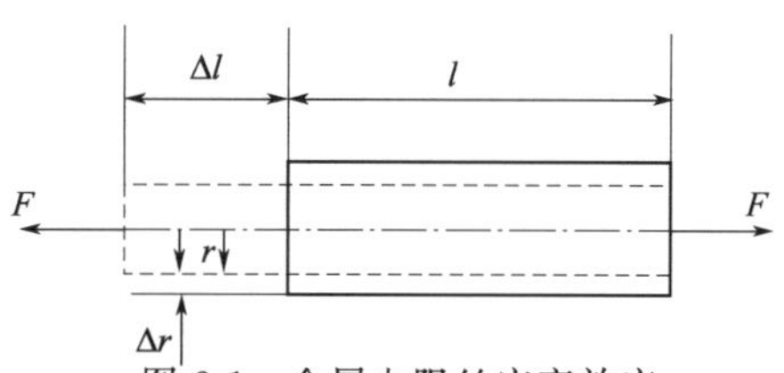

图 2-1 金属电阻丝应变效应

当沿金属丝的长度方向作用均匀拉力（或压力）时，上图中的 ρ、l、A 都将发生变化，从而导致电阻值的变化。例如，金属丝受拉时，l 变

长，A 变小，R 变大。

通常把单位应变能引起的电阻值变化称为电阻丝的灵敏系数，其物理意义是单位应变所引起的电阻相对变化量，常用 K 表示：

$$K=\frac{\mathrm{d}R}{R}/\frac{\mathrm{d}l}{l} \tag{2-2}$$

大量实验证明，在金属电阻丝拉伸极限内，电阻的相对变化与应变成正比，即 K 为常数。不同的金属材料，K 略微不同，一般为 2 左右。

半导体应变片是用半导体材料制成的，其工作原理是基于半导体材料的压阻效应。压阻效应是指半导体材料，当某一轴向受外力作用时，其电阻率 ρ 发生变化的现象。半导体应变片的灵敏系数比金属丝式高 50～80 倍，但半导体材料的温度系数大，应变时非线性比较严重，使它的应用范围受到一定的限制。

用应变片测量应变或应力时，在外力作用下，被测对象产生微小机械变形，应变片随着发生相同的变化，同时应变片电阻值也发生相应变化。当测得应变片电阻值变化量为 ΔR 时，便可得到被测对象的应变值，根据应力与应变的关系，得到应力值 σ 为

$$\sigma=E\varepsilon=E\frac{\mathrm{d}l}{l} \tag{2-3}$$

由此可知，应力值 σ 正比于应变 ε，而试件应变 ε 正比于电阻值的变化，所以应力 σ 正比于电阻值的变化，这就是利用应变片测量应变的基本原理。

2.1.2 电阻应变式传感器的结构

电阻应变式传感器是利用电阻应变片将应变转换为电阻变化的传感器，当被测物理量作用在弹性元件上时，弹性元件的变形引起应变敏感元件的阻值变化，通过转换电路转变成电量输出，电量变化的大小反映了被测物理量的大小。

金属丝式电阻应变片基本结构如图 2-2 所示，由敏感栅、基片、覆盖层和引线等部分组成。

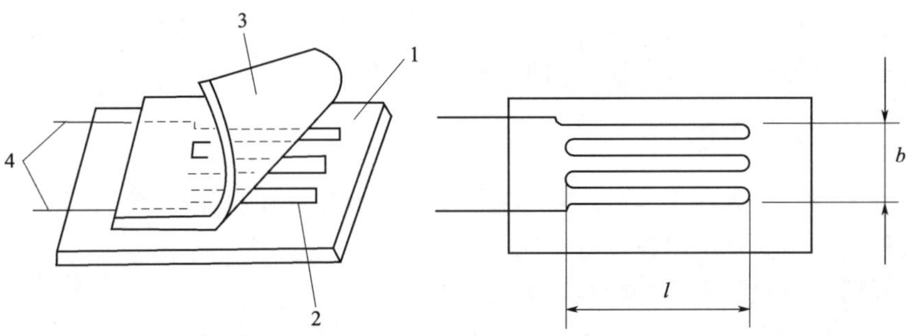

图 2-2 金属丝式电阻应变片基本结构

1—基片；2—敏感栅；3—覆盖层；4—引线

① 敏感栅：敏感栅是应变片的核心部分，由直径约为 0.025mm、高电阻率的合金电阻丝绕制而成，栅长为 l，栅宽为 b，静态电阻值有 60Ω、120Ω、200Ω 等多种规格。

② 基片：基片多采用黏结剂和有机树脂薄膜制成，厚度约 0.02～0.04mm，是敏感栅与弹性元件间的绝缘层。

③ 覆盖层：覆盖层起保护敏感栅作用，也是由黏结剂和树脂薄膜制成。覆盖层、敏感栅和基片由粘结剂粘结在一起。

④ 引线：应变片的引线常用直径为 0.1～0.15mm 的镀锡铜线，引线与敏感栅焊接可靠，电阻率低，电阻温度系数小，抗氧化，耐腐蚀。

把应变片粘贴于所需测量变形物体表面，敏感栅因被测物体表面变形而电阻值改变，由测量电阻的变化量便可知变形大小。由于应变片体积小、使用方便、测量灵敏度高，可进行动、静态测量，因此广泛应用于应力、力、压力、力矩、位移、加速度等的测量。

2.1.3　电阻应变式传感器的外形和性能指标

（1）应变片

① 常温应变片（测应力）如图 2-3 所示。

(a) 常温单轴应变片

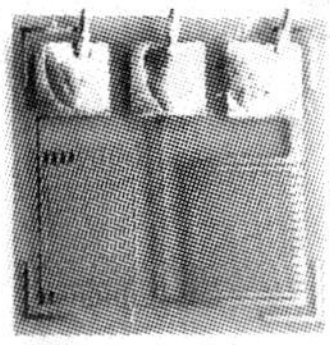

(b) 常温双轴应变片

(c) 常温三轴应变片

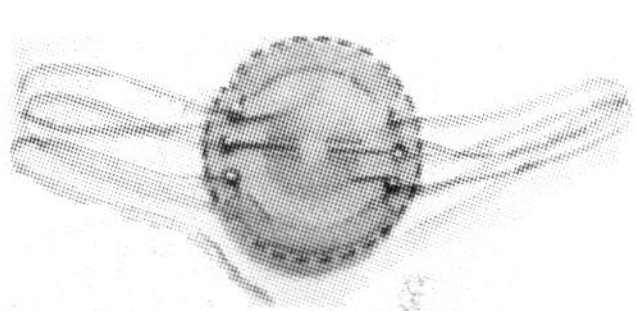

(d) 常温环形应变片

图 2-3　几种常温应变片

② 几种常见应变片如图 2-4 所示。

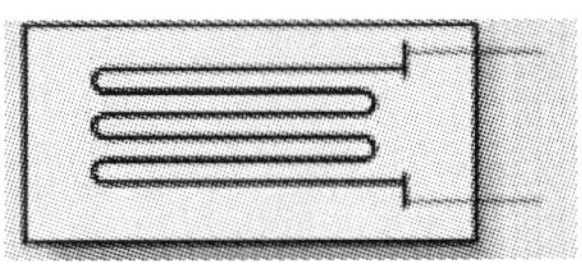

(a) 丝绕式应变片

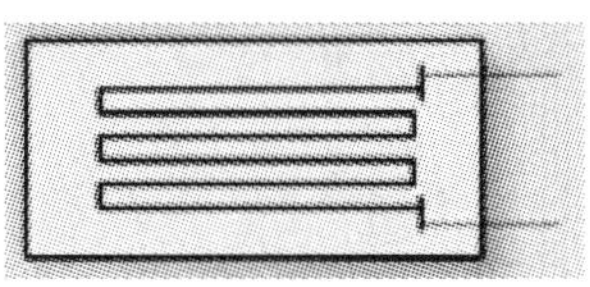

(b) 短接式应变片

(c) 一般箔式应变片

(d) 侧扭矩应变片

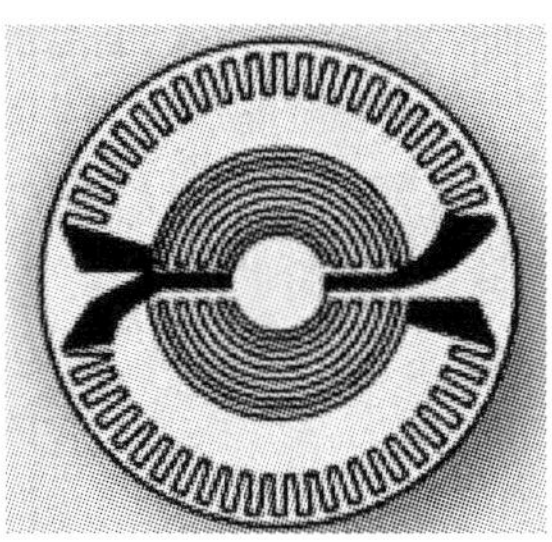

(e) 测圆膜应力应变片

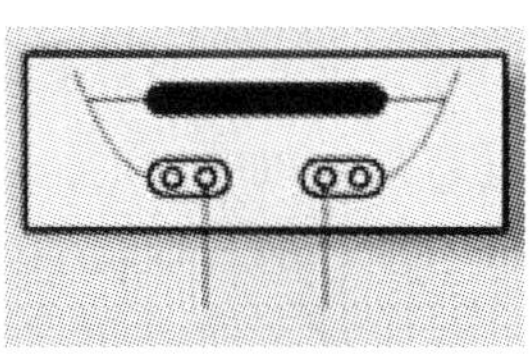

(f) 半导体应变片

图 2-4　几种常见应变片

（2）应变片的主要性能指标

① 灵敏系数 K：金属应变片在轴线方向的单向应力作用下，应变片电阻的相对变化与安装应变片的测试表面轴向应变的比值。

② 灵敏度温度系数：灵敏度温度系数通常用公式 $K=\frac{K_t-K_0}{K_0 t}\times 100\%$ 表示，式中 K 为灵敏度温度系数；K_t 为 t℃时的灵敏度温度系数；K_0 为 0℃时的灵敏度温度系数；t 为环

境温度。

③ 应变片电阻：应变片电阻是指应变片未经安装，静态时室温测得的电阻值。

④ 应变极限：应变极限是指在一定温度下，应变片的指示应变值对试件的真实应变值的相对误差不超过规定范围时的真实应变值。

⑤ 最大工作电流：最大工作电流是应变片在不影响正常工作的情况下允许通过的最大电流值。

⑥ 绝缘电阻：绝缘电阻是指敏感栅及其引线与被测试件之间的电阻值。

(3) 电阻应变传感器

电阻应变传感器由弹性元件、电阻应变片、测量电路和传输电缆 4 部分组成。电阻应变片贴在弹性元件上，如弹性元件受重力作用变形时，其上的应变片随之变形，并导致电阻改变。测量电路测出应变片电阻的变化并变换为与外力大小成比例的电信号输出。电信号经处理后以数字形式显示出被测物的重量，进而换算成质量。电阻应变传感器按照结构特点可以分为以下四种。

① 柱式（筒式）传感器：柱式（或筒式）传感器的特点是结构简单、紧凑，可设计成压式或拉压式，并可承受很大的载荷。该种传感器的强度计算很简单，图 2-5 示出该种形式的传感器。实心柱式可测量大于 10N 的力，空心柱式可测量 1～10kN 的力，且应力变化均匀。

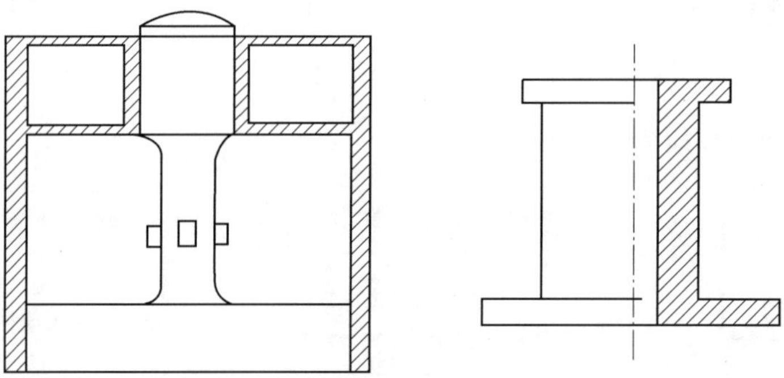

图 2-5　柱式（筒式）传感器

② 轮辐式传感器：轮辐式传感器由轮圈、轮轱、轮辐条、应变片所组成。轮辐条成对地连接在轮圈和轮轱之间（图 2-6），可为四根或八根。当外力作用在轮轱上端面和轮圈下端面时，使矩形辐条产生平行四边形的变形，此时在辐条上产生了与外力成正比的切应变。轮辐式传感器有以下特点。

• 具有良好的自然线性。

• 由于它按剪切力作用原理而设计，所以力作用点位置的精度对传感器的精度影响不大。

• 具有良好的对称性，它可以经受住大的偏心和侧向力，抗干扰，耐载。

• 测量范围宽，可制成 0.5～500t 的测力传感器。

由于轮辐式传感器具有上述特点，它在生产实践中得到了广泛的应用和推广。

③ 悬臂梁式传感器：悬臂梁式传感器如图 2-7(a)、(b) 所示，它的一端固定，一端自由，结构简单，加个方便，应变和位移较大，适用于测量 1～5kN 的力。

图 2-7(a) 为等截面悬臂梁，梁上各处的变形大小不同，不便于粘贴应变片。

图 2-7(b) 为变截面悬臂梁（也称等强度悬臂梁），梁上各处的截面不等，但沿整个长

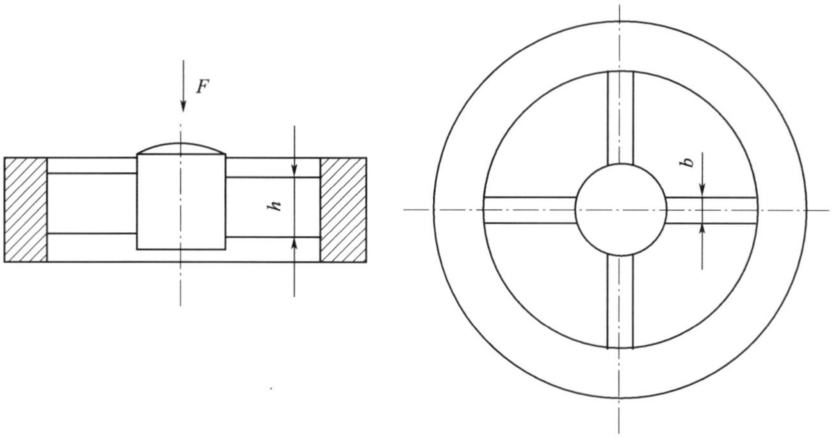

图 2-6　轮辐式传感器

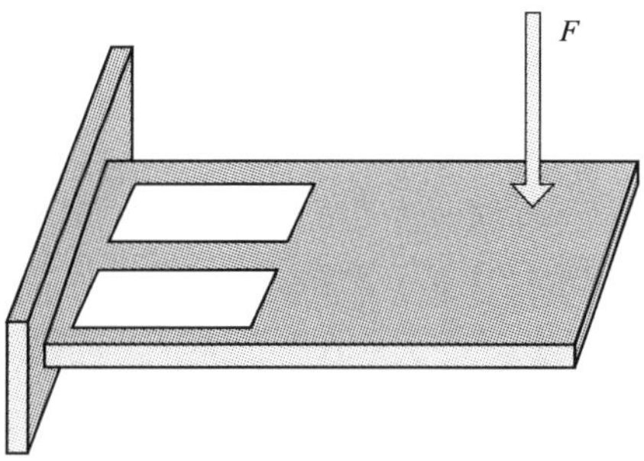

(a) 等截面悬臂梁

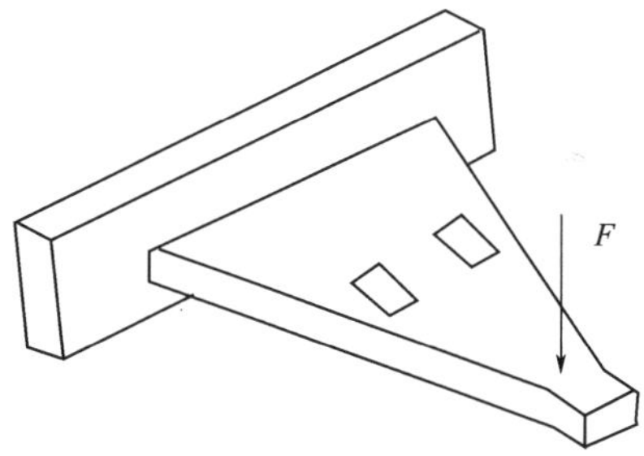

(b) 变截面悬臂梁

图 2-7　悬臂梁式传感器

度方向上各处的应变相等，便于粘贴应变片。

悬臂梁式传感器有良好的密封结构。受力后自动调心好，安装容易，使用方便，互换性好。

④ 柱环式传感器：对 0.5～30t 拉压力测量，柱环式传感器是一种很好的结构形式。其弹性结构图示于图 2-8。该种传感器具有以下特点。

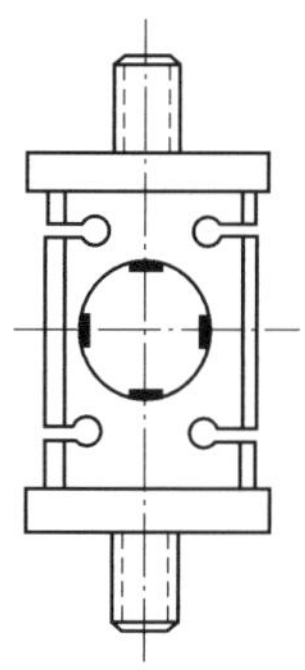

(a) 柱环式传感器

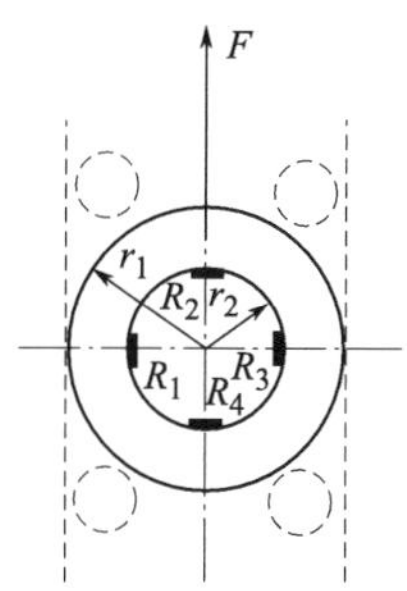

(b) 布片图

图 2-8　柱环式传感器

• 应力流线分布合理。因为在主圆孔的四周有四个小圆孔，不仅可以改善应力流线的分布，而且也可以增加弹性体元件的弹性。

• 输出灵敏度高，一般为 3mV/V 左右。

• 弹性体为一整体结构，因此受力状态稳定，并具有良好的温度均匀性。

• 结构简单，易于加工。

• 可制成拉压两用型。

电阻应变式传感器的称量范围为几十克至数百吨，计量准确度达 1/1000～1/10000，结构较简单，可靠性较好。

2.1.4 测量电路

电阻应变式传感器测的应变一般较小，输出电阻的变化也较小，一般为 $5\times10^{-4}\sim10^{-1}\Omega$，要把这样微小电阻变化测量出来，常用桥式测量电路。根据电源的不同，电桥分为直流电桥和交流电桥。四个桥臂均为纯电阻时，用直流电桥测量精确度高；若有桥臂为阻抗时，必须用交流电桥。电桥按读数方法分为平衡电桥（零读法）和不平衡电桥（偏差法）。平衡电桥仅适合测静态参数，不平衡电桥可以测动、静态参数。

由于交流电桥和直流电桥分析方法相似，因此本节只对直流不平衡电桥进行分析。

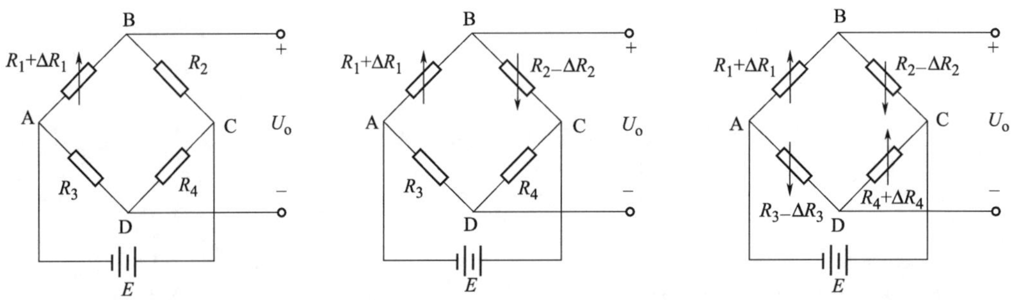

(a) 直流单臂电桥　　(b) 直流差动电桥　　(c) 直流全差动电桥

图 2-9　直流电桥

图 2-9(a) 是直流单臂电桥测量电路，图中 E 为电源电压，R_1 为电阻应变片，由于应变而产生相应的电阻变化 ΔR_1；R_2、R_3、R_4 为电桥固定电阻，U_0 为电桥输出电压。初始条件下，电桥平衡，$U_0=0$，因而得到平衡条件是 $R_1R_4=R_2R_3$。

当应变片产生应变 ε_x 时，应变片电阻值变化为 $\Delta R_1=kR_1\varepsilon_x$，电桥不平衡，其输出电压为

$$\begin{aligned}U_0&=E\left(\frac{R_1+\Delta R_1}{R_1+\Delta R_1+R_2}-\frac{R_3}{R_3+R_4}\right)\\&=E\frac{\Delta R_1R_4}{(R_1+\Delta R_1+R_2)(R_3+R_4)}\\&=E\frac{\frac{R_4}{R_3}\frac{\Delta R_1}{R_1}}{\left(1+\frac{\Delta R_1}{R_1}+\frac{R_2}{R_1}\right)\left(1+\frac{R_4}{R_3}\right)}\end{aligned}\tag{2-4}$$

设桥臂比 $n=R_2/R_1$，由于 $\Delta R_1\ll R_1$，分母中 $\Delta R_1/R_1$ 可忽略，并考虑到平衡条件 $R_2/R_1=R_4/R_3$，则式(2-4) 可写为

$$U_0=\frac{n}{(1+n)^2}\frac{\Delta R_1}{R_1}E\tag{2-5}$$

电桥电压灵敏度可定义为

$$K_U=\frac{U_0}{\frac{\Delta R_1}{R_1}}=\frac{n}{(1+n)^2}E\tag{2-6}$$

显然可看出，电桥电压灵敏度正比于电桥供电电压，供电电压越高，电桥电压灵敏度越高；但供电电压的提高受到应变片允许功耗的限制，要合理选择。电桥电压灵敏度是桥臂电阻比值 n 的函数，恰当地选择桥臂比 n 的值，保证电桥具有较高的电压灵敏度。应变片电

阻变化一般很小，电桥相应输出电压也很小，需加放大器进行放大。由于放大器的输入阻抗比桥路输出阻抗高很多，所以一般将电桥视为开路，即电桥输出电压与其负载有关。

当 E 值确定后，由 $\mathrm{d}K_U/\mathrm{d}n$ 求 K_U 的最大值，由

$$\frac{\mathrm{d}K_U}{\mathrm{d}n}=\frac{1-n^2}{(1+n)^4}=0 \tag{2-7}$$

得 $n=1$ 时，K_U 为最大值。这就是说，在电桥供电电压确定后，当 $R_1=R_2=R_3=R_4$ 时，电桥电压灵敏度最高，此时有

$$U_0=\frac{E}{4}\frac{\Delta R_1}{R_1} \tag{2-8}$$

$$K_U=\frac{E}{4} \tag{2-9}$$

由上可知，当电源电压 E 和电阻相对变化量 $\Delta R/R$ 一定时，电桥的输出电压及其灵敏度也是定值，且与各桥臂电阻阻值大小无关。

式(2-5) 是略去分母中的 $\Delta R_1/R_1$ 项而得到的理想值，实际值应按式(2-10) 计算，即

$$U_0'=E\frac{n\dfrac{\Delta R_1}{R_1}}{\left(1+n+\dfrac{\Delta R_1}{R_1}\right)(1+n)} \tag{2-10}$$

U_0'与 $\Delta R_1/R_1$ 的非线性误差为

$$\gamma_L=\frac{U_0-U_0'}{U_0}=\frac{\dfrac{\Delta R_1}{R_1}}{1+n+\dfrac{\Delta R_1}{R_1}} \tag{2-11}$$

如果是四等臂电桥，$R_1=R_2=R_3=R_4$，即 $n=1$，则

$$\gamma_L=\frac{\dfrac{\Delta R_1}{2R_1}}{1+\dfrac{\Delta R_1}{2R_1}} \tag{2-12}$$

对于一般应变片来说，所受应变 ε 通常在 5000μ 以下，若取 $K=2$，则 $\Delta R_1/R_1=K\varepsilon=0.01$，代入式(2-12) 计算得非线性误差为 0.5%；若 $K=130$，$\varepsilon=1000\mu$ 时，$\Delta R_1/R_1=0.130$，则得到非线性误差为 6%，故当非线性误差不能满足测量要求时，必须予以消除。

为了减小和克服非线性误差，常采用差动电桥。在试件上安装两个工作应变片，一个受拉，一个受压它们的阻值变化大小相等、方向相反，接入电桥相邻桥臂，称为半桥差动电路，如图 2-9(b) 所示。该电桥输出电压为

$$U_0=E\left(\frac{\Delta R_1+R_1}{\Delta R_1+R_1+R_2-\Delta R_2}-\frac{R_3}{R_3+R_4}\right) \tag{2-13}$$

若 $R_1=R_2=R_3=R_4$，$\Delta R_1=\Delta R_2$，则得

$$U_0=\frac{E}{2}\frac{\Delta R_1}{R_1} \tag{2-14}$$

由式(2-14) 可知，U_0 与 $\Delta R_1/R_1$ 成线性关系，差动电路无非线性误差，而且电桥电压灵敏度 $K_U=E/2$，是单臂工作时的两倍，同时还具有温度补偿作用。

若将电桥四臂接入四片应变片，如图 2-9(c) 所示，即两个受拉，两个受压，将两个应变符号相同的接入相对桥臂上，构成全桥差动电路。设 $\Delta R_1=\Delta R_2=\Delta R_3=\Delta R_4$，且$R_1=R_2=R_3=R_4$，则

$$U_0 = E\frac{\Delta R_1}{R_1} \tag{2-15}$$

$$K_U = E \tag{2-16}$$

此时全桥差动电路不仅没有非线性误差，而且电压灵敏度为单片工作时的 4 倍，同时仍具有温度补偿作用。

任务 2.2 电子秤电路设计与组建

设计一个电子秤，最大称重质量为 5kg，分辨率为 5g。

2.2.1 整体设计

商用电子秤通常由承重系统（秤盘、称体）、称重传感器（应变片、压电传感器等）、放大电路、AD 转换电路、单片机电路、显示电路、键盘电路、通信接口电路、稳压电源电路等部分组成。

电子秤工作原理如下：

当物体放在秤盘上时，压力施给传感器，该传感器发生形变，使阻抗发生变化，引起输出电压发生变化，输出一个变化的模拟信号。该信号经放大电路放大输出到模数转换器。转换成便于处理的数字信号输出到单片机进行运算控制。单片机根据键盘命令将结果输出到显示器并显示结果。整个系统的重点在于传感器和信号处理（放大电路、A/D 转换电路）部分，其他部分只是为了提高系统的自动化水平及人机交互界面，所以本项目主要讨论由传感器及信号处理电路构成的简单的电子秤，电路框图如图 2-10。

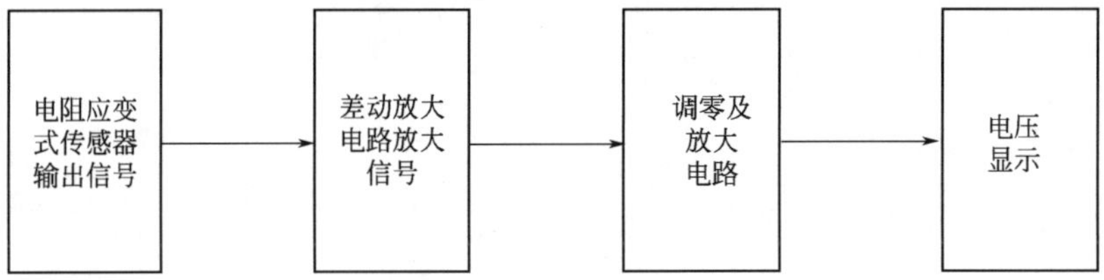

图 2-10 电子秤原理框图

2.2.2 部分电路设计

(1) 电阻应变式传感器

此处选择的电阻应变式传感器为悬臂梁式，图中 2-11(a) 中左端为固定端，右端为测量端（受力端），$R_1R_2R_3R_4$ 为电阻应变片，接成直流全臂电桥，其连接方式如图 2-11(b)。R_1 和 R_3 受拉力，R_2 和 R_4 受压力，$R_1=R_2=R_3=R_4$，则 $U_0=E\frac{\Delta R_1}{R_1}$且，$K_U=E$。该传感器计算参数如表 2-1。

由表 2-1 中参数可以看出，传感器的灵敏度为 2mV/V，即当电源电压为 10V、所加重量为 5kg 时，其输出电压为 100mV，电压幅度太小，必须经处理后才能进行显示或送 A/D 转换器转换。

(2) 差动放大电路

电子秤放大电路基本上是采用运算器为核心组成，设计方案有以下几种。

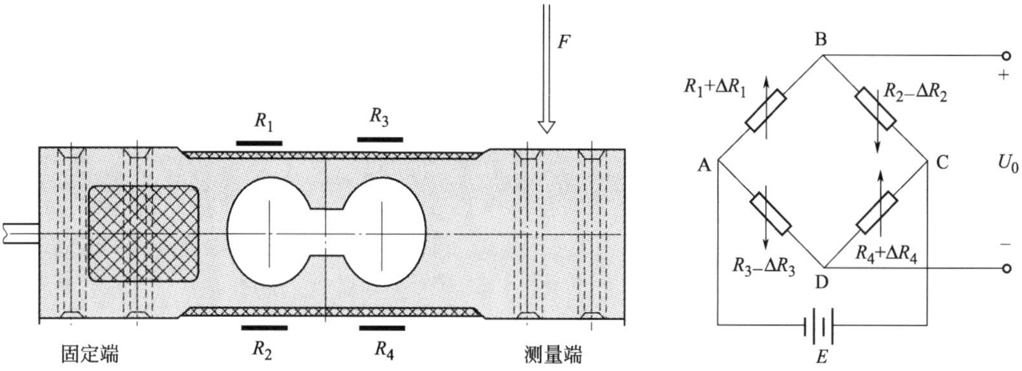

(a) 悬臂梁式传感器贴片图　　(b) 全臂电桥

图 2-11　电子秤传感器

表 2-1　悬臂梁式传感器技术参数

技术参数	单位	量值及误差范围	技术参数	单位	量值及误差范围
额定载荷	kg	6	温度对零点影响	%/10℃	±0.02
额定输出	mV/V	2±0.02	推荐激励电压	VDC	10
零点平衡	mV/V	±0.04	最大激励电压	VDC	15
正常工作温度范围	℃	−10…+40	输入阻抗	Ω	410±10
允许工作温度范围	℃	−20…+70	输出阻抗	Ω	350±3
温度对灵敏度影响	%/10℃	±0.02	绝缘阻抗	MΩ	>5000

① 采用专用仪表放大器。专用仪表放大器内部一般采用差动输入，具有差模输入阻抗大、共模抑制比高、高精度、增益高、外接件少等特点。

② 采用高精度低漂移运算放大器构成差动放大器。差动放大器具有高输入阻抗、增益高的特点，可以满足后续 A/D 转换器对高精度的需求。

③ 采用通用低温漂运算放大器构成多级放大器。通用低温漂运算放大器构成多级放大器需要对噪声的控制。

图 2-12 选用的是采用高精度低漂移运算放大器构成的差动放大器。

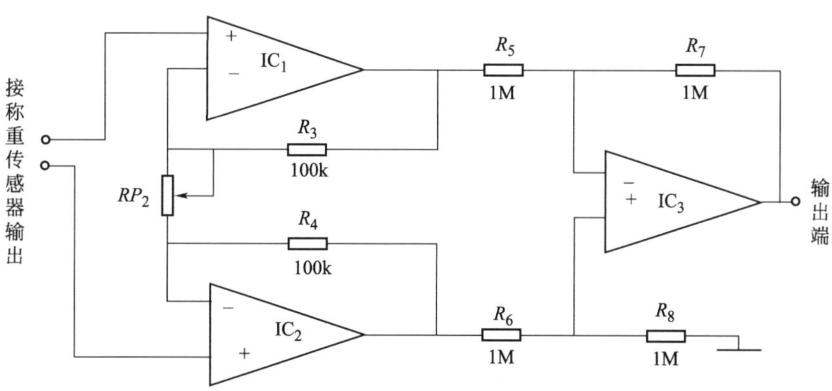

图 2-12　差动放大电路

差动放大电路由三运放构成的具有高输入阻抗，高共模抑制比的仪表放大器作为前级，

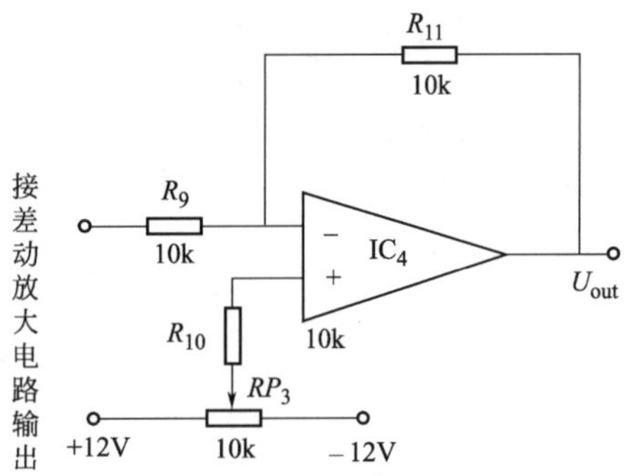

图 2-13 调零电路

再接一个反相比例放大器作为后级输出。电路包含两个放大级，IC_1、IC_2 组成第一级，二者均为同相输入方式，因而输入电阻很高。由于电路结构对称，因此漂移可以互相抵消。第二级的 IC_3 为差分输入方式，将差分输入转换为单端输出。在本电路中，要求元件参数严格对称，即 $R_3=R_4=100k$，$R_5=R_6=1M$，$R_7=R_8=1M$，另外 RP_2 用以调整微调放大倍数。

（3）调零电路

所谓调零电路（图 2-13）就是零点自动跟踪电路，由 IC_4 及外围元件组成调零电路，当传感器不加重物时，IC_4 的输出 U_{out} 为零。

2.2.3 电子秤组建

2.2.3.1 组建步骤

① 构建全桥电路。

② 放大电路调零。

③ 将电桥接入放大电路，调节电桥平衡电阻使电压显示为 0。

④ 将 10 只砝码全部置于传感器的托盘上，调节电位器 RP_2（增益即满量程调节）使数显表显示为 0.200V 或－0.200V。

⑤ 拿去托盘上的所有砝码，调节电位器 RP_3（零位调节）使数显表显示为 0.000V。

⑥ 重复④、⑤步骤的标定过程，一直到精确为止，把电压量纲 V 改为重量量纲 g，就可以称重，成为一台原始的电子秤。

2.2.3.2 电路制作

按原理图准备元器件，仪表放大器所用电阻应为高精密电阻。集成运放 IC_1～IC_4 可以使用精密集成运算放大器 OP07；若想简化电路，降低成本，也可以采用 LM358、LM324 等。

2.2.3.3 称重传感器的选用原则

在电子衡器中，选用何种称重传感器，要全面衡量，主要考虑以下几个方面。

（1）结构、形式的选择

选用何种结构形式的称重传感器，主要看衡器的结构和使用的环境条件。如要制作低外形衡器，一般应选用悬臂梁式和轮辐式传感器，若对外形高度要求不严，则可采用柱式传感器。此外，衡器使用的环境若很潮湿，有很多粉尘，则应选择密封形式较好的；若在有爆炸危险的场合，则应选用本质安全型传感器；若在高架称重系统中，则应考虑安全及过载保护；若在高温环境下使用，则应选用有水冷却护套的称重传感器；若在高寒地区使用，则应考虑采用有加温装置的传感器。在形式选择中，有一个要考虑的因素是，维修的方便与否及其所需费用，即一旦称重系统出了毛病，能否很顺利、很迅速地获得维修器件。若不能做到就说明形式选择不够合适。

(2) 量程的选择

称重系统的称量值越接近传感器的额定容量，则其称量准确度就越高，但在实际使用时，由于存在秤体自重、皮重及振动、冲击、偏载等，因而不同称量系统选用传感器的量程的原则有很大差别。作为一般规则，可有：

① 单传感器静态称重系统：固定负荷(秤台、容器等)＋变动负荷(需称量的载荷)≤所选用传感器的额定载荷的 70%。

② 多传感器静态称重系统：固定负荷(秤台、容器等)＋变动负荷(需称量的载荷)≤所配传感器个数 X 选用传感器额定载荷的 70%。(其中 70%的系数即是考虑振动、冲击、偏载等因素而加的。)

另外，在量程的选择上还应注意以下几方面。

① 选择传感器的额定容量要尽量符合生产厂家的标准产品系列中的值，否则，选用了非标准产品，不但价格贵，而且损坏后难以代换。

② 在同一称重系统中，不允许选用额定容量不同的传感器，否则，该系统没法正常工作。

③ 所谓变动负荷（需称量的载荷）是指加于传感器的真实载荷，若从秤台到传感器之间的力值传递过程中，有倍乘和衰减的机构（如杠杆系统），则应考虑其影响。

(3) 准确度的选择

称重传感器的准确度等级的选择，要能够满足称重系统准确度级别的要求，只要能满足这项要求即可。即若 2500 分度的传感器能满足要求，切勿选用 3000 分度的。若在一称重系统中使用了几只相同形式，相同额定容量的传感器并联工作时，其综合误差为 $\Delta_{综合}$，则有

$$\Delta_{综合}=\frac{\Delta}{n}\times\frac{1}{2} \tag{2-17}$$

其中：Δ 为单个传感器的综合误差；n 为传感器的个数。另外，电子称重系统一般由三大部分组成，他们是称重传感器，称重显示器和机械结构件。当系统的允差为 1 时，作为非自动衡器主要构成部分之一的称重传感器的综合误差 $\Delta_{综合}$ 一般只能达到 0.7 的比例成分。根据这一点和式(2-17) 对所需的传感器准确度做出选择。

任务 2.3 重力的测量系统——压电传感器

2.3.1 压电传感器

压电式传感器是一种典型的有源传感器，又称为自发电式传感器，它以某些电介质的压电效应为基础，在外力作用下，电介质受力变形后，在其表面产生电荷，从而检测非电量。

压电式传感器是力敏感元件，测量的都是能够转换为动态力的物理量，如机械冲击、振动、加速度等；但不能用于静态力测量。它具有结构简单、体积小、质量轻、频响高、信噪比大、灵敏度高、测量精度高、稳定性高、工作可靠、测量范围广等优点。

(1) 压电传感器的工作原理

某些电介质在沿某一方向上受到外力的作用而变形时，内部会产生极化现象，同时在其表面上产生电荷，当外力去掉后，又重新回到不带电的状态，这种现象称为压电效应。用公式表示为：$Q=dF$，其中 Q 为产生的电荷；F 为外力；d 为压电常数，和材料有关。

在电介质的极化方向上施加交变电场，它会产生机械变形；当去掉外加电场，电介质变

形随之消失，这种现象称为逆压电效应（电致伸缩效应）。

在自然界中，大多数金属都有压电效应，但大多微弱。用于压电元件材料的主要有三类：天然的单晶压电晶体（如石英晶体）；人工极化的多晶体压电陶瓷（如碳酸钡）；近几年发展的高分子压电材料。

① 石英晶体　石英晶体的突出优点是性能非常稳定。在20～200℃的范围内压电常数的变化率只有$-0.0001/℃$；缺点是压电常数较小（$d=2.31\times10^{-12}$C/N）。因此，石英晶体大多只在标准传感器、高精度传感器或使用温度较高的传感器中。

图 2-14(a) 为天然石英晶体，其结构形状为一个六角形晶柱，两端为一对称棱锥；图 2-14(b) 为理想的天然石英晶体外形，是一个正六面棱体；图 2-14(c) 为 zy 平面石英切片。石英晶体是各向异性材料，不同方向具有各异的物理特性。为了分析方便，用三个相互垂直的轴 x、y、z 来描述：

x 轴称为电轴，是经过六面体的棱线并垂直于 z 轴，沿该方向受力产生的压电效应称为纵向压电效应；y 轴称为机械轴，是与 x、z 轴同时垂直的轴，沿该方向受力产生的压电效应称为横向压电效应；z 轴称为光轴，是通过锥顶端的轴线，是纵向轴，沿该方向受力不会产生压电效应。

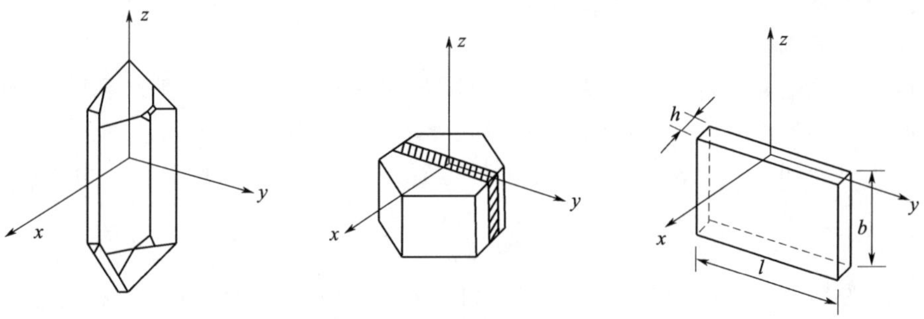

(a) 天然石英晶体结构　　(b) 天然石英晶体理想外形　　(c) zy平面石英切片

图 2-14　石英晶体及其切片

从晶体上沿 y 轴方向切下一块晶体，如图 2-14(b) 所示。晶体上产生电荷的极性与受力的方向有关。若在 x 轴方向施加作用力，则在加压的两表面上分别出现正、负电荷。若在 y 轴上施加压力时，则在加压的表面上不出现电荷，电荷仍出现在垂直于 x 轴的表面上，只是电荷的极性相反。若将 x、y 轴方向施加的压力改为拉力，则产生电荷的位置不变，只是电荷的极性相反，如图 2-15 所示。

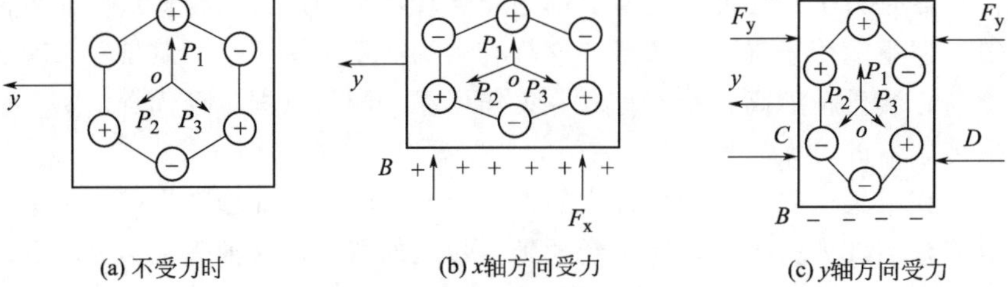

(a) 不受力时　　(b) x轴方向受力　　(c) y轴方向受力

图 2-15　石英晶体压电模型

② 压电陶瓷　压电陶瓷比石英晶体的压电系数高很多，因而灵敏度高，且制造成本较低，所以，目前国内外生产的压电元件绝大多数都采用压电陶瓷，应用非常广泛。压电陶瓷材料有多种，最早的是钛酸钡（$BaTiO_3$），现在最常用的是锆钛酸铅（$PbZrO_3$-$PbTiO_3$），简称 PZT 等。

压电陶瓷是人工制造的由无数细微单晶组成的多晶体。在无外电场作用时，如图 2-16(a) 所示，每个晶粒具有自发的一定极化方向，晶粒杂乱分布，它们的极化效应相互抵消，压电陶瓷此时呈中性，对外不显电性。如图 2-16(b) 所示，在有外电场作用时，晶粒的极化方向发生转动，趋向于按外电场方向排列，从而使材料整体得到极化。外电场越强，极化程度越高，让外电场强度大到使材料的极化达到饱和程度，即所有晶粒的极化方向都与外电场的方向一致，此时，去掉外电场，材料整体的极化方向基本不变，即出现剩余极化，这时的材料就具有了压电特性。极化后的压电陶瓷受到外力作用时极化强度就会发生变化，在垂直于极化方向的平面上就会出现电荷。

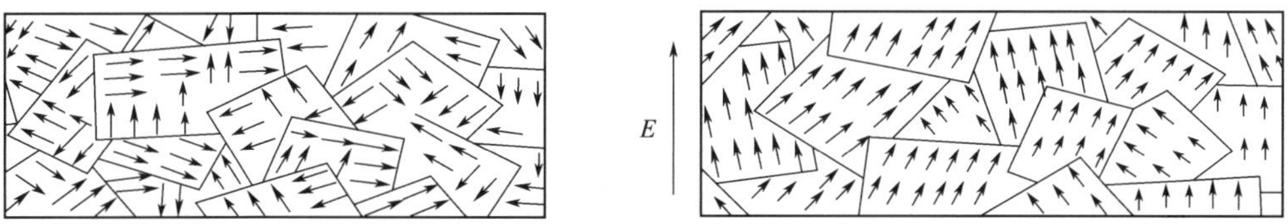

(a) 未极化的陶瓷　　(b) 电极化后的陶瓷

图 2-16　压电陶瓷的结构及极化

压电陶瓷的极化过程与铁磁材料的磁化过程极其相似。经过极化处理的压电陶瓷，在外电场去掉后，其内部仍存在着很强的剩余极化强度。当压电陶瓷受外力作用时，电畴的界限发生移动，因此剩余极化强度将发生变化，压电陶瓷就呈现出压电效应。

（2）压电式传感器的测量电路

① 压电传感器的等效电路　压电传感器中的压电元件无论是石英晶体还是压电陶瓷，它的内阻都很高，而输出的信号很微弱，都可以等效为一个电容器 C_a 和一个电源，如图 2-17 所示。

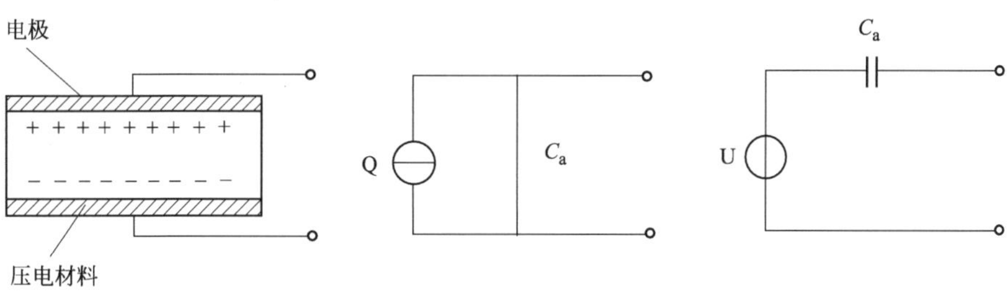

(a) 压电片电荷聚集　　(b) 电荷源等效电路　　(c) 电压源等效电路

图 2-17　压电传感器等效电路

实际应用中，还应须考虑连接电缆的分布电容 C_c，放大电路的输入电阻 R_i 和输入电容 C_i 等。因此，其实际等效电路如图 2-18 所示。

② 压电传感器的测量电路　由于压电式传感器本身的内阻抗很高，输出信号很小，因此它的测量电路常常需要接入高输入阻抗的前置放大器。其作用为：把它的高输入阻抗（一般 1000MΩ 以上）变换为低输入阻抗（小于 100Ω）；对传感器输出的微弱信号进行放大。

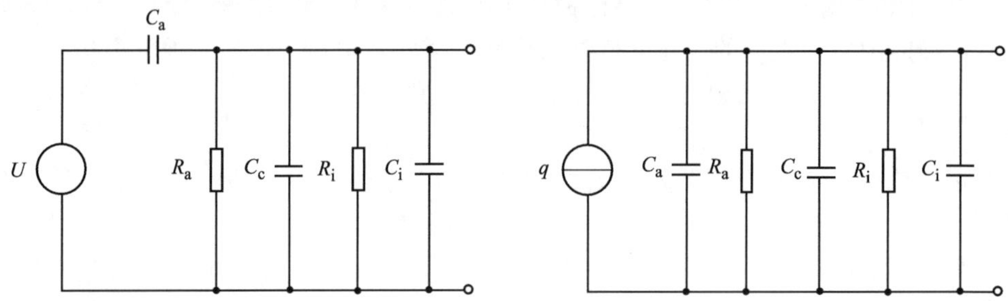

(a) 电荷源等效电路　　(b) 电压源等效电路

图 2-18　压电传感器实际等效电路

根据压电元件的等效电路可见，它输出的既可以是电荷，又可以是电压。所以，连接的放大电路有两种形式，一种是电压放大器，另一种是电荷放大器。

• 电压放大器

压电式传感器接入电压放大器的等效电路如图 2-19(a) 所示。图 2-19(b) 是简化后的等效电路，其中 u_i 是放大器输入电压，R 是 R_a 和 R_i 的等效电阻，C 是 C_c 和 C_i 的等效电容。

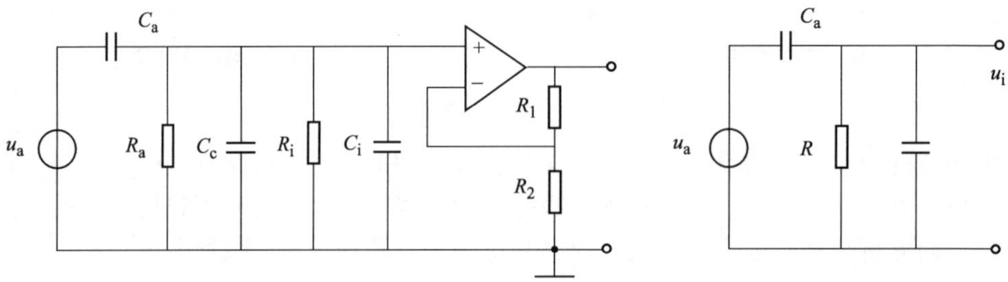

(a) 电压放大器原理图　　(b) 放大器输入端等效电路

图 2-19　电压放大器的等效电路

设压电元件受到交变力 $f=F_m\sin\omega t$，则其产生的电压为

$$u_a=\frac{dF_m}{C_a}\times\sin\omega t=U_m\sin\omega t \tag{2-18}$$

由式(2-18) 可知，当作用在压电元件上为静态力（$\omega=0$）时，前置放大器输入电压为零。因为电荷会通过放大器输入电阻和传感器本身漏电阻漏掉，所以压电传感器不能用于静态力测量。压电材料只有在交变力的作用下，电荷可以不断补充，以供给测量回路一定的电流，故只适用于动态测量。

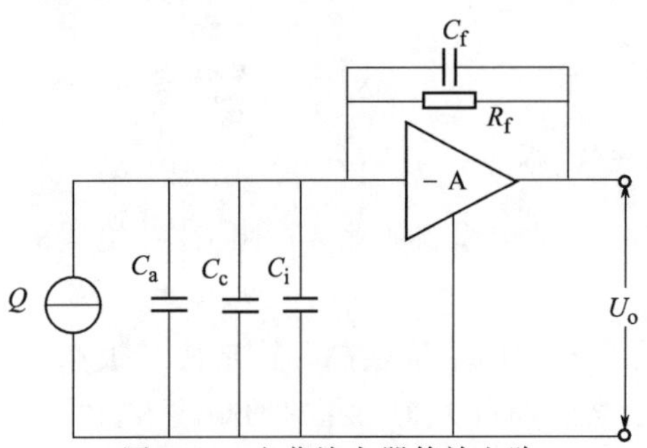

图 2-20　电荷放大器等效电路

• 电荷放大器

电荷放大器是一种输出电压与输入电荷量成正比的前置放大器，其输入信号为压电传感器产生的电荷。它还是一个具有反馈电容的高增益运算放大器。当略去泄露电阻，并认为 R_i 趋向于无限大时，其实际等效电路如图 2-20 所示。

由于放大器的输入阻抗很高，其输入端几乎没有分流，所以输出电压为

$$U_o \approx \frac{-Q}{C_f} = U_{cf} \tag{2-19}$$

可见，在电荷放大器中，输出电压与电缆电容无关，而与 Q 成正比，这是电荷放大器的突出优点；放大器的输出电压接近于反馈电容两端的电压，电荷 Q 只对反馈电容充电。

电荷放大器的频带宽度可达 0.001Hz～100kHz，灵敏度可达，$1/ms^{-2}$，输出可达 ±10V 或±100mA，谐波失真度小于 1%，折合至输入端的噪声小于 10μV。

2.3.2　重力的测量系统的设计

用压电传感器设计重力测量系统和电容应变式传感器设计电子秤的不同之处在于信号采集和转换部分，而放大电路和后续电路原理相同，此处不再赘述。压电石英测量重力是利用石英晶体的纵向压电效应将交变力信号转换成电信号的装置。压电式传感器介绍如图 2-21。

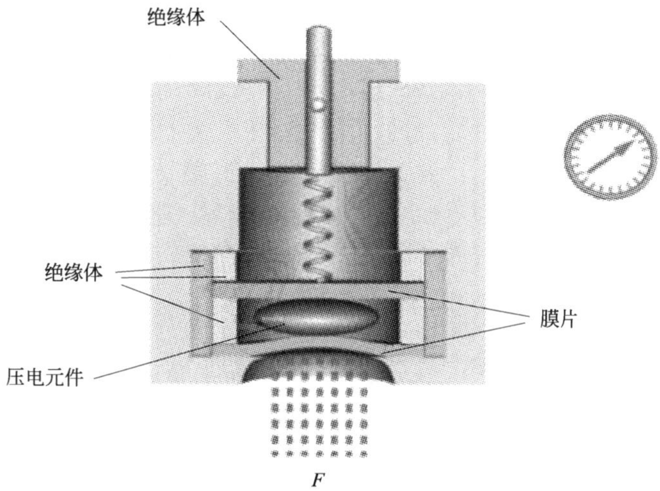

图 2-21　压电式传感器结构图

与电阻应变计不同，石英晶体敏感元件测量的是变力，是它产生的电荷对于变力的平均值，也就是说石英晶体具有把敏感元件（石英圆片）整个表面上的载荷进行积分的能力。压电石英称重传感器与应变式称重传感器的最大区别是石英晶体没有热电效应，即使是温度瞬变也不会引起信号漂移，而且灵敏度温度系数非常小，约为－0.02%℃，因此不必采取特殊手段补偿路面温度的影响。而应变式称重传感器则必须进行零点和灵敏度温度补偿。垫圈式压电石英称重传感器一般有额定量程为 100、200、500(kg)，1、2、5、10、20、50、100(t) 十种规格。灵敏度均为 40pc/kg，固有频率≥40kHz，线性度≤1%FS，绝缘电阻≥10MΩ，50t 的压电石英称重传感器的重量只有 100g。压电石英称重传感器具有如下特点：

① 量程范围广，测量范围达 10 的几次方，一个称重传感器即可完成全量程测量，频率响应范围能在低至接近零周，高达十几周范围内工作；

② 量程与鉴别阈值之比可达 100000000，一般比值超过 1000000。灵敏度高，测量值可到上百吨载荷，又能分辨出小至几千克的动态力；

③ 刚度大，固有频率高（几十千赫以上），是同尺寸应变式称重传感器的 8 倍，动态响应快；

④ 时间老化率低，无热释电现象，工作可靠性高，寿命长；

⑤ 石英晶体的居里点高（573℃），对温度的敏感性低，灵敏度变化极小，长期稳定

性好；

⑥ 石英晶体具有较好的线性，在一般情况下无滞后，组装成称重传感器其动态测量的综合误差优于1%；

⑦ 结构紧凑，体积小，高度低，重量轻，可用多个石英晶体片组装大型称重传感器；

⑧ 用多分量称重传感器进行称重计量时，抗交叉干扰能力强，交叉干扰达到800Hz时，测量误差仍然低于10%，交叉干扰到400Hz时，测量误差小至2%以内；

⑨ 使用温度范围广，通常为－200～200℃；

⑩ 在使用时不用事先调整平衡，操作方便。

唯一的缺点是不能在长时间内进行静态测量。

2.3.3 压电传感器应用扩展

(1) 压电式加速度传感器

压电式加速度传感器是常用的一种压电传感器，其原理是当加速度传感器和被测物一起受到冲击振动时，压电元件受质量块惯性力的作用，根据牛顿第二定律，此惯性力是加速度的函数，即 $F=ma$，此时惯性力 F 作用于压电元件上，因而产生电荷 q，当传感器选定后，m 为常数，则传感器输出电荷为 $Q=dF=dma$，Q 与加速度 a 成正比。因此，测得加速度传感器输出的电荷便可知加速度的大小，压电式加速度传感器的结构图如图 2-22。

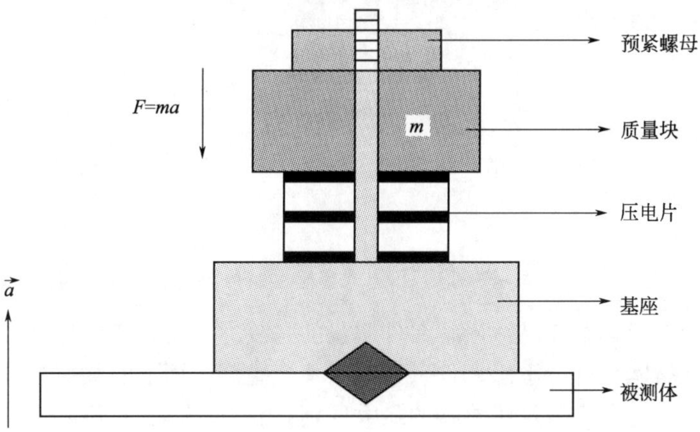

图 2-22 压电式加速度传感器的结构图

(2) 压电式声频传感器

根据逆压电效应可知，当交变信号加在压电陶瓷片两端面时，陶瓷片会在电极方向产生周期性的伸长和缩短。当一定频率的声频信号加在换能器上时，换能器上的压电陶瓷片受到外力作用而产生压缩变形，由于压电陶瓷的正压电效应，压电陶瓷上将出现充、放电现象，即将声频信号转换成了交变电信号。这时的声频传感器就是声频信号接收器。

任务 2.4 电子秤设计——电容传感器

2.4.1 电容传感器

电容式传感器就是以各种类型的电容器作为传感器元件，然后由此将被测物理量的变化转换为电容的变化。电容式传感器结构简单、相对变化量大、体积小、分辨率高、动作响应快、稳定性好、发热影响小，是非接触式测量，能在高温、辐射和强烈振动等恶劣条件下工作，广泛地应用于力、压力、振动、压差、液位、料位、位移、加速度、成分含量等测量。

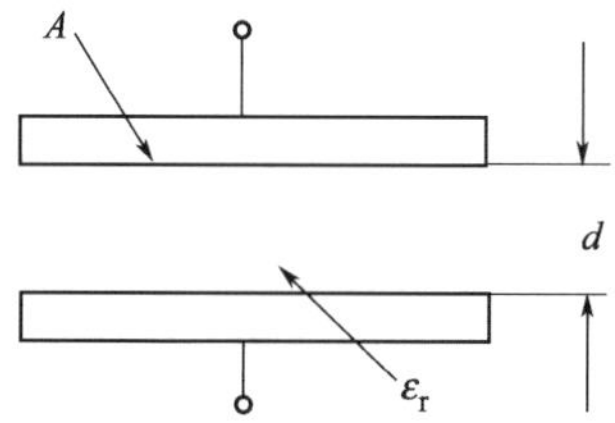

图 2-23 平板电容器

电容式传感器的工作原理可由图 2-23（由绝缘介质分开的两个平行金属板组成）平板电容器说明，如果不考虑边缘效应，其电容量为

$$C=\frac{\varepsilon A}{d_x}=\frac{\varepsilon_0\varepsilon_r A}{d} \tag{2-20}$$

式中 A——两极板相互遮盖的有效面积；

d——两极板间的距离，也称为极距；

ε——两极板间介质的介电常数；

ε_r——两极板间介质的相对介电常数；

ε_0——真空的介电常数，$\varepsilon_0=8.85\times10^{-12}$（F/m）。

由式(2-20) 可知，在 A、d、ε 三个参量中，改变其中任意一个量，均可使电容量 C 发生变化。也就是说，电容 C 是导体有效面积 A、导体间隔 d 和导体材料绝缘强度 ε 的函数，这就是电容传感器的基本工作原理。固定三个参量中的任意两个，可做成三种类型的电容传感器。

(1) 变面积型

图 2-24(a) 是平板型直线位移式变面积型电容传感器原理结构示意图，上面是动极板，可以左右移动；下面是定极板，固定不动。被测量通过动极板移动引起两极板有效覆盖面积 A 改变，从而得到电容量的变化。当动极板相对于定极板沿长度方向平移 Δx 时，则电容变化量为

$$\Delta C=C-C_0=-\frac{\varepsilon_0\varepsilon_r\Delta x}{d} \tag{2-21}$$

式中 $C_0=\varepsilon_0\varepsilon_r ba/d$ 为初始电容。电容相对变化量为

$$\frac{\Delta C}{C_0}=\frac{\Delta x}{a} \tag{2-22}$$

很明显，这种传感器其电容量 C 与水平位移 Δx 呈线性关系。

(a) 平板型直线位移式电容器　　(b) 半圆型角位移式

图 2-24 变面积型电容器原理图

图 2-24(b) 是电容式角位移传感器原理图。当动极板有一个角位移 θ 时，与定极板间的有效覆盖面积就发生改变，从而改变了两极板间的电容量。当 $\theta=0°$时，则

$$C_0=\frac{\varepsilon_0\varepsilon_r A_0}{d_0} \tag{2-23}$$

式中 ε_r——介质相对介电常数；

d_0——两极板间距离；

A_0——两极板间初始覆盖面积。

当 $\theta\neq 0$ 时，则

$$C=\frac{\varepsilon_0\varepsilon_r A_0\left(1-\dfrac{\theta}{\pi}\right)}{d_0}=C_0-C_0\ \frac{\theta}{\pi} \tag{2-24}$$

从式(2-24) 可以看出，传感器的电容量 C 与角位移 θ 呈线性关系。

变面积式电容传感器的输出特性是线性的，多用于检测直线位移、角位移、尺寸等参数。

(2) 变极距型

图 2-25(a) 是变极距式电容传感器原理结构示意图。当动极板受被测物体作用引起位移时，改变了两极板之间的距离 d，从而使电容量发生变化。图 2-25(b) 是变极距式电容传感器电容量与极板间距的关系曲线，由此图可以看出：

① 该曲线是非线性的；

② 变极距型电容式传感器只有在 $\Delta d/d$ 很小时，才有近似的线性关系；

③ 初始值 d 越小，同样的 Δd 变化所起的 ΔC 越大，即灵敏度越高。但 d 越小，行程越短，越容易引起电容器击穿或短路。因此，常采用高介电常数的材料（云母、塑料膜等）作介质来改善传感器的输出特性的线性度。

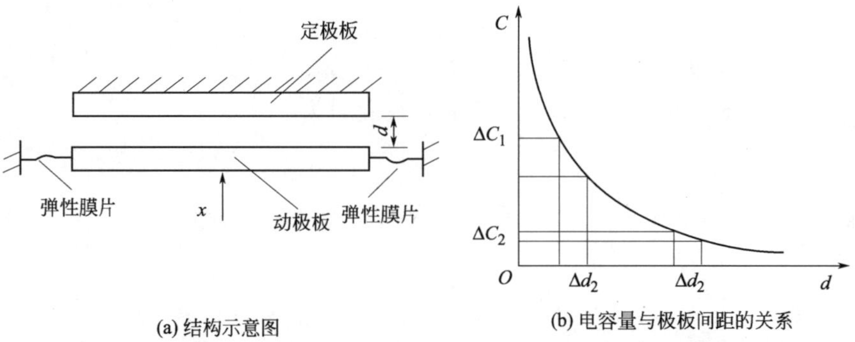

图 2-25 变极距式电容传感器

一般变极距式电容传感器的起始电容在 30～300pF 之间，极板间距离在 25～200μm 的范围内，测量的最大位移应小于间距的 1/10～1/4，电容的变化量可高达 2～3 倍，多用在微米数量级位移测量中。

(3) 变介电常数型

因为各种介质的相对介电常数不同，所以在电容器两极板间加不同介电常数的介质时，电容器的电容量也会随之发生变化，利用这种原理做成的传感器称为变介电常数式电容传感器，可以检测片状材料的厚度、性质，颗粒状物体的含水量以及测量液体的液位等。

表 2-2 列出了几种常用的气体、液体、固体的相对介电常数。

表 2-2　几种介质的相对介电常数

介质名称	相对介电常数 ε_r	介质名称	相对介电常数 ε_r
真空	1.0000	沥青	2.7
干燥空气	1.00004	砂糖	3.0
其他气体	1～1.2①	盐	6.0
液态空气	1.5	乙醇	20～25
液态二氧化碳	1.59	乙二醇	35～40
液氮	2.0	玻璃釉	3～5
石油	2.2	SiO_2	38
变压器油	2～4	云母	6～8.5
硅油	2～3.5	干的纸	2～4
聚乙烯	2.3	干的谷物	3～5
聚丙烯	2～2.2	环氧树脂	3～10
聚苯乙烯	2.4～2.6	高频陶瓷	10～160
聚四氟乙烯	2.0	低频陶瓷、压电陶瓷	1000～10000
硬橡胶	4.3	纯净的水	80

① 相对介电常数的数值视该介质的成分和化学结构不同而有较大区别，以下同。

图 2-26 是变介电常数式电容传感器的结构原理图。当介质厚度 δ 保持不变、而相对介电常数 ε_r 改变，如空气湿度变化，介质吸入潮气（$\varepsilon_{r水} \gg 1$）时，电容量将变大。

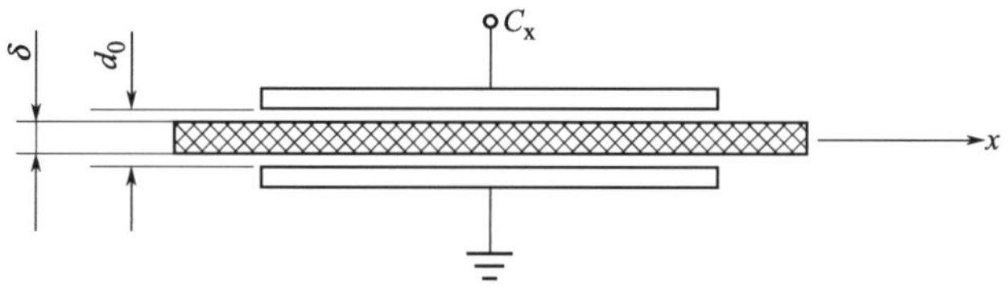

图 2-26　变介电常数式电容传感器

由表 2-2 和图 2-26 知：当某种介质处于两极板间时，介质厚度 δ 越厚，电容量也就越大。

2.4.2　电子秤设计

电容传感器电子秤设计中使用的电容传感器为变极距型，与电阻应变式电子秤不同之处在于传感器部分，放大电路及后续电路完全相同，本书不再赘述，对电子秤使用的电容传感器如图 2-27 所示，其原理介绍如下。

在弹性钢体上高度相同处打一排孔，在孔内形成一排平行的平板电容，当称重时，钢体上端面受力，圆孔变形，每个孔中的电容极板间隙变小，其电容相应增大。由于在电路上各电容是并联的，因而输出反应的结构是平均作用力的变化，测量误差大大减小（误差平均效应），其中电容测量电路如图 2-28。

图 2-28 所示为桥式测量电路，图（a）为单臂接法，C_x 为电容传感器，高频电源经变压器接到电容桥的一条对角线上，电容 C_1、C_2、C_3、C_x 构成电桥的四臂，当电桥平衡时有 $\dfrac{C_1}{C_2}=\dfrac{C_x}{C_3}$，此时 $U_o=0$；当电容式传感器 C_x 变化时，$U_o\neq0$，由此可测得电容的变化值。

在图 2-28(b) 中，接有差动电容传感器，其空载输出电压可用下式表示

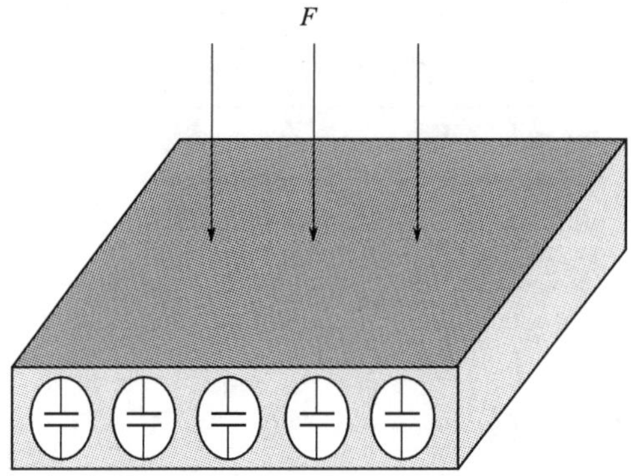

图 2-27　电容称重传感器

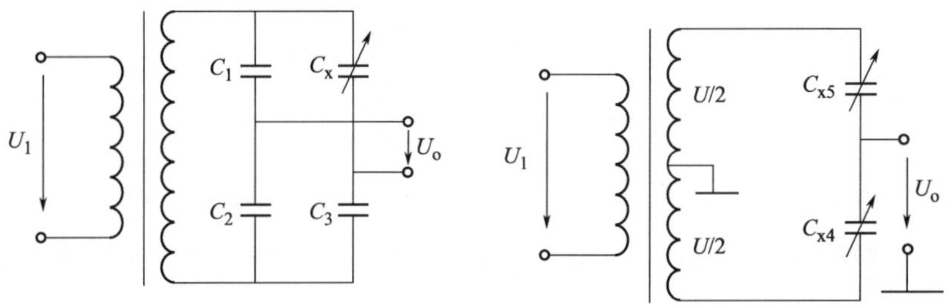

(a) 单臂接法　　(b) 差动接法

图 2-28　桥式测量电路

$$U_o=\frac{(C_0-\Delta C)-(C_0+\Delta C)}{(C_0-\Delta C)+(C_0+\Delta C)}\frac{U}{2}=-\frac{2\Delta C}{2C_0}\frac{U}{2}=-\frac{\Delta C}{C_0}\frac{U}{2} \tag{2-25}$$

式中　C_0——传感器的初始电容值；

ΔC——传感器电容的变化值。

与电阻应变式传感器相比，电容传感器有以下突出的优点。

① 输入能量低。由于其带电极板间的静电引力很小，所需输入力和输入能量就极小，即仅需要很小的输入能量就可以改变电容动极板的位置，因此可以做得很灵敏。相比之下，应变式传感器需要很大的输入能量，这就限制了在小信号转换方面的应用，即很难做成灵敏度很高和测量小重量的仪表。

② 参数变化量大。应变式传感器的金属丝的延伸量不能超过 0.4%，电阻变化则不到 0.1%，半导体应变片可到 10%，而电容式变化率则不像应变式那样受到应力和应变极限的限制。一般电容变化灵敏度可达 100%～200%，比应变式高出几个数量级，分辨率和稳定性亦可相应的提高，干扰影响也相对小多了。

③ 结构简单，环境适应性强。电容式传感器的结构简单，极板可以用玻璃、石英或陶瓷上面镀以金属，结构可做得紧凑小巧，能经受很大的温度变化及辐射等恶劣环境条件，同时也可以在许多种液体中使用。

④ 能耗低，温度稳定性好。在电容式传感器中，用真空、空气或其他介质时，介质的损耗是非常小的，其他的损耗也极小，因此可认为电容式传感器在工作时本身不产生能量，不需要解决散热问题。而应变式由于有电阻，就要产生由热量而引起的误差。此外，电容式传感器还有体积小、重量轻、价格便宜等特点，易设计成数字式传感器，无需 A/D 转换，

使二次仪表的开发大大简化。

2.4.3 电容传感器应用扩展

（1）电容式加速度传感器

电容式加速度传感器的结构如图 2-29，两个固定极板间有一个用弹簧片支撑的质量块 m，质量块的两端面经抛光后作为动极板，当传感器测量竖直方向的振动时，由于 m 的惯性作用，使其相对固定电极产生位移，两个电容器 C_1 和 C_2 的电容发生相应的变化，其中一个变大，另一个变小，两电容连接为差动电路，灵敏度为单臂的 2 倍。

（2）电容式液位传感器

电容式液位计利用液位高低变化影响电容器电容量大小的原理进行测量。依此原理还可进行其他形式的物位测量。对导电介质和非导电介质都能测量，此外还能测量有倾斜晃动及高速运动的容器的液位。不仅可作液位控制器，还能用于连续测量。典型的电容式液位传感器的结构如图 2-30，测定电极安装在金属储罐的顶部，储罐的罐壁和测定电极之间形成了一个电容器，液位改变则电容的容值改变。

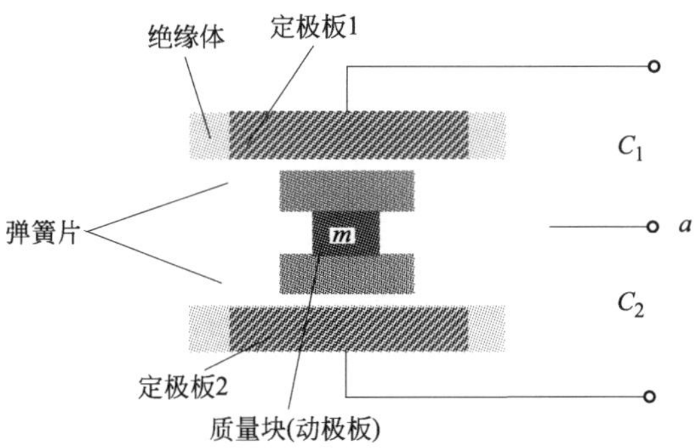

图 2-29 电容加速度传感器结构图

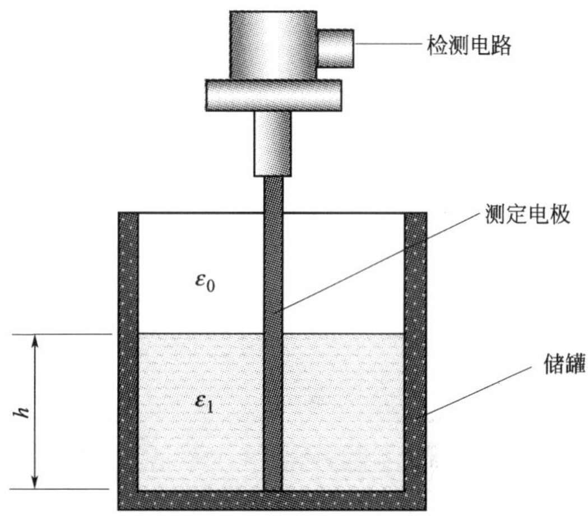

图 2-30 电容式液位传感器

（3）电容键盘

常规的键盘有机械按键和电容按键两种，电容键盘是利用变极距型电容传感器实现信息转换的设备。

电容式键盘是基于电容式开关的键盘，原理是通过按键改变电极间的距离产生电容量的变化，暂时形成震荡脉冲允许通过的条件。这种开关是无触点非接触式的，磨损率极小，拆开电容键盘也会看到绿色的电路板，但按键上并没有任何机械式元件“焊”在对应的电路板上。触感用橡胶、弹簧等创造。电熔式开关的开与关靠电容量大小改变来决定，电容式键盘如图 2-31 所示。

（4）电容触摸屏

是利用人体的电流感应进行工作，触摸屏是一块四层复合玻璃屏，当手指触摸在金属层上时，由于人体电场，用户和触摸屏表面形成以一个耦合电容，对于高频电流来说电容是直接导体，于是手指从接触点吸走一个很小的电流，这个电流分从触摸屏的四角上的电极中流出，并且流经这四个电极的电流与手指到四角的距离成正比，控制器通过对这四个电流比例

图 2-31　电容式键盘

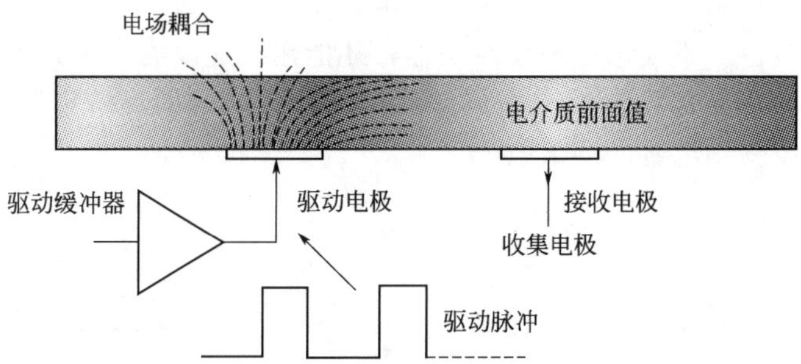

图 2-32　电容触摸屏的示意图

的精确计算，得出触摸点的位置，电容触摸屏的示意图如图 2-32 所示。

任务 2.5　自主学习

2.5.1　任务巩固

(1) 比较用电阻应变式传感器、电容传感器、压电传感器设计电子秤的不同点？

(2) 电阻应变式传感器、电容传感器、压电传感器设计电子秤的优点各是什么？

(3) 如果设计一个电子秤，量程为 100kg，请查阅资料，选择合适的称重传感器。

(4) 简单说明金属电阻应变片的结构。

(5) 什么是金属材料的应变效应？什么是半导体材料的压阻效应？

(6) 如图 2-9 所示，在直流应变电桥中，$E=5V$，$R_1=R_2=R_3=R_4=150\Omega$，试求：

① 如图(a)，R_1 为金属应变片，其余为外接电阻，当 R_1 的增量为 $\Delta R_1=1.5\Omega$ 时，电桥输出电压 $U_0=$？

② 如图(b)，应变片 R_1、R_2 批号相同，感应应变的极性相反、大小相同，其余为外接电阻，电桥输出电压 $U_0=$？

③ 如图(c)，应变片 R_1、R_2、R_3、R_4 批号相同，且 $\Delta R_1=\Delta R_2=\Delta R_3=\Delta R_4=1.5\Omega$，电桥输出电压 $U_0=$？比较三图灵敏度有何区别。

(7) 电容式传感器根据工作原理分几类？各有什么特点？分别适用于什么场合？

(8) 如图 2-24(a) 所示，在以空气为介质的变面积型平板电容传感器中，$a=10mm$，$b=15mm$，两极板间距离为 1mm。一块板在原始位置上平移了 5mm 后，求该传感器的位移灵

敏度 K（已知空气相对介电常数 $\varepsilon=1\text{F/m}$，真空时的介电常数 $\varepsilon_0=8.854\times10^{-12}\text{F/m}$）。

(9) 什么是压电效应？什么是逆压电效应？

(10) 石英晶体和压电陶瓷在结构和产生压电效应机理上各有什么不同？

(11) 压电式传感器中采用电荷放大器与电压放大器有何异同点？

2.5.2 自我评价

项目 2 电子秤设计				
评价内容	没有完成	基本完成	大部分完成	完成
是否明确项目目的？				
电子秤组建的要素是什么？				
组建电子秤至少需要几部分电路？				
掌握称重传感器的原理、作用、分类。				
掌握电阻应变片的结构、应用、测量电路。				
掌握压电式传感器的应用、测量电路。				
掌握电容传感器的结构、应用、测量电路。				
能准确描述本项目内容，写出项目总结报告。				
如果需要用单片机来组成电子秤，能否进行课程之间的横向联系。				
具备在网上搜索相关资料的能力。				

2.5.3 课后思考

① 如果把电子秤的功能完善，如何把单片机课程内容融入设计？

② 还有哪些传感器可以用来设计电子秤，简要说明其原理。

③ 电阻应变式传感器除了用于称重，还有什么主要用途？

④ 电容传感器还有哪些应用？

⑤ 压电式传感器还有哪些应用？

2. 5. 4 课业

调查传感器市场，完成一篇约两千字的小论文，从以下几个方面完成（本项目学习结束完成第 5 项）：

① 传感器的发展历史。

② 目前国际主流的传感器研发公司有哪些？其主要产品是什么？价格和市场占有率怎样？

③ 国内外市场主流的传感器都用在哪些方面？

④ 传感器在哪些行业得到了广泛的应用？列举一个和自己专业相关的典型的传感器应用的例子。

⑤ 选一个和自己专业相关的传感器，设计一个实际应用电路，理论实现。

项目3 转速仪设计

项目目标

【知识目标】 通过完成本设计，使学生掌握以下知识：

① 掌握霍尔传感器的结构、工作原理和应用；

② 掌握转速仪的结构和工作原理。

【能力目标】 通过完成本设计，使学生具备以下能力：

① 具备利用霍尔传感器测量转速、位移等信号的能力；

② 具备利用传感器进行检测项目搭建的能力；

③ 具备学科之间知识相互融会贯通的能力。

任务 3.1 霍尔传感器认知

转速仪设计用到的传感器为霍尔传感器，霍尔传感器是一种磁电式传感器。它是利用霍尔元件基于霍尔效应原理而将被测量转换成电动势输出的一种传感器。由于霍尔元件在静止状态下，具有感受磁场的独特能力，并且具有结构简单、体积小、噪声小、频率范围宽（从直流到微波）、动态范围大（输出电势变化范围可达 1000∶1）、寿命长等特点，因此获得了广泛应用。例如，在测量技术中用于将位移、力、加速度等量转换为电量的传感器；在计算技术中用于作加、减、乘、除、开方、乘方以及微积分等运算的运算器等。

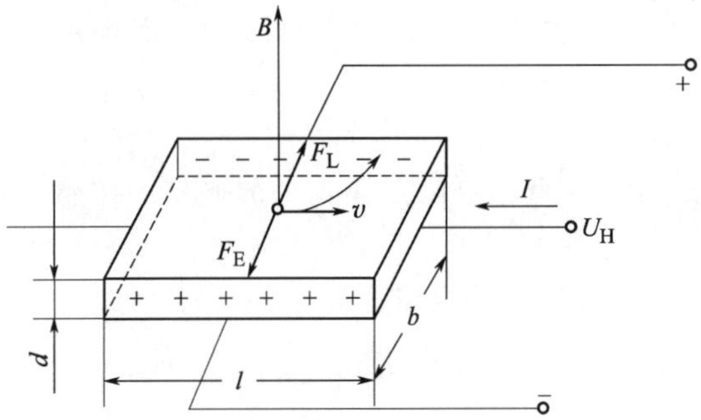

图 3-1 霍尔效应原理图

（1）霍尔效应

金属或半导体薄片在磁场中，当有电流流过时，在垂直于电流和磁场的方向上将产生电动势，这种物理现象称为霍尔效应，该电势称为霍尔电势。

霍尔效应的原理如图 3-1 所示。图中为 N 型半导体薄片，在半导体左右两端通以电流 I（称为控制电流）。当没有外加磁场作用时，半导体中电子沿直线运动。当在半导体正面垂直方向加上磁场 B 时，电子在洛仑兹力 f_L 的作用下向内侧偏移，这样在半导体内侧方向积聚大量的电子，而外侧则积聚大量的正电荷，上下两个侧面间形成电场，这一电场就是霍尔电场，该电场强度为

$$E_H=\frac{U_H}{b} \tag{3-1}$$

式中，U_H 为电势差。

洛伦兹力 f_L 的大小是

$$f_L=eBv \tag{3-2}$$

该电场的电场力又阻碍电子的偏移，当电场力与洛仑兹力相等时，即

$$eE_H=eBv \tag{3-3}$$

时，则

$$E_H=Bv \tag{3-4}$$

此时电荷不再向两侧面积累，达到平衡状态。

若金属导电板单位体积内电子数为 n，电子定向运动平均速度为 v，则激励电流 $I=nevbd$，则

$$v=\frac{I}{nebd} \tag{3-5}$$

将式(3-5) 代入式(3-4) 得

$$E_H=\frac{IB}{nebd} \tag{3-6}$$

将上式代入式(3-1) 得

$$U_H=\frac{IB}{ned} \tag{3-7}$$

式中令 $R_H=1/ne$，称之为霍尔常数，其大小取决于导体载流子密度，则

$$U_H=\frac{R_H IB}{d}=K_H IB \tag{3-8}$$

式中，$K_H=R_H/d$ 称为霍尔片的灵敏度。

从上面的公式可以看出，霍尔电势正比于电流强度和磁场强度，且与霍尔元件的形状有关，在电流强度恒定，元件形状确定的情况下，霍尔电势正比于磁场强度。当所加磁场方向改变时，霍尔电势的符号也随着改变，因此，利用霍尔元件可以测量磁场的大小和方向。

(2) 霍尔元件结构

霍尔元件是根据霍尔效应原理制成的磁电转换元件，常用锗、硅、砷化镓、砷化铟及锑化铟等半导体材料制成。用锑化铟制成的霍尔元件灵敏度最高，但受温度的影响较大。用锗制成的霍尔元件虽然灵敏度低，但它的温度特性及线性度好。目前使用锑化铟霍尔元件的场合较多。

图 3-2 是霍尔元件的外形结构图，它由霍尔片、四根引线和壳体组成，激励电极通常用红色线，而霍尔电极通常用绿色或黄色线表示。

(3) 霍尔元件基本特性

① 输入电阻和输出电阻　霍尔元件激励电极之间电阻为输入电阻，它的数值从几十欧到几百欧，视不同型号的元件而定。温度升高，输入电阻变小，从而使输入电流 I_{ab} 变大，最终引起霍尔电动势变大。使用恒流源可以稳定霍尔原件的激励电流。

霍尔电极输出电势对于电路外部来说相当于一个电压源，其电源内阻即为输出电阻。

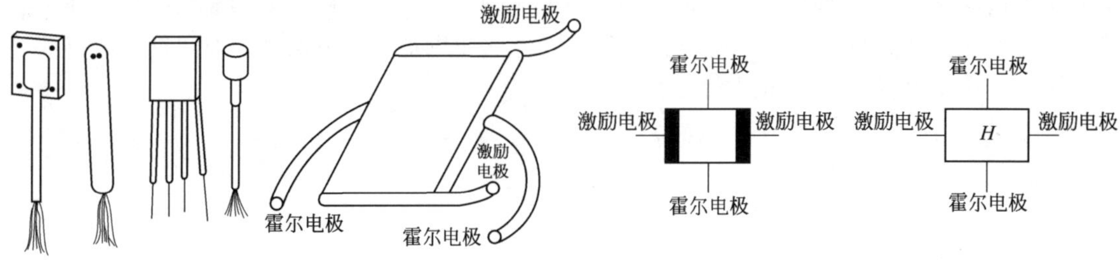

图 3-2　霍尔元件

② 最大激励电流 I_m　激励电流增大，霍尔元件的功耗增大，元件的温度升高，从而引起霍尔电动势的温漂增大，因此每种型号的元件均规定了相应的最大激励电流，它的数值从几毫安至十几毫安。

③ 最大磁感应强度 B_m　磁感应强度超过 B_m 时，霍尔电动势的非线性误差将明显增大，B_m 的数值一般小于零点几特斯拉。

④ 霍尔元件的温度特性　当温度升高时，霍尔电势减小，呈现负温度特性。

（4）霍尔式集成电路

霍尔集成电路（又称霍尔 IC）的优点：体积小、灵敏度高、输出幅度大、温漂小、对电源稳定性要求低等。

霍尔集成电路的分为线性型和开关型两大类，线性型输出模拟量，主要用于位移和磁场强度的测量；开关型输出数字量（方脉冲），可用于测量电压、电流、转速等。

如图 3-3 所示是霍尔式接近开关原理图及工作特性曲线。它主要由霍尔元件、稳压电路、放大器、施密特触发器、OC 门（集电极开路输出门）等电路做在同一个芯片上。当外加磁场强度超过规定的工作点时，OC 门由高阻态变为导通状态，输出变为低电平；当外加磁场强度低于释放点时，OC 门重新变为高阻态，输出高电平。

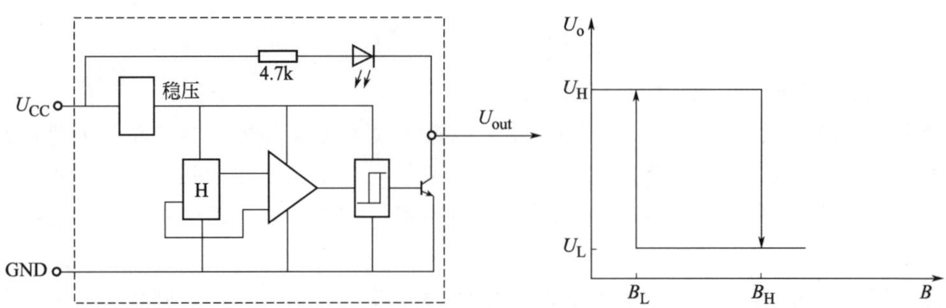

图 3-3　霍尔式开关原理及开关特性

由工作特性曲线可见，工作时具有一定的磁滞特性，可以使开关更可靠工作。图中 B_H 为工作点“开”的磁场强度，B_L 为释放点“关”的磁场强度。

（5）霍尔元件的应用

① 测位移　由霍尔效应可知，当控制电流恒定时，霍尔电压 U 与磁感应强度 B 成正比，若磁感应强度 B 是位置 x 的函数，即

$$U_H = kx \tag{3-9}$$

式中　k——位移传感器灵敏度。

则霍尔电压的大小就可以用来反映霍尔元件的位置。当霍尔元件在磁场中移动时，起输

出霍尔电压 U 的变化就反映了霍尔元件的位移量 $\Delta\chi$。利用上述原理可对微量位移进行测量。

图 3-4 所示给出了霍尔式位移传感器的工作原理图。图中磁场强度相同的两块永久磁铁，同极性相对地放置，霍尔元件处于两块磁铁中间。由于磁铁中间的磁感应强度 $B=0$，由此霍尔元件的输出电压 U 也等于零，这时位移 $\Delta\chi=0$。若霍尔元件在两磁铁中间产生相对位移，霍尔元件感受到的磁感应强度也随之改变，这时有输出 U，其量值大小反映出霍尔元件与磁铁之间相对位置的变化量，这种结构的传感器，其动态范围可达 5mm，当位移 < 2mm 时，输出霍尔电压与位移之间有良好的线性关系。传感器的分辨率为 0.001mm。

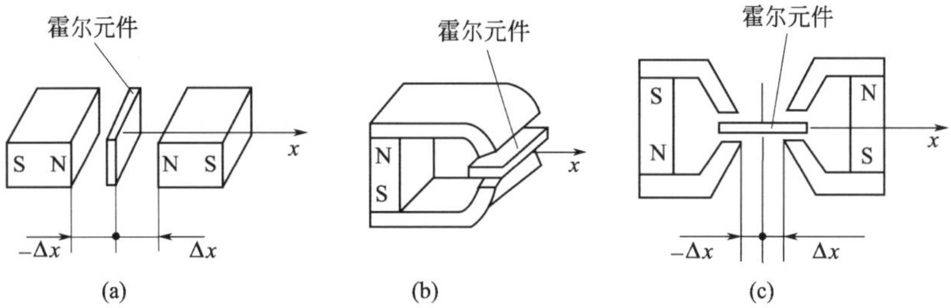

图 3-4　霍尔式位移传感器的工作原理

② 测速度　图 3-5 为列车霍尔传感器测量车速的示意图，在车轮转动的过程中，当齿接近霍尔元件时，磁感应强度逐渐增强，可产生增大的霍尔电势；反之，当齿远离霍尔元件时，磁感应强度逐渐减弱，产生减小的霍尔电势，图 3-6 为霍尔传感器输出的电压信号。

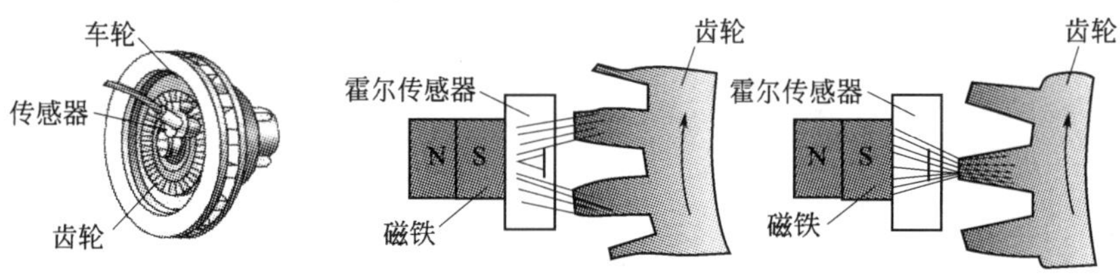

图 3-5　霍尔传感器测量车速

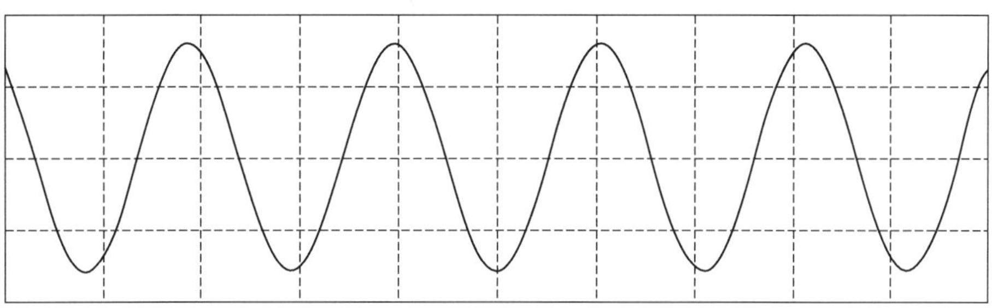

图 3-6　车速测量输出信号

③ 测电流　如图 3-7 所示，将被测电流的导线穿过霍尔电流传感器的检测孔，当有电流通过导线时，在导线周围将产生磁场，磁力线集中在铁芯内，并在铁芯的缺口处穿过霍尔元件，从而产生与电流成正比的霍尔电势。

霍尔电流传感器（图 3-8）的特点：

测量频率：0～100kHz

测量范围：1～40000A

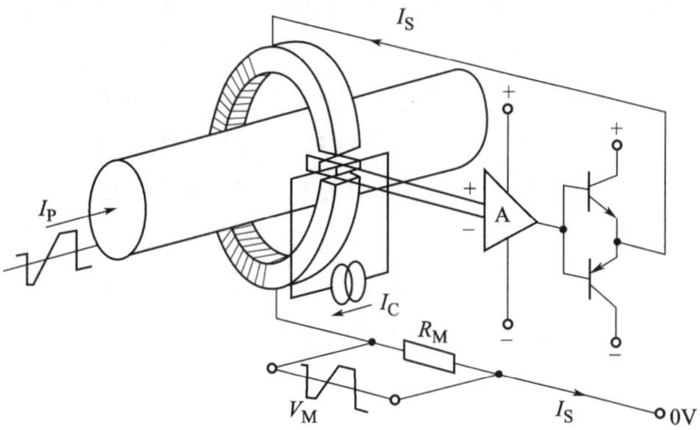

图 3-7　霍尔传感器测电流示意图

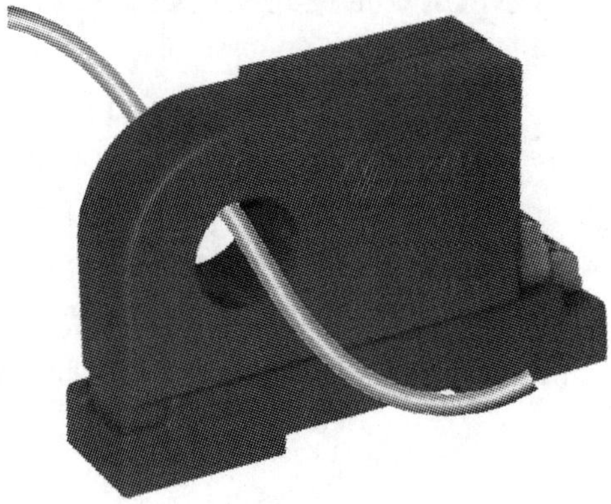

图 3-8　霍尔电流传感器

精度：0.2%～1%

响应时间：<1μs

线性度：0.1%

无测量插入损耗

测量 AC、DC 及脉冲电流

④ 测加速度　霍尔加速度传感器的结构原理和静态特性曲线如图 3-9 所示。在盒体上固定均质弹簧片 S，片 S 的中部装一惯性块 M，片 S 的末端固定测量位移的霍尔元件 H，H 的上下方装上一对永磁体，它们同极性相对安装。盒体固定在被测对象上，当它们与被测对象一起作垂直向上的加速运动时，惯性块在惯性力的作用下使霍尔元件 H 产生一个相对盒体的位移，产生霍尔电压 U_H 的变化。

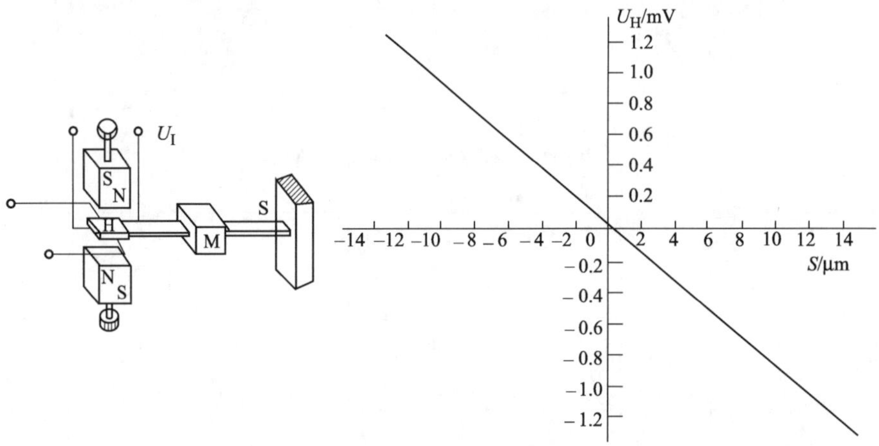

图 3-9　霍尔加速度传感器的结构原理和静态特性曲线

任务 3.2　转速仪电路设计与组建

设计一个转速仪，测速范围为 0～3000r/min。

3.2.1　整体设计

本设计由转速模块、霍尔转速传感器、信号处理电路、频率计和 LED 显示模块组成。

选用霍尔转速传感器作为测速元件，其工作原理是：在转轴的圆周上粘上磁钢，让霍尔传感器靠近磁钢，转轴旋转时，霍尔电势就同频率相应变化。把输出的信号送给放大、整形等信号处理电路得到脉冲信号，最后通过测频（计数）电路就可以得到被测转速。

整体设计如图 3-10 所示。

转速模块 → 霍尔传感器 → 信号处理 → 频率计 → LED显示

图 3-10　霍尔转速仪电路框图

3.2.2　部分电路设计

（1）转速模块

转速模块电机为直流电动机，直流电动机具有良好的起动、制动性能，宜于在大范围内平滑调速。直流电机的转速和施加于电机两端的电压有关，本设计电机调速电压为 2～15V，转速最大为 50r/s，转速随着调速电压的增大而增大。

（2）霍尔传感器

霍尔传感器是利用霍尔效应实现磁电转换的一种传感器，它具有灵敏度高，线性度好，稳定性高、体积小和耐高温等特点，所以，在测量技术、自动化技术和信息处理等方面得到了广泛的应用，通常被用来测量位移、压力、转速等物理量。使用霍尔传感器获得脉冲信号，其机械结构可以做得较为简单，只要在转轴的圆周上粘上一粒磁钢，让霍尔开关靠近磁钢，就有信号输出，转轴旋转时，就会不断地产生脉冲信号输出。如果在圆周上粘上多粒磁钢，可以实现旋转一周，获得多个脉冲输出。在粘磁钢时要注意，霍尔传感器对磁场方向敏感，粘之前可以先手动接近一下传感器，如果没有信号输出，可以换一个方向再试。这种传感器不怕灰尘、油污，在工业现场应用广泛。

在本设计中采用的传感器为某种型号的霍尔转速传感器。它的感应对象为磁钢。当被测体上嵌入磁钢，随着被测物体转动时，传感器输出与旋转频率相关的脉冲信号，达到测速或位移检测的发讯目的。由于安装使用方便，通用性好，已被广泛应用于各种领域。如图 3-11 所示为该传感器的实物图，该传感器的技术参数如下。

① 发讯频率：0～10kHz

② 供电电源：12～25V（DC）

③ 负载电阻：≥1.0kΩ

④ 检测距离：1～4mm（磁钢）

⑤ 磁钢尺寸：8mm×5mm

⑥ 输出信号：矩形波幅值：近电源电压

⑦ 环境条件：温度：－20～80℃相对湿度：≤85%

⑧ 安装螺纹：M12×1

棕色：接电源＋12V；蓝色：接电源地 0V；黑色：接信号

（3）信号处理电路

如图 3-12 所示为信号处理电路，在电源输入端并联电容 C_2 用来滤去电源尖啸，使霍尔元件稳定工作。H 表示霍尔元件，在霍尔元件输出端（引脚 3）与地并联电容 C_3 滤去波形尖峰，再接一个上拉电阻 R_2，然后将其接入 LM324 的引脚 3。用 LM324 构成一个电压比较器，将霍尔元件输出电压与电位器 R_{P1} 比较得出高低电平信号给单片机读取。C_4 用于波形整形，以保证获得良好数字信号。LED 便于观察，当比较器输出高电平时不亮，低电平时亮。

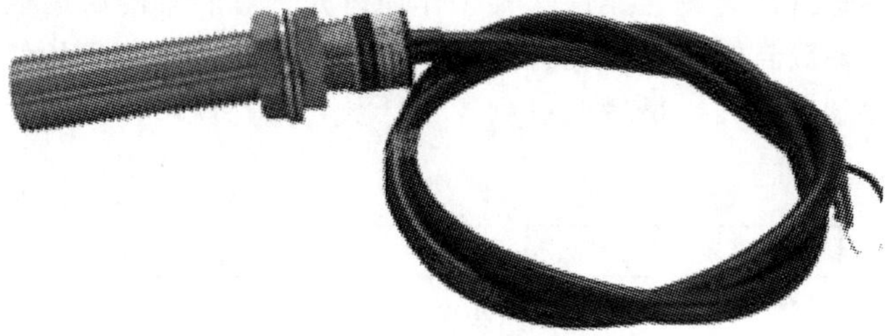

图 3-11　霍尔转速传感器

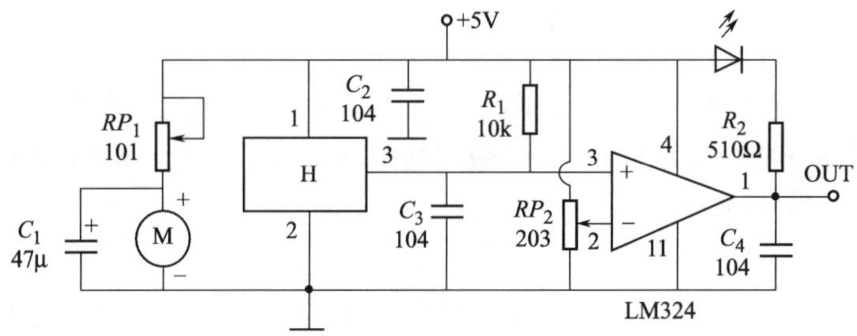

图 3-12　信号处理电路

电压比较器的功能：比较两个电压的大小（用输出电压的高或低电平，表示两个输入电压的大小关系）：

当“+”输入端电压高于“−”输入端时，电压比较器输出为高电平；

当“+”输入端电压低于“−”输入端时，电压比较器输出为低电平；

比较器还有整形的作用，利用这一特点可获得良好稳定的输出信号，不至于丢失信号，能提高测速的精确性和稳定性。

(4) 频率计和显示单元

① 频率计显示屏由五位数码管组成最大显示 99999Hz，精度 3%；

② 选择开关控制频率计输入端，作为频率表使用，被测信号范围为 0.5V_{P-P}～20V_{P-P}；

③ 频率显示范围为 1Hz～10kHz；

④ 作为频率计精度为 5%。

(5) 转速仪组建

转速仪整体组建图如图 3-13 所示：转盘与电机安装在一起，随电机转动，电机控制转

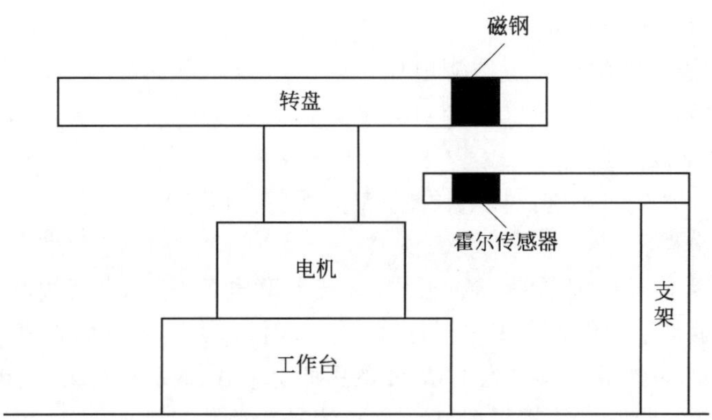

图 3-13　转速仪组建图

速电压为 2～15V 可调，转盘上安装磁钢，霍尔传感器安装在传感器支架上，使霍尔元件正对着转盘上的磁钢。当转盘旋转时，霍尔传感器就输出周期性的脉冲信号。该脉冲信号送给频率计和显示单元，就会在显示器上显示出当前转盘转动的频率。

*任务 3.3 出租车测速计价系统

出租车利用单片机 AT89S51 芯片作为设计的核心，利用霍尔传感器测距，实现对出租车计价统计，采用 AT24C02 实现在系统掉电的时候保存单价和系统时间等信息，显示采用 6 位 LED 数码管，分屏显示单价、路程、总金额以及时间。总体设计框图如图 3-14 所示。

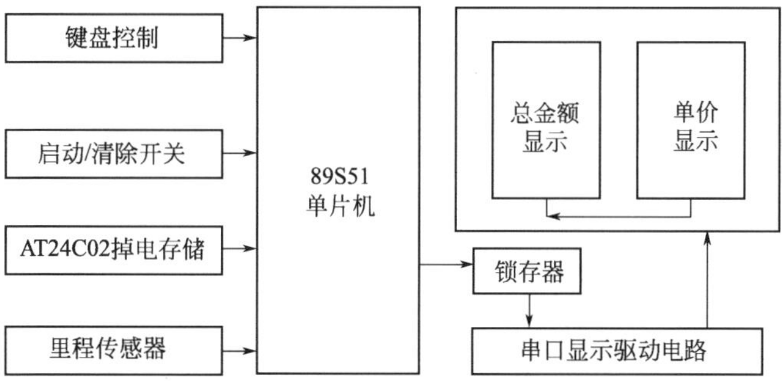

图 3-14 出租车测速计价系统

里程计算是通过安装在车轮上的霍尔传感器 A44E 检测到的信号，送到单片机，经处理计算，送给显示单元的。其原理如图 3-15 所示。

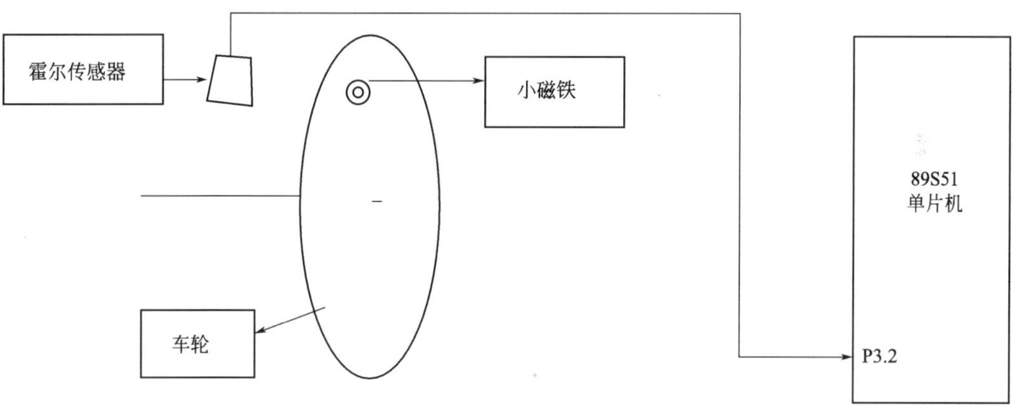

图 3-15 传感器测距示意图

由于 A44E 属于开关型的霍尔器件，其工作电压范围比较宽（4.5～18V），其输出的信号符合 TTL 电平标准，可以直接接到单片机的 IO 端口上，而且其最高检测频率可达到 1MHz。集成开关型霍尔传感器原理如图 3-16 所示。

A44E 集成霍尔开关由稳压器 A、霍尔电势发生器（即硅霍尔片）B、差分放大器 C、施密特触发器 D 和 OC 门输出 E 五个基本部分组成。在输入端输入电压 U_{CC}，经稳压器稳压后加在霍尔电势发生器的两端，根据霍尔效应原理，当霍尔片处在磁场中时，在垂直于磁场的方向通以电流，则与这二者相垂直的方向上将会产生霍尔电势差 HV 输出，该 HV 信号经放大器放大后送至施密特触发器整形，使其成为方波输送到 OC 门输出。当施加的磁场达到工作点时，触发器输出高电压（相对于地电位）使三极管导通，此时 OC 门输出端输出

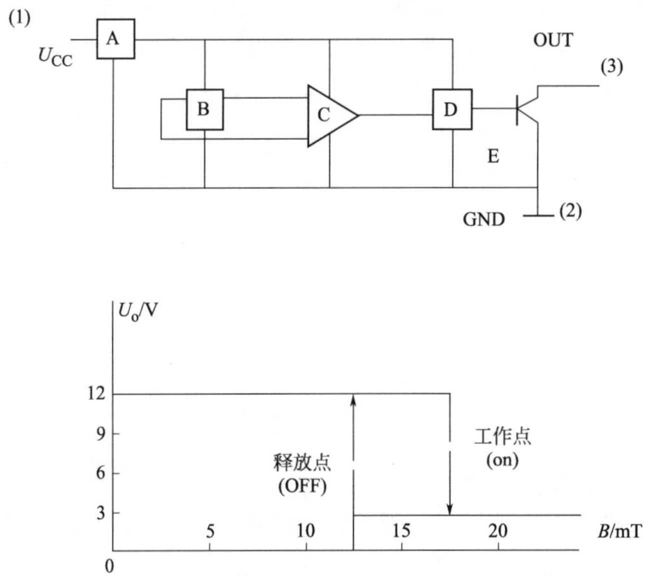

图 3-16　集成开关型霍尔传感器原理图

低电压，通常称这种状态为“开”。当施加的磁场达到释放点时，触发器输出低电压，三极管截止，使 OC 门输出高电压，这种状态为“关”。这样两次电压变换，使霍尔开关完成了一次开关动作。其集成霍尔开关外形及接线如图 3-17 所示。

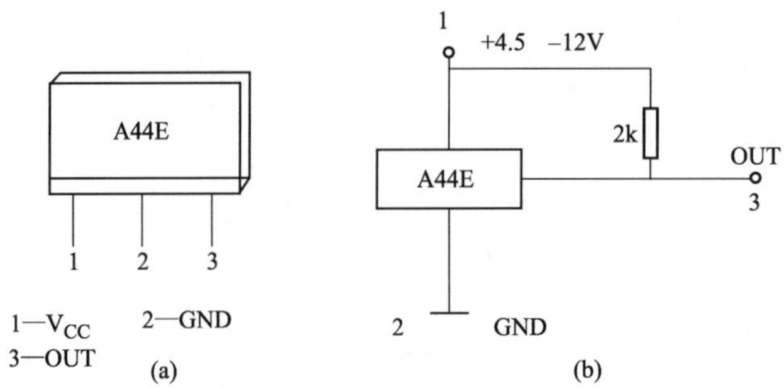

图 3-17　集成霍尔开关外形及接线图

我们选择了 P3.2 口作为信号的输入端，内部采用外部中断 0（这样可以减少程序设计的麻烦），车轮每转一圈（设车轮的周长是 1m），霍尔开关就检测并输出信号，引起单片机的中断，对脉冲计数，当计数达到 1000 次时，也就是 1km，单片机就控制将金额自动增加，其计算公式：当前单价×公里数=金额。

*任务 3.4　列车计轴的传感器应用

3.4.1　列车计轴系统

霍尔传感器是一种磁电式传感器，列车计轴系统设备采用磁电式有源传感器，计轴系统顾名思义，通过对车轮轮对的计数来判断区间的占用情况并利用高频磁头发射磁场，当有列车通过时，列车轮对会切割磁力线，使接收端接收到的场强变小，从而计算有多少组轮对通过计轴设备。车轮传感器的每套磁头包括发送和接收磁头，发送磁头安装在钢轨外侧，接收磁头安装在钢轨内侧。计轴系统原理如图 3-18 所示。

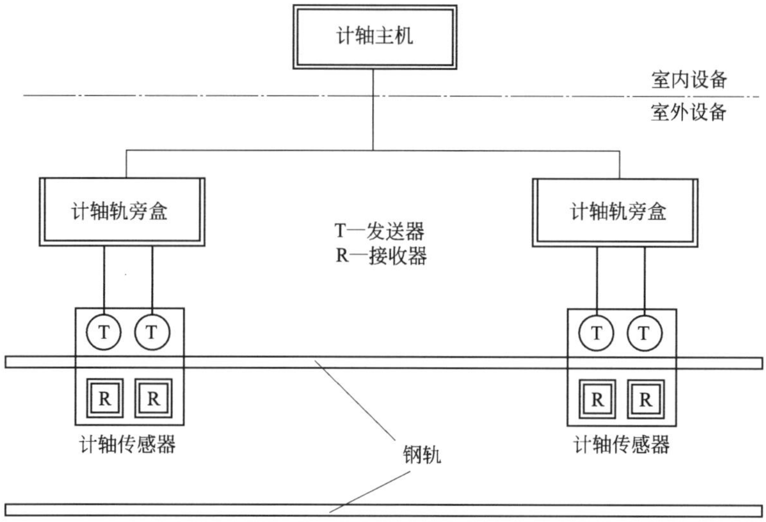

图 3-18　列车计轴系统原理

计轴系统的计数方法：当列车轮对切割高频磁头磁力线一次，计轴系统会记录一次。以一节车厢为例（四组轮对），当列车驶入区间时，计轴系统会记录共四次切割磁力线，只要列车没有切割前方磁头磁力线，系统会认为该车仍在区间内行驶；当列车经过前方计轴磁头时会再次切割磁力线，标志着列车已使出该区间，进入下一个区间。

计轴基本工作原理：如图 3-19 所示。基于列车（车辆）驶入和驶出计轴点所监视的区段时所记录轴数的比较结果，以此确定该区段的占用或空闲状态。当列车从所检查区段的 A 端进入，车轮驶入车轮传感器（A）作用区域时，向微机传送轴脉冲，微机开始计数，并判别运行方向，确定对轴数是累加计数还是递减计数。这时 B 计数结果为零，微机根据轴数信息，经比较不一致后，发出区段占用信息，控制该区段轨道继电器落下。当列车完全通过 A 端，A 计数结果为 N（列车轴数）。当列车驶离区段时，经过车轮传感器（B）计数为 N，经微机比较结果一致，输出区段空闲信息，控制该区段轨道继电器吸起。

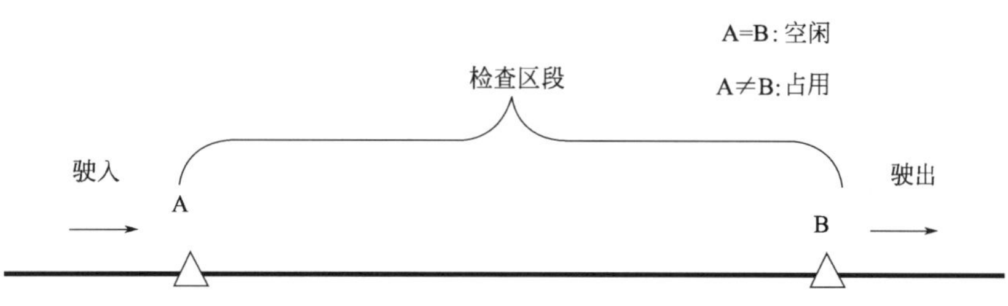

图 3-19　列车计轴工作原理

计轴系统由室外轨旁系统和室内系统组成。室外轨旁系统主要作用是探测轮对、信号转换、自检、发送数据等。室外轨旁系统由车轮传感器、车轮电子检测电路、安装基础等组成。室内系统由电源、计轴主机、诊断接口等组成。室内系统的主要作用包括：向磁头进行数据轮询、处理数据、向外发送轨道占用信息、重起和自检等。

车轮传感器通常由主传感器和辅助传感器组成。

主传感器由 2 套磁头、共用的 1 套底座、引接电缆及电缆护套构成。每套磁头包括 1 个发送磁头（T）和 1 个接收磁头（R），每个磁头上带有一条 2 芯屏蔽电缆，每套底座包括发送头底座和接收头底座各 1 个，发送头底座上带有 2 个电缆护套接头。

辅助传感器由一套磁头、一套底座、引接电缆及电缆护套构成。磁头与主传感器通用，每个磁头上带有一条 2 芯屏蔽电缆，磁头的工作频率为 20kHz。每套底座包括发送头底座和接收头底座各一个，在接收头底座上带有 1 根电缆护套接头。

3.4.2 计轴设备的主要技术条件

（1）适应环境

系统在下列工作环境条件下应可靠工作。

① 周围空气温度

• 室内设备：－5～40℃；

• 室外设备：－40～80℃。

② 周围空气相对湿度

• 室内设备：不大于 90%（温度为 25℃时）；

• 室外设备：不大于 95%（温度为 25℃时）。

③ 车轮传感器振动。在频率 10Hz、30Hz、55Hz 时，加速度幅值为 100m/s。

④ 车轮传感器冲击。峰值加速度 500m/s，脉冲持续时间为 6ms。

⑤ 车轮电子检测器的振动。在频率 10Hz、30Hz、55Hz 时，加速度为 20m/s。

⑥ 大气压力不低于 70～106kPa（海拔高度不超过 3000m）。

⑦ 设备本身不产生引起爆炸危险的有害气体。

（2）适合的线路

① 钢轨类型：43kg/m、50kg/m、60kg/m 的钢轨。

② 轨枕类型：木质、混凝土、钢。

③ 道床电阻：0～∞Ω • km。

④ 适应区段：电化区段、非电化区段。

（3）车轮传感器信号频率

主传感器 2 套磁头的工作频率 f_1＝28.00kHz±0.50kHz，f_2＝24.00kHz±0.50kHz；辅助传感器的工作频率 f_3＝20.00kHz±0.50kHz。

任务 3.5 ●●● 自主学习

3.5.1 任务巩固

① 磁电式传感器与电感式传感器有哪些不同？磁电式传感器可测哪些物理量？

② 什么是霍尔效应？霍尔传感器有哪几方面的应用？

③ 霍尔电动势的大小与方向和哪些因素有关？影响霍尔电动势的因素有哪些？

④ 霍尔元件能够测量的物理量有哪些？

⑤ 测量转速的方法有哪些？

⑥ 霍尔传感器在出租车测速计价系统中是怎么应用的？

⑦ 传感器在列车计轴系统中起什么作用？

3.5.2 自我评价

项目 3 转速仪设计				
评价内容	没有完成	基本完成	大部分完成	完成
是否明确项目目的？				
转速仪组建的要素是什么？				
组建转速仪需要几部分电路？				
掌握霍尔传感器的原理、作用、分类。				
掌握转速仪的工作原理。				
了解霍尔传感器在出租车测速计价系统中的作用。				
了解列车计轴系统中传感器的作用。				
能准确描述本项目内容，写出项目总结报告。				
具备在网上搜索相关资料的能力。				

3.5.3 课后思考

① 测量转速的传感器还有哪些？原理有什么不同？

② 霍尔集成传感器分为哪些类型？

3.5.4 课业

搜索相关资料，总结目前主流市场霍尔开关传感器的型号有哪些？列出其中两个霍尔开关传感器的主要参数和应用。

项目4 温度采集器设计

项目目标

【知识目标】

①掌握温度传感器的分类、工作原理；

② 掌握温度传感器的用途；

③ 掌握集成温度传感器的特性和测温方法；

④ 掌握集成温度传感器的测温电路原理。

【能力目标】

① 能根据测温场合正确选用温度传感器；

② 掌握温度测量电路的搭建；

③ 掌握测温电路的调试方法。

任务 4.1 温度传感器认知

温度是与人类生活息息相关的物理量。在 2000 多年前，就开始为检测温度进行了各种努力，并开始使用温度传感器检测温度。人类社会中，工业、农业、商业、科研、国防、医学及环保等部门都与温度有着密切的关系。

为了保证温度量值的统一，必须建立一个用来衡量温度高低的标准尺度，即温标。温标就是用数字来说明温度高低的一种数值表示方法，同时明确了温度的测量单位。目前常用的温标有摄氏温标、华氏温标及热力学温标。

① 摄氏温标（℃）：把在标准大气压下水的冰点定为 0℃，水的沸点定为 100℃，中间划分 100 等分的一种温标。每等分为 1℃，符号一般为 t，它是 18 世纪瑞典天文学家安德斯・摄尔修斯提出来的。

② 华氏温标（℉）：把在标准大气压下水的冰点定为 32℉，水的沸点定为 212℉，中间划分 180 等分的一种温标。每等分为 1℉，符号一般为 F，它是德国物理学家丹尼尔・家百列・华伦海特创立的。

③ 热力学温标（K）：又称绝对温标，是以热力学第二定律为根据，在卡诺定理基础上引入的一种温标。它规定分子运动停止时的温度为 0K，符合一般为 T。它是由开尔文于

1848 年首先提出的，因而又称为开氏温标。

三种温标的换算关系为

$$t_C = T_K - 273.15 \qquad t_F = \frac{9}{5}t_C + 32 \tag{4-1}$$

热力学温标是国际上公认的最基本的温标，中国法定计量单位规定可以使用摄氏温标。

温度传感器是实现温度检测和控制的重要器件。在种类繁多的传感器中，温度传感器是应用最广泛、发展最快的传感器之一。温度传感器是由温度敏感元件（感温元件）和转换电路组成的，如图 4-1 所示。

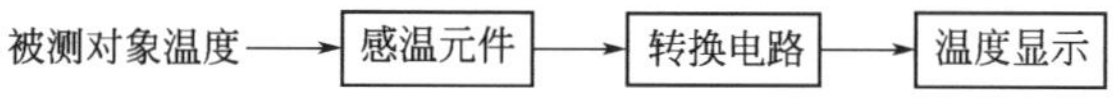

图 4-1 温度传感器的组成框图

按照感温元件是否与被测对象相接触，温度传感器主要分为接触式和非接触式两大类。

① 接触式温度传感器：传感器直接与被测物体接触进行温度测量，结构简单、工作可靠、测量精度高、价格便宜。缺点是：由于被测物体的热量传递给传感器，降低了被测物体温度，特别是被测物体热容量较小时，测量精度较低。常用的接触式温度传感器主要有热膨胀式温度传感器、热电偶、热电阻等。

② 非接触式温度传感器：主要是利用被测物体热辐射而发出红外线，从而测量物体的温度，可进行遥测。其制造成本较高，测量精度却较低。优点是：不从被测物体上吸收热量；不会干扰被测对象的温度场；连续测量不会产生消耗；反应快等。常见的非接触式温度传感器有辐射温度计、光高温计、热探测器、光子探测器等。

4.1.1 热电阻温度传感器

热电阻温度传感器是利用导体或半导体的电阻率随温度变化而变化的原理制成的，实现了将温度变化转化为元件电阻的变化。纯金属是构成热电阻的主要材料，虽然大多数金属都有一定的温度系数，但作为测温元件必须具有良好的线性、稳定性和较高的电阻率。因此目前常用的金属材料主要是铂和铜。

（1）金属热电阻

铂具有稳定的物理、化学性能，是目前制造热电阻的最好材料，它通常用作温度的基准、标准的传递，铂电阻温度计的使用范围是－200～850℃。它的主要缺点是在还原气氛中容易被侵蚀变脆，因此一定要加保护套管，如图 4-2(a) 所示。铜热电阻和铂电阻相比具有温度系数大，价格低，而且易于提纯等优点，但存在电阻率小、体积较大、热惯性大、机械强度差等缺点。在测量精度要求不高，且测温范围比较小的情况下，可采用铜做热电阻材料代替铂电阻，如图 4-2(b) 所示。

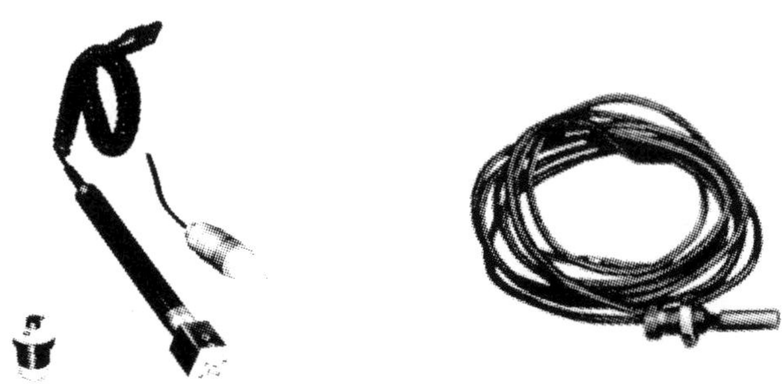

(a) 铂热电阻　　(b) 铜热电阻

图 4-2 金属热电阻

铜热电阻在－50～150℃的适用范围内其电阻值与温度的关系几乎是线性的，可表示为

$$R_t = R_0(1+\alpha t) \tag{4-2}$$

式中 R_t、R_0——热电阻在 t℃和 0℃时的电阻值；

α——铜热电阻的电阻温度系数，$\alpha = 4.25\times10^{-3} \sim 4.28\times10^{-3}$℃$^{-1}$。

（2）热电阻的结构

热电阻主要由电阻体、绝缘套管和接线盒等组成。其结构如图 4-3 所示。电阻体的主要组成部分为电阻丝、引出丝、骨架等。

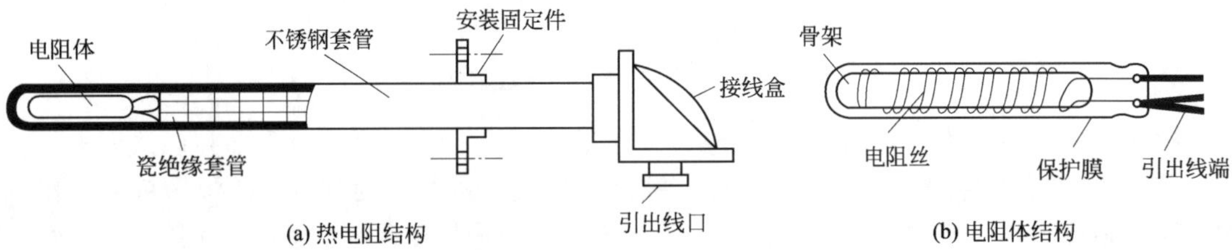

图 4-3　热电组的结构

在骨架上绕制好热电阻丝，并焊好引线之后，在其外面加上云母片进行保护，再装入外保护套管中，并和接线盒或外部导线相连接，即得到热电阻传感器。

（3）热电阻传感器的测量电路

热电阻传感器的测量电路最常用的是电桥电路。工业用的热电阻安装在生产现场，离控制室较远，热电阻的引出线对测量结果有较大影响。为了减小引出线电阻的影响，常采用三线制或四线制连接方法。

如图 4-4(a) 所示，在电阻体的一端连接两根引出线，另一端连接一根引出线，此种引出线方式称为三线制。当热电阻和电桥配合使用时，这种引出线方式可以较好地消除引出线电阻的影响，提高测量精度。

如图 4-4(b) 所示，在电阻体的两端各连接两根引出线称为四线制，这种引出线方式可以消除连接线电阻和寄生电动势影响引起的误差，主要用于高精度的温度测量。

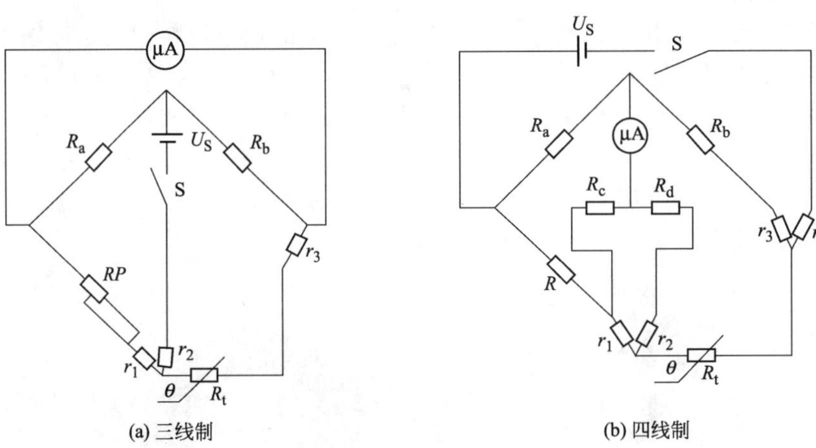

图 4-4　热电阻传感器的测量电路

4.1.2　热电偶传感器

温差热电偶（简称热电偶）是目前温度测量中使用最普遍的传感元件之一。它除具有结

构简单，测量范围宽、准确度高、热惯性小，输出信号为电信号便于远传或信号转换等优点外，还能用来测量流体的温度、测量固体以及固体壁面的温度。微型热电偶还可用于快速及动态温度的测量。

（1）热电效应及热电偶的组成

两种不同材料的导体或半导体 A 和 B 组合成如图 4-5 所示的闭合回路，若导体 A 和 B 的连接处温度不同（设 $T>T_0$），则在此闭合回路中就有电流产生，也就是说回路中有电动势存在，这种现象叫做热电效应。相应的电动势称为热电动势（简称热电势）。导体（或半导体）A、B 称为热电偶的电极。这种现象早在 1821 年首先由西拜克发现，所以又称西拜克效应。

如图 4-5 所示的回路中，两种不同导体或半导体组成的闭合回路。称之为热电偶。导体 A 或 B 称为热电偶的热电极或热电丝。图 4-6 是最简单的热电偶传感器测温系统示意图，图中两个接点，一个称为热端（测量端或工作端），测温时放在被测介质（温度场）中；另一个接点称为冷端（参考端或自由端），通过导线与显示仪表或测量电路相连。

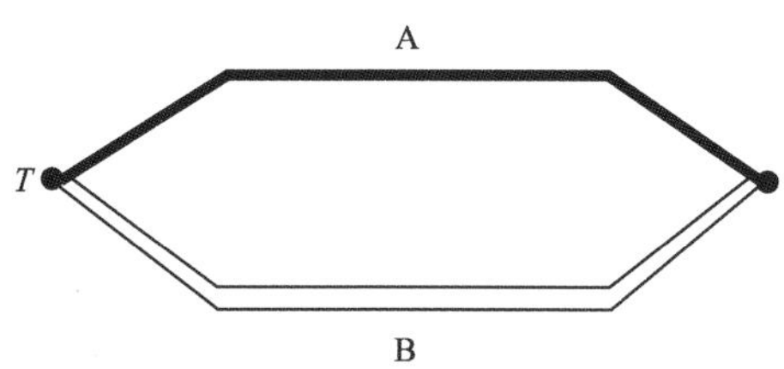

图 4-5 热电效应原理图

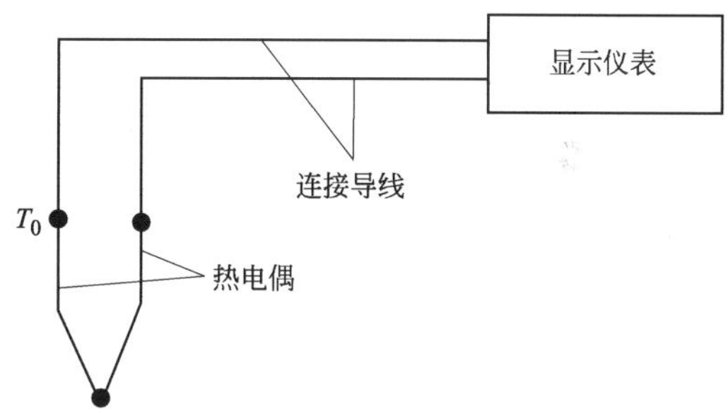

图 4-6 热电偶测温系统简图

（2）热电偶的测温原理

热电偶两端的热电势是由两种导体的接触电势和单一导体的温差电势所组成，如图 4-7、图 4-8 所示。

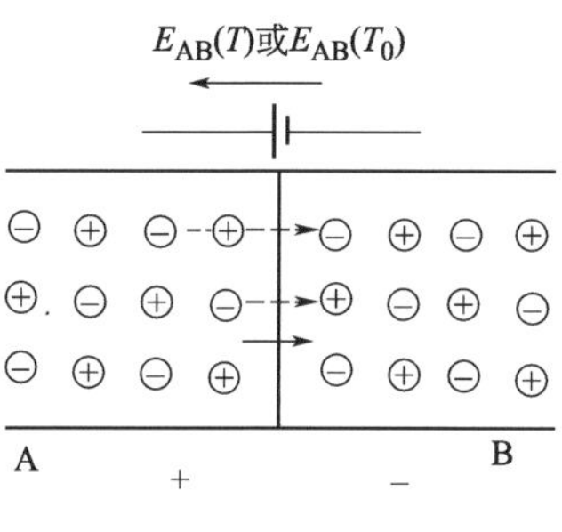

图 4-7 接触电势

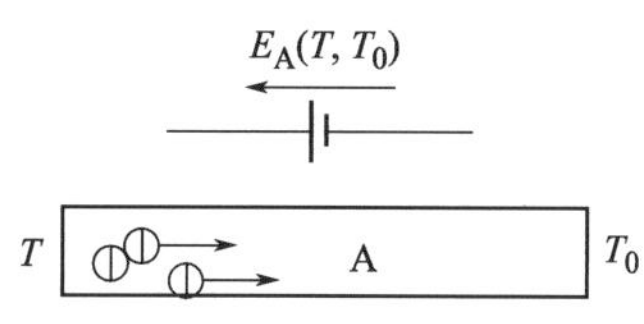

图 4-8 温差电势

接触电势（帕尔贴电势）是由于两种不同导体（或半导体）的自由电子密度不同而在接触处形成的电动势。此电势与两种导体（或半导体）的性质以及接触点的温度有关。由于不同的金属材料所具有的自由电子密度不同，在接触面上就会发生电子扩散。电子扩散的速率与两导体的电子密度有关。

温差电势（汤姆逊电势）是同一导体的两端因其温度不同而产生的一种热电势。同一导体的两端温度不同时，高温端的电子能量要比低温端的电子能量大，因而从高温端跑到低温端的电子数比从低温端跑到高温端的要多，结果高温端因失去电子而带正电，低温端因获得多余的电子而带负电，因此，在导体两端便形成接触电势。

在总热电势中，温差电势比接触电势小很多，可忽略不计，热电偶的热电势可表示为

$$E_{AB}(T,T_0)=E_{AB}(T)-E_{AB}(T_0) \tag{4-3}$$

对于已选定的热电偶，当参考端温度 T_0 恒定时，$E_{AB}(T_0)=C$ 为常数，则总的热电动势就只与温度 T 成单值函数关系，即

$$E_{AB}(T,T_0)=E_{AB}(T)-C=f(T) \tag{4-4}$$

（3）热电偶基本定律

① 中间导体定律　将导体 A 和 B 构成热电偶，并将冷端 T_0 断开，无论插入导体 C 的温度分布如何，只要中间导体两端温度相同，则对热电偶回路总电动势没有影响，这就是中间导体定律。

如图 4-9 所示，在热电偶测温回路内接入第三种导体，只要第三种导体的两端温度相同，则对回路的总热电势不会产生影响。利用这个原理，在回路中引入连接导线和仪表不会影响回路中的热电势。

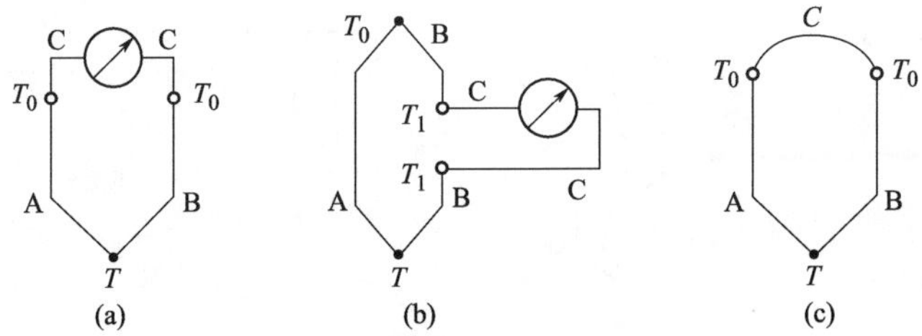

图 4-9　接入中间导体的热电偶回路

根据这个定律，可采取任何方式焊接导线，可以将热电势通过导线接至测量仪表进行测量，且不影响测量精度。

② 中间温度定律　在热电偶测温回路中，T_n 为热电极上某一点的温度，热电偶 AB 在接点温度为 T、T_0 时的热电势 E_{AB}（T，T_0）等于热电偶 AB 在接点温度为 T、T_n 和 T_n、T_0 时的热电势 E_{AB}（T，T_n）和 E_{AB}（T_n，T_0）的代数和，如图 4-10 所示，即

$$E_{AB}(T,T_0)=E_{AB}(T,T_n)+E_{AB}(T_n,T_0) \tag{4-5}$$

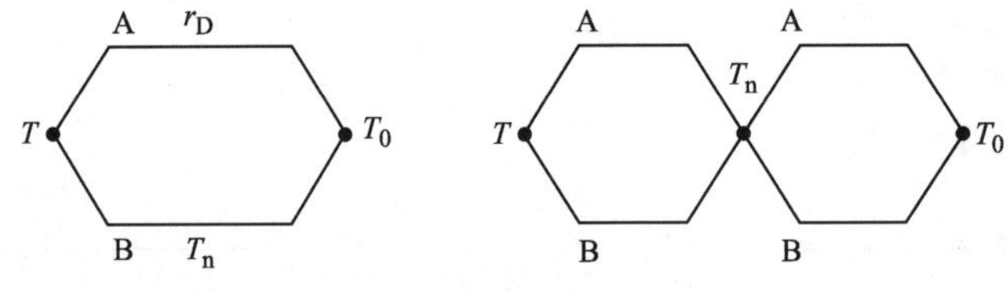

图 4-10　中间温度定律

③ 标准电极定律　当温度为 T、T_0 时，用导体 A、B 组成的热电偶的热电势等于 AC 热电偶和 CB 热电偶的热电势之代数和，即：

$$E_{AB}(T,T_0)=E_{AC}(T,T_0)+E_{CB}(T,T_0) \tag{4-6}$$

导体 C 称为标准电极，故把这一定律称为标准电极定律。该定律大大简化了热电偶选配电极的工作，只要获得有关电极与参考电极配对的热电势，那么任何两种电极配对后的热电势均可计算。由于纯铂丝的物理化学性能稳定，熔点较高，易提纯，所以目前常用纯铂丝作为标准电极。

几个结论：热电偶必须采用两种不同材料作为电极，否则无论热电偶两端温度如何，热

电偶回路总电势为零；尽管采用两种不同的金属，若热电偶两结点温度相等，回路总电势为零；热电偶 A、B 的热电势只与结点温度有关，与材料 A、B 的中间各处温度无关。

（4）热电偶的结构形式

普通型结构热电偶工业上使用最多，组成如图 4-11 所示。其安装的形式有固定螺纹连接、固定法兰连接、活动法兰连接、无固定装置等。

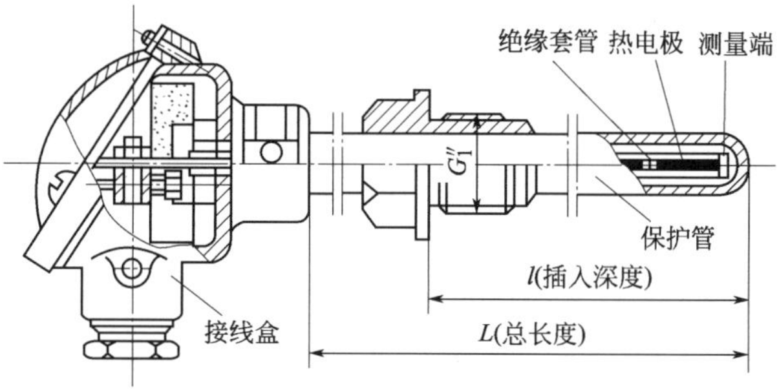

图 4-11　普通型热电偶结构

铠装型热电偶（套管热电偶）结构如图 4-12 所示，其优点是测温端热容量小，动态响应快，机械强度高，挠性好，可装在结构复杂装置上。

如图 4-13 所示，薄膜热电偶是由两种薄膜热电极材料用真空蒸镀、化学涂层等办法蒸镀到绝缘基板上而制成，其热接点可做很小，热容量小、反应速度快、热响应时间达到微秒级，适于测微小面积的表面温度及快速变化的动态温度。

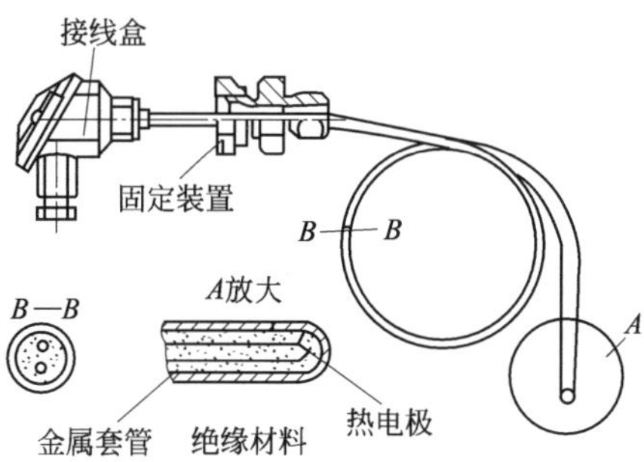

图 4-12　铠装型热电偶

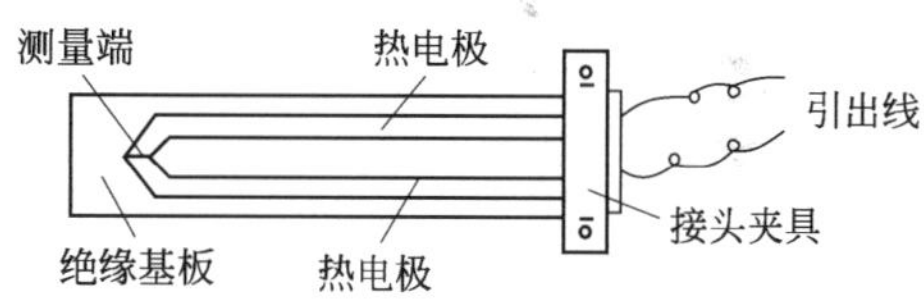

图 4-13　薄膜热电偶

（5）热电偶的补偿导线及冷端温度的补偿方法

当热电偶材料选定、冷端温度恒定时，热电偶的热电势和热端温度是单值函数。热电偶的分度表是以冷端温度为 0℃作为基准进行分度的，但实际使用中，冷端温度往往不为 0℃，也不稳定，因此必须对冷端进行处理，常采用以下方法。

① 冷端 0℃恒温法　冷端恒温法就是将热电偶的冷端置于某一温度恒定不变的装置中。热电偶的分度表是以 0℃为标准的。所以在实验室及精密测量中，通常把冷端放入 0℃恒温器或装满冰水混合物的容器中，以便冷端温度保持 0℃，这种方法又称为冰浴法。镍铬-镍硅热电偶（K 型）分度表见表 4-1。

② 补偿导线法　在实际测温时，需要把热电偶输出的热电势信号传输到远离现场数十米远的控制室里的显示仪表或控制仪表，这样冷端温度 T_0 比较稳定。热电偶一般做得较短，通常为 350～2000mm，需要用导线将热电偶的冷端延伸出来。工程中采用一种补偿导线，它通常由两种不同性质的廉价金属导线制成，而且在 0～100℃温度范围内，要求补偿

导线和所配热电偶具有相同的热电特性，两个连接点温度必须相等，正负极性不能接反。

表 4-1 镍铬-镍硅热电偶（K 型）分度表（冷端温度为 0℃）

温度/℃	0	10	20	30	40	50	60	70	80	90
	热电势/mV									
0	0.000	0.397	0.798	1.203	1.611	2.022	2.436	2.850	3.266	3.681
100	4.095	4.508	4.919	5.327	5.733	6.137	6.539	6.939	7.338	7.737
200	8.137	8.537	8.938	9.341	9.745	10.151	10.560	10.969	11.381	11.793
300	12.207	12.623	13.039	13.456	13.874	14.292	14.712	15.132	15.552	15.974
400	16.395	16.818	17.241	17.664	18.088	18.513	18.938	19.363	19.788	20.214
500	20.640	21.066	21.493	21.919	22.346	22.772	23.198	23.624	24.050	24.476
600	24.902	25.327	25.751	26.176	26.599	27.022	27.445	27.867	28.288	28.709
700	29.128	29.547	29.965	30.383	30.799	31.214	31.624	32.042	32.455	32.866
800	33.277	33.686	34.095	34.502	34.909	35.314	35.718	36.121	36.524	36.925
900	37.325	37.724	38.122	38.915	38.915	39.310	39.703	40.096	40.488	40.879
1000	41.269	41.657	42.045	42.432	42.817	43.202	43.585	43.968	44.349	44.729
1100	45.108	45.486	45.863	46.238	46.612	46.985	47.356	47.726	48.095	48.462
1200	48.828	49.192	49.555	49.916	50.276	50.633	50.990	51.344	51.697	52.049
1300	52.398	52.747	53.093	53.439	53.782	54.125	54.466	54.807	—	—

③ 补偿电桥法（冷端温度自动补偿法） 补偿电桥法是利用不平衡电桥产生的不平衡电压 U_{ab} 来补偿热电偶因冷端温度不为 0℃或发生变化而引起热电势的变化值。

如图 4-14 所示，由三个锰铜丝绕制的电阻 R_1、R_2、R_3 及铜丝绕制的电阻 R_{Cu} 和稳压电源组成。补偿电桥与热电偶冷端处在同一环境温度，当冷端温度变化引起的热电势 $E_{AB}(t, t_0)$ 变化时，由于 R_{Cu} 的阻值随冷端温度变化而变化，适当选择桥臂电阻和桥路电流，就可以使电桥产生的不平衡电压 U_{ab} 补偿由于冷端温度 t_0 变化引起的热电势变化量，从而达到自动补偿的目的。

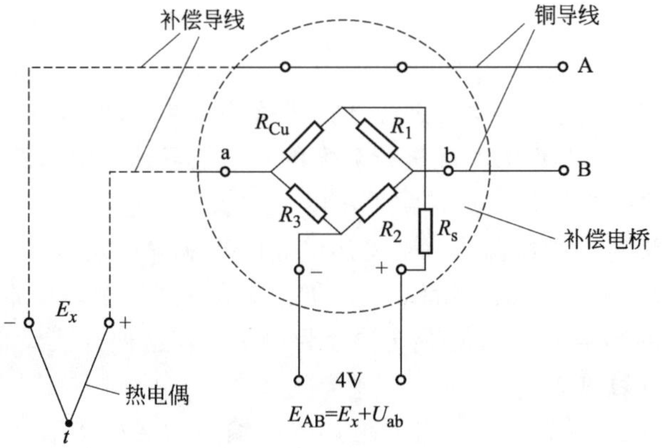

图 4-14 补偿电桥的工作原理图

④ 冷端温度修正法 采用补偿导线可使热电偶的冷端延伸到温度比较稳定的地方，但只要冷端温度 T_0 不等于 0℃，需要对热电偶回路的测量电势值 $E_{AB}(T, T_0)$ 加以修正。

当工作端温度为 T 时，分度表所对应的热电势 E_{AB}（T，0）与热电偶实际产生的热电势 E_{AB}（T，T_0）之间的关系可根据中间温度定律得到下式

$$E_{AB}(T,0)=E_{AB}(T,T_0)+E_{AB}(T_0,0) \tag{4-7}$$

由此可见，测量电势值 E_{AB}（T，T_0）的修正值为 E_{AB}（T_0，0）。E_{AB}（T_0，0）是参考端温度 T_0 的函数，经修正后的热电势为 E_{AB}（T，0），可由分度表中查出被测实际温度值 T。

（6）热电偶测温线路

测量两点之间温差的测温线路如图 4-15 所示，有

$$E_T=E_{AB}(T_1)-E_{AB}(T_2) \tag{4-8}$$

测量平均温度的方法通常用几只相同型号的热电偶并联在一起，如图 4-16 所示，其回路的平均温度为

$$E_T=\frac{1}{3}(E_1+E_2+E_3) \tag{4-9}$$

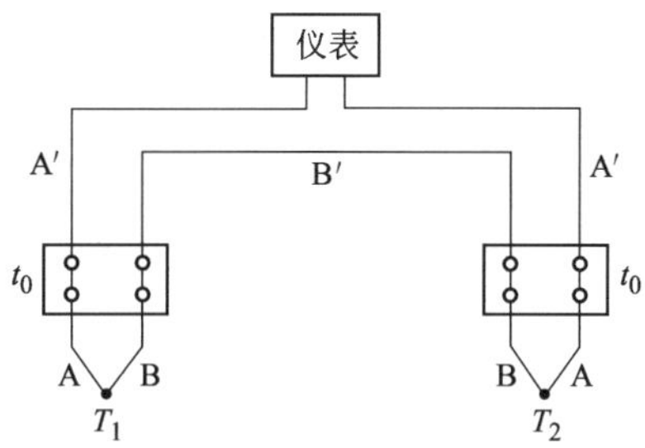

图 4-15　测量两点之间温差的测温线路

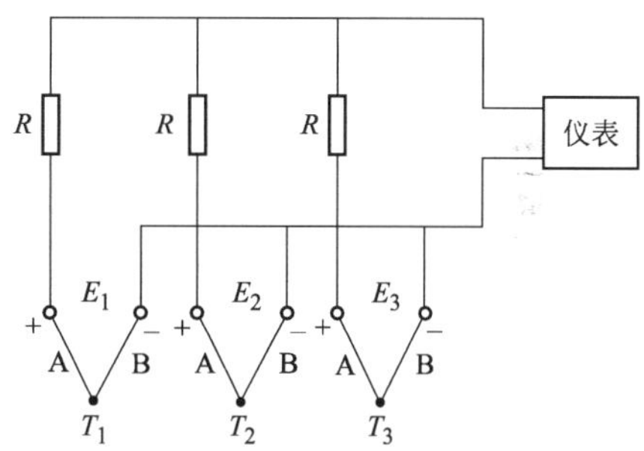

图 4-16　测量平均温度的测温线路

测量几个点温度之和的测温线路如图 4-17 所示，其输出热电动势为

$$E_T=E_1+E_2+E_3 \tag{4-10}$$

若干只热电偶共用一台仪表的测量线路如图 4-18 所示，各只热电偶的型号相同，测量范围均在显示仪表的量程内。

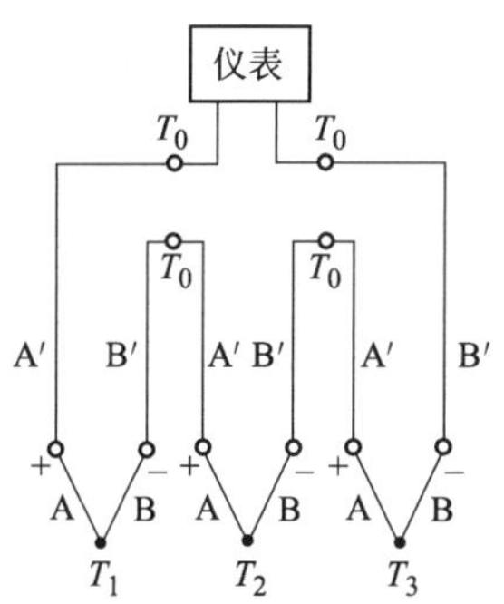

图 4-17　测量几个点温度之和的测温线路

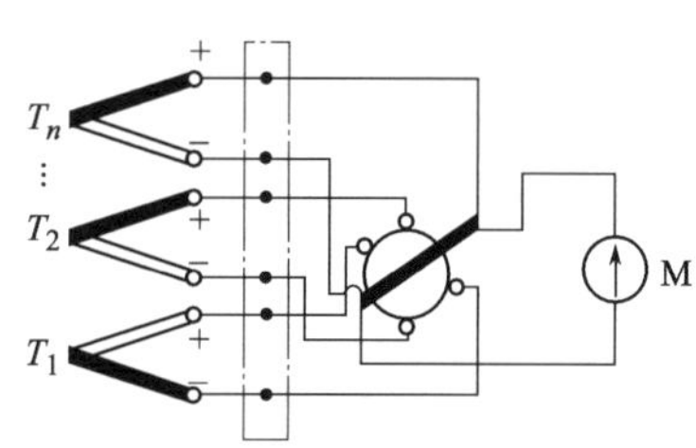

图 4-18　若干只热电偶共用一台仪表的测量线路

在现场，如大量测量点不需要连续测量，而只需要定时检测时，就可以把若干只热电偶通过手动或自动切换开关接至一台测量仪表上，以轮流或按要求显示各测量点的被测数值。切换开关的触点有十几对到数百对，这样可以大量节省显示仪表数目，也可以减小仪表箱的尺寸，达到多点温度自动检测的目的。常用的切换开关有密封微型精密继电器和电子模拟式

开关两类。

4.1.3 集成温度传感器

集成温度传感器是利用晶体管 PN 结的电流和电压特性与温度的关系，把感温元件(PN 结) 与有关的电子线路集成在很小的硅片上封装而成。晶体管的 b-e 结正向压降的不饱和值 V_{re} 与热力学温度 T 和通过发射极电流 I 关系为 $V_{re}=(KT/q)\ln I$，式中 K 是波尔兹曼常数，q 是电子电荷绝对值。

集成温度传感器具有体积小、线性好、反应灵敏、价格低、抗干扰能力强等优点，所以应用十分广泛。由于 PN 结不能耐高温，所以集成温度传感器通常测量 150℃以下的温度。常用集成温度传感器按输出量不同可分为电流型、电压型和频率型三大类。

(1) 电压输出型集成温度传感器

电压输出型集成温度传感器是将温度传感器基准电压、缓冲放大器集成在同一芯片上，制成一四端器件。因器件有放大器；故输出电压高、线性输出为 10mV/℃；另外，由于其具有输出阻抗低的特性；抗干扰能力强，故不适合长线传输。这类电压输出型集成温度传感器特别适合于工业现场测量。

AN6701S 是日本松下公司生产的电压输出型集成温度传感器，它有四个引脚，三种连线方式，如图 4-19 所示。电阻 R_C 用来调整 25℃下的输出电压，使其等于 5V，R_C 的阻值在 3～30kΩ 范围内。这时灵敏度可达 109～110mV/℃，在－10～80℃范围内基本误差不大于±1℃。

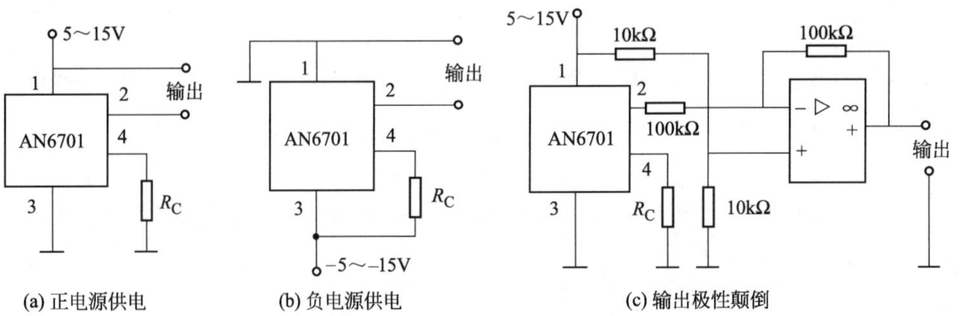

图 4-19　AN6701 三种连线方式

(2) 电流输出型集成温度传感器

电流输出型集成温度传感器是把线性集成电路和与之相容的薄膜工艺元件集成在一块芯片上，再通过激光修版微加工技术，制造出性能优良的测温传感器。这种传感器的输出电流正比于热力学温度，即 1μA/K；其次，因电流型输出恒流，所以传感器具有高输出阻抗。其值可达 10MΩ。

AD590 (图 4-20) 是美国模拟器件公司生产的单片机集成两端温度传感器，它是一种二端元件，属于一种高阻电流源，其典型的电流温度灵敏度是 1μA/K，温度为 0℃时，AD590 输出的恒流值为 273. 15μA，当温度升高或降低 1℃时，AD590 的输出电流就增大或减小 1μA。当温度为 25℃时，其输出电流为 273. 15μA＋25μA＝298. 15μA，AD590 测量温度范围是－55～150℃；工作电压范围 4～30V；在整个测温范围内的非线性误差小于±0. 3℃。

(3) 频率输出型集成温度传感器

频率输出型集成温度传感器的特点是输出方波的频率与热力学温度成正比，频率温度系

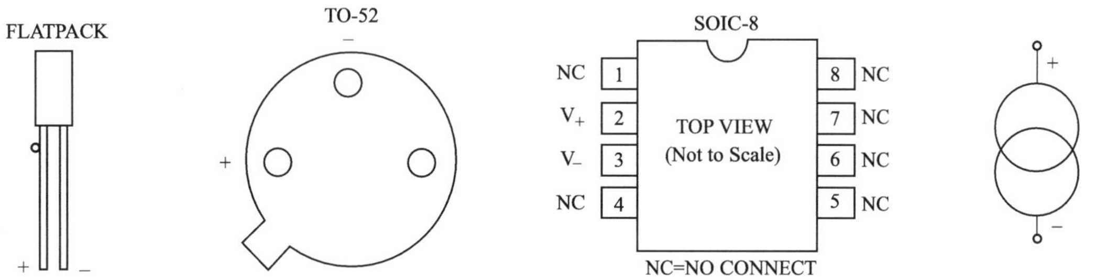

(a) 两脚封装　(b) TO-52封装　(c) SOIC封装　(d) 电路符号

图 4-20　AD590 的封装形式和电路符号

数 K_f 的单位是 Hz/K，典型产品是 MAX6677，以热力学温度定标。

任务 4.2　温度采集器电路设计与组建

设计一个温度采集器，测温范围 0～100℃，误差不大于±1℃。

4.2.1　电路设计

温度采集器电路设计见图 4-21，AD590 正极接 6V 电源，负极连接 10kΩ 电阻 R_1，为了保证灵敏度，R_1 为一个误差不大于 1%的精密电阻，作用是把 AD590 输出的电流信号转化成电压信号，并把该电压信号从 A 点输出给 LM358。根据 AD950 的特性可知，温度与 A 点电压的关系为温度每变化 1℃，AD590 的输出电流变化 1μA，在电阻 R_1 上引起的电压变化就等于 10mV，于是灵敏度为 10mV/℃。

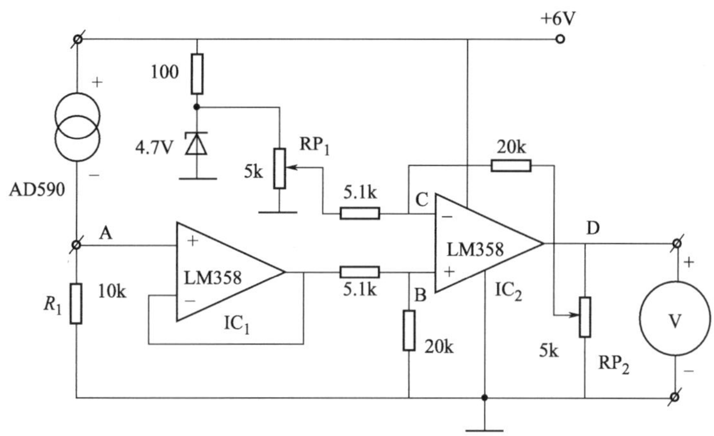

图 4-21　温度采集器电路设计

IC_1 是一个电压跟随器，转化后的电压信号经 IC_1 后到差动运算放大器 IC_2 的同相输入端，B 点的电压等于 A 点电压。

根据 AD950 的特性可知，温度为 0℃时，AD590 输出的恒流值为 273.15μA，为了保证测量 0℃时的电流等于 0，需要加上一个 IC_2 构成的矫正电路，给 IC_2 的反相输入端 C 加上 2.732V 的固定电压进行差动放大，以使 0℃时运算放大器的输出电压为 0。

输出端接 5V 的直流电压表头，用来显示温度值。VR_1 用于调“0”；VR_2 用于调节放大器的增益。

4.2.2 温度采集器组建

(1) 所需材料及设备

① 温度传感器 AD590 一个；
② 集成运算放大器 LM358 两个；
③ 5k 电位器两个；
④ 5V 电压表头一个；
⑤ 万用表一个；
⑥ 6V 稳压电源一个；
⑦ 稳压二极管一个；
⑧ 电阻若干；
⑨ 水银温度计一个；
⑩ 盛水容器；
⑪ 冰块；
⑫ 加热装置。

(2) 电路制作和调试

准备盛水容器、冰块、冷水、热水、水银温度计、搅棒等。

① 按照电路图搭建电路，先不接电压表头。

② 接通电路电源，用万用表 5V 电压挡测量稳压二极管端电压应约为 4.7V，然后测量 C 点电压，调节 RP_1 使该点电压约为 2.7V，断开电源，接好电压表头。

③ 把传感器和水银温度计放入盛水容器中，接通电路电源。加入冷水和冰块（不断搅动），使水温保持 0℃，调节电路的 RP_2 使表头指针指在 0V 刻度上。

④ 容器中加热水并加温，不断搅动，当水沸腾时（100℃），通过调节电路的 RP_2 使表头指针指在 5V 刻度。

⑤ 重复①、②步骤，调试完成。电压表头指示的电压值乘以 20 就等于所测温度。

*任务 4.3 热敏电阻在空调中的应用

空调温度传感器为负温度系数热敏电阻，简称 NTC，其阻值随温度升高而降低，温度降低而增大 25℃时的阻值为标称值。NTC 常见的故障为阻值变大、开路、受霉变阻值变化、短路、插头及插座接触不好或漏电等，引起空调 CPU 检测端子电压异常引起空调故障。空调常用 NTC 有室内环温 NTC、室内盘管 NTC、室外盘管 NTC 等。

① 室内环温 NTC 作用：室内环温 NTC 根据设定的工作状态，检测室内环境的温度，自动开停机或变频。定频空调通常使室内温度温差变化范围为设定值＋1℃，即若制冷设定 24℃时，当温度降到 23℃压缩机停机，当温度回升到 25℃压缩机工作；若制热设定 24℃时，当温度升到 25℃压缩机停机，当温度回落到 23℃压缩机工作。温度的设定范围一般为 15～30℃之间，因此低于 15℃的环温下制冷不工作，高于 30℃的环温下制热不工作。变频空调根据设定的工作温度和室内温度的差值进行变频调速，差值越大压缩机工作频率越高，因此压缩机启动以后转速很快提升。

② 室内盘管 NTC 室内盘管制冷过冷（低于＋3℃）保护检测、制冷缺氟检测；制热防冷风吹出、过热保护检测。空调制冷 30min 自动检查室内盘管的温度，若降温达不到 20℃则自动诊断为缺氟而保护。

③ 室外盘管 NTC 用于制热化霜温度检测，制冷冷凝温度检测。制热化霜是热泵机一个重要的功能，第一次化霜为 CPU 定时，以后化霜则由室外盘管 NTC 控制。制冷冷凝温度达 68℃停压缩机，代替高压压力开关的作用；变频制冷则降频阻止盘管继续升温。外环温 NTC 控制室外风机的转速、冬季预热压缩机等。热敏电阻在空调中的应用见图 4-22。

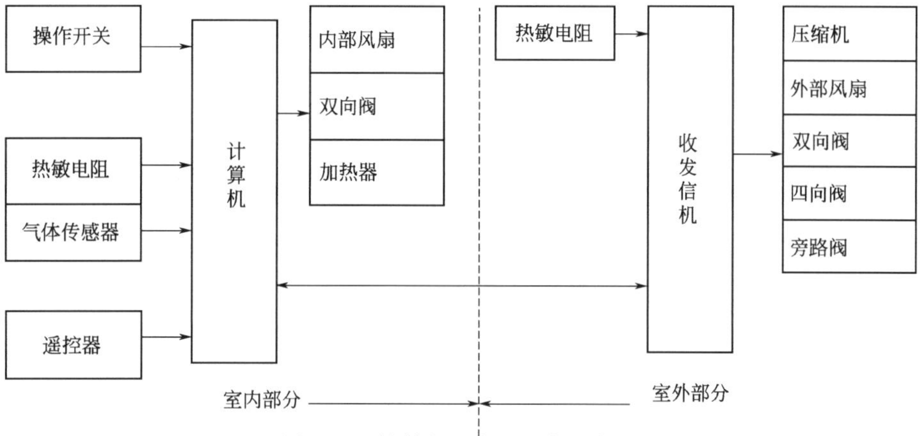

图 4-22 热敏电阻在空调中的应用

＊任务 4.4 列车红外轴温探测

红外线轴温探测系统，是利用红外线技术对运行的铁路列车车辆轴温进行监测，发现车辆热轴、防止车辆燃轴的安全保障设施，列车轴温规律及红外线轴温探测方式是红外线轴温探测系统重要的软硬件基础。

红外线轴温探测系统采用红外线技术，集光、机、电于一体，用来检查运行列车车辆轴箱温度的测温设备。它根据不同温度的物体由不同红外辐射这一特性，通过对红外辐射的测量来确定物体本身的温度，具有快速、准确、非接触的特点。第一代红外轴温探测系统是将检测到的轴箱温度用磁电笔输出在记录纸带上，人工进行分析和预报热轴。现在的红外轴温探测系统是一个集微机技术、大规模集成电路、各种传感器、数字通信、人工智能、计算机网络为一体的远程计算机实时网络。

4.4.1 红外线和红外探测器

在物理学中，已经知道可见光、不可见光、红外光及无线电等都是电磁波，它们之间的差别只是波长（或频率）的不同而已。将各种不同的电磁波按照波长（或频率）排成如图 4-23 所示的波谱图，称之为电磁波谱。从图中可以看出，红外线属于不可见光波的范畴，它的波长一般在 0.76～600μm 之间（称为红外区）。

而红外区通常又可分为近红外（0.73～1.5μm）、中红外（1.5～10μm）和远红外（10μm 以上），在 300μm 以上的区域又称为“亚毫米波”。近年来，红外辐射技术已成为一门发展迅速的新兴学科。它已经广泛应用于生产、科研、军事、医学等各个领域。

红外探测器由光学系统、检测元件和转换电路组成。光学系统按结构不同可分为透射式和反射式两类。检测元件按工作原理可分为热敏检测元件和光电检测元件。热敏元件应用最多的是热敏电阻。热敏电阻受到红外线辐射时温度升高，电阻发生变化，通过转换电路变成电信号输出。光电检测元件常用的是光敏元件，通常由硫化铅、硒化铅、砷化铟、砷化锑、碲镉汞三元合金、锗及硅掺杂等材料制成。

4.4.2 红外轴温探测系统

红外轴温探测系统由探测站、复示站、分局检测中心、局车辆处查询终端四大部分组

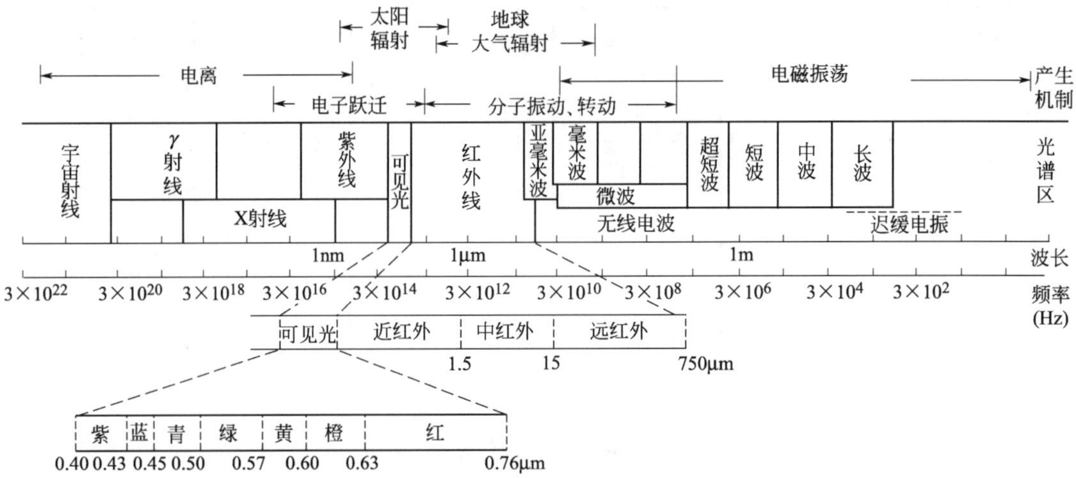

图 4-23 电磁波波谱图

成，由电务部门提供信道互连组成红外线轴温检测网，能与 CTC 互联。主要功能为自动探测车辆热轴故障、自动判别运行方向、自动测速、自动计轴计辆、自动分级热轴故障报警、自动补偿矫正设备增益和灵敏度等。

（1）探测站

探测站是车辆轴温检测系统的主要组成部分，设置在铁路沿线，为无人值守方式，它完成对运行列车车辆信息和轴向温度的原始数据的采集，实现识别和排除机车、识别客货车、测列车车速、计轴计辆、定量测轴温和预热报轴、存储 24h 轴温数据、进行自检及实时与中心站、复示站通讯联系、将自检结果传输到检测中心和复示站进行显示、报警等。

探测站由室内部分和室外部分组成，室外部分由车轮传感器、红外探头及箱体、温度传感器、配线箱及线缆组成。室内部分不同厂家区别较大，相同之处都有电源及通道防雷箱，其探测站监测主机因厂家不同，组成形式不同，但功能相似。

当列车经过探测站时，探测站监测计算机计算每个车轮的运行速度，设定采样间隔，对每个轴都通过红外探头采集 32 个点的轴温信息。红外探头采用具有双热敏元的热敏电阻，主热敏元接收车轴红外辐射，辅热敏元作为温度补偿。探头输出与探测温度由红外辐射定律得到其非线性关系，通过软件查表或曲线拟合的方法，进行电压和温度之间的转换。转换之后的电信号供主机处理预报。

车轮传感器的作用是在列车经过时，输出一个正弦波的模拟信号，进入磁钢板放大整形隔离，由磁钢板计时计数器计时，供计算列车速度、计算采集间隔及车辆计轴。

（2）复示站

复示站一般设在有列检作业的探测点，主要作用是定时查询其所属的上下行探测站并接收探测站信息，当远程话路中断时，复示站将自动承担起对探测站的监测和控制，与探测站构成一个独立工作的子系统，一旦话路回复，所缓存的数据重新发往监测中心。

（3）监测中心

检测中心设置在铁路分局，管理一条铁路线上多个探测站，实时控制和监视系统网络上每个节点的工作状态及接车、通讯情况、对各探测站工作状态及接车结果进行处理。

监测中心可以根据各个探测站预报热轴的数据，参照列车运转规律和经验，利用连续跟踪预报方法进行热轴跟踪，使得整个系统构成一个可靠的热轴跟踪系统。

（4）查询终端

局车辆处查询终端是铁路局红外系统管理中心。它可随时查询各分局监测中心所存储任一探测站的任一列车的轴温等信息，了解各分局监测中心热轴预报情况。

任务 4.5 自主学习

4.5.1 任务巩固

① 金属热电阻传感器常用的材料有哪些？各有什么特点？

② 金属热电阻传感器常用的测量电路有几种？各有什么特点？

③ 热电偶的基本定律有哪些？分别是什么？其意义何在？

④ 热电偶测量温度时，为什么要进行冷端补偿？常用的补偿方法有几种？

⑤ 一灵敏度为 0.08mV/℃的热电偶与电压表相连接，电压表接线端是 50℃，若电位计上读数是 60mV，热电偶的热端温度是多少？

⑥ 用镍铬-镍硅热电偶测量某低温箱温度，把热电偶直接与电位差计相连接。在某时刻，从电位差计测得热电势为−1.19mV，此时电位差计所处的环境温度为 15℃，试求该时刻温箱的温度是多少摄氏度？

4.5.2 自我评价

项目 4 温度采集器设计				
评价内容	没有完成	基本完成	大部分完成	完成
是否明确项目目的？				
温度采集器的核心元器件是什么？				
温度采集器由哪几部分电路构成？				
掌握温度传感器的原理、作用、分类。				
掌握热敏电阻的结构、应用、测量电路。				
掌握热电偶传感器的应用、测量电路。				
掌握集成温度传感器的特点和应用。				
能准确描述本项目内容，写出项目总结报告。				
具备在网上搜索相关资料的能力。				

4.5.3 课业

搜索资料，写一篇电子体温计的设计报告，要求有电路图和元件清单，字数 1000 字。

项目5
声光控制照明设计

项目目标

【知识目标】

① 掌握光电传感器的分类、工作原理；
② 掌握光电效应；
③ 掌握光敏电阻、光敏二极管、光敏三极管的用途；
④ 掌握光敏电阻和光敏晶体管的应用电路原理；
⑤ 了解光线传感器的特点和作用。

【能力目标】

① 能根据应用场合选择合适的光电传感器；
② 掌握光电传感器简单应用电路的搭建；
③ 掌握光控电路的调试方法。

任务 5.1 光电式传感器认知

光电式传感器是通过光电转换元件将光能转换为电能，一般由光源、光学通路和光电器件三部分组成。它具有结构简单、性能可靠、精度高、反应快、非接触等优点，因此在现代测量和控制系统中应用非常广泛，是一种很有发展前途的新型传感器。

光电元件的物理基础是基于光电效应。光电效应是物体吸收光子能量产生相应电效应的一种物理现象，光电效应一般分为三种类型。

① 外光电效应：在光线作用下使物体内的电子逸出物体表面的现象，如：光电管和光电倍增管等；

② 内光电效应：在光线作用下使物体电阻率改变的现象，如：光敏电阻、光敏二极管、光敏三极管等；

③ 光生伏特效应：在光线作用下使物体产生一定方向电动势的现象，如：光电池。

5.1.1 外光电效应元件

（1）光电管

如图 5-1(a) 所示，光电管由一个涂有光电材料的阴极 K 和一个阳极 A 封装在真空玻璃壳内组成，阴极装在光电管玻璃泡内壁或特殊的薄片上，光线通过玻璃泡的透明部分投射到阴极。要求阴极镀有光电发射材料，并有足够的面积来接收光的照射。阳极要既能有效地收集阴极所发射的电子，而又不妨碍光线照到阴极上，因此是用一细长的金属丝弯成圆形或矩形制成，放在玻璃管的中心。

光电管的测量电路如图 5-1(b) 所示，光电管的阴极 K 和电源的负极相连，阳极 A 通过负载电阻 R 接电源正极。当入射光照射在阴极上时，阴极就会发射电子，由于阳极的电位比阴极高，阳极便会收集由阴极发射出来的电子，形成光电流 I。串入的电阻上的电压降或电路中的电流大小都与光强成函数关系，从而实现光电转换。

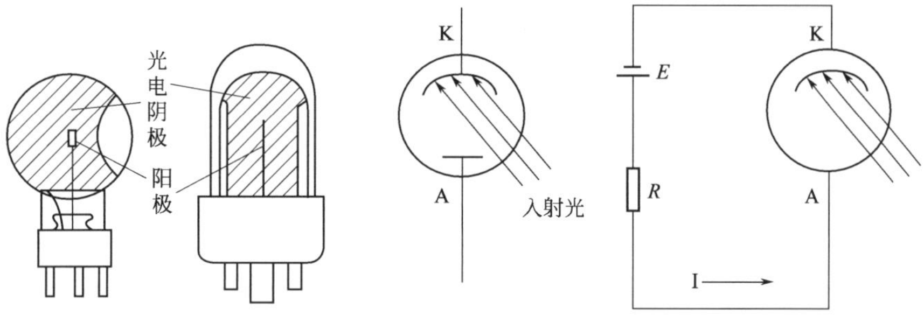

图 5-1　光电管结构示意图和连接电路

(2) 光电倍增管

当入射光很微弱时，普通光电管产生的光电流很小，只有零点几微安，很不容易探测。为了提高光电管的灵敏度，这时常用光电倍增管对电流进行放大。

如图 5-2 所示，光电倍增管由光阴极、次阴极（倍增电极）以及阳极三部分组成。光阴极是由半导体光电材料锑铯做成，次阴极是在镍或铜-铍的衬底上涂上锑铯材料而形成的，次阴极多的可达 30 级，通常为 12～14 级。阳极是最后用来收集电子的，它输出的是电压脉冲。光电倍增管是利用二次电子释放效应，将光电流在管内部进行放大。所谓的二次电子是指当电子或光子以足够大的速度轰击金属表面而使金属内部的电子再次逸出金属表面，这种再次逸出金属表面的电子叫做二次电子。

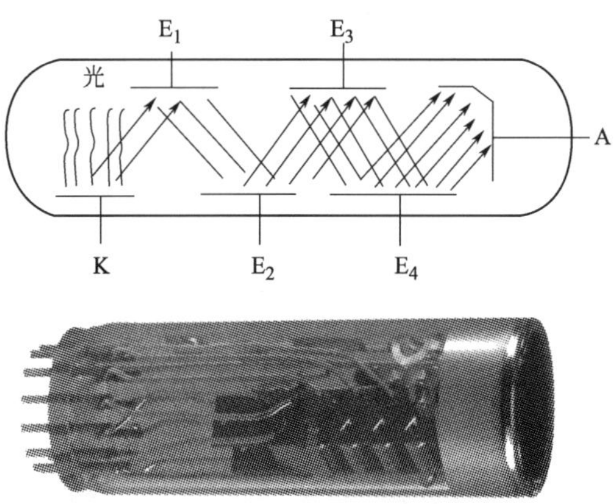

图 5-2　光电倍增管的结构

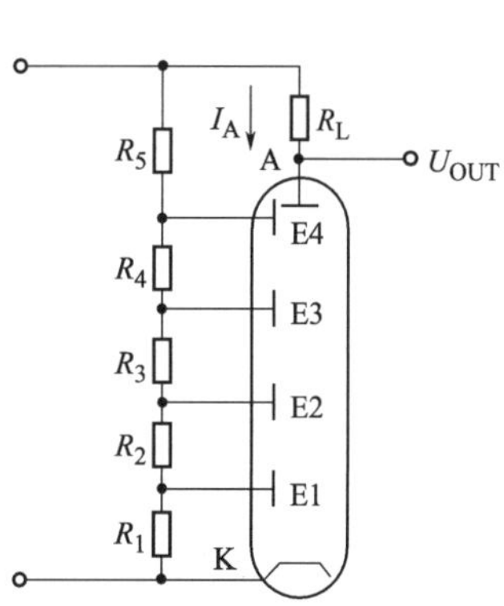

图 5-3　光电倍增管的电路

如图 5-3 所示，光电倍增管的光电转换过程为：当入射光的光子打在光电阴极上时，光电阴极发射出电子，该电子流又打在电位较高的第一倍增极 E_1 上，于是又产生新的二次电子；第一倍增极 E_1 产生的二次电子又打在比第一倍增极电位高的第二倍增极 E_2 上，该倍增极同样也会产生二次电子发射，如此连续进行下去，直到最后一级的倍增极产生的二次电子被更高电位的阳极收集为止，从而在整个回路里形成光电流 I_A。

5.1.2 内光电效应元件

(1) 光敏电阻

如图 5-4 所示，光敏电阻又称为光导管。光敏电阻几乎都是用半导体材料制成。光敏电阻的结构较简单。在玻璃底板上均匀地涂上薄薄的一层半导体物质，半导体的两端装上金属电极，使电极与半导体层可靠地电接触，然后，将它们压入塑料封装体内。为了防止周围介质的污染，在半导体光敏层上覆盖一层漆膜，漆膜成分的选择应该使它在光敏层最敏感的波长范围内透射率最大。

光敏电阻的工作原理是基于内光电效应。当无光照时，光敏电阻具有很高的阻值；当有一定波长范围的光照射时，光子的能量大于材料的禁带宽度，禁带中的电子吸收光子能量后跃迁到导带，激发出可以导电的电子—空穴对，使电阻降低；光线越强，激发出的电子—空穴对越多，电阻值越低；光照停止后，自由电子与空穴复合，导电性能下降，电阻恢复原值。

光敏电阻接线电路如图 5-5 所示，如果把光敏电阻连接到外电路中，在外加电压的作用下，用光照射就能改变电路中电流的大小。光敏电阻在受到光的照射时，由于内光电效应使其导电性能增强，电阻 R_g 值下降，所以流过负载电阻 R_L 的电流及其两端电压也随之变化。

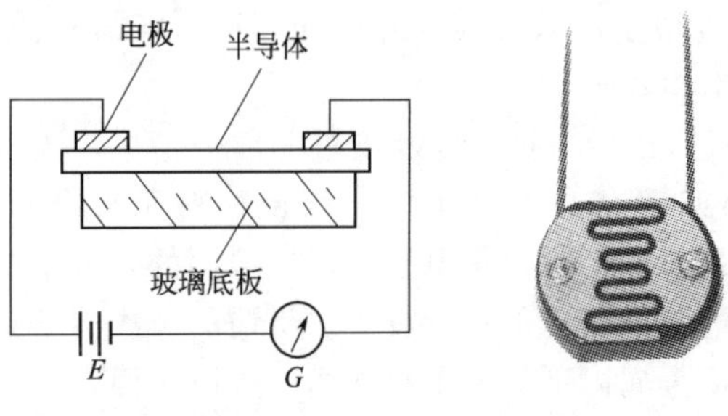

图 5-4 光敏电阻的结构

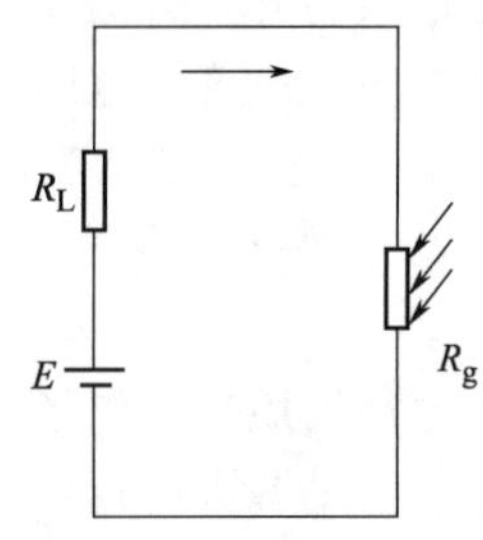

图 5-5 光敏电阻接线电路

(2) 光敏晶体管

光敏二极管、光敏三极管、光敏晶闸管等统称为光敏晶体管，它们的工作原理是基于内光电效应。如图 5-6 所示，光敏二极管的结构与一般二极管相似，装在透明的玻璃外壳中，其 PN 结装在管的顶部，可以直接受到光的照射。

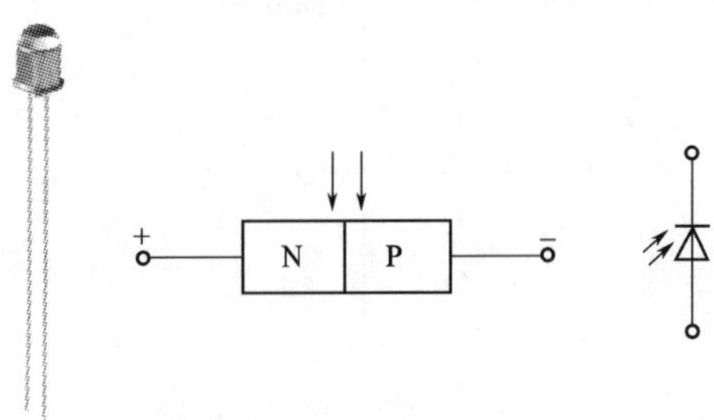

图 5-6 光敏二极管

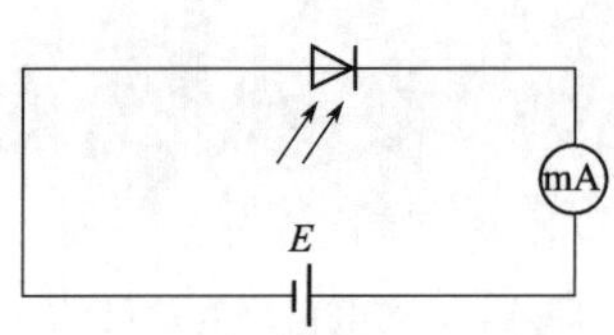

图 5-7 光敏二极管的接线图

光敏二极管在电路中一般是处于反向工作状态，如图 5-7，当没有光照射时，反向电阻很大，反向电流很小，这反向电流称为暗电流；当光线照射在 PN 结上，光子打在 PN 结附近，使 PN 结附近产生光生电子和光生空穴对，它们在 PN 结处的内电场作用下做定向移动，形成光电流。光的照度越大，光电流越大。光敏二极管在不受光照射时处于截止状态，受光照射时处于导通状态。

光敏晶体管（光敏三极管）与一般晶体管相似，具有两个 PN 结，如图 5-8(a) 所示，但是其发射极做得很大，用来扩大光照面积。

光敏晶体管的接线如图 5-8(b) 所示，大多数光敏晶体管的基极无引出线，当集电极加上相对于发射极为正的电压而不接基极时，集电极就是反向偏压，当光照射在集电结时就会在结附近产生电子-空穴对，光生电子被拉到集电极，基区留下空穴，使基极与发射极间的电压升高，这样便会有大量的电子流向集电极，形成输出电流，其集电极电流为光电流的 β 倍，所以光敏晶体管具有放大作用。

光敏晶体管的光电灵敏度虽然比光敏二极管高得多，但在需要高增益或大电流输出的场合，需采用达林顿光敏管。图 5-9 是达林顿光敏管的等效电路，它是一个光敏晶体管与一个晶体管以共集电极连接方式的集成器件。由于增大了一级电流放大，所以输出电流能力大大增强，甚至可以不必经过进一步放大，便可直接驱动灵敏继电器。但由于无光照时的暗电流也增加，因此适合于开关状态的光电转换。

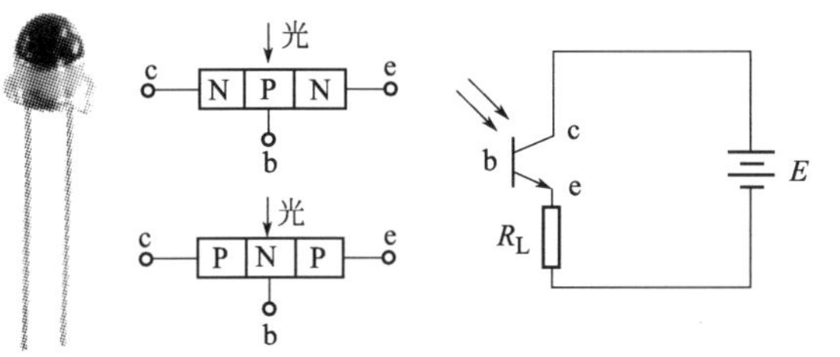

(a) 结构简化模型　(b) 基本电路

图 5-8　光敏晶体管结构简图与基本电路

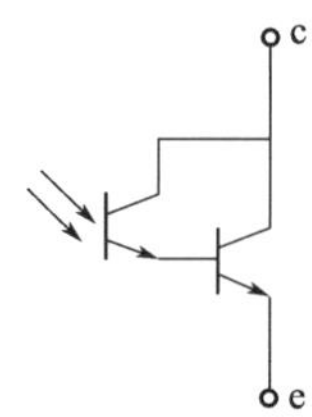

图 5-9　达林顿光敏管的等效电路

5.1.3　光生伏特元件

光电池是一种直接将光能转换成电能的一种光电器件（图 5-10）。光电池在有光线作用时实质就是电源，电路中有了这个器件就不需外加电源。

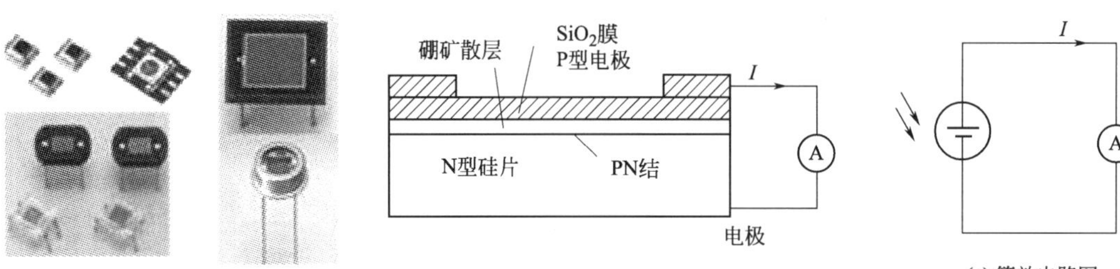

(a) 外形图　(b) 结构示意图　(c) 等效电路图

图 5-10　光电池

光电池的工作原理是基于光生伏特效应。它实质上是一个大面积的 PN 结，当光照射在 PN 结的一个面，例如 P 型面时，若光子能量大于半导体的禁带宽度，那么 P 型区每吸收一个光子就会产生一对自由电子和空穴，电子—空穴对从表面向内迅速扩散，在结电场的作用下，最后建立一个与光照强度有关的电动势。

光电池的种类很多，有硒光电池、氧化亚铜光电池。锗光电池、硅光电池、砷化镓光电池等，其中硅光电池由于性能稳定，光谱范围宽，频率特性好，转换效率高及耐高温辐射，因此最受人们的重视。

5.1.4 光电器件的特性

光电传感器的光照特性、光谱特性以及峰值探测率、响应时间等几个主要参数，都取决于光电器件的性能。为了合理选用光电器件，有必要对其主要特性作一简要介绍。

（1）光照特性

光电器件的灵敏度可用光照特性来表征，它反映了光电器件输入光量与输出光电流（光电压）之间的关系。

光敏电阻的光照特性呈非线性，且大多数如图 5-11(a) 所示。因此不宜作线性检测元件，但可在自动控制系统中用作开关元件。

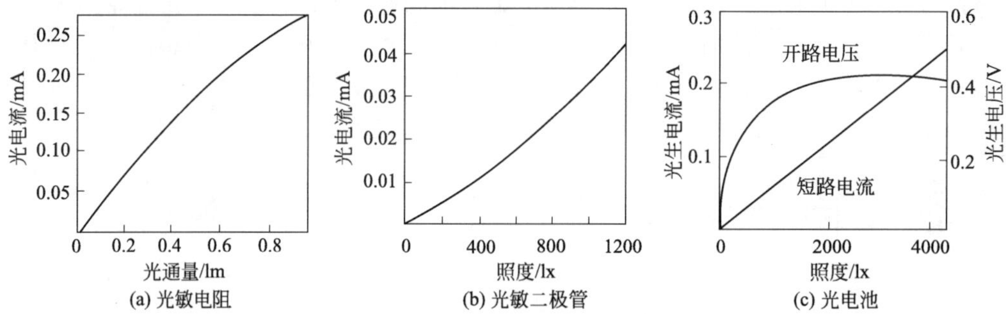

图 5-11　光电器件的光照特性

光敏二极管的光照特性如图 5-11(b) 所示。它的灵敏度和线性度均好，因此在军事、工业自动控制和民用电器中应用极广，既可作线性转换元件，也可作开关元件。

光电池的光照特性如图 5-11(c) 所示，短路电流在很大范围内与光照度成线性关系。开路电压与光照度的关系呈非线性，在照度 2000lx 以上即趋于饱和，但其灵敏度高，宜用作开关元件。光电池作为线性检测元件使用时，应工作在短路电流输出状态。由实验知，负载电阻愈小，光电流与照度之间的线性关系愈好，且线性范围愈宽。对于不同的负载电阻，可以在不同的照度范围内使光电流与光照度保持线性关系。故用光电池作线性检测元件时，所用负载电阻的大小应根据光照的具体情况而定。

光照特性常用响应率 R 来描述。对于光生电流器件，输出电流 I_P 与光输入功率 P_i 之比，称为电流响应率 R_I，即

$$R_I=I_P/P_i \tag{5-1}$$

对于光生伏特器件，输出电压与光输入功率 P_i 之比，称为电压响应率 R_V，即

$$R_V=V_P/P_i \tag{5-2}$$

（2）光谱特性

光电器件的光谱特性是指相对灵敏度 K 与入射光波长 λ 之间的关系，又称光谱响应。光敏晶体管的光谱特性如图 5-12(a) 所示。由图可知，硅的长波限为 1.1μm，锗为 1.8μm，其大小取决于它们的禁带宽度。短波限一般在 0.4～0.5μm 附近，这是由于波长过短，材料对光波的吸收剧增，使光子在半导体表面附近激发的光生电子-空穴对不能到达 PN 结，因而使相对灵敏度下降。硅器件灵敏度的极大值出现在波长 0.8～0.9μm 处，而锗器件则出现

在 1.4～1.5μm 处，都处于近红外光波段。采用较浅的 PN 结和较大的表面，可使灵敏度极大值出现的波长和短波限减小，以适当改善短波响应。

光敏电阻和光电池的光谱特性如图 5-12(b) 和图 5-12(c) 所示。

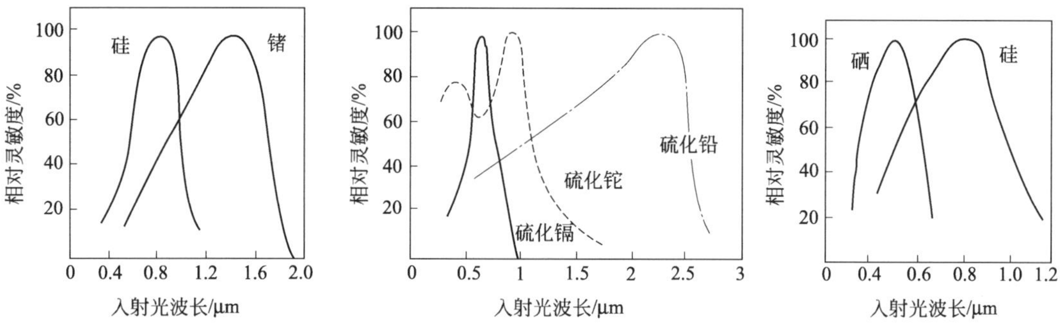

(a) 光敏晶体管　　(b) 光敏电阻　　(c) 光电池

图 5-12　光电器件的光谱特性

由光谱特性可知，为了提高光电传感器的灵敏度，对于包含光源与光电器件的传感器，应根据光电器件的光谱特性合理选择相匹配的光源和光电器件。对于被测物体本身可作光源的传感器，则应按被测物体辐射的光波波长选择光电器件。

(3) 响应时间

光电器件的响应时间反映它的动态特性，响应时间小，表示动态特性好。对于采用调制光的光电传感器，调制频率上限受响应时间的限制。

光敏电阻的响应时间一般为 10^{-1}～10^{-3}s，光敏晶体管约为 2×10^{-5}s，光敏二极管的响应速度比光敏三极管高一个数量级，硅管比锗管高一个数量级。

图 5-13 为光敏电阻、光电池及硅光敏三极管的频率特性。

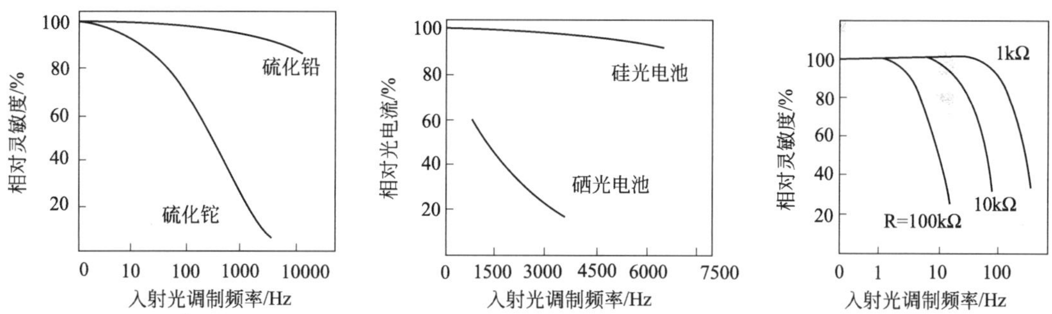

(a) 光敏电阻　　(b) 光电池　　(c) 硅光敏三极管

图 5-13　光电器件的频率特性

5.1.5　光电式传感器的应用

光电式传感器由光源、光学元件和光电元件组成。在设计应用中，要特别注意光电元件与光源的光谱特性匹配。

(1) 模拟式光电传感器

模拟式光电传感器将被测量转换成连续变化的电信号，与被测量间呈单值对应关系。主要有以下四种基本形式，如图 5-14 所示。

① 吸收式：被测物体置于光路中，恒光源发出的光穿过被测物，部分被吸收后透射光

投射到光电元件上，如图 5-14(a) 所示。透射光强度决定被测物对光的吸收大小，而吸收的光通量与被测物透明度有关，如用来测量液体、气体的透明度、浑浊度的光电比色计。

② 反射式：恒光源发出的光投射到被测物上，再从被测物体表面反射后投射到光电元件上，如图 5-14(b) 所示。反射光通量取决于反射表面的性质、状态及其与光源间的距离。利用此原理可制成表面光洁度、粗糙度和位移测试仪等。

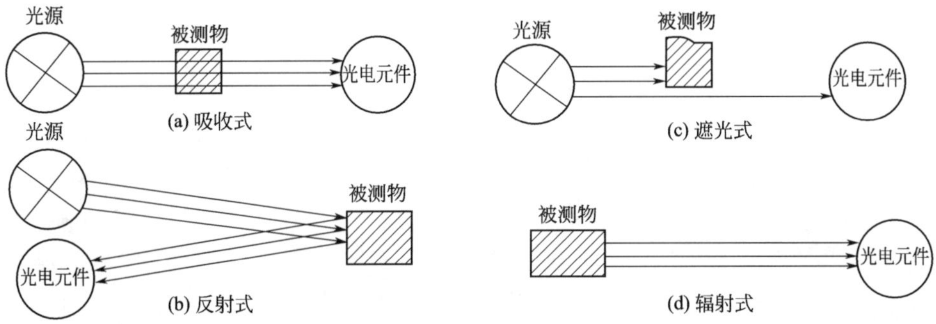

图 5-14　光电元件的应用方式

③ 遮光式：光源发出的光经被测物遮去其中一部分，使投射到光电元件上的光通量改变，其变化程度与被测物在光路中的位置有关，如图 5-14(c) 所示。这种形式可用于测量物体的尺寸、位置、振动、位移等。

④ 辐射式：被测物本身就是光辐射源，所发射的光通量射向光电元件，如图 5-14(d) 所示，也可经过一定光路后作用到光电元件上。这种形式可用于光电比色高温计中。

(2) 脉冲式光电传感器

脉冲式光电传感器的作用方式是光电元件的输出仅有两种稳定状态，即“通”和“断”的开关状态，称为光电元件的开关应用状态。这种形式的光电传感器主要用于光电式转速表、光电计数器、光电继电器等。

任务 5.2　光纤传感器认知

由于光纤技术的迅速发展，光纤的应用范围越来越广，把被测量与光纤内的导光联系起来，就形成了光纤传感器，也得到了迅速的发展，可用于位移、压力、温度、流量、液位、电场、磁场等多种参量的测量。

5.2.1 光纤导光的基本原理

(1) 光纤的结构

光纤结构如图 5-15 所示。

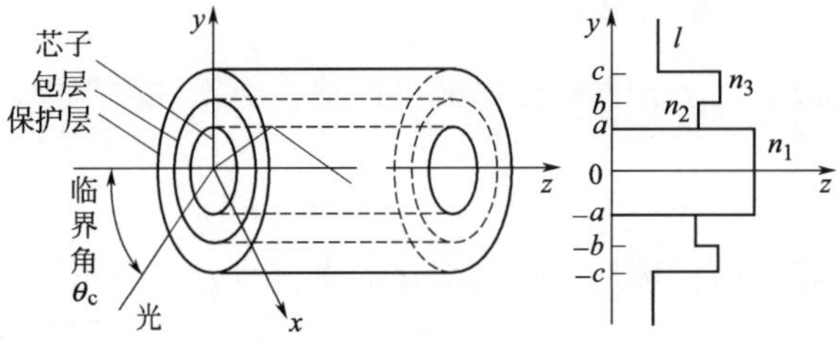

图 5-15　光纤的基本结构

纤芯：玻璃或石英，直径 ϕ 为几十微米，折射率 n_1；

包层：玻璃或塑料，$\phi=100\sim200\mu m$，折射率 n_2；

保护层：塑料，折射率 n_3；

其中 $n_2<n_3<n_1$，称为阶跃型光纤，光在纤芯中传播。此外还有一种梯度型光纤，其断面折射率分布从中央高折射率逐步变化到包皮的低折射率。

(2) 光纤的导光原理

光纤导光是利用光传输的全反射原理，如图 5-16 所示。

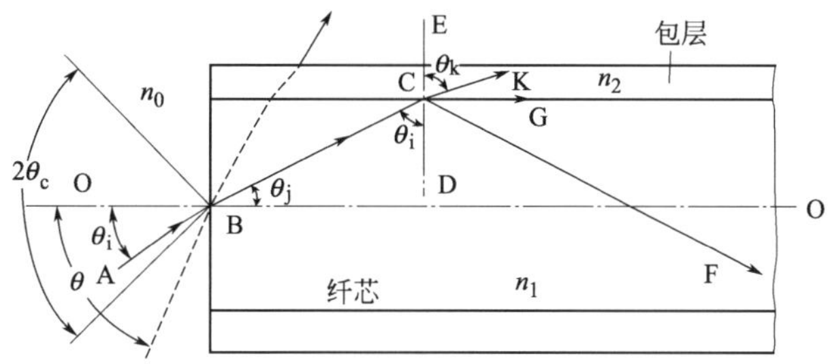

图 5-16　光纤导光示意图

由几何光学的折射定律可得出

$$n_0\sin\theta_i=n_1\sin\theta_j \tag{5-3}$$

$$n_1\sin\theta_k=n_2\sin\theta_r \tag{5-4}$$

由以上两式可以推出

$$\begin{aligned}\sin\theta_i&=(n_1/n_0)\sin\theta_j=(n_1/n_0)\sin(90^\circ-\theta_k)\\&=(n_1/n_0)\cos\theta_k=(n_1/n_0)\sqrt{1-\sin^2\theta_k}\\&=(n_1/n_0)\sqrt{1-\left(\frac{n_2}{n_1}\sin\theta_r\right)^2}=\frac{1}{n_0}\sqrt{n_1^2-n_2^2\sin^2\theta_r}\\&=\sqrt{n_1^2-n_2^2\sin^2\theta_r}\text{（空气折射率 }n_0\approx1\text{）}\end{aligned}\tag{5-5}$$

当 $\theta_r=\pi/2$ 临界状态时，$\theta_i=\theta_c$，折射光线 CK 变为 CG，式(5-5) 变为

$$\sin\theta_c=\sqrt{n_1^2-n_2^2}=NA \tag{5-6}$$

纤维光学中把 $\sin\theta_c$ 定义为“数值孔径”NA (Numerical Aperture)。由于 n_1 与 n_2 相差较小，即 $n_1+n_2\approx2n_1$，则式(5-6) 又变为

$$NA=\sin\theta_c\approx n_1\sqrt{2\Delta}$$

式中，$\Delta=(n_1-n_2)/n_1$，称为相对折射率差。由此可得

- $\theta_r=90^\circ$时，$\sin\theta_i=\sin\theta_c=NA$，$\theta_c=\arcsin NA$；
- $\theta_r>90^\circ$时，光线发生全反射，$\theta_i<\theta_c=\arcsin NA$；
- $\theta_r<90^\circ$时，$\sin\theta_i>\sin\theta_c=NA$，$\theta_i>\arcsin NA$，光线散失。

θ_c 是入射光线在纤芯中全反射传输的临界角，只要入射角小于 θ_c，全反射条件成立。NA 越大，θ_c 也越大，满足全反射条件的入射光的范围也越大。因此，NA 是光纤的一个重要参数。

传感器所用光纤一般要求：$0.2\leqslant NA\leqslant0.4$ ($11.5^\circ\leqslant\theta_c\leqslant23.6^\circ$)；传输损耗<10dB/km。

5.2.2 光纤传感器的结构和类型

(1) 结构

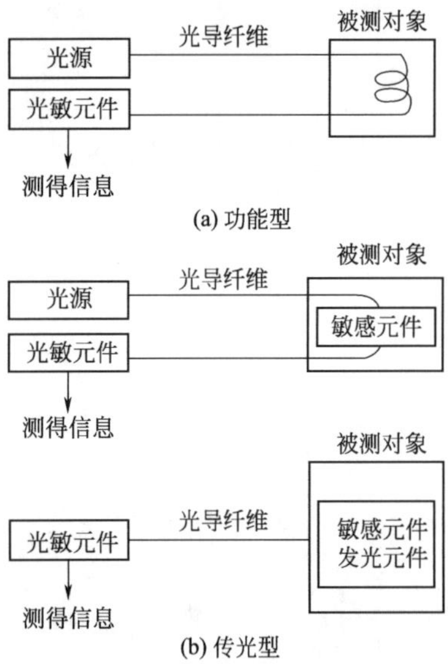

图 5-17　光纤传感器类型

光纤传感器一般由光源、敏感元件、光纤、光敏元件（光电接收）和信号处理系统组成。

（2）按工作原理分类

① 功能型光纤传感器　利用光纤本身的某种特性或功能制成的传感器，如图 5-17(a) 所示。功能型光纤传感器只能用单模光纤。

② 传光型光纤传感器　光纤仅仅起传输光波的作用，必须在光纤端面加装其他敏感元件，才能构成传感器，如图 5-17(b) 所示。传光型光纤传感器主要采用多模光纤。

（3）按对光波的调制方式分类

① 强度调制型光纤传感器　利用被测对象的变化引起敏感元件的折射率、吸收或反射等参数的变化，而导致光强度变化来实现敏感测量的传感器。

② 相位调制型光纤传感器　利用被测对象对敏感元件的作用，使敏感元件的折射率或传播常数发生变化，而导致光的相位变化，然后用干涉仪来检测这种相位变化而得到被测对象的信息。

③ 频率调制型光纤传感器　利用被测对象引起光频率的变化来进行检测的传感器。

④ 偏振调制型光纤传感器　利用光的偏振状态的变化来传递被测对象信息的传感器。

5.2.3 光纤传感器的应用

（1）传光型光纤位移传感器

由两段光纤构成，当它们之间产生相对位移时，通过它们的光强发生变化，从而达到测量位移的目的。

① 直射型光纤位移传感器，如图 5-18 所示。

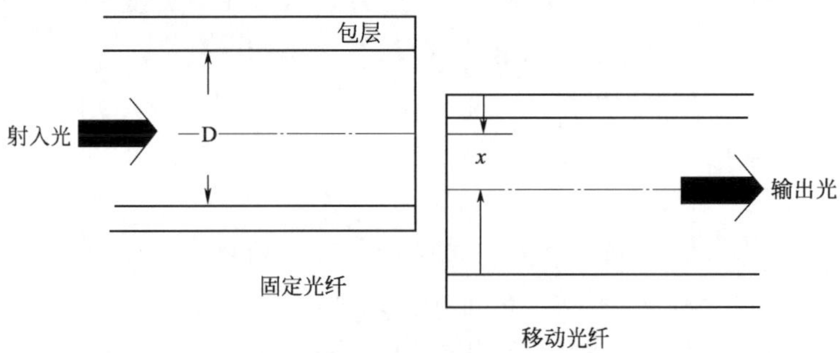

图 5-18　直射型光纤位移传感器

② 反射型光纤位移传感器，如图 5-19 所示。

③ 其他光纤位移传感器，如图 5-20 所示。

（2）功能型光纤压力传感器

图 5-21 是一种功能型光纤压力传感器原理图。

基本原理：利用光纤的微弯损耗效应，可以测压力或位移。

压力（位移）→光纤微弯→传输光全反射条件受到一定破坏→光传输损耗。

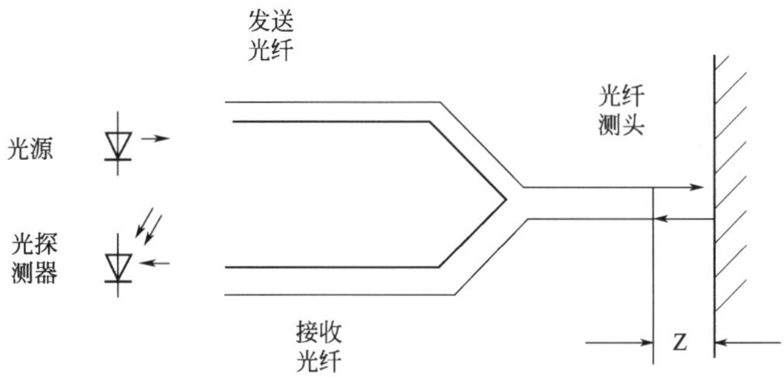

(a) 原理图　　(b) 输出电压与位移关系

图 5-19　反射型光纤位移传感器

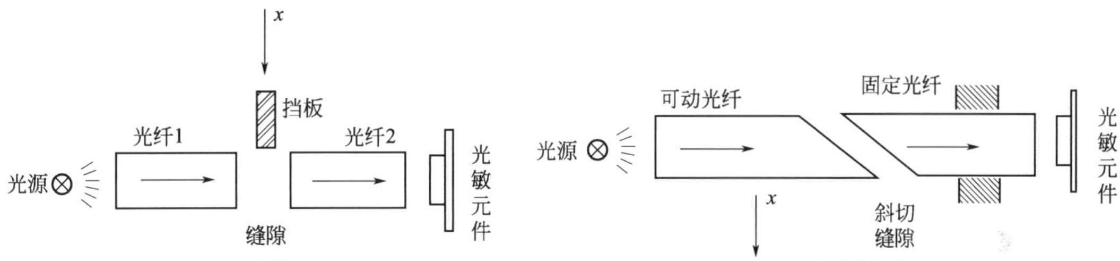

(a) 挡光型　　(b) 楔合型

图 5-20　光纤位移传感器

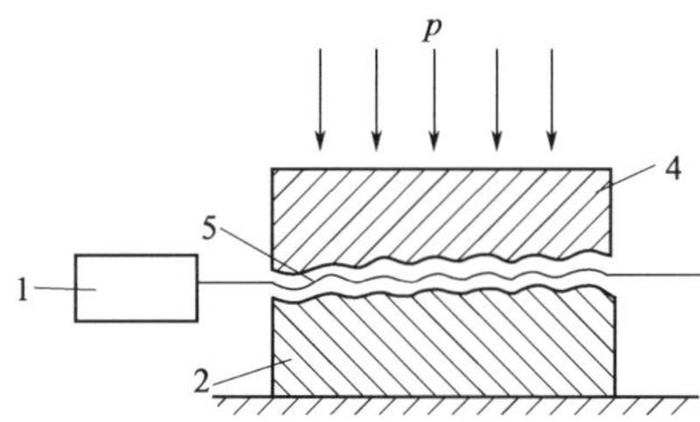

图 5-21　功能型光纤压力传感器原理图

1—He-Ne 激光光源；2—固定齿板；3—光电元件；4—活动齿板；5—单模光纤

任务 5.3　声光控制照明电路设计与组建

设计一个声光控制照明电路，白天光线较强时，灯灭；在夜晚光线较弱时，没有声音控制的情况下，灯灭。夜晚光线较弱时，在有声音控制的情况下，灯点亮，持续时间 30～40s。

5.3.1　电路设计

如图 5-22 所示，电路由电源、受控开关、声光控制、放大电路和触发延时几个部分构成，交流 220V 电压经过全波整流和降压滤波构成的电源后，为声光控制和放大电路等提供直流工作电压。声光控制将声光控制信号转换的电信号经过放大电路之后为受控开关提供控制信号。触发延时电路用来调节灯亮的时间。

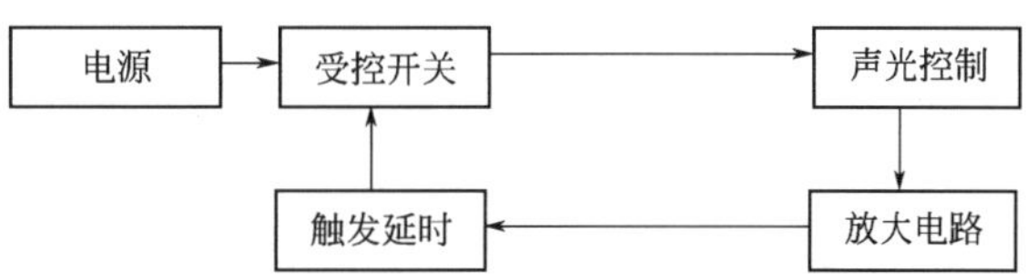

图 5-22　声光控制照明电路结构框图

（1）电源和受控开关（图 5-23）

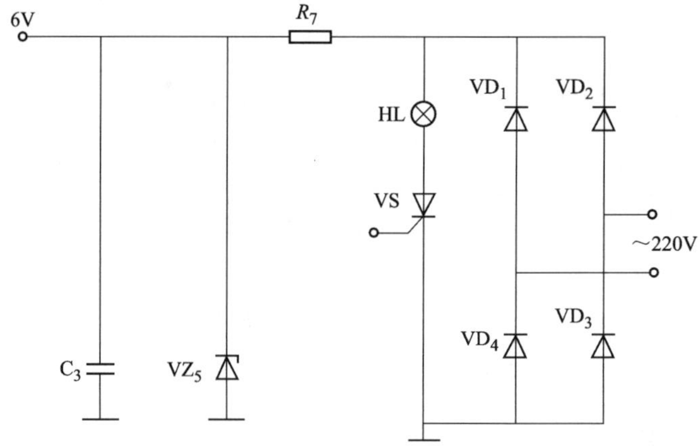

图 5-23　电源和受控开关电路

电源由桥式整流电容滤波稳压电路构成，稳压管的稳压值为 6V，为声光控制电路提供直流电压，VS 为晶闸管，接触发延时电路送来的触发信号，当触发信号为高电平时，晶闸管 VS 作为受控开关闭合，灯 HL 点亮。

（2）触发延时电路（图 5-24）

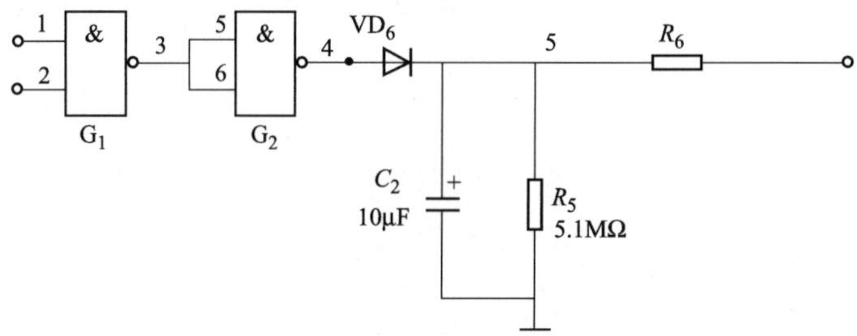

图 5-24　触发延时电路

触发电路与非门 G_1 接声光控制电路的输出，R_6 接受控开关 VS，当 G_1 的两个输入端都为高电平时，R_6 给受控开关一个高电平触发信号，受控开关闭合，灯点亮。VD_6、C_2 和 R_5 构成延时电路，由于电容两端的电压不能突变，当电容 C_2 放电完毕后会使受控开关再次关断，灯就会熄灭。灯点亮的时间可以由 $t=0.7C_2R_5$ 得到。在此，灯点亮的时间约为 36s。

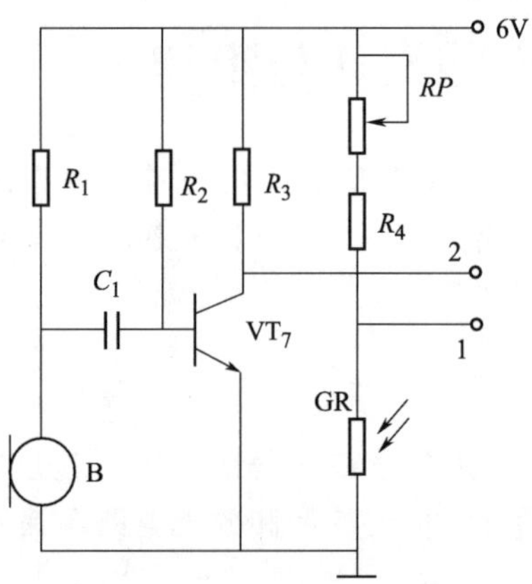

图 5-25　声光控制和放大电路

（3）声光控制和放大电路

如图 5-25 所示为声光控制和放大电路，输出的信号经端子 1、2 输入到触发延时电路的与非门，GR 是光敏电阻，在白天光线较强的时候，光敏电阻的阻值和光电流很小，1 端子为低电平，则门 G_1 输出为高电平，受控开关断开，灯不亮。夜晚光线较弱的时候，光敏电阻的阻值和光电流增大，1 端子为高电平，但门 G_1 的输出还要取决于 2 端子。B 为一个驻极体话筒，为一个声电转换设备，当声音信号达到一定强度时，使 2 端子的输出跟随声音信号的变化而变化，在音频信号的负半周，2 端子输出高电平，门 G_1 输出低电平，受控开关闭合，灯亮。

5.3.2 声光控制照明电路组建

（1）所需材料及设备

① 二输入端四与非门 CD4011 一块；

② MCR100-8 型小型塑封单向晶闸管一个；

③ 1N4007 型普通硅整流二极管四个；

④ 6V 稳压二极管一个；

⑤ 1N4148 型普通硅开关二极管一个；

⑥ 9013 型 NPN 硅三极管一个；

⑦ MG45 型光敏电阻器一个；

⑧ 电阻碳膜电阻器若干；

⑨ W106-2-2 型 100kΩ 玻璃釉预调电位器一个；

⑩ 104 瓷片电容器一个；

⑪ 10μF、100μF 电解电容各一个；

⑫ CRZ2-113F 型驻极体电容话筒一个；

⑬ 40W 白炽灯一个。

（2）电路制作和调试

① 断开点 5，测试电源和受控开关，用万用表测试 VD_5 的电压，如果为 6V 正常，将点 5 接高电平 5V，灯亮；将点 5 接地，灯灭，电源和受控开关调试完毕。

② 断开 1、2 点，测试触发延时电路，将门 G_1 输入全为高电平 5V，灯亮，然后将门 G_1 的输入改为接地，灯持续点亮 36s，之后灯熄灭，触发延时电路调试完毕。

③ 断开 VT_7 集电极和 2 端子，测试声光控制电路，接通电源并击掌时，灯不亮；接通 VT_7 集电极和 2 端子，用强光照射 GR 并击掌，灯不亮；用深色物品覆盖 GR 并击掌，灯亮 36s 后熄灭，声光控制电路调试完毕。

＊任务 5.4　红外报警器

红外报警器可设置在无人看守而又防止外人误入的场合，当人们误入禁区时，会被红外报警器发现，发出声响及警示灯光，警告不能进入。

图 5-26 所示为原理图，该红外报警器由光源、接收器和声光报警电路三部分组成，光源使用普通的白炽灯泡，当点亮灯泡时，由于灯丝的温度较高，产生较强的红外辐射，灯泡发出的可见光经滤光片滤除，只有红外光向外发射。在距离光源发射点一定距离处设置红外接收器。这样就在红外光源和接收器之间形成一道红外警戒线。

无人遮挡红外线时，红外线经凸透镜聚光后直接照射在光敏二极管 VD_1 上，光敏二极管的电阻变小，使 VT_1 导通，VT_2 截止，接在 VT_2 集电极的继电器 K 不工作，其触点 K_1 常开，因此声光报警系统也不工作，当有人通过红外警戒线时，红外线被人体遮挡，光敏二极管内阻增大，使 VT_1 截止，VT_2 导通，接在 VT_2 集电极的继电器 K 工作，其触点 K_1 闭合，继电器 K 自锁，作用是防止人进入误区以后，电路又恢复正常状态。即电子自锁后，再按动开关 S，便可使电路恢复正常状态，以备再次报警。

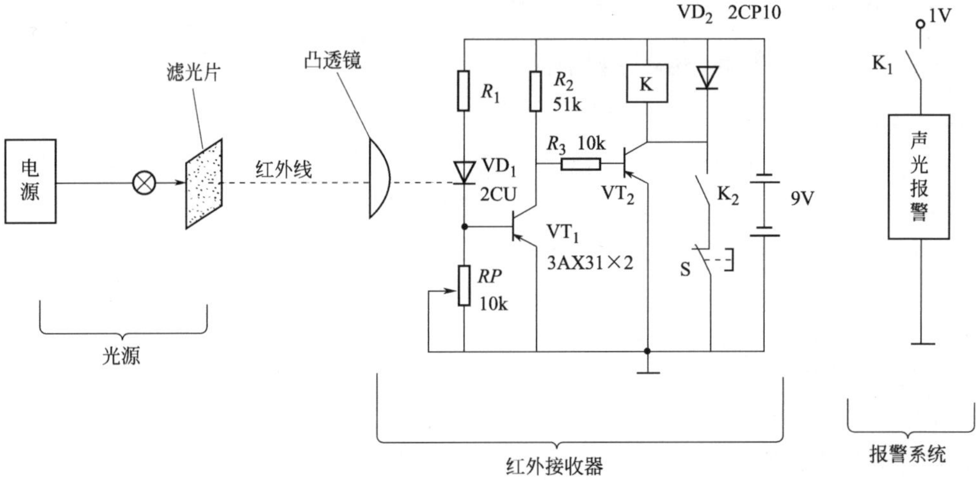

图 5-26　红外报警器电路

*任务 5.5　地铁屏蔽门

随着城市的发展，作为快速便捷的交通工具，地铁等轨道交通在日常生活中越来越普遍，为了提高乘客安全性，一种可以隔绝轨道列车和站台乘客的装置——屏蔽门，也应运而生。但轨道列车与安装的屏蔽门之间有约 25～30cm 的间距，地铁门与屏蔽门之间的这个空隙达到可以容纳一个人，会出现乘客或者其他物体被夹在这个空间里的危险情况，导致在地铁列车启动时会造成人身伤害或车辆损坏。为了避免这类惨剧的发生，可靠判断屏蔽门之间障碍物的传感检测装置就显得非常重要了。

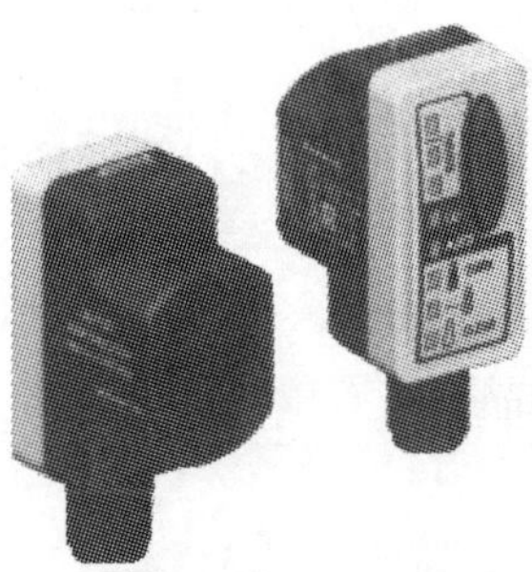

图 5-27　邦纳 QS30 系列传感器

针对可靠判断屏蔽门之间障碍物的传感器装置，美国邦纳公司设计了一款针对超长距离障碍物检测的红外高能对射传感器——QS30EX，如图 5-27 所示。两个 QS30EX 传感器在相距 217m 的对射距离内，可以检测为光轴上，且直径大于 30mm 的不透明物体。对屏蔽门与列车车体之间，乘客或大件物品有意、无意被夹在屏蔽门与列车车体之间造成的危险发出信号给控制器，如图 5-28 所示。

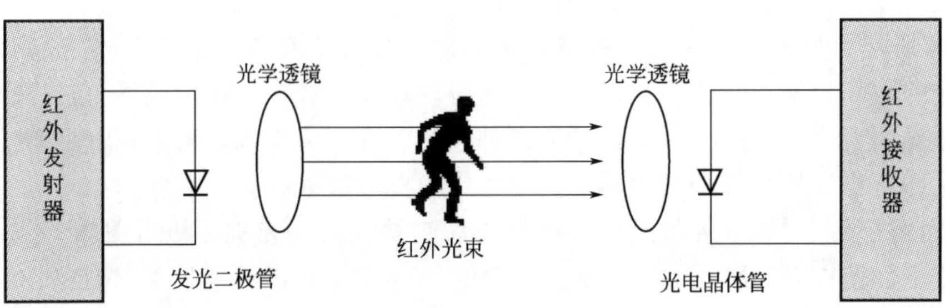

图 5-28　光电对射检测示意图

如图 5-29 所示，在站台的两端分别加装发射和接收装置，一旦有人闯入屏蔽门和列车车体之间的空隙，就会遮挡红外光纤，判断出有障碍物，并及时输出声光报警信号，同时通知列车司机或车站管理人员。

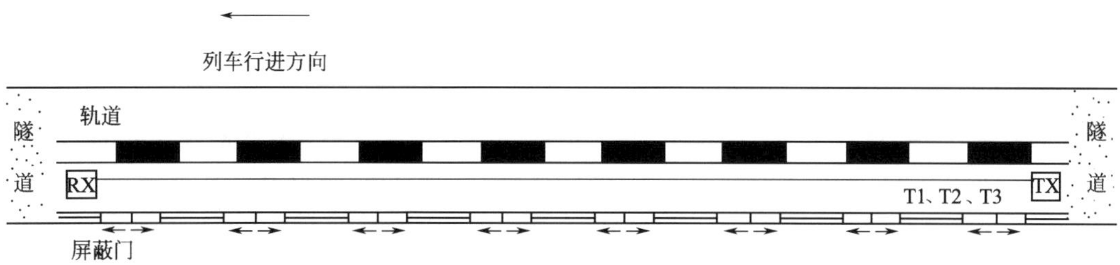

图 5-29　地铁屏蔽门对射检测装置位置图

*任务 5.6　光电鼠标

光电鼠标就是利用 LED 与光敏晶体管组合来测量位移。光电鼠标与机械式鼠标最大的不同之处在于其定位方式不同。它是通过检测鼠标器的位移，将位移信号转换为电脉冲信号，再通过程序的处理和转换来控制屏幕上的光标箭头的移动。

工作原理：在光电鼠标内部有一个发光二极管，通过该发光二极管发出的光线，照亮鼠标底部表面。然后将光电鼠标底部表面反射回的一部分光线，经过一组光学透镜，传输到一个光感应器件（微成像器）内成像。这样，当光电鼠标移动时，其移动轨迹便会被记录为一组高速拍摄的连贯图像。最后利用内部的一块专用图像分析芯片（如 DSP 数字微处理器）

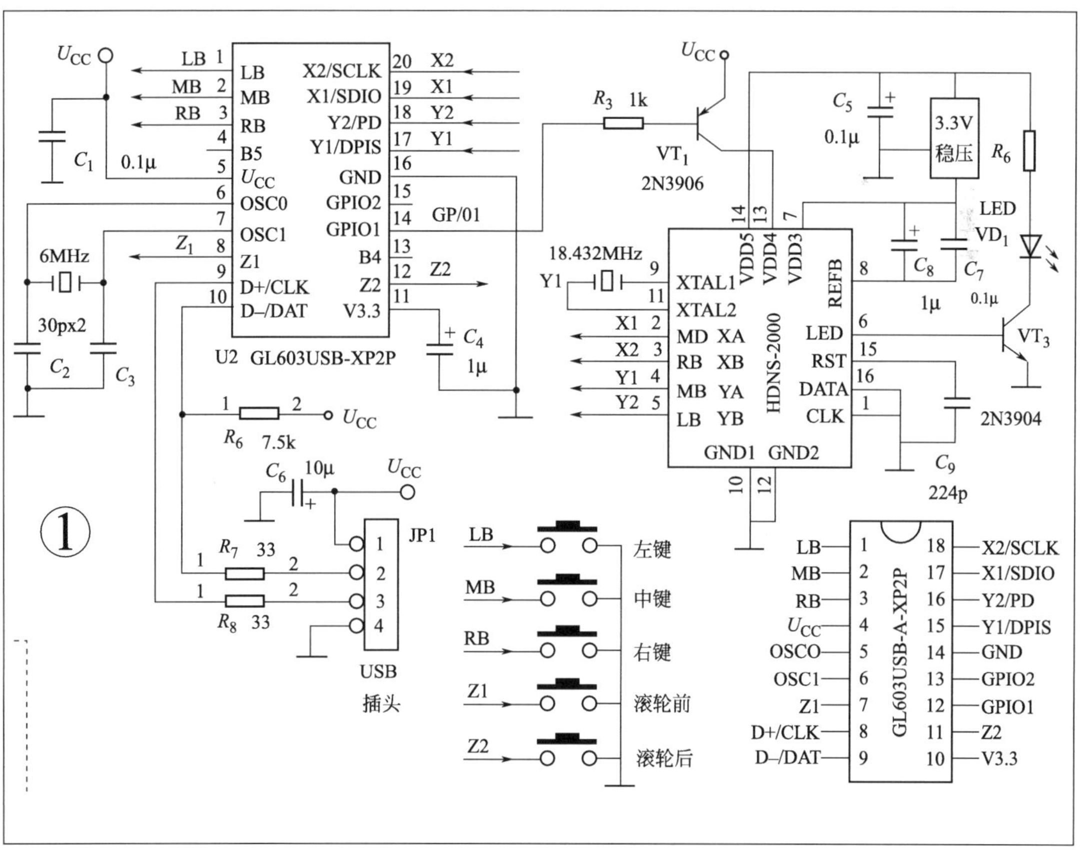

图 5-30　USB 光电感应芯片的电路图

对移动轨迹上摄取的一系列图像进行分析处理，通过对这些图像上特征点位置的变化进行分析，来判断鼠标的移动方向和移动距离，从而完成光标的定位。

图 5-30 为使用 GL603-USB 鼠标 IC 芯片及安捷伦的 HDNS2000（400CPI、每秒 1500 次扫描）为光电感应芯片的电路图。

图 5-31 为使用 PAN101-208（第三代光电 IC 产品，800CPI 光学分辨率，2000 次扫描/秒）为光电感应芯片，84510 系列芯片为鼠标 IC 的 PS2 接口光电鼠标电路。

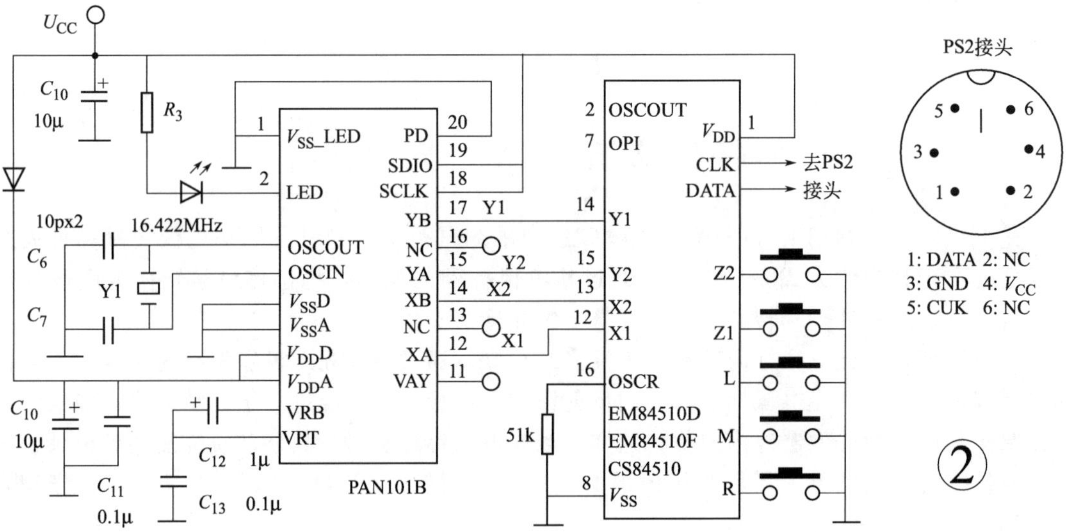

图 5-31 PS2 接口光电鼠标电路

任务 5.7 ●●● 自主学习

5.7.1 任务巩固

① 光电效应有哪几种？说明其原理并指出相应的光电器件。

② 光电传感器有哪几种常见形式？各有哪些用途？

③ 简述光电倍增管的工作原理。

④ 简述光纤的结构、传光原理以及主要参数。

⑤ 光纤传感器按调制的光波形式可以分为哪几类？

5.7.2 自我评价

项目 5 声光控制照明设计				
评价内容	没有完成	基本完成	大部分完成	完成
本项目的设计目的是什么？				
声光控制照明电路由哪些电路构成？				
各部分电路的作用是什么？				
电路是如何实现声光控制的？				
掌握光电传感器的分类和特点。				
掌握光电传感器的应用。				

续表

项目 5　声光控制照明设计				
评价内容	没有完成	基本完成	大部分完成	完成
了解光纤传感器的结构和应用。				
能准确描述本项目内容，写出项目总结报告。				

5.7.3 课业

写一篇小论文，关于触摸屏的原理和发展，字数 1000 字。

项目6 信号发生器

项目目标

【知识目标】 通过完成本项目学习，使学生掌握以下知识：

① 掌握信号发生器的分类、技术特性和组成原理；

② 掌握利用信号发生器的测量方法。

【能力目标】 通过完成本项目学习，使学生具备以下能力：

① 具备熟练操作信号发生器的能力；

② 具备合理选用和运用信号发生器的能力。

任务6.1 信号发生器认知

信号发生器（也称信号源）是产生各种电信号的设备，可产生不同频率、不同波形、不同幅度的电压或电流信号。而这些信号在研制、生产、测试和维修各种电子元器件、部件以及整机设备时，具有重要的作用。

6.1.1 信号发生器的分类

信号发生器用途广泛、种类繁多，它分为通用信号发生器和专用信号发生器两大类。专用仪器是为某种专用目的而设计制作的，能够提供特殊的测量信号，如调频立体声信号发生器、电视信号发生器等。通用信号发生器应用面广，灵活性好，可以分为以下几类。

（1）按发生器输出信号波形分类

按照输出信号波形的不同，信号发生器大致分为正弦信号发生器、函数信号发生器、脉冲信号发生器和随机信号发生器。应用最广泛的是正弦信号发生器。函数信号发生器也比较常用，这是因为它不仅可以输出多种波形，而且信号频率范围较宽。脉冲信号发生器主要用来测量脉冲数字电路的工作性能和模拟电路的瞬态响应。随机信号发生器即噪声信号发生器，用来产生实际电路和系统中的模拟噪声信号，借以测量电路的噪声特性。

（2）按工作频率分类

按照工作频率的不同，信号发生器分为超低频、低频、视频、高频、甚高频、超高频信号发生器。其工作频率范围参见表 6-1。

表 6-1　信号发生器按频率范围分类

名　　称	频率范围	主要应用领域
超低频信号发生器	0.0001Hz～1kHz	电声学
低频信号发生器	1Hz～1MHz	电报通信
视频信号发生器	20Hz～10MHz	无线电广播
高频信号发生器	200kHz～30MHz	广播、电报
甚高频信号发生器	30～300MHz	电视、调频广播、导航
超高频信号发生器	300MHz 以上	雷达、导航、气象

（3）按调制方式分类

按调制方式的不同，信号发生器分为调幅、调频、调相、脉冲调制等类型。

6.1.2　信号发生器的主要技术特性

信号发生器的技术特性主要包括以下几项。

（1）频率特性

频率特性包括有效频率范围、频率准确度和频率稳定度。

① 有效频率范围　各项指标均能得到保证的输出频率范围称为信号发生器的有效频率范围。

② 频率准确度　频率准确度是指频率实际值对其标称值的相对偏差。其表达式为

$$a=\frac{f_x-f_0}{f_0}=\frac{\Delta f}{f_0} \tag{6-1}$$

③ 频率稳定度　频率稳定度是指在一定时间间隔内频率准确度的变化，它表征信号源维持工作于恒定频率的能力。频率稳定度分为长期稳定度和短期稳定度。频率长期稳定度是指长时间内频率的变化，如 3h、24h。频率短期稳定度定义为信号发生器经规定的预热时间后，频率在规定的时间间隔（15min）内的最大变化。频率短期稳定度通常是指频率的不稳定度，其表达式为

$$\delta=\frac{f_{max}-f_{min}}{f_0} \tag{6-2}$$

式中，f_{max} 和 f_{min} 分别为频率在任何一个规定时间间隔内的最大值和最小值。

（2）输出特性

输出特性主要包括输出阻抗、输出形式、输出波形和谐波失真、输出电平及其平坦度等。

输出阻抗视信号发生器类型而异。低频信号发生器一般有匹配变压器，故有 50Ω、150Ω、600Ω、5kΩ 等各种不同输出阻抗，而高频信号发生器一般只有 50Ω 或 75Ω 一种输出阻抗。输出电平是表征信号发生器所能提供的最大和最小输出电平调节范围。目前正弦信号发生器输出信号幅度采用有效值或绝对电平来度量。输出电平平坦度是指在有效的频率范围内，输出电平随频率变化的程度。输出形式包括平衡输出（即对称输出 u_2）和不平衡输出（不对称输出 u_1）两种形式。输出波形是指信号发生器所能产生的信号波形。正弦信号发生器应输出单一频率的正弦信号，但由于非线性失真、噪声等原因，其输出信号中都含有谐波等其他成分，即信号的频谱不纯。用来表征信号频谱纯度的技术指标就是谐波失真度。

（3）调制特性

高频信号发生器在输出正弦波的同时，一般还能输出调幅波和调频波，有的还带有调相和脉冲调制等功能。例如 QF1481 型合成信号发生器同时具有调幅、调频、调相和脉冲调制特性。当调制信号由信号发生器内部产生时，称为内调制。当调制信号由外部电路或低频信号发生器提供时，称为外调制。高频信号发生器的调制特性包括调制方式、调制频率、调制系数以及调制线性等。

6.1.3 信号发生器的组成

图 6-1 为信号发生器的一般组成框图，它包括以下几部分：主振器是信号发生器的核心部分，它产生不同频率、不同波形的信号。变换器用来完成对主振信号进行放大、整形及调制等工作。输出级的基本任务是调节信号的输出电平和变换输出阻抗。指示器用以监测输出信号的电平、频率及调制度。电源为仪器各部分提供所需的工作电压。

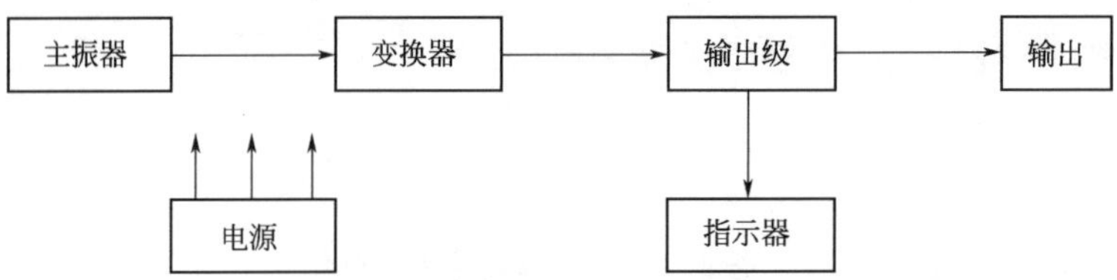

图 6-1 信号发生器的一般组成

通用信号发生器有较大的适用范围，一般是为测量各种基本的或常见的参数而设计。低频信号发生器、高频信号发生器、脉冲信号发生器、函数信号发生器等都属于通用信号发生器。下面以低频信号发生器的组成原理为例，介绍通用信号发生器如何实现不同频率、不同幅度、不同波形的电压或电流信号输出。

低频信号发生器又称为音频信号发生器，用来产生频率范围为 1Hz～1MHz 的低频正弦信号、方波信号及其他波形信号。它是一种多功能、宽量程的电子仪器，在低频电路测试中应用比较广泛，还可以为高频信号发生器提供外部调制信号。

6.1.3.1 低频信号发生器的组成

图 6-2 为低频信号发生器组成框图。它主要包括主振器、电压放大器、输出衰减器、功率放大器、阻抗变换器和指示电压表等。

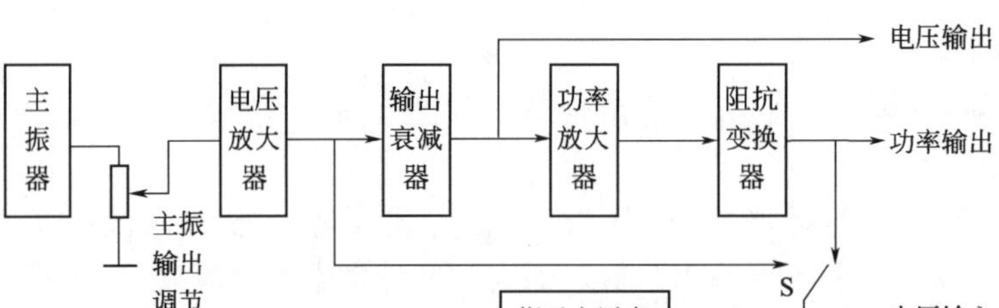

图 6-2 低频信号发生器的组成框图

（1）主振器

RC 文氏桥式振荡器具有输出波形失真小、振幅稳定、频率调节方便和频率可调范围宽等特点，故被普遍应用于低频信号发生器主振器中。主振器产生与低频信号发生器频率一致的低频正弦信号，如图 6-3 所示。

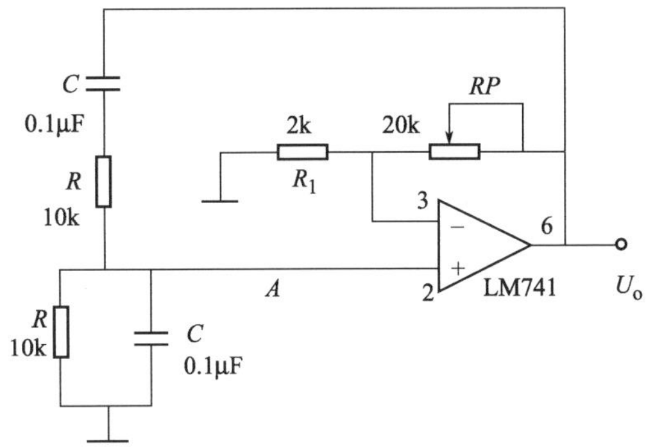

图 6-3　RC 文氏桥式振荡电路

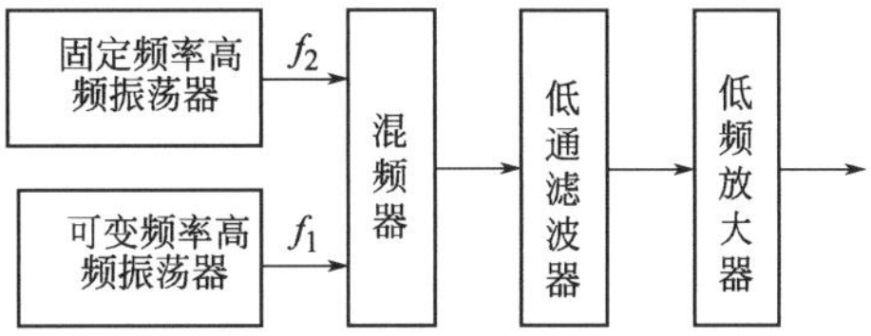

图 6-4　差频式低频振荡器

文氏桥式振荡器每个波段的频率覆盖系数（即最高频率与最低频率之比）为 10，因此，要覆盖 1Hz～1MHz 的频率范围，至少需要五个波段。为了在不分波段的情况下得到很宽的频率覆盖范围，有时采用差频式低频振荡器，图 6-4 为其组成框图。假设 f_2＝3.4MHz，f_1 可调范围为 3.3997～5.1MHz，则振荡器输出差频信号频率范围为 300Hz（3.4－3.3997MHz）～1.7MHz（5.1－3.4MHz）。

差频式振荡器的缺点是对两个振荡器的频率稳定性要求很高，两个振荡器应远离整流管、功率管等发热元件，彼此分开，并良好屏蔽。

（2）电压放大器

电压放大器兼有缓冲与电压放大的作用。缓冲是为了使后级电路不影响主振器的工作，一般采用射极跟随器或运放组成的电压跟随器。放大是为了使信号发生器的输出电压达到预定技术指标。为了使主振输出调节电位器的阻值变化不影响电压放大倍数，要求电压放大器的输入阻抗较高。为了在调节输出衰减器时，不影响电压放大器，要求电压放大器的输出阻抗低，有一定的带负载能力。为了适应信号发生器宽频带等的要求，电压放大器应具有宽的频带、小的谐波失真和稳定的工作性能。

（3）输出衰减器

输出衰减器用于改变信号发生器的输出电压或功率，分为连续调节和步进调节。连续调节由电位器实现，步进调节由步进衰减器实现。图 6-5 为常用输出衰减器原理图，图中电位器 RP 为连续调节器（细调），电阻 R_1～R_8 与开关 S 构成步进衰减器，开关 S 为步进调节器（粗调）。调节 RP 或变换开关 S 的挡位，均可使衰减器输出不同的电压。步进衰减量的表示方法有两种：一种是用步进衰减器的输出电压 U_o 与其输入电压 U_i 之比来表示，即 U_o/U_i；另一种是用 U_o/U_i 的分贝值来表示，即

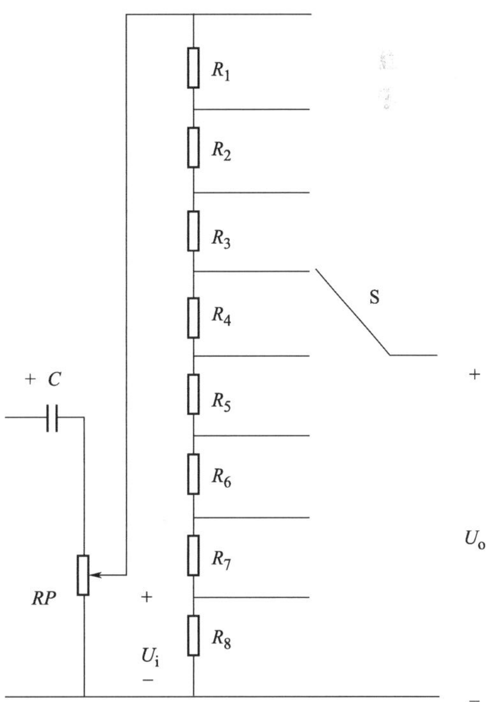

图 6-5　衰减器原理图

20lg (U_o/U_i)，单位为 dB（分贝）。

(4) 功率放大器及阻抗变换器

功率放大器用来对衰减器输出的电压信号进行功率放大，使信号发生器达到额定功率输出。为了能实现与不同负载匹配，功率放大器之后与阻抗变换器相接，这样可以得到失真小的波形和最大的功率输出。

阻抗变换器只有在要求功率输出时才使用，电压输出时只需衰减器。阻抗变换器即匹配输出变压器，输出频率为 5Hz～5kHz 时使用低频匹配变压器，以减少低频损耗，输出频率为 5kHz～1MHz 时使用高频匹配变压器。输出阻抗利用波段开关改变输出变压器次级圈数来改变。

6.1.3.2 低频信号发生器的主要工作特性

目前，低频信号发生器的主要工作特性如下。

① 频率范围　一般为 20Hz～1MHz，且连续可调。

② 频率准确度　±(1～3)%。

③ 频率稳定度　一般为 (0.1～0.4)%/h。

④ 输出电压　0～10V 连续可调。

⑤ 输出功率　0.5～5W 连续可调。

⑥ 非线性失真范围　(0.1～1)%。

⑦ 输出阻抗　50Ω、75Ω、150Ω、600Ω、5kΩ 等几种。

⑧ 输出形式　平衡输出与不平衡输出。

6.1.3.3 低频信号发生器的使用

低频信号发生器型号很多，但它们的使用方法基本类似。

(1) 了解面板结构

使用仪器之前，应结合面板文字符号及技术说明书对各开关旋钮的功能及使用方法进行耐心细致的分析了解，切忌盲目猜测。信号发生器面板上有关部分通常按其功能分区布置，一般包括：波形选择开关、输出频率调谐部分（包括波段、粗调、微调等）、幅度调节旋钮（包括粗调、细调）、阻抗变换开关、指示电压表及其量程选择、电源开关及电源指示、输出接线柱等。

(2) 注意正确的操作步骤

信号发生器的使用步骤如下。

① 准备工作　正确选择符合要求的电源电压，把幅度调节旋钮置于起始位置（最小）开机预热 2～3min 后方可投入使用。

② 选择频率　根据需要选择合适的波段，调节频率度盘（粗调）于相应的频率点上，而频率微调旋钮一般置于零位。

③ 输出阻抗的配接　根据负载阻抗的大小，拨动阻抗变换开关于相应挡级以获得最佳负载输出，否则信号发生器的输出功率小、输出波形失真大。

④ 输出电路形式的选择　根据负载电路的输入方式，用短路片变换信号发生器输出接线柱的接法以选择相应的平衡输出或不平衡输出。

⑤ 输出电压的调节和测读　调节幅度调节旋钮可以得到相应大小的电压输出。在使用衰减器（除 0dB 挡外）时，电压表测量的是未经衰减器衰减的电压大小，所以输出电压的

大小为电压表的示值除以电压衰减倍数。例如，信号发生器指示电压表示值为 20V，衰减分贝数为 60dB 时，实际输出电压应为 0.02V（20V÷1060＝0.02V）。当信号发生器不平衡输出时，电压表示值即为输出电压值；当信号发生器平衡输出时，输出电压为电压表示值的两倍。

6.1.4 其他信号发生器

6.1.4.1 高频信号发生器

高频信号发生器和甚高频信号发生器统称为高频信号发生器，它们在高频电路测试中应用比较广泛。高频信号发生器通常用来产生 200kHz～30MHz 的正弦波或调幅波信号，如无特别说明，均特指此种高频信号发生器。甚高频信号发生器用来产生 30～300MHz 的正弦波、调幅波或调频波信号。

高频信号发生器的组成框图如图 6-6 所示，主要包括主振级、缓冲级、调制级、输出级、衰减器、内调制振荡器、调频器等部分。

（1）主振级

主振级是信号发生器的核心，一般采用可调频率范围宽、频率准确度高、稳定度好的 LC 振荡器，它用于产生高频振荡信号。为了使信号发生器有较宽的工作频率范围，可以在主振级之后加入倍频器、分频器或混频器。主振级电路结构简单，输出功率不大，一般在几到几十毫瓦的范围内。

（2）缓冲级

缓冲级主要起阻抗变换的作用，用来隔离调制级对主振级产生的不良影响，以保证主振级稳定工作。否则，由于调制级输入阻抗不高且在调幅过程中不断变化，而使主振级振荡频率不稳定并产生寄生调频。

（3）调制级

调制级实现调制信号对载波的调制，它包括调频、调幅和脉冲调制等调制方式。在输出载波或调频波时，图 6-6 中的调制级实际上是一个宽带放大器；在输出调幅波时，实现振幅调制和信号放大。

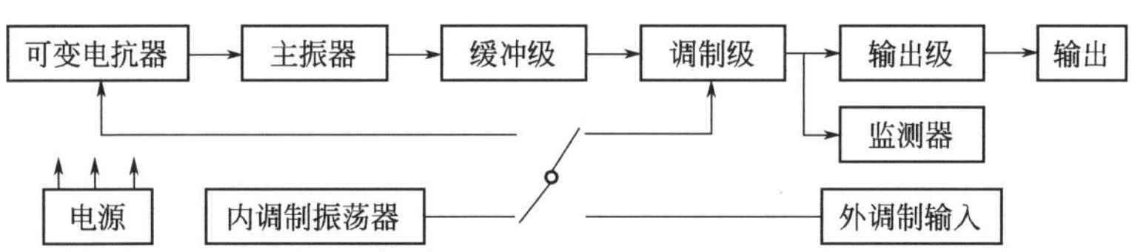

图 6-6 高频信号发生器组成框图

（4）可变电抗器

可变电抗器与主振级的谐振回路相耦合，在调制信号作用下，控制谐振回路电抗的变化而实现调频。

（5）内调制振荡器

内调制振荡器用于为调制级提供频率为 400Hz 或 1kHz 的内调制正弦信号，该方式称为内调制。当调制信号由外部电路提供时，称为外调制。

（6）输出级

输出级主要由放大器、滤波器、输出微调器、输出倍乘器等组成，对高频输出信号进行调节以得到所需的输出电平，最小输出电压可达 μV 数量级。输出级还用来提供合适的输出阻抗。

（7）监测器

监测器用以监测输出信号的载波幅度和调制系数。

（8）电源

电源用来供给各部分所需要的电压和电流。

6.1.4.2 合成信号发生器

合成信号发生器是用频率合成技术代替信号发生器中的主振荡器。它有以下优点：具有良好的输出和调制特性，有较高的分辨力和信号高稳定度。同时，输出信号频率、电平、调制深度等均可程控，是一种高档次的信号发生器。

频率合成器是把一个（或少数几个）高稳定度的频率源 f_s 经过加、减、乘、除及其组合运算，在一定频率范围，产生按一定频率间隔变化的一系列离散频率的信号发生器。

频率合成又分为直接合成法和间接合成法两类。

（1）直接合成法

直接合成法是将基准晶体振荡器产生的标准频率信号，利用倍频器、分频器、混频器及滤波器等进行一系列的四则运算获得所需的频率信号，如图 6-7 所示。

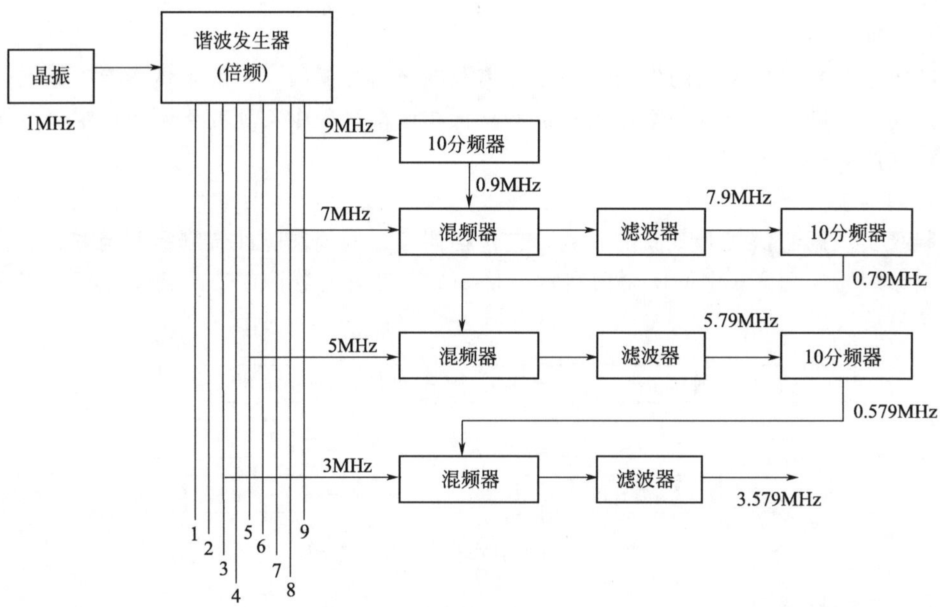

图 6-7 直接频率合成器组成原理图

工作原理：图中晶振产生 1MHz 的基准信号，经过谐波发生器，产生基波及其高次谐波信号 1MHz、2MHz、3MHz、…、9MHz 等基准信号。首先取出频率为 9MHz 的信号经 10 分频后，得到频率为 0.9MHz 的信号；该信号与 7MHz 的信号混频后经滤波得到频率为 7.9MHz 的信号，又 10 分频后得频率为 0.79MHz 的信号；同样 0.79MHz 的信号与 5MHz 的信号经过混频、滤波、10 分频得到 0.579MHz 的信号；最后 0.579MHz 的信号与 3MHz

的信号混频、滤波，得到 3.579MHz 的信号。

上述表明，只要选择不同次谐波进行适当的组合，就可得到所需频率的信号。频率间隔可以做到 0.1Hz 以下。直接合成法转换频率速度快，所得信号频率纯度高。但是由图 6-7 可以看出，它需要用较多的混频器和滤波器，这样显得体积大而笨重。常用于实验室、固定通信设备及自动测试系统等领域。

(2) 间接频率合成法

间接合成法即锁相环法，其基本组成框图如图 6-8 所示。利用锁相环与分频器相结合，组成频率可控反馈系统。

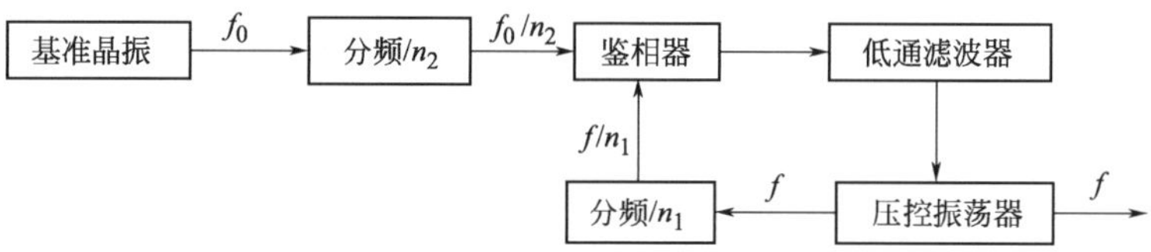

图 6-8 锁相环路合成器

压控振荡器输出频率经分频后得频率为 f/n_1 的信号，该信号与来自晶振分频后的信号 f_0/n_2 在鉴相器中进行相位比较，得到一个与相位差成比例的电压信号去控制压控振荡器的输出频率，整个反馈电路进入锁相后，可得到 $f/n_1=f_0/n_2$，即

$$f=\frac{n_1}{n_2}f_0 \tag{6-3}$$

这样输出信号 f 就具有与晶振信号 f_0 同样的稳定度，且可通过分频器调整输出频率的大小。

间接式频率合成器的优点是省去了直接合成器所用的混频器和滤波器，使电路结构简单，价格低廉，便于集成。但因间接式合成器受锁相环锁定过程的限制，转换速度较慢。在实际应用中，合成信号发生器通常采用多种方案的组合。例如可采用多种基准信号，利用多个锁相环反馈电路组合而成，可实现频率覆盖范围宽、频率的调节与跳变和抑制噪声等。当前合成信号发生器已发展到宽频率覆盖、频率具有高稳定度、数字化、小型化和信号的高可靠性。

6.1.4.3 函数信号发生器

函数信号发生器实际上是一种特殊的低频信号发生器。可输出多种波形，有正弦波、三角波、锯齿波和方波等。其输出重复频率范围很宽，可以从 10^{-6}Hz 到 1MHz，现在高端可达 50MHz。

不同函数信号发生器产生信号的方法有所不同，通常有三种：第一种是先产生方波，再由变换电路产生正弦波和三角波；第二种是先产生正弦波再由变换得到方波和三角波；最后一种是首先产生三角波再变换得到正弦波和方波。在此介绍脉冲式函数信号发生器和正弦波信号发生器。

(1) 脉冲式函数信号发生器

脉冲式函数信号发生器由双稳态触发器电路产生方波，再经变换得到三角波和正弦波。常用脉冲式函数信号发生器的组成框图如图 6-9 所示。

典型的脉冲式函数信号发生器的组成包括双稳触发器、密勒积分器、电压比较器以及二极管整形网络等。当双稳态触发器工作于第一稳态时，接到密勒积分器的输入端电压为 U_1，

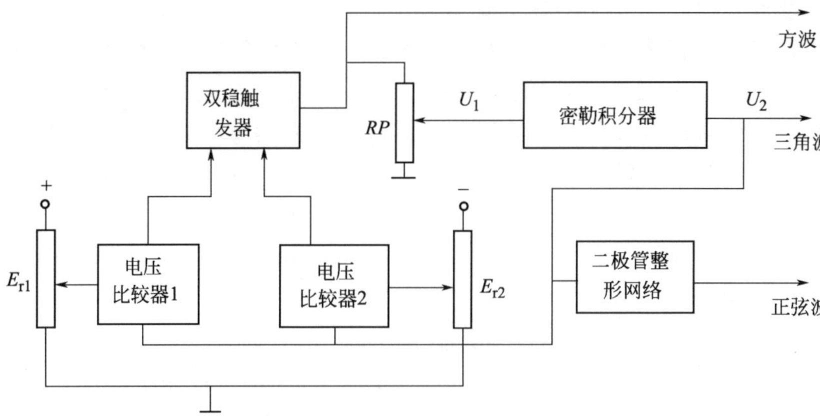

图 6-9　常用脉冲式函数信号发生器的组成框图

积分器开始积分，其输出电压 U_2 立即线性下降。当 U_2 下降到参考电压 E_{r2} 时，电压比较器 2 使双稳态触发器翻转，进入第二稳态，U_1 就会由正突然变成负值（$-U_1$），积分器输出电压 U_2 开始线性上升。当 U_2 上升至参考电压 E_{r1} 时，电压比较器 1 又使双稳态触发器翻转，使 U_1 由负值变成正值，完成了一个振荡周期，进入了下一次循环。

这样，双稳态触发器直接输出方波，密勒积分器输出三角波，三角波再经二极管整形网络后，输出正弦波。这些信号经转换开关和放大后，可进行选择使用。工作波形如图 6-10 所示。

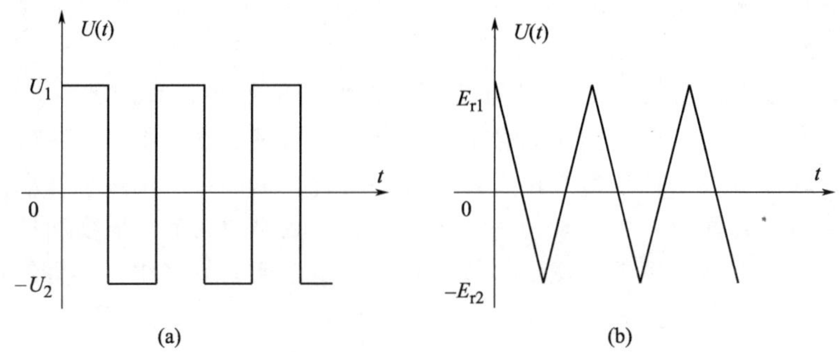

图 6-10　输出波形图

（2）正弦波信号发生器

正弦波信号发生器的种类较多，应用广泛，其组成有所不同，但其基本构成是相似的。如图 6-11 所示。一般包括振荡器、变换器、指示器、输出电路等部分。

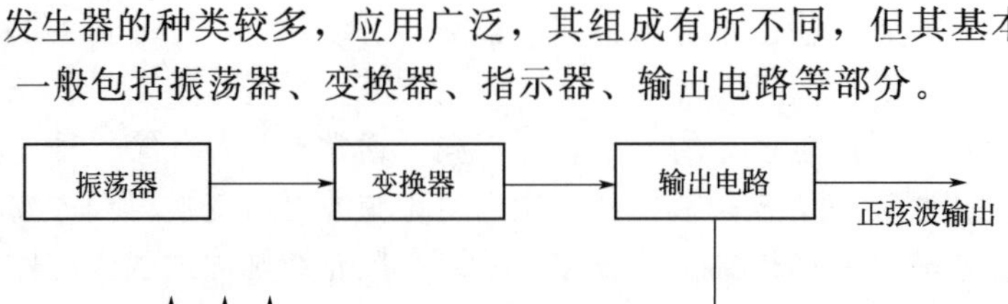

图 6-11　正弦波信号发生器组成框图

① 振荡器　振荡器是正弦波信号发生器的重要组成部分。它可产生不同频率的自激振荡信号，并决定信号发生器的工作频率范围、频率准确定和稳定度等。因此，设计振荡器要

求应有较高的稳定度和较宽的可变范围。

② 变换器 变换器一般由电压放大器、功率放大器或调制器组成，具有对信号放大或调制作用。

③ 输出电路 输出电路用来调节输出信号电平和实现输出阻抗匹配。

④ 指示器 对于种类不同的正弦波信号发生器，指示器可以是电压表、电流表和频率计等，为输出信号的各参数提供参考和调节依据。

⑤ 电源 一般由市电经降压、整流、滤波和稳压而得到，为信号发生器各部分提供直流电压。

任务 6.2 信号发生器使用

6.2.1 利用信号发生器的测量方法

在电子测量中，用到信号发生器的测量方法主要包括以下几种。

（1）谐振法

图 6-12 为谐振法测量集中参数元件的工作原理图，调谐信号发生器输出频率使之与 LC 谐振电路谐振频率相等时，电压表指示最大，LC 谐振电路谐振，依据此时 LC 谐振电路谐振特性可以测量集中参数元件。

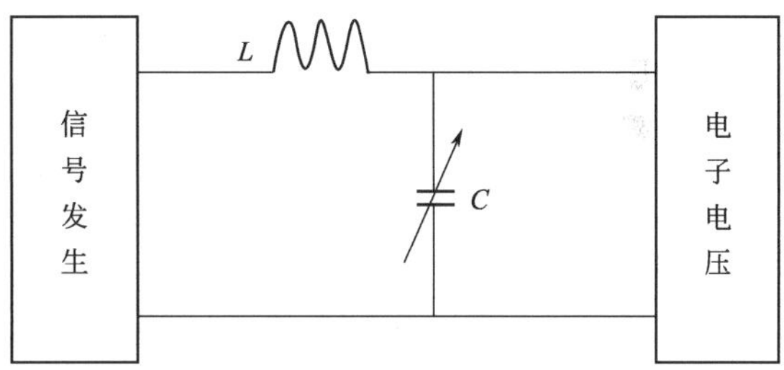

图 6-12 谐振法测量集中参数元件电路图

（2）二次测量法

图 6-13 为二次测量法测量放大器输出阻抗的原理图，其测量过程如下：开关 S_1 闭合，S_2 断开，不接负载 R_2，调节信号发生器使之输出符合要求的信号，并且使示波器观测到的放大器输出信号波形不失真，用电压表测出此时放大器开路电压，设开路电压为 U_o；然后保持信号发生器、放大器状态不变，闭合 S_2，接通负载 R_2，测出此时放大器输出电压，设输出电压为 U_1。则

$$U_1=\frac{U_o}{R_o+R_2}R_2$$

$$R_o=\left(\frac{U_o}{U_1}-1\right)R_2 \tag{6-4}$$

式中，R_o 为放大器输出阻抗。

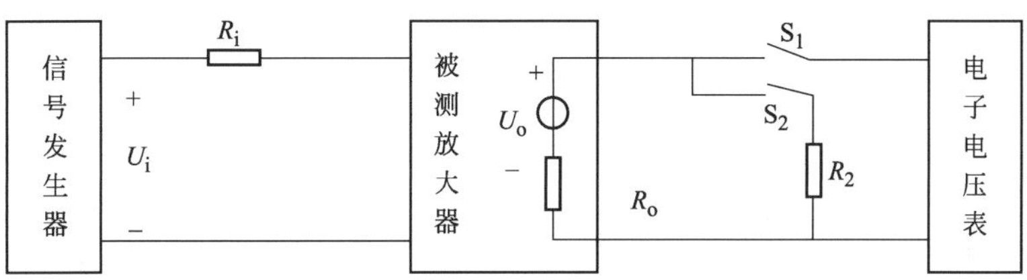

图 6-13 二次测量放大器输出阻抗原理图

如果 R_2 为可调电阻器，还可以采用“半电压法”测量放大器输出阻抗。

（3）比较法

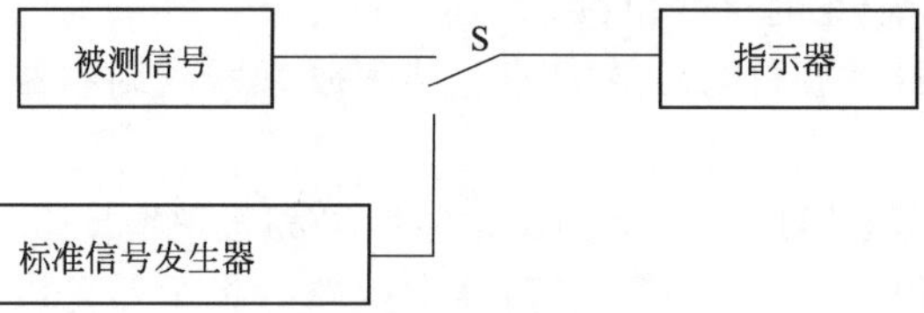

图 6-14　比较法测量原理图

图 6-14 为比较法测量被测信号电压、电流等的原理图。变换开关 S 位置，调节标准信号发生器使前后两次指示器指示不变或保持一定关系，即可测出被测量来。

（4）替代法

图 6-15 为替代法测量场强的原理图，变换开关 S 位置，调节标准信号发生器使前后两次指示器指示不变，则标准信号发生器产生信号的场强等于被测信号场强。

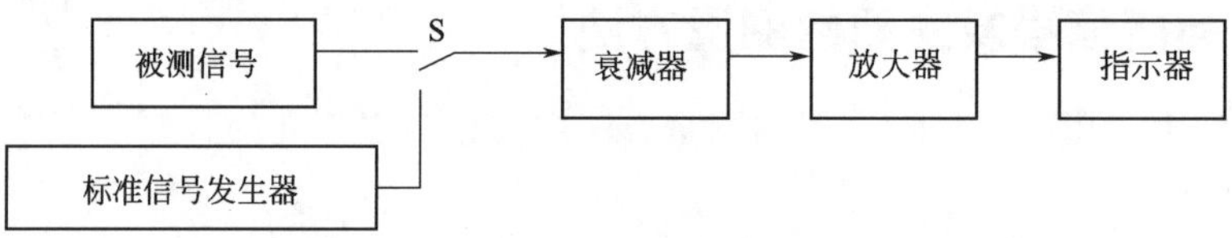

图 6-15　替代法测量场强原理图

6.2.2　CA1642 DDS 函数信号发生器应用实例

6.2.2.1　CA1642 DDS 信号发生器前面板

如图 6-16。

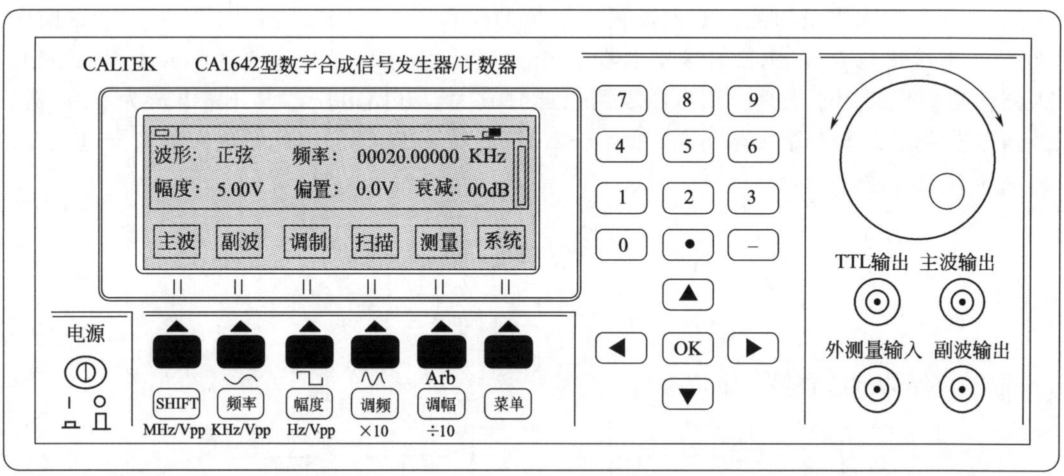

图 6-16　CA1642 DDS 信号发生器前面板

6.2.2.2　按键介绍

（1）快捷键（如图 6-17）

当显示菜单为主菜单时：

按键 频率 幅度 调频 调幅 快速进入对应的功能设置。

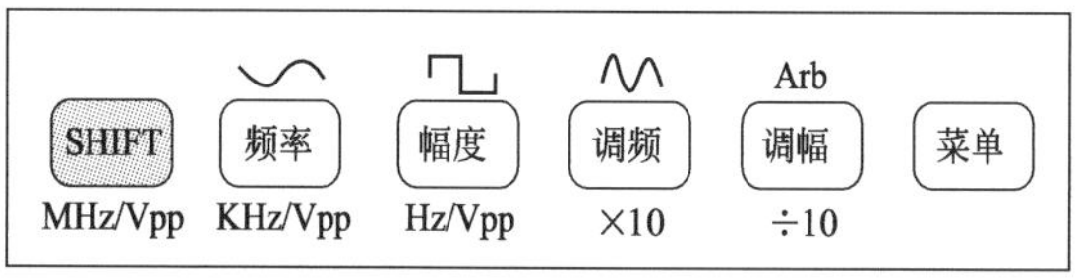

图 6-17 快捷键

按键[菜单]在任何情况下强制从各种设置状态进入主菜单。

按键[SHIFT] 配合[频率] [幅度] [调频] [调幅] 进入“正弦波”、“方波”、“三角波”、“任意波”的输出，即为按键上方字符所示。

当显示菜单为频率的相关设置时：

按键[SHIFT] [频率] [幅度] 对应的功能为设置频率的单位，即为按键下方字符 MHz/Vpp、KHz/Vpp、Hz/Vpp 所示。

当显示菜单为幅度的相关设置时：

按键[调频] [调幅] 对应的功能为改变设置幅度的大小。即为按键下方字符×10、÷10 所示。

注意：快捷键上、下方所标字符在以上三种菜单下有效，其他菜单下均无效。

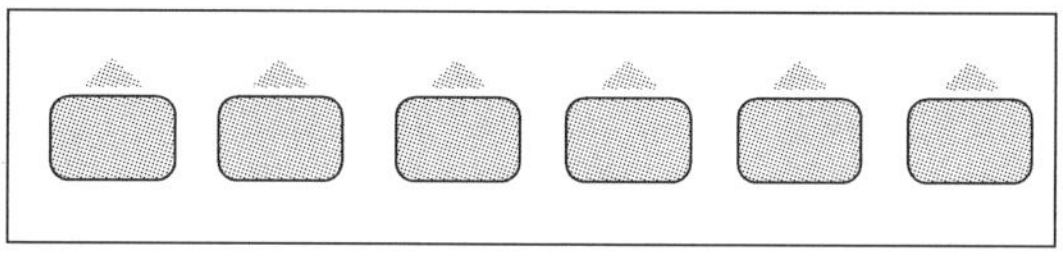

图 6-18 屏幕键

(2) 屏幕键（如图 6-18）

屏幕键从左至右分别为 F1、F2、F3、F4、F5、F6。与屏幕的“虚拟”按键一一对应。例如：显示菜单为主菜单时，分别对应屏幕的“主波”、“副波”、“调制”、“扫描”、“测量”、“系统”的“虚拟”按键。

(3) 数字键（如图 6-19）

当按下任意一个数字键时，屏幕显示一对话框，保存所按的键值，按[OK]键输入。

(4) 方向键（如图 6-20）

方向键的功能是移动设置状态的光标和选择功能。

(5) 编码开关（如图 6-21）

利用旋转编码开关可以快速地加、减光标所对应的量。

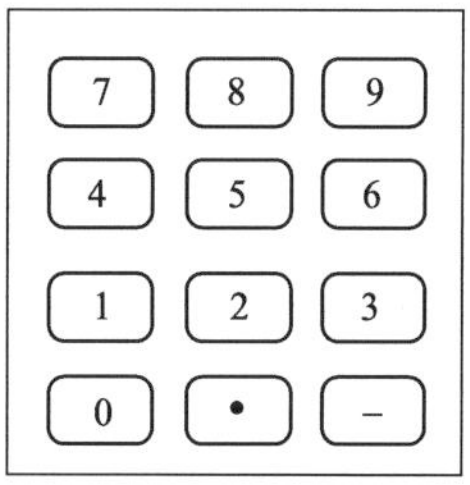

图 6-19 数字键

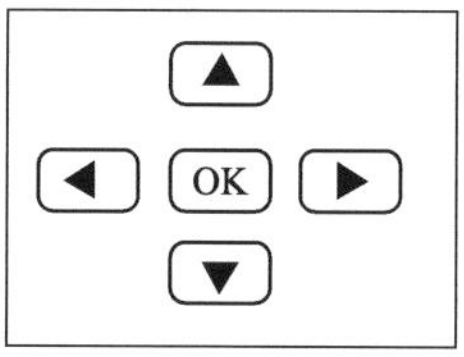

图 6-20 方向键

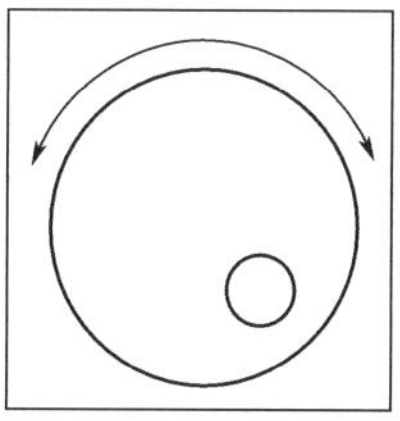

图 6-21 编码开关

6.2.2.3 显示菜单

打开电源开关，屏幕显示主菜单。

（1）主菜单界面（图 6-22）

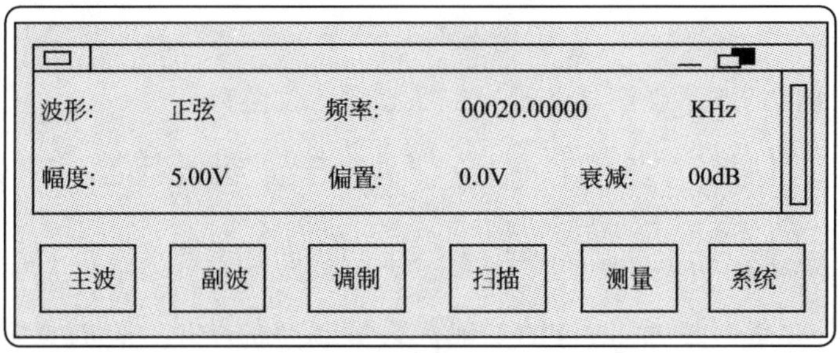

图 6-22 主菜单界面

屏幕上半部分显示输出波形的参数，下半部分是六个“虚拟”按键。按对应的屏幕键 F1～F6。可进入主波、副波、调制、扫描、测量、系统的二级子菜单。

按 主波 对应的屏幕键 F1，进入主波参数设置子菜单。

（2）“主波”二级子菜单（如图 6-23）

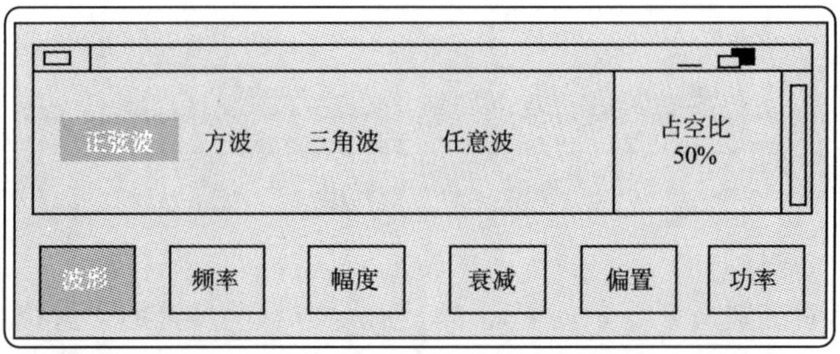

图 6-23 “主波”二级子菜单

通过方向键选择波形，通过屏幕键 F1～F6 设定输出波形的其他参数。

注意：选择波形时，只需按方向键进行选择，反白显示的波形表示已经选定，不需要再按 OK 键确认，然后可通过屏幕键直接设置其他参数。

（3）“副波”二级子菜单（如图 6-24）

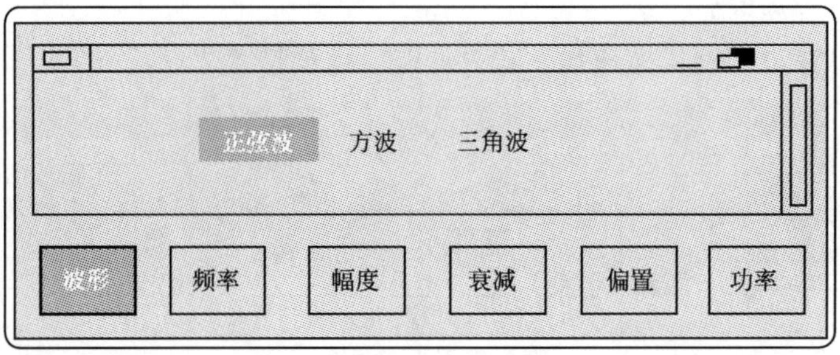

图 6-24 “副波”二级子菜单

通过方向键选择波形，通过屏幕键 F1～F6 设定输出波形的其他参数。

注意：选择波形时，只需按方向键进行选择，反白显示的波形表示已经选定，不需要再按 OK 键确认，然后可通过屏幕键直接设置其他参数。

（4）“调制”二级子菜单（图 6-25）

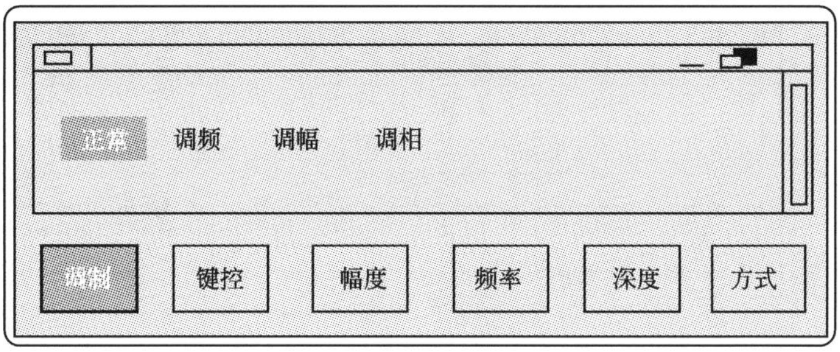

图 6-25　“调制”二级子菜单

通过方向键选择调制类型，之前在主波设定好调制波形，屏幕菜单中“虚拟”按键对应的功能如下：

① 调制 选择调制类型；

② 键控 选择输出键控波；

③ 幅度 为载波幅度；

④ 频率 为载波频率；

⑤ 深度 为调制深度，调频时为调频深度，是频率量；调幅时为调幅深度，是幅度量；调相时为调相深度，是相位量；

⑥ 方式 选择内部还是外部调制。

（5）“扫描”二级子菜单（图 6-26）

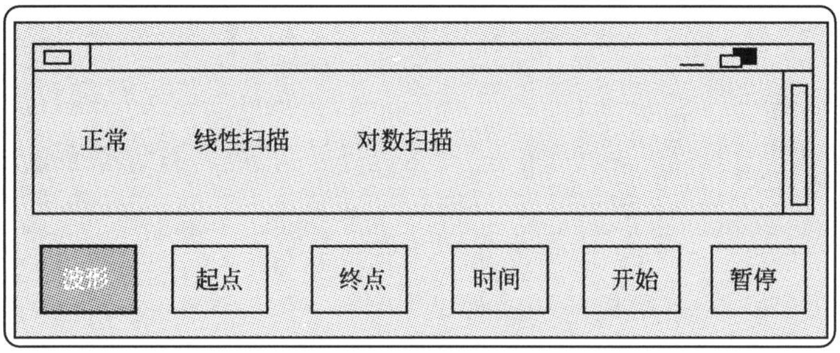

图 6-26　“扫描”二级子菜单

通过方向键选择扫描类型，屏幕菜单中“虚拟”按键对应的功能如下：

① 波形 扫描方式选择；

② 起点 扫描频率的起点；

③ 终点 扫描频率的终点；

④ 时间 设定扫描一次（从起点到终点）所用时间；

⑤ 开始；

⑥ 暂停。

(6)“测量”二级子菜单(图 6-27)

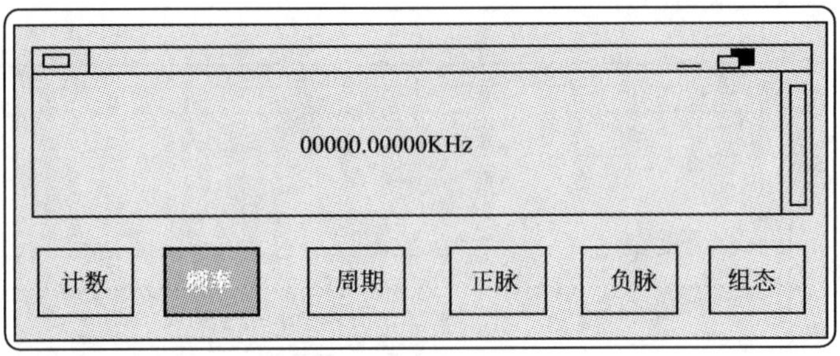

图 6-27 “测量”二级子菜单

屏幕菜单中“虚拟”按键对应的功能如下。

① 计数 计数器功能。

② 频率 频率测量功能。

③ 周期 周期测量功能。

④ 正脉 测量正脉宽功能。

⑤ 负脉 测量负脉宽功能。

⑥ 组态 测量时是否选择衰减、低通滤波及测量闸门时间;用方向键选择,屏幕上由“▲”显示,再按 OK 键,反白显示则表示选中。

(7)“系统”菜单(图 6-28)

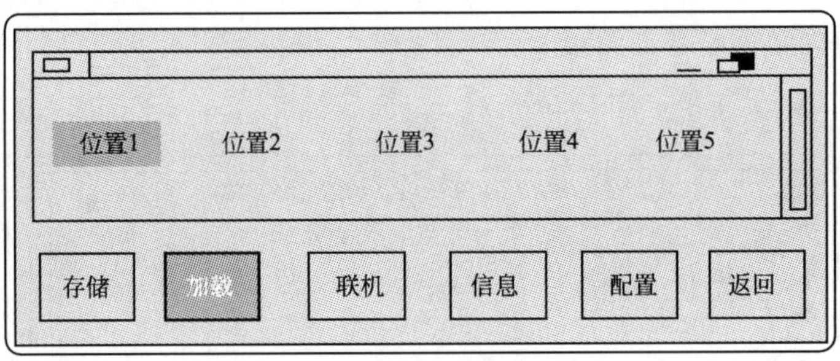

图 6-28 “系统”菜单

屏幕菜单中“虚拟”按键对应的功能如下:

① 存储 5 路存储,存储设定信号的参数;

② 加载 调用上次开机设定的信号参数;

③ 联机 DDS 与上位机进行通信;

④ 信息 本机序列号、系统软件版本号等;

⑤ 配置 中英文语言选择设定及声音设定;

⑥ 返回 返回主菜单。

6.2.2.4 基本操作

(1) 主波输出通道标准波形的产生

例：产生一个 1kHz、峰值 4V、直流偏置－1V 的正弦波，步骤如下。

① 打开电源开关，进入主菜单（图 6-29）。

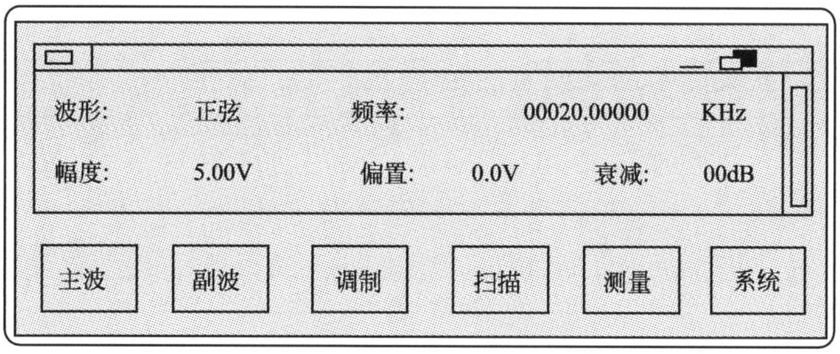

图 6-29 主菜单

② 按下 主波 对应的屏幕键 F1，进入主波参数设置子菜单（图 6-30）。

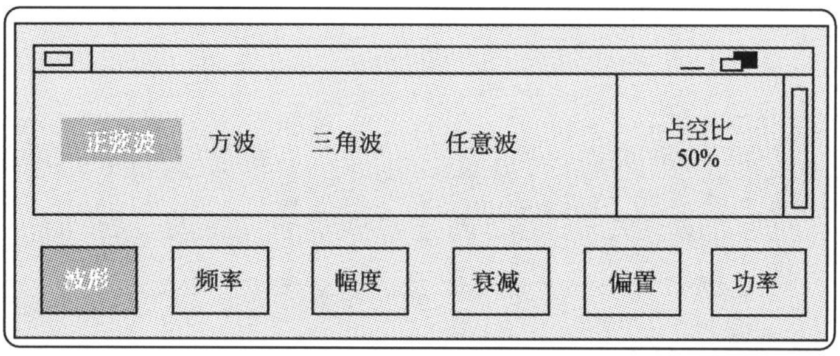

图 6-30 主波参数设置子菜单

默认波形已是正弦，不需要移动（如果要产生方波，按右方向键即可）。

③ 按下 频率 对应的屏幕键 F2，进入频率设置（图 6-31）

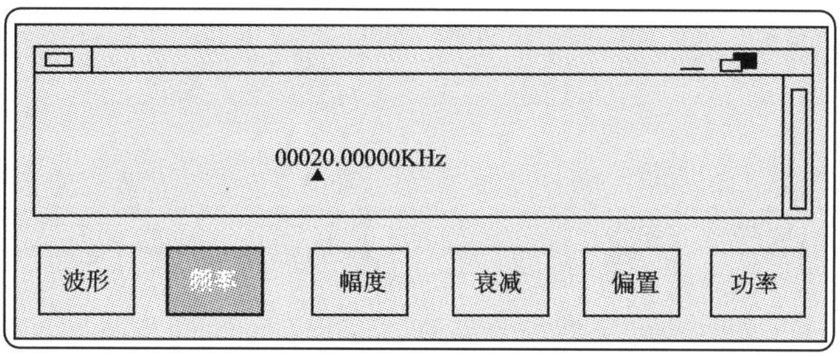

图 6-31 频率设置

系统默认频率为 20kHz，可以通过快捷键 SHIFT 频率 幅度 设置频率的单位为 MHz/Vpp、KHz/Vpp、Hz/Vpp。然后可用三种方法输入频率值：

方法一：通过方向键 Left 、 Right 移动选择光标，再通过 Up 、 Down 增加、减少频率值。

方法二：通过方向键 Left 、 Right 移动选择光标，再通过“编码开关”的顺时针、逆时针旋转来增加、减少频率值。

方法三：通过数字键盘输入，按下数字键后，屏幕显示一对话框（图 6-32），键入想输入的数字，按 OK 键输入。输入结束后结果如图 6-33。

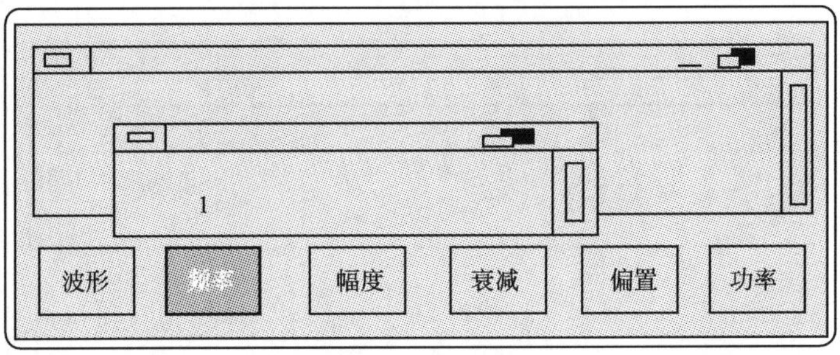

图 6-32 “输入”对话框

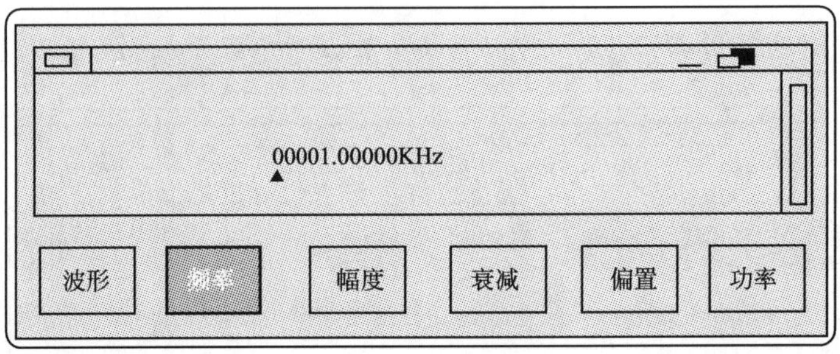

图 6-33 显示结果

④ 用同样的方法选择“幅度”、“偏置”菜单，设置幅度为 4V、偏置为－1V。

这样，由主波输出通道输出一个 1kHz、峰值 4V、直流偏置－1V 的正弦波。

注：副波的设定与主波的设定相同。

（2）调制波

例：产生载波为 1MHz 正弦波、幅度峰值为 5V、调制波频率为 10kHz 的调幅波，调制深度为 30%；步骤如下。

① 进入主菜单，按“调制”对应的屏幕键 F3，进入子菜单，用方向键选中调幅，如图 6-34。

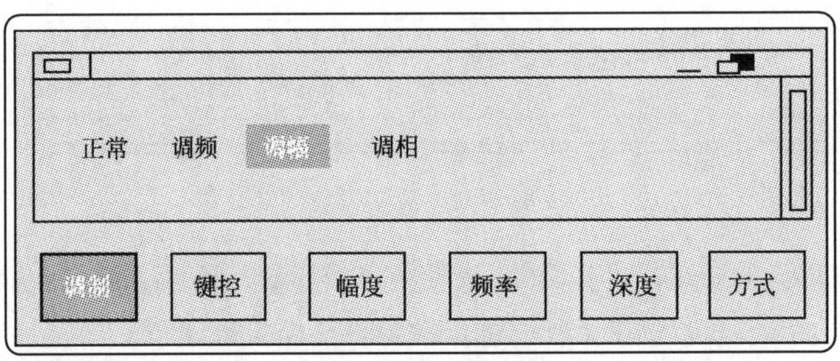

图 6-34 选中调幅

② 按菜单键返回到主菜单，设定副波的频率为 10kHz（调制波频率）；再回主菜单。

③ 按屏幕键 F3，再次进入“调制”子菜单，按屏幕键 F5，设置调制深度为 30%。

④ 设置载波；分别按屏幕键 F4、F3，设置频率为 1MHz，幅度为 5V 的正弦波作为载波。

⑤ 按屏幕键 F6，选择调制方式为“内部”；此时进入调制状态；这样一个载波为 1MHz

正弦波、幅度峰值为 5V、调制波频率为 10kHz 的调幅波就完成了。

（3）扫描波

例： 产生一个起始频率为 100kHz、终止频率为 500kHz、扫描时间为 1s、幅度为 5V 的方波线性扫描波。步骤如下：

① 在主菜单中设定主波波形为方波，幅度设置为 5V；再按 菜单 键返回主菜单；

② 按“扫描”对应的屏幕键 F4，进入扫描方式，用方向键选择“线性扫描”，如图 6-35。

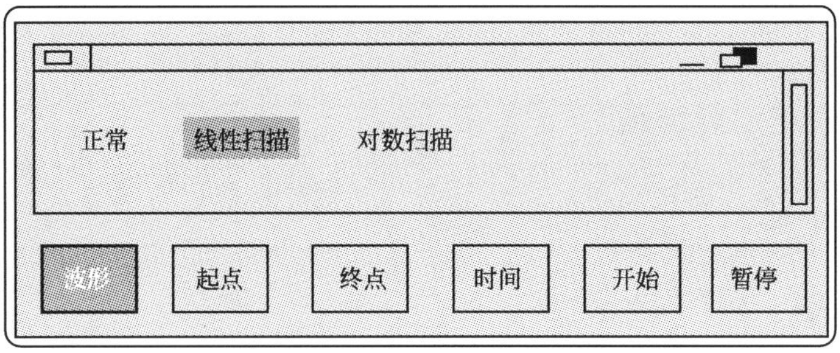

图 6-35 选择“线性扫描”

③ 按“起点”对应的屏幕键 F2 设定起点频率为 100kHz；

④ 按“终点”对应的屏幕键 F3 设定终点频率为 500kHz；

⑤ 按“时间”对应的屏幕键 F4 设定扫描时间为 1s；

⑥ 按“开始”对应的屏幕键 F5，扫描波设置完毕进入扫描状态。若要停止扫描按“暂停”对应的屏幕键 F6。

同样的方法可以实现对数扫描。

（4）频率的测量

① 被测信号从外测量输入端输入，进入主菜单后，按“测量”对应的屏幕键 F5，进入“测量”子菜单，如图 6-36。

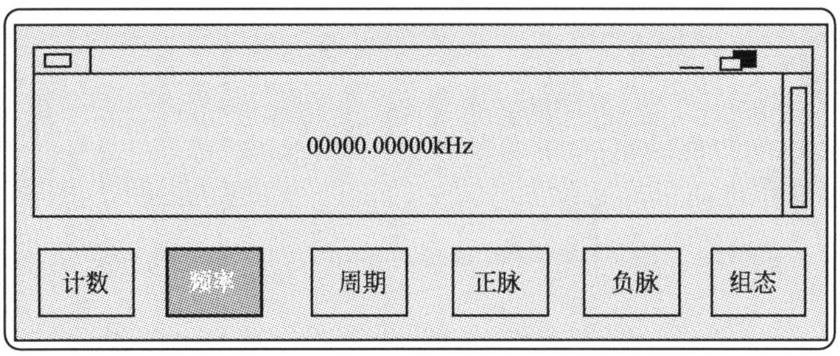

图 6-36 “测量”子菜单

② 按“频率”对应的屏幕键 F2，完成频率的测量。

同样的方法可以实现计数、周期、脉宽（正脉、负脉）的测量。

（5）测量的组态设置

组态功能可以对被测信号进行预处理，达到最佳测量目的，如图 6-37。

组态功能包括“衰减”、“低通滤波”、“快速”，可通过方向键选择光标位置，然后通过 OK 键确定。其中“快速”指闸门时间，当“快速”选定时，闸门时间大约 0.1s，未选定时，闸门时间大约 1s。

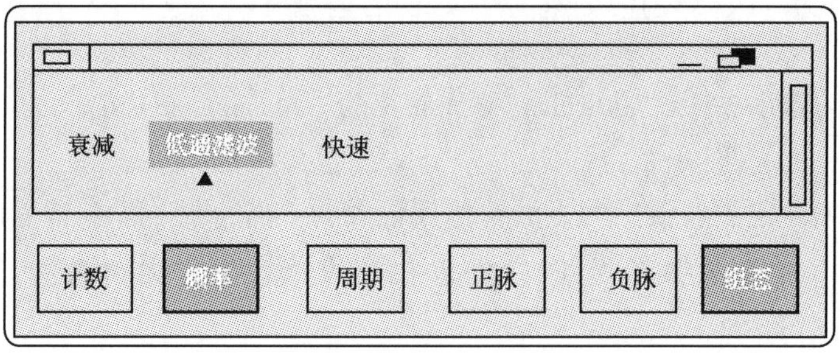

图 6-37　组态设置

6.2.2.5　使用注意事项

① 作为信号发生器接入电路时，应确认与其他电源（如直流电源）没有直接并联连接。以免造成信号发生器元器件损坏。

② 正常工作时不要剧烈移动仪器，以免对内部电路造成损坏。

任务 6.3　自主学习

6.3.1　任务巩固

① 根据输出信号波形种类的不同，通用信号发生器分为哪几类？通常用于什么用途？

② 低频信号发生器一般包括哪几个部分？各部分的作用是什么？

③ 函数信号发生器能输出哪几种波形的信号？

6.3.2　课后思考

① 信号发生器如何实现输出不同频率、不同幅度和不同波形的电压或电流信号？

② 低频信号发生器和高频信号发生器的主要区别是什么？

6.3.3　课业

结合实验室情况，针对某型号信号发生器编制使用说明书一份。

① 收集与编制使用说明书相关的国家标准、编写规范等资料作为参考；

② 收集相关产品使用说明书作为参考，根据自己操作使用的经验完成编制。

项目7 电压测量

项目目标

【知识目标】 通过学习，使学生掌握以下知识：

① 掌握电压测量的基本要求及交流电压的表征值；

② 掌握模拟电压表的组成原理及使用方法；

③ 掌握数字电压表的指标参数及使用方法。

【能力目标】 通过学习，使学生具备以下能力：

① 具备利用电压表检测元器件的能力；

② 具备利用电压表检测电路参数的能力；

③ 具备利用电压表进行电压测量的能力。

任务 7.1 电压测量仪表及要求

电压是一个基本的物理量，是集中电路中表征电信号的三个基本参数（电压、电流、功率）之一，电压测量是电子测量中的基本内容。在电子电路中，电路的各种工作都是靠电压来表征的；在非电量测量中，也多利用各类传感器装置，将非电量参数转化为电压参数。电路中的其他电参数，包括电流、功率和通频带、设备的灵敏度等，都可以看作电压的派生量，通过电压测量获得其数值。而且，在实际电路参数的测量中，电压测量直接、方便，将电压表直接并联在被测元件两端，只要电压表的内阻足够大，就可以在几乎不影响电路工作状态的前提下得到满意的测量结果。和电流测量比较来说，电压测量以不改变电路结构而显得更加方便。由此可以看出，电压测量是电子测量的基础，在电子电路和设备的测量和调试中，电压测量是不可缺少的基本测量。

7.1.1 电压测量的基本要求

在实际测量中，被测电压具有频率范围宽、幅度差别大、波形种类多等特点，电压测量应满足下列基本要求。

（1）频率范围宽

被测电压的频率范围很宽，如从零到数百兆赫，大致分为直流、低频、高频和超高频。

所用电压表必须具有足够宽的频率范围，即具有足够的频宽。

(2) 量程宽

被测电压的量程范围很宽，小到几纳伏，大到几百伏，甚至几千伏。测量之前，应对被测电压有大概的估计，所用电压表应具有相当宽的量程或具有针对性。测量小信号时需要选用高灵敏度电压表，测量高电压时需要选用绝缘强度高的电压表来测量。

(3) 输入阻抗高

测量电压时，电压表以并联方式接入被测电路，其输入阻抗即为被测电路的额外负载。为使被测电路的工作状态尽量不受影响，电压表应有足够高的输入阻抗，即输入电阻应尽量大，输入电容应尽量小。

影响输入电阻 R_i 的因素较多，且不一定为常数，如直流电压表 R_i 在数十兆欧或数百兆欧以上，直流数字电压表 R_i 可达数千兆欧；但随着频率的升高，R_i 将大大下降，如降至数十千欧或数千欧。输入电容 C_i 主要受电路结构尺寸等的限制，一般可达 1～10pF 左右，在频率很高时，容抗也将变得很低。因此，在很高频率下测量电压时，不仅要考虑输入电阻的影响，而且还应考虑输入电容的影响。有时常常还要考虑阻抗的匹配问题。

(4) 抗干扰能力强

测量工作一般是在受各种干扰的情况下进行的。当电压表工作在高灵敏度时，干扰会引入明显的测量误差，这就要求电压表具有较强的抗干扰能力。必要时，还应采取一些抗干扰措施，如接地、屏蔽等，以减小抗干扰的影响。

(5) 测量精确度高

直流电压的测量可获得较高的测量精确度，例如直流数字电压表一般可达 10^{-4}～10^{-7} 量级；交流电压表的测量精确度可达 10^{-2}～10^{-4} 量级。在测量精确度要求不高时，可选用测量精确度在 1%～3%左右的电压表。电压表的精确度表示方法如下：

① 满度值的百分数 $\pm\beta\%U_m$ 具有线性刻度的模拟式电压表一般采用这种表示方法，式中 $\beta\%$ 为满度相对误差，U_m 为电压表满刻度值；

② 读数值的百分数 $\pm\alpha\%U_x$ 具有对数刻度的电压表一般采用这种表示方法，式中 $\alpha\%$ 为读数相对误差，U_x 为电压表测量读数值；

③ $\pm(\alpha\%U_x+\beta\%U_m)$ 数字电压表一般采用这种表示方法。

(6) 被测电压波形种类多

测量时，应根据电压表的类型和电压波形来确定被测电压的大小。交流电压表一般以正弦波有效值来决定，测量纯正弦波电压时读数值与被测电压的有效值相等；一般情况下，交流电压表测量非正弦波电压时的读数值无明确的物理意义，被测电压的有效值需经换算后取得。

7.1.2 交流电压的表征

交流电压的峰值、平均值和有效值是交流电压的基本参数，一个交流电压的幅度特性可用峰值、平均值、有效值基本参数和其基本参数的相互关系的波形因数、波峰因数五个参数来表征。

(1) 峰值 U_p

一个周期性交流电压 $u(t)$ 在一个周期内所出现的最大瞬时值称为该交流电压的峰值 U_p。峰值 U_p 是参考零电平计算的。有正峰值和负峰值之分，分别用 U_p+ 和 U_p- 表示。

含直流分量的交流电压，其正峰值 U_p+ 和负峰值 U_p- 的绝对值大小是不相等的；与交流电压的振幅值 U_m 也是不相等的。但当交流电压的直流分量为零时，其正峰值 U_p+ 和负峰值 U_p- 的绝对值及交流电压的振幅值 U_m 都是相等的。这里要特别注意峰值 U_p 与振幅 U_m 的区别，区别点在于参考电平不相同，峰值 U_p 是相对于零电平值，而振幅 U_m 是相对于直流分量值。

不同情况下的峰值与振幅值的含义如图 7-1 所示。

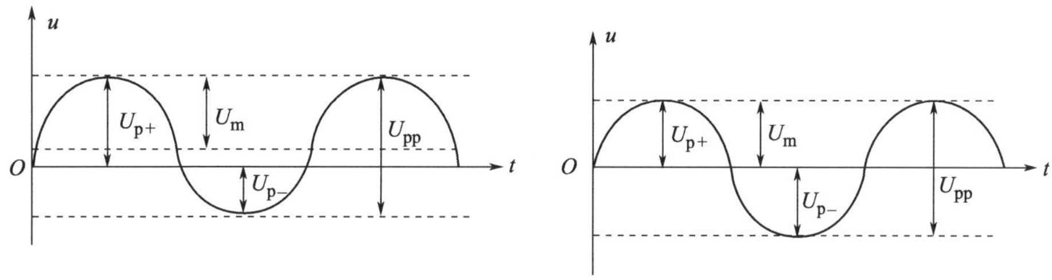

图 7-1　交流电压的峰值与振幅值

（2）平均值 $\overline{U}$

交流电压的平均值在数学上定义为

$$\overline{U}=\frac{1}{T}\int_0^T u(t)\mathrm{d}t \tag{7-1}$$

显然，不含直流分量的正弦信号的电压平均值为零。用这种定义来表征正弦信号的幅度特性就没有实际意义，所以在实际的测量中是用检波后的平均值来表征正弦信号的幅度特性。检波分半波检波和全波检波两种，检波后的波形如图 7-2 所示。

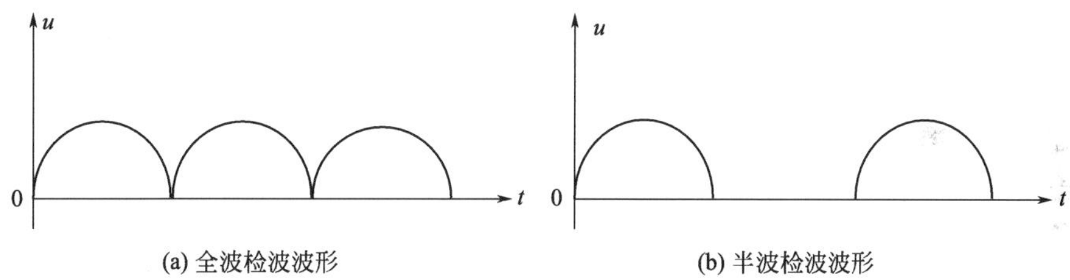

图 7-2　正弦信号经检波后的波形

通常用全波检波后的波形的平均值来表征正弦信号的幅度特性，故有

$$\overline{U}=\frac{1}{T}\int_0^T |u(t)|\mathrm{d}t \tag{7-2}$$

半波检波后的平均值是全波检波后的平均值的一半，即为正弦信号电压平均值的一半。上述以理想正弦信号为典型例子来定义平均值，实际上各种交流信号波形电压的平均值都是用式(7-2) 定义。

（3）有效值 U

交流电压的有效值理论上定义为：在交流电压的一个周期内，该交流电压在一纯电阻负载中产生的热量与一个直流电压在同样情况下产生的热量相等时，则定义这个直流电压值为该交流电压的有效值。数学上交流电压的有效值定义为它的均方根值。

$$U=\sqrt{\frac{1}{T}\int_0^T u^2(t)\mathrm{d}t} \tag{7-3}$$

没有特殊说明时，交流电压的测量值都是指有效值。

(4) 波形因数 K_f

交流电压的有效值与平均值之比称为该交流电压的波形因数，用 K_f 表示。

$$K_f=\frac{U}{\overline{U}} \tag{7-4}$$

正弦信号的波形因数　$K_f=1.11$

三角波的波形因数　$K_f=\frac{2}{\sqrt{3}}$

方波信号的波形因数　$K_f=1$

(5) 波峰因数　K_P

波峰因数 K_P 定义为峰值与有效值之比

$$K_P=\frac{U_P}{U} \tag{7-5}$$

正弦信号的波峰因数　$K_P=\sqrt{2}$

三角波的波峰因数　$K_P=\sqrt{3}$

方波信号的波峰因数　$K_P=1$

7.1.3 电子电压表的分类

电压表按其工作原理和读数方式分为模拟式电压表和数字式电压表两大类。

任务 7.2　模拟式电压表原理及应用

模拟式电压表又叫指针式电压表，一般都采用磁电式直流电流表头作为被测电压的指示器。测量直流电压时，可直接或经放大或经衰减后变成一定量的直流电流驱动直流表头的指针偏转指示。测量交流电压时，必须经过交流一直流变换器即检波器，将被测交流电压先转换成与之成比例的直流电压后，再进行直流电压的测量。模拟式电压表按不同的方式又分为以下几种类型。

① 按工作频率分类：分为超低频（1kHz 以下）、低频（1MHz 以下）、视频（30MHz 以下）、高频或射频（300MHz 以下）、超高频（300MHz 以上）电压表。

② 按测量电压量级分类：分为电压表（基本量程为 V 量级）和毫伏表（基本量程为 mV 量级）。

③ 按检波方式分类：分为均值电压表、有效值电压表和峰值电压表。

④ 按电路组成形式分类：分为检波—放大式电压表、放大—检波式电压表、外差式电压表三类。

• 检波—放大式：电路结构如图 7-3 所示。

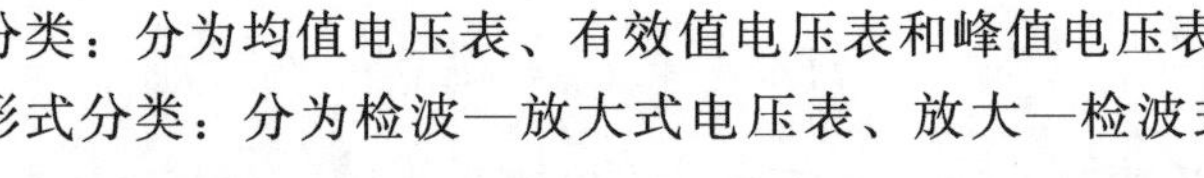

图 7-3　检波-放大式电压表方框图

它将被测电压 u_x 先变成直流电压，再经直流放大器放大，然后驱动直流微安表指针偏转。电压表的频带宽度主要取决于检波电路的频率响应。通常所称“高频电压表”或“超高频电压表”都属于这一类。由于二极管导通时有一定的起始电压，电表刻度的非线性，如采用普通直流放大器会有零点漂移，故其灵敏度不高，不适宜测小信号。

• 放大—检波式：这种类型的电压表方框图如图 7-4。

图 7-4 放大—检波式电压表方框图

被测电压先经宽带放大器放大，然后再检波，变成直流电信号，驱动微安表指针偏转。这种电压表灵敏度由于先行放大而提高，但受放大器内部噪声的限制；其频率范围主要受放大器带宽的限制，典型的频率范围为 20Hz～10MHz，称“视频毫伏表”。

• 外差式电压表：前面所讲的检波—放大式和放大—检波式两种电压表，频率响应和灵敏度互相矛盾，很难兼顾，但可以通过外差测量方法来解决。外差式电压表的电路结构图如图 7-5 所示，其原理与外差式收音机相似。被测信号通过输入电路（包括输入衰减器及高频放大器）在混频器中与本机振荡器的振荡信号混频，输出的中频信号经中频放大器选频放大，然后检波，驱动微安表指针偏转。

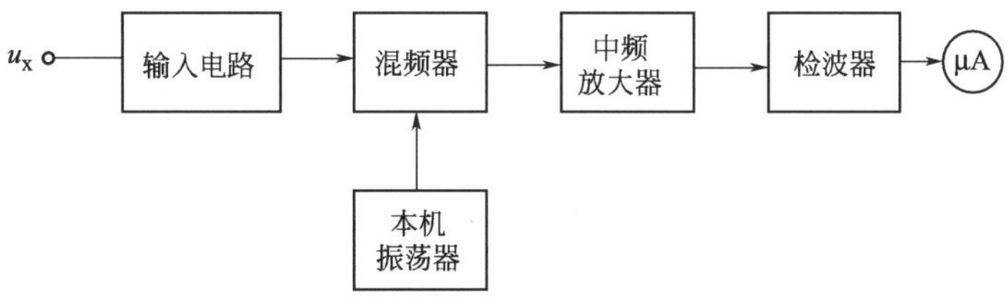

图 7-5 外差式电压表方框图

外差测量法的中频是固定不变的，中频放大器有良好的选择性和相当高的增益，这样就解决了放大器的带宽与增益的矛盾，削弱了噪声的影响，提高了测量灵敏度，扩展了频率范围。一般的高频微伏表属于这一类。

特别注意：不管哪类模拟式电压表，都要将被测信号电压转换成直流电流通过表头才能测量出电压结果。所以，测量机构（表头）、测量线路以及转换开关是模拟式电压表不可缺少的组成部分。

数字式电压表：数字式电压表实际上就是一种用 A/D 变换器作测量机构，用数字显示器显示测量结果的电压表。测量交流电压及其他电参量的数字式电压表必须在 A/D 变换器之前对被测电参量进行转换处理，将被测电参量变换成直流电压。

A/D 变换器是数字式电压表的核心部分，它的变换精度、分辨力、抗干扰能力直接影响数字式电压表的测量精度、灵敏度和抗干扰能力。

数字电压表一般按功能分为直流数字电压表和交流数字电压表。直流数字电压表按 A/D（模拟/数字）转换器方式分为比较型、积分型和复合型。交流数字电压表按 AC/DC（交流/直流）变换原理分为峰值型、平均值型和有效值型交流数字电压表。

任务 7.3 模拟式电压表原理及应用

模拟式电压表分为均值电压表、峰值电压表和有效值电压表三种。

7.3.1 均值电压表

在均值型电压表内，电压的平均值是指被测电压经检波后的平均值，这通常是对全波检波而言，即输入电压的绝对值在一个周期的平均值。

$$\overline{U}=\frac{1}{T}\int_0^T |u(t)|\mathrm{d}t \tag{7-6}$$

均值电压表一般采用放大-检波式电路组成低频电压表，或采用外差式电路组成高频微伏表。

（1）检波器电路

电子电压表内常用的均值检波器电路如图 7-6 所示，图（a）为桥式电路，图（b）中使用了两只电阻代替图（a）中的两只二极管，称为半桥式电路。

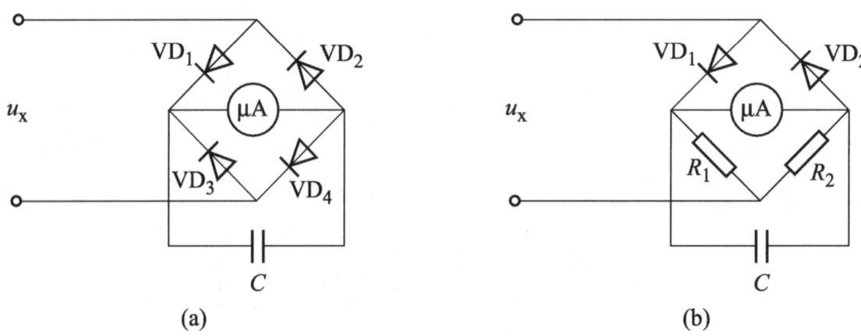

图 7-6　均值检波器原理图

均值响应检波器输出平均电流 $\overline{I}_{\text{out}}$ 正比于输入电压的平均值。由于电流表动圈转动的惯性，其指针将指示 $\overline{I}_{\text{out}}$ 的值。为了使指针稳定，在表头两端跨接滤波电容，滤去检波器输出电流中的交流成分。

（2）定度系数和波形换算

考虑到正弦波是最基本的和应用最普通的波形以及有效值的实际意义，几乎所有的交流电压表都是按照正弦波电压有效值来决定的。显然，如果检波器不是有效值响应，则有标称值（即示值 U_α）与实际响应值之间存在一个系数，此系数即为定度系数，记作 K_α。

对于均值响应检波器，在额定频率下加正弦波电压时的示值

$$U_\alpha=K_\alpha\overline{U} \tag{7-7}$$

所以

$$K_\alpha=\frac{U_\alpha}{\overline{U}}=K_\text{f}=1.11 \tag{7-8}$$

由此可知，如果用均值电压表测量纯正弦波电压，其示值 U_α 就是被测电压正弦波的有效值。如果被测电压是非正弦波电压时，其示值并无直接的物理意义，只有把示值经过换算后，才能得到被测电压的有效值。

首先按“平均值相等示值也相等”的原则将示值 U_α 折算成被测电压的平均值

$$\overline{U}=\frac{U_\alpha}{K_\alpha}\approx 0.9U_\alpha \tag{7-9}$$

再用波形因数 K_f（如果被测电压的波形已知）求出被测电压的有效值

$$U_\text{x}=K_\text{f}\overline{U}\approx 0.9K_\text{f}U_\alpha \tag{7-10}$$

综上所述，波形换算的方法是：当测量任意波形电压时，将测量结果（即表盘上的示值）先除以定度系数折算成被测电压的平均值，再乘以被测电压的波形因数（如果被测电压的波形已知）即可得到被测的非正弦电压有效值。

对于采用全波检波电路的电压表来说

$$U_\text{x}\approx 0.9K_\text{f}U_\alpha \tag{7-11}$$

【例 7-1】 用全波式均值表分别测量方波及三角波电压，示值均为 1V，问被测电压的有

效值分别为多少？

解　① 对于方波

$$\overline{U}\approx 0.9U_{\alpha}=0.9\ (\mathrm{V})$$

$$U_x=K_f\overline{U}=0.9\ (\mathrm{V})$$

② 对于三角波

$$\overline{U}\approx 0.9U_{\alpha}=0.9\ (\mathrm{V})$$

$$U_x=K_f\overline{U}=\frac{2}{\sqrt{3}}\times 0.9=1.035\ (\mathrm{V})$$

7.3.2 有效值电压表

(1) 检波式有效值电压表的基本原理

电压有效值的定义是

$$U=\sqrt{\frac{1}{T}\int_0^T u^2(t)\mathrm{d}t} \tag{7-12}$$

如果通过检波器来实现，就要求这种检波器具有平方律关系的伏安特性。图 7-7 给出一种基本电路形式。

图 (a) 利用二极管正向特性曲线的起始部分，得到近似平方关系。选择合适的偏压 E_0 [大于被测电压 $u_x(t)$ 的峰值]，可得到图 (b) 所示波形图。

设检波二极管 VD 的检波系数为 k，则流过它的电流

$$i=k[E_0+u_x(t)]^2 \tag{7-13}$$

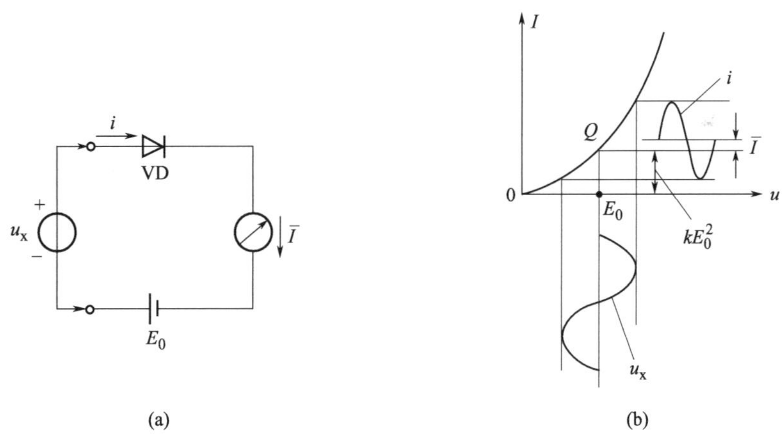

图 7-7　平方律特性的获得

直流电流表指针的偏转角与电流 I 的平均值 $\overline{I}$ 成正比：

$$\overline{I}=\frac{1}{T}\int_0^T i(t)\mathrm{d}t=\frac{1}{T}\int_0^T k[E_0+u_x(t)]^2\mathrm{d}t=kE_0^2+2kE_0\overline{U}_x+kU_x^2 \tag{7-14}$$

式中，kE_0^2 为静态工作点电流，即无信号输入时的起始电流；$\overline{U}_x$ 为被测电压的平均值，对于正弦波或周期性对称的电压 $\overline{U}_x=0$；kU_x^2 是与被测电压有效值平方成比例的电流平均值 $(\overline{I})$。

先设法在电路中抵消起始电流，则送到直流电流表电流为

$$\overline{I}=kU_x^2 \tag{7-15}$$

从而实现了有效值转换。

用这种有效值响应检波器所构成的有效值电压表在理论上可以测量任意周期性波形电压的有效值，不会产生波形误差。但当用正弦波电压有效值刻度时，表盘刻度是非线性的，因为 $\overline{I}$ 和 U_x 的平方成正比。

（2）热电转换式有效值电压表

热电转换式电压表是实现有效值电压测量的一种重要方法。它利用具有热电变换功能的热电偶来实现有效值变换。

图 7-8 是热电转换电压表的示意图。图中，AB 为不易熔化的金属丝，称加热丝，M 为热电偶，它由两种不同材料的导体连接而成，其交界面与加热丝耦合，故称“热端”，而 D、E 为“冷端”。当加入被测电压 u_x 时，热电偶的热端 C 点温度将高于冷端 D、E，产生热电动势，故有直流电流流过微安表。该电流正比于热电动势。因为热端温度正比于被测电压有效值 U_x 的平方，热电势正比于热、冷端的温度差，因而通过电流表的电流 I 将正比于 U_x^2。这就完成了被测交流电压有效值到热电偶电路中直流电流之间的变换，从广义来讲，也就完成了有效值检波。

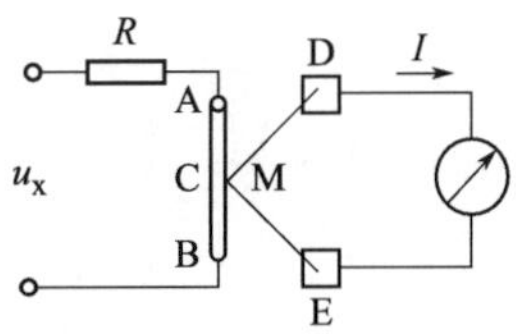

图 7-8　热电转换原理

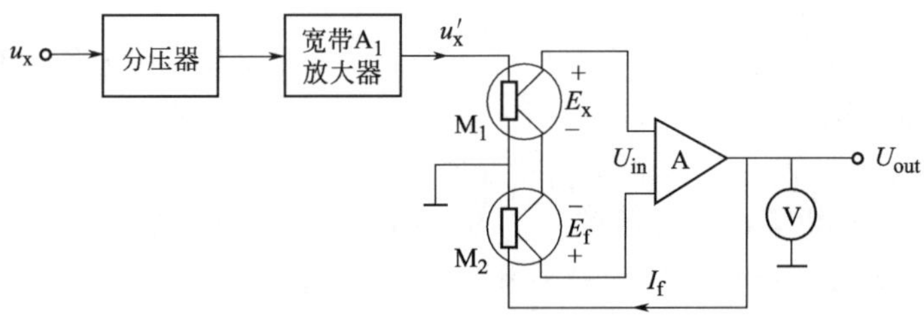

图 7-9　热电式有效值电压表原理框图

图 7-9 是 DA-24 型有效值电压表简化组成方框图，它采用热电偶作为 AC/DC 变换元件。其中 M_1 为测量热电偶，M_2 为平衡热电偶。

被测电压 $u_x(t)$ 经宽带放大器放大后加到测量热电偶 M_1 的加热丝上，经热电变换得热电动势 E_x，它正比于被测电压有效值 U_x 的平方，即

$$E_x = K(A_1 U_x)^2$$

式中　A_1——宽带放大器电压放大倍数；

K——热电偶转换系数。

平衡热电偶 M_2 与 M_1 的性能相同，其作用有二：一是使表头刻度线性化，二是提高热稳定性。在被测电压经放大后加到 M_1 的同时，经直流放大器放大后的输出电压也加到平衡热电偶 M_2 上，产生热电动势 $E_f = KU_{out}^2$。当直流放大器的增益足够高且电路达到平衡时，其输入电压 $U_{in} = E_x - E_f \approx 0$，即 $E_x = E_f$，所以 $U_{out} = A_1 U_x$。由此可知，如两个热电偶特性相同（即 K 相同），则通过图示反馈系统，输出直流电压就正比 $u_x(t)$ 有效值 U_x，所以表头示值与输入呈线性关系。

这种仪表的灵敏度及频率范围取决于宽带放大器的带宽及增益，表头刻度线性，基本没有波形误差。其主要缺点是有热惯性，使用时需等指针偏转稳定后才能读数，而且过载能力差，容易烧坏，使用时应注意。

（3）计算式有效值电压表

交流电压的有效值即其均方根值。根据这一概念，利用模拟电路对信号进行平方、积分、开平方等运算即可得到测量结果。

图 7-10 是计算式转换器方框图。第一级为模拟乘法器，第二级为积分器，第三级对积

分器的输出电压进行开方使输出电压大小与被测电压有效值成正比，从而得到最后测量结果。

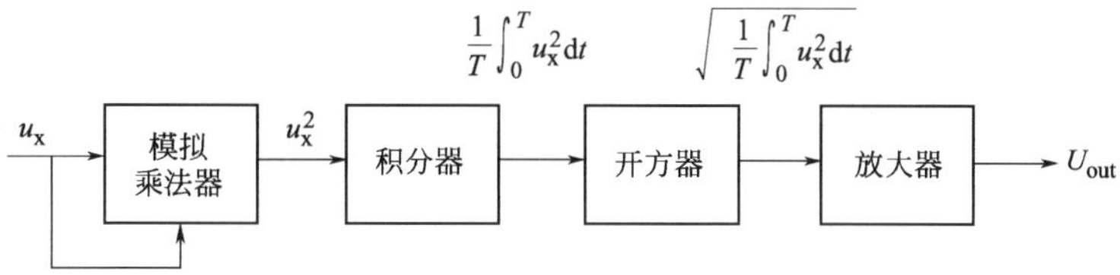

图 7-10 计算式有效值电压表方框图

7.3.3 峰值电压表

测量高频电压一般不用均值电压表和有效值电压表，原因是它们的检波器件在测量时导通时间较长，因而其输入阻抗较低。为了使不因电压表的接入而对被测电路产生较大影响，在检波前要加入跟随器进行隔离。测量高频电压时，由于放大器的带宽限制，会产生较大的频率误差。为了避免这种情况，常采用检波—放大式电压表来测量高频电压，将被测交流信号首先通过探极进行检波，使其变成直流电压，然后再放大。这种电压表多为峰值电压表，其检波器为峰值检波器。

(1) 峰值电压表的工作原理

对于任意波形的周期性交流电压，在所观察的时间或一个周期内其电压所能达到的最大值即称为峰值，用 U_p 表示。对于正弦波而言，峰值就等于其振幅值 U_m。

峰值响应检波器电路如图 7-11 所示。其中图 (a) 为串联式，图 (b) 为并联式，其电路形式与均值响应检波器无显著差别，但其参数选取必须满足：

$$RC \gg T_{max} \qquad R\Sigma C \ll T_{min} \tag{7-16}$$

式中 T_{max}——被测交流电压的最大周期；

T_{min}——被测交流电压的最小周期；

$R\Sigma$ ——信号源内阻和二极管正向电阻之和。

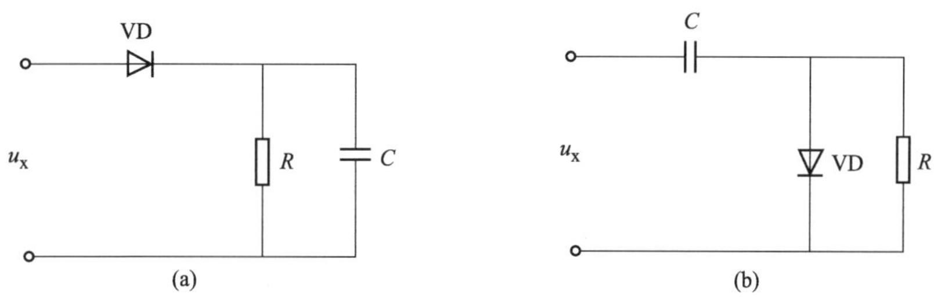

图 7-11 峰值检波器电路

这样的电路参数使检波器输出电压平均值 $\overline{U}_R$ 近似等于输入电压 $u_X(t)$ 的峰值。在图 7-11(a) 中因为电容 C 充电时间短放电时间长，从而保持其两端的电压始终接近于输入电压的峰值，即 $\overline{U}_R=\overline{U}_C\approx U_P$。

在图 7-11(b) 所示的并联峰值检波器中，$u_x(t)$ 正半周通过二极管 VD 给电容迅速充电，而负半周 C 两端电压缓慢向 R 放电，使 $\overline{U}_R=\overline{U}_C\approx U_P$。

上述两种电路相比较，并联式检波电路中的电容 C 还起着隔直流的作用，便于测量含有直流成分的交流电压。但 R 上除直流电压外，还叠加有交流电压，增加了额外的交流通路，故其输入电阻低于串联式电路。

(2) 定度系数及波形换算方法

峰值表和均值表类似，一般也是按正弦波有效值进行定度，在额定频率下度盘的示值

$$U_{\alpha}=K_{\alpha}U_{P} \tag{7-17}$$

式中，K_{α} 是定度系数。

因为以正弦波有效值定度，所以

$$K_{\alpha}=\frac{U}{U_{P}}=\frac{1}{K_{P}}=\frac{\sqrt{2}}{2} \tag{7-18}$$

式中，U_P 及 U 分别表示正弦波的峰值及有效值。

根据波峰因数的定义，正弦波的波峰因数为 $K_P=\sqrt{2}$，即定度系数的倒数；而方波的 $K_P=1$，三角波的 $K_P=\sqrt{3}$。

与在均值电压表中所讲的道理相同，当用峰值电压表测量非正弦波电压时，其示值没有直接的物理意义。按照“示值相等峰值也相等”的原则，将示值除以定度系数 K_{α} 得到被测电压得峰值，再利用波峰因数换算成被测电压 $u_x(t)$ 的有效值 U_x。即

$$U_{P}=\sqrt{2}U_{a} \tag{7-19}$$

$$U_{x}=\frac{1}{K_{P}}U_{P}=\frac{\sqrt{2}}{K_{P}}U_{a} \tag{7-20}$$

【例 7-2】 用峰值电压表分别测量方波和三角波电压，示值均为 10V。求被测电压的有效值是多少伏？

解 ① 对于方波

$$U_{\alpha}=10\text{V}$$

$$U_{P}=\sqrt{2}U_{a}=14.1\text{V}$$

$$U_{x}=\frac{1}{K_{P}}U_{P}=14.1\text{V}$$

② 对于三角波

$$U_{\alpha}=10\text{V}$$

$$U_{P}=\sqrt{2}U_{a}=14.1\text{V}$$

$$U_{x}=\frac{1}{K_{P}}U_{P}=\frac{1}{\sqrt{3}}\times 14.1\approx 8.2\text{V}$$

可见，用峰值电压表测量非正弦波电压时，直接把度盘示值作为被测电压的有效值是不对的，必须进行换算。

任务 7.4 数字电压表组成

数字电压表可缩写为 DVM。这里只讨论用于测量直流电压的 DVM。加至 DVM 的直流电压，可以是被测电压本身，也可以是被测交流电压经均值检波器转换的直流电压。

与模拟电压表相比，数字电压表有很多优点。它的量程范围宽，精度高，并以数字显示结果；测量速度快；它能向外输出数字信号，可与其他存储、记录、打印设备相连接；输入阻抗高，一般可达 10MΩ 左右。目前数字电压表已经广泛用于电压的测量和仪表的校准。

7.4.1 DVM 的主要技术性能

（1）电压测量范围

① 量程：DVM 的量程以其基本量程（即未经衰减和放大的量程）为基础，再和输入通道中的步进衰减器及输入放大器适当配合向两端扩展来实现。量程转换有手动和自动两种，自动转换借助于内部逻辑控制电路来实现。

② 显示位数：DVM 的位数指完整显示位，即能显示 0～9 十个数码的那些位。因此最大显示为 9999 和 19999 的数字电压表都为四位数字电压表。但是为了区分起见，也常把最大显示为 19999 的数字电压表称作 $4\frac{1}{2}$位数字电压表。

③ 超量程能力：指 DVM 所能测量的最大电压超过量程值的能力，它是数字电压表的一个重要指标。数字式电压表有无超量程能力，要根据它的量程分挡情况及能够显示的最大数字情况决定。

显示位数全是完整位的 DVM，没有超量程能力。带有 1/2 位的数字电压表，如果按 2V、20V、200V 分挡，也没有超量程能力。

带有 1/2 位并以 1V、10V、100V 分挡的 DVM，才具有超量程能力。如 $5\frac{1}{2}$位的 DVM，在 10V 量程上，最大显示 19.9999V 电压，允许有 100%的超量程。

如果数字电压表的最大显示为 5.9999，称为 $4\frac{3}{4}$位。如量程按 5V、50V、500V 分挡，则允许有 20%超量程。

（2）分辨力

分辨力指 DVM 能够显示输入电压最小变化值的能力，即显示器末位读数跳一个单位所需的最小电压变化值。在不同的量程上，分辨力是不同的。在最小量程上，DVM 具有最高分辨力。

（3）测量误差

① 工作误差：指额定条件下的误差，以绝对值形式给出。

② 固有误差：指基准条件下的误差，常以下述形式给出：

$$\Delta U=\pm(\alpha\%U_x+\beta\%U_m) \tag{7-21}$$

式中，U_x 为被测电压读数；U_m 为该量程的满度值；α 为误差的相对项系数；$\alpha\%U_x$ 为读数误差，随被测电压而变化，与仪器各单元电路的不稳定性有关；β 为误差的固定项系数，$\beta\%U_m$ 表示满度误差；对于给定的量程，$\beta\%U_m$ 是不变的。有时满度误差又用与之相当的末位数字的跳变个数来表示，记为$\pm n$ 个字，即在该量程上末位跳 n 个单位时的电压值恰好等于$\beta\%U_m$。

③ 影响误差和稳定误差；它已包括在工作误差内，有的也可能以附加误差的形式给出。

（4）输入电阻和输入偏置电流

输入电阻，一般不小于 10MΩ，高准确度的可优于 1000MΩ，通常在基本量程时具有最大的输入电阻。输入偏置电流是指由于仪器内部产生的表现于输入端的电流，应尽量使该电流减小。

（5）抗干扰特性

按干扰作用在仪器输入端的方式分为串模干扰和共模干扰。一般串模干扰抑制比可达 50～90dB，共模干扰抑制比可达 80～150dB。

(6) 测量速率

测量速率是在单位时间内以规定的准确度完成的最大测量次数，每秒几次或几十次不等，一般规律是测量速度越高的仪表，测量误差也大。

7.4.2 DVM的组成及主要类型

(1) 数字电压表（DVM）的组成

数字电压表的组成如图7-12所示，主要由模拟电路部分和数字电路部分组成。图中模拟部分包括输入电路（如阻抗变换器、放大器和量程转换器等）和A/D转换器。A/D转换器是数字电压表的核心，完成模拟量到数字量的转换。电压表的技术指标如准确度、分辨率等主要取决于这一部分电路。数字部分完成逻辑控制、译码（将二进制数字转换成十进制）和显示功能。

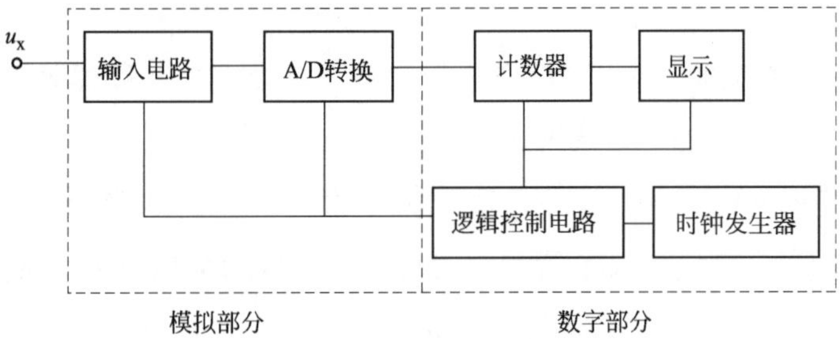

图7-12 数字电压表的组成框图

(2) 数字电压表（DVM）的类型

除了将DVM分成直流DVM和交流DVM外，还可以根据A/D变换的基本原理进行分类。

比较型A/D转换器是采用将输入模拟电压与离散标准电压相比较的方法，典型的是具有闭环反馈系统的逐次比较式。

积分型A/D转换器是一种间接转换形式。它对输入模拟电压进行积分并转换成中间量时间T或频率F，再通过计数器等将中间量转换成数字量。

比较型和积分型是A/D转换器的基本类型。由比较型A/D转换器构成的DVM测量速度快，电路比较简单，但抗干扰能力差。积分型A/D转换器构成的DVM突出优点是抗干扰能力强，主要不足是测量速度慢。

复合型DVM是将积分型与比较型结合起来的一种类型。随着电子技术的发展，新的A/D变换原理和器件不断涌现，推动DVM的性能不断提高。表7-1列出了三类A/D转换器的常见形式。

表7-1 A/D转换器的常见形式

比较式（直接式）	闭环反馈比较式	逐次比较、计数比较、跟踪比较、再循环剩余比较式
	开环反馈比较式	并联比较、串联比较、串并联比较式
积分式（间接式）	V/T转换式	斜坡式、双斜积分式、三斜式、四斜式、多斜式
	V/F转换式	电荷平衡式、复零式、交替积分式
复合式	V/T比较式	两次取样式、三次取样式、电流扩展式
	V/F比较式	两次取样式

A/D 转换器的原理可参考数字电子技术相关内容与资料。

任务 7.5 数字多用表原理及应用

与普通的模拟式多用表相比，数字多用表的测量功能较多，它不但能测量直流电压、交流电压、交流电流、直流电流和电阻等参数，而且能测量信号频率、电容器容量及电路的通断等。除以上测量功能外，还有自动校零、自动显示极性、过载指示、读数保持、显示被测量单位的符号等功能。它的基本测量方法以直流电压的测量为基础。测量时，先把其他参数变换为等效的直流电压 U，然后通过测量 U 获得所测参数的数值。

7.5.1 数字多用表的基本原理

和模拟直流电压表前端配接检波器即可构成模拟交流电压表一样，在数字直流电压表前端接相应的交流—直流转换器（AC/DC）、电流-电压转换电路（I/V）、电阻—电压转换电路（Ω/V）等，就构成了数字多用表，如图 7-13 所示。可以看出，数字式多用表的核心是数字直流电压表。由于直流数字电压表是线性化显示的仪器，因此要求其前端配接的 AC/DC、I/V、Ω/V 等变换器也必须是线性变换器，即变换器的输出与输入间成线性关系。

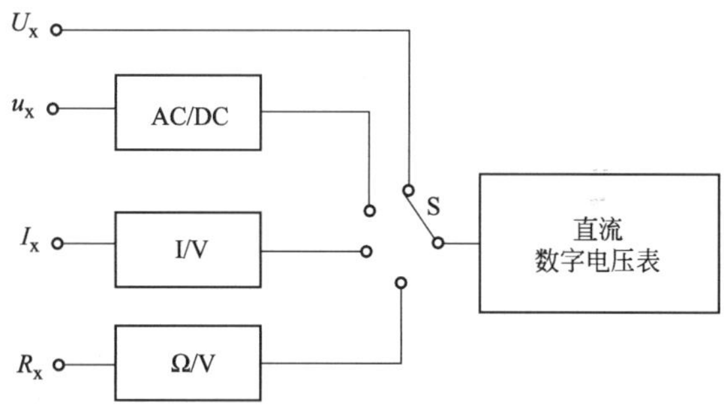

图 7-13 数字多用表组成原理图

（1）线性 AC/DC 变换器

数字多用表中的线性 AC/DC 变换器主要有平均值 AC/DC 和有效值 AC/DC。有效值 AC/DC 可以采用前面介绍的热偶变换式和模拟计算式。平均值 AC/DC 通常利用负反馈原理以克服检波二极管的非线性，以实现线性 AC/DC 转换。图 7-14 是线性平均值检波器的原理，其中图（a）为由运算放大器构成的负反馈放大器，图（b）是半波线性检波电路。设运放的开环增益为 K，并假设其输入阻抗足够高（实际的运放一般能满足这一假设），则

$$\frac{u_0-u_i}{R_2}=\frac{u_i-u_x}{R_1} \tag{7-22}$$

$$u_0=-ku_i \tag{7-23}$$

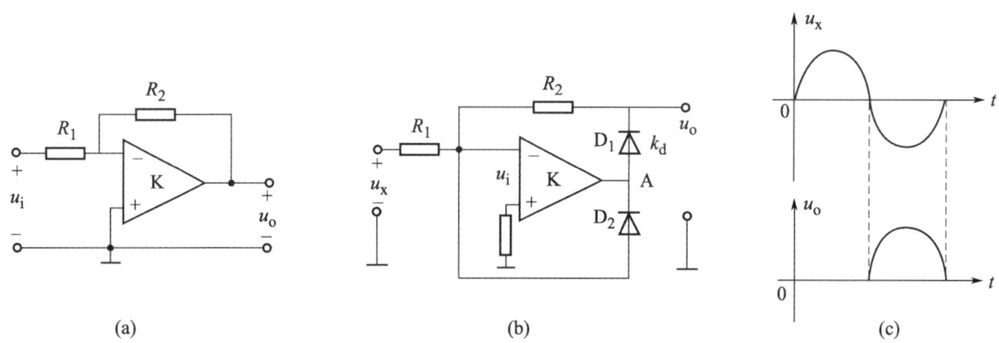

图 7-14 线性检波原理图

解得

$$u_0=-\frac{kR_2}{R_2+(1+k)R_1}u_x \tag{7-24}$$

一般 $K\gg1$（通常 K 在 105～108 之间），因此上式简化为

$$u_0\approx-\frac{R_2}{R_1}u_x \tag{7-25}$$

即由于反馈电阻 R_2 的负反馈作用，放大器的输出和输入间成线性关系，而与运放的开环增益无关。基于上述原理，分析图（b）电路的特性：在 u_X 负半周，A 点电压 U_A 为正值，VD_1 导通，设 VD_1 检波增益为 K_d，则 $u_0/u_i=-k\cdot K_d$，由于 K 值很大，因而 $K\cdot K_d$ 值也很大，引入图（a）分析结论，此负半周 u_0 输出满足式(7-25)，而与 K_d 变化基本无关，这就大大消弱了 VD_1 伏安特性的非线性失真，而使输出 u_0 线性正比于被测电压 u_X。在 u_X 正半周，U_A 为负值，VD_2 导通，VD_1 截止，考虑运放的“虚短路”和“虚断路”特性，u_0 被箝位在 0V。这样，图（b）就构成了线性半波检波器，输入输出波形如图（c）所示。为了提高检波器灵敏度、图（b）也可使用全波检波电路。在实际数字电压表的 AC/DC 变换器中，为了增加检波器输入阻抗，其前面加接一级同相放大器（源极跟随器、射极跟随器），输出端加接一级有源低通滤波器以滤除交流成分，获得平均值输出，从而构成了图 7-15 所示的线性平均值 AC/DC 变换器结构。

图 7-15　线性平均值 AC/DC 框图

（2）I/V 变换器

将直流电流 I_x 变换成直流电压最简单的方法，是让该电流流过标准电阻 R_s，根据欧姆定律，R_s 上端电压 $U_{Rs}=R_sI_x$，从而完成了 I/V 线性转换。为了减小对被测电路的影响，电阻 R_s 的取值应尽可能小，图 7-16 是两种 I/V 变换器的原理图。图（a）采用高输入阻抗同相运算放大器，不难算出输出电压 U_o 与被测电流 I_x 之间满足：

$$U_o=\left(1+\frac{R_2}{R_1}\right)R_sI_x \tag{7-26}$$

当被测电流较小时（I_x 小于几个毫安），采用图（b）转换电路，忽略运放输入端漏电流，输出电压 U_o 与被测电流 I_x 之间满足：

$$U_0=-R_sI_x \tag{7-27}$$

从而实现 I/V 变换。

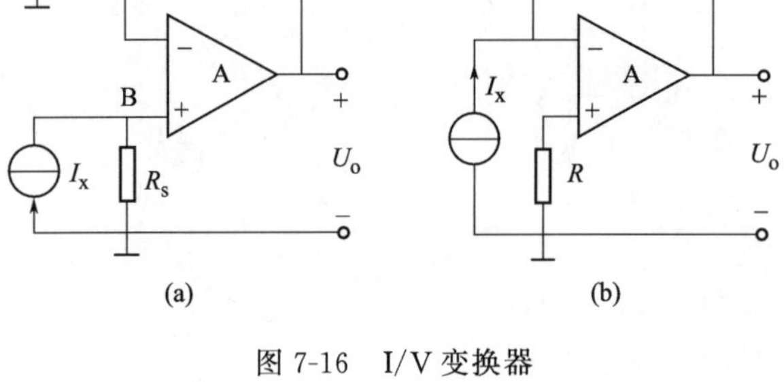

图 7-16　I/V 变换器

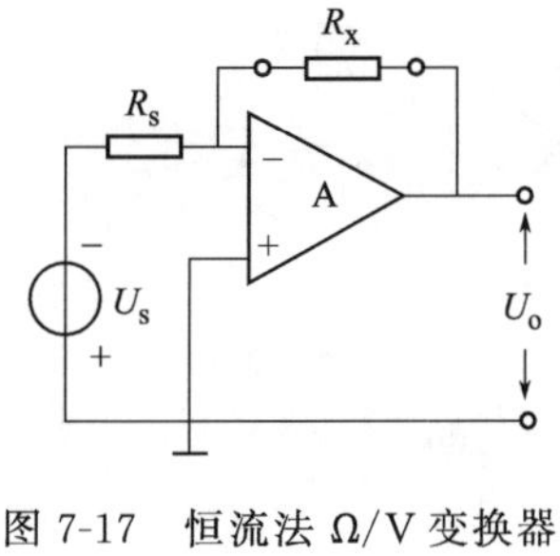

图 7-17　恒流法 Ω/V 变换器

(3) Ω/V 变换器

实现 Ω/V 变换的方法有多种，图 7-17 是恒流法 Ω/V 变换器原理图。图中 R_x 为待测电阻，R_s 为标准电阻，U_s 为基准电源，该图实质上是由运算放大器构成的负反馈电路，利用前面的分析方法，可以得到

$$U_0=\frac{U_s}{R_s}R_x \tag{7-28}$$

即输出电压与被测电阻成正比，$\frac{U_S}{R_s}$ 实质上构成了恒流源，改变 R_s，可以改变 R_x 的量程。

7.5.2 测量电路

图 7-18 是某种型号数字多用表的整机方框图。全机由集成电路 ICL-7129、$4\frac{1}{2}$ 位 LCD 分压器、电流-电压变换器（A/U）、电阻-电压变换器（Ω/U）、AC/DC 转换器、电容-电压变换器（C/U）、频率-电压变换器（F/U）、蜂鸣器电路、电源电路等组成。

集成电路 ICL-7129 测量电路的基本部分为基本量程 200mV 的直流数字电压表。对于电流、电阻、电容量、频率等非电压量，都必须经过变换器转换成电压量后，送入 A/D 转换器。对于高于基本量程的输入电压，还需经分压器变换到基本量程范围。

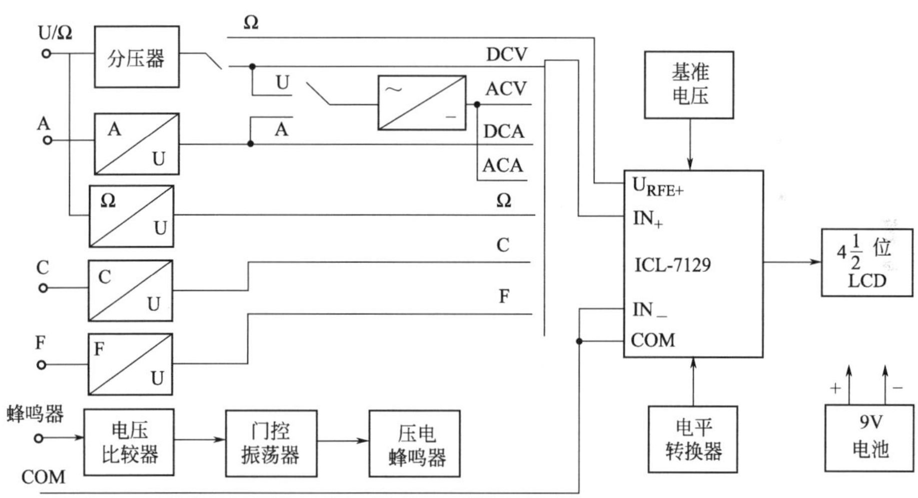

图 7-18 某数字多用表原理方框图

ICL-7129 型 A/D 转换器内部包括模拟电路和数字电路两大部分。模拟部分为积分式 A/D 转换器。数字部分用于产生 A/D 变换过程的控制信号及对变换后的数字信号进行计数、锁存、译码，最后送往 LCD 显示。使用 9V 电池，电平转换器则将电源电压转换为 LCD 显示所需的电平幅值。每秒可完成 A/D 转换 1.6 次。

测量电压、电流和电阻时电路连接如图 7-19 所示。

电压和电阻测量共用一个输入端。电压的基本量程为 200mV。测量时对高于 200mV 的被测电压，需通过分压电路变换到基本量程范围。测量电流时被测电流流过取样电阻，将电

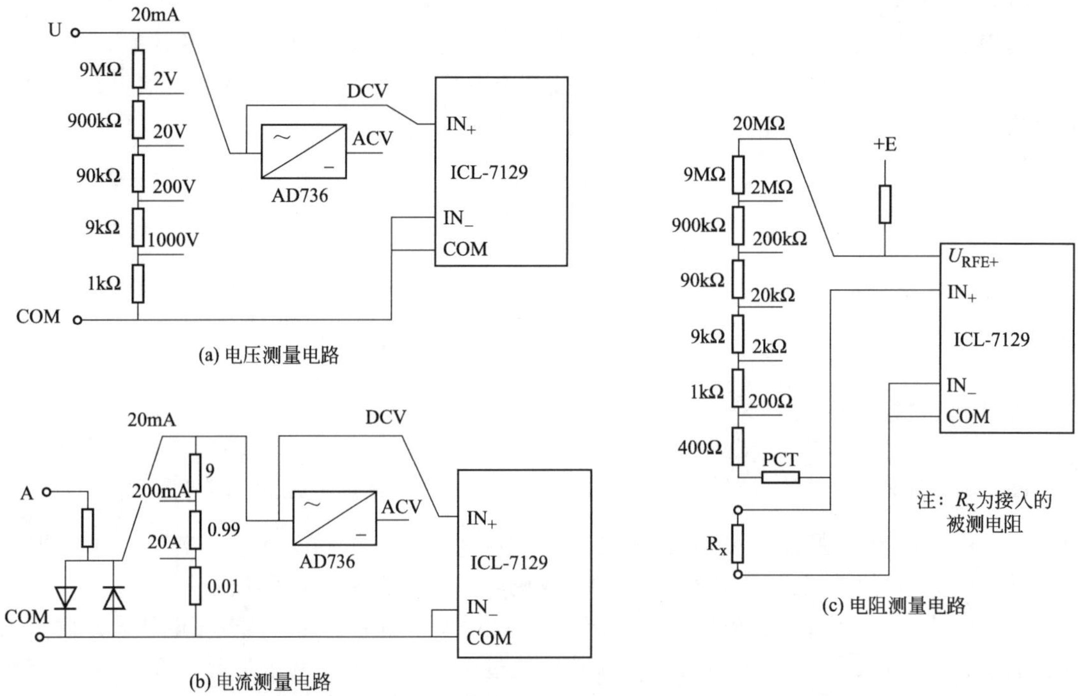

图 7-19　测量电压、电流和电阻时电路连接图

流量转换为电压量送至 A/D 转换器。取样电阻的大小依量程而定，它保证在满量程电流值时，取样电压为 200mV。

测量交流电压和电流时，还需经过 AC/DC 变换。本仪器使用集成电路 AD736 作交直流转换。它是一种计算式有效值型转换器，既可用于测量正弦电压，也可用于测量方波、三角波等非正弦电压，所得结果都为有效值，不必进行换算。但是，由于交流测量电路中没有使用隔直流电容器，因此指示值为交流有效值和直流分量之和。

ICL-7129 有一量程控制端。测量电阻时仪器基本量程改为 2V。这时 UREF＋端电压为＋3.2V。被测电阻与内部的标准电阻串联后分压，将被测电阻转换为相应的值进行测量。

测量电容和频率时，也需将被测量转换为相应的电压值送至 A/D 转换器。图 7-20 为测量电容时的电路连接图。图中 A_1 和周围的阻容网络组成文氏电桥振荡器，A_2、A_2 为放大器。文氏电桥振荡电路中，闭环增益由负反馈支路决定，略大于 3；振荡频率由负反馈支路的电阻、电容决定，频率约为 400Hz。

在 A_3 放大电路中反馈支路电阻 R_{12}、R_{23}、R_{24} 为量程电阻。前级来的输入信号经被测电容 C_x 加至 A_3 的反相输入端，本级的闭环增益为

$$A_V = -\frac{R_f}{1/j\omega C_x} = -j\omega C_x R_f \tag{7-29}$$

式中，R_f 为图中的 R_{12}、R_{23} 和 R_{24} 的适当组合。

可见，当 R_f 一定时放大器的输出电压与被测电容的容量成正比。该电压经有源滤波、线性整流后，加至 ICL-7129 输入端进行测量，由此可直接读出电容的数值。

测量频率时，首先对信号进行放大、整形，然后经频率-电压变换电路，将被测频率变换为成比例的电压，再送至 ICL-7129 中测量。

仪表内装有蜂鸣器电路，可用于检查线路的通断。线路接通时使比较器翻转，门控振荡

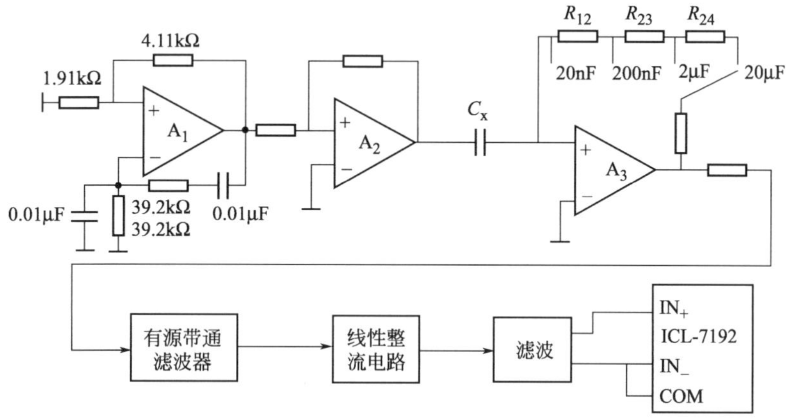

图 7-20　测量电容时的电路连接图

器起振，从而推动蜂鸣器发声。

7.5.3　数字多用表的特点

较之模拟式多用表，数字多用表除具有一般的所具有的 DVM 准确度高、数字显示、读数迅速准确、分辨力高、输入阻抗高、能自动调零、自动转换量程、自动转换及显示极性等优点外，还由于采用大规模集成电路，因而体积小，可靠性好，测量功能齐全，操作简便，有些数字多用表可以精确地测量电容、电感量、温度、晶体管的 h_{FE} 等，大大地扩展了功能；同时数字多用表内部有较完善的保护电路，过载能力强等。由于数字多用表具有上述这些优点，使得它获得越来越广泛的应用。但它也有不足之处，它不能反映被测量的连续变化过程以及变化的趋势，如用来观察电容器的充、放电过程，就不如模拟电压表方便直观，也不适于作电桥调平衡用的零位指示器；同时，其价格也偏高，所以尽管数字多用表具有许多优点，但它不可能完全取代模拟式多用表。

任务 7.6　电压测量应用实例

7.6.1　电路及器件的测量方法

在各种电子元器件和电路状态的测量中，万用表是最适用的仪表。

(1) 电路板上元器件的检测

在电路板上，往往由于很多原件相连，要测量某一原件，不容易测得准确值，如需测某电阻，在断电的情况下，可将其中一个引脚焊开或切断进行测量，以判断是否损坏，测量后如正常再焊好，如果电阻器的一端只和电容器相连，测电阻或电容时不必切断，可直接测量。

(2) 导线（电源线等）的测量

导线外有绝缘皮，内有断裂的情况可用电阻挡进行测量。

(3) 电容器和电感器的测量

万用表的电阻挡位是由内部电源、串接电阻和直流电流表串接而成的。利用电池对电容器的充放电作用可粗略的检测大于 0.001μF 的各种电容器的电容量大小。当万用表的测试笔碰触被测电阻器时，有充电电流 I 通过电流表，指针随机产生一定范围的偏转，然后充电电流随时间而减小，指针又退向欧姆刻度无穷大值一端，其停留部位的阻值即为漏阻值。由于充电量（或者放电量）Q 和电容量 C 及端电压 U 成正比，即 $Q=CU$，因此，电容量愈大，电流表指针的摆动范围也愈大，又因为 $Q=IT$，所以为了缩短充电时间，可以提高充电电压。如果被测电容器的电容量较大（几百至几千微法），应该使用 $R\times 10\mathrm{k}$ 的最高电阻挡位，测量时先由表内电池（9V）对被测电容器充电，然后换表笔，测量电容值，电表指针的摆动比较明显。如果指针摆动范围很小或者不摆动，则表明被测电容器存在变质或者开路。必须指出，在检测电解电容时，应注意万用表的电压极性，即黑表笔为＋，红表笔为－。

（4）放大电路中偏置电阻值的测量

由于偏置电阻都与晶体管有连接，必须切断一端才能准确地测量电阻值，通常先测量工作状态的电压，再判断哪些元件需要断开测量。

（5）晶体管放大倍数的测量

检测晶体管的好坏，可以通过测量晶体管放大倍数来判断，晶体管放大倍数的测量实际就是测量基极电流变化对集电极和发射极电流的影响大小。将万用表的黑笔＋接到晶体管的集电极上，红笔－接到发射极上，由于万用表内部有电池，相当于给集电极增加了一个电压，便有漏电流，测试有一定的阻抗值，并使万用表的指针指到合适的位置（可用 1k 或者 10k）。此时用拇指将基极与集电极触碰一下，相当于有一个电阻在基极和集电极之间接触一下，实际上就是给基极加了一个微小的电流，于是万用表的指针会摆动一下，摆动的幅度越大说明放大倍数越大，反之则表示倍数越小。测量时也可以用舌尖触一下基极，效果会更明显。

7.6.2 电子产品中关键元器件的检测方法

（1）场效应晶体管的检测方法

在维修电子产品中，经常需要测试和更换晶体管或场效应晶体管。如果把基极 b、栅极 G 或者 PN 结组合类型给搞错了就会损坏管子，但是，如果发射极 e 和集电极 c 或者源极 S 和漏极 D 给搞错了，只是存在“正接”使用和“反接”使用的问题，对晶体三极管来说，“正接”使用时电流放大倍数 β 和穿透电流 I_{ceo} 都比较大，反接使用时 β 和 I_{ceo} 都较小；对场效应晶体管来说，“正接”使用时跨导 g_{m} 较大，“反接”使用时跨导 g_{m} 较小。

因为源极 S 和漏极 D 是从同一块半导体材料上引出来的，所以 D 与 S 之间的电阻没有正反向的区别，由此可确定 D 与 S 的管脚，而第三个管脚即可确定为栅级 G（有时有 4 个管脚。第 4 个管脚为接地引线）。在确定了栅极 G 的管脚后，可进一步测定 G 与 D（或 G 与 S）之间的正反向电阻，如果两者阻值均很大，表明被测场效应晶体管为绝缘栅型。即 MOSFET；反之，可测正、反向阻值的为结型场效应晶体管，即 JFET，并且根据测出正向电阻时漏级 D 所连接的电压极性来确定沟道的类型，即连接红笔者为 N 型沟道，连接黑表笔者为 P 型沟道。又因为在栅极 G 开路的情况下，D 与 S 之间的阻值与饱和漏电流有关，即阻值小表明 DSS 大，而阻值大表明 DSS 小，由此又可确定前者为耗尽型，后者为增强型。必须指出，如果使用万用表测试的结果与下述情况不符合则表明被测管子已经损坏不能使用。

（2）开关场效应晶体管的测量方法

MOS 场效应管是一种绝缘栅型场效应管，有三个极，其分别为：G 极用于注入信号，称为信号栅，D 极称为漏极，S 极称为源极。

用万用表的R×100k挡，黑表笔接场效应管D极，红表笔接S极，即给场效应管加上一个1.5V的电源电压（万用表内部电池），这时表针所指示出的是D、S极之间的电阻值。然后用螺丝刀接触场效应管的G极，给MOS场效应管输入感应电压（手不要接触螺丝刀金属部分，而在测量非MOS场效应管时可接触金属部分）到栅极G。由于场效应管的放大作用，在正常时表针有摆动现象，摆动幅度越大，表明场效应管放大能力越强；若表针摆动幅度较小或不摆动，说明场效应管性能不良或损坏。

（3）石英晶体的测量

石英晶体是一种谐振器件，它在电子产品中常与振荡电路组合制成时钟振荡器，在工作状态用示波器检查晶体两端会有正弦振荡的波形。如果无波形或波形失常，就应取下来进行测量，正常时用万用表检测两端的电阻应为无穷大，如果阻值较小则属损坏。

（4）集成电路的检测方法

① 不在路检测　这种方法是在IC未焊入电路时进行的，一般情况下可用万用表测量各引脚对应于接地引脚之间的正、反向电阻值，并和完好的IC进行比较。

② 在路检测　这是一种通过万用表检测IC各引脚在路（IC在电路中）直流电阻、对地交直流电压以及总工作电流的检测方法。这种方法克服了代换试验法需要有可代换IC的局限性和拆卸IC的麻烦，是检测IC最常用和实用的方法。

③ 在路直流电阻检测法　这是一种用万用表欧姆挡，直接在线路板上测量IC各引脚和外围元件的正反向直流电阻值，并与正常数据相比较，来发现和确定故障的方法。测量时要注意以下三点：

• 测量前要先断开电源，以免测试时损坏电表和元件。

• 万用表电阻挡的内部电压不得大于6V，量程最好用R×100或R×1k挡。

• 测量IC引脚参数时，要注意测量条件，如被测机型、与IC相关的电位器的滑动臂位置等，还要考虑外围电路元件的好坏。

（5）直流工作电压测量法

这是一种在通电情况下，用万用表直流电压挡对直流供电电压、外围元件的工作电压进行测量；检测IC各引脚对地直流电压值，并与正常值相比较，进而压缩故障范围，找出损坏的元件。测量时要注意以下八点。

① 万用表要有足够大的内阻，至少要大于被测电路电阻的10倍以上，以免造成较大的测量误差。

② 通常把各电位器旋到中间位置，如果是电视机，信号源要采用标准彩条信号发生器。

③ 表笔或探头要采取防滑措施。因任何瞬间短路都容易损坏IC。可采取如下方法防止表笔滑动：取一段自行车用气门芯套在表笔尖上，并长出表笔尖约0.5mm左右，这既能使表笔尖良好地与被测试点接触，又能有效防止打滑，即使碰上邻近点也不会短路。

④ 当测得某一引脚电压与正常值不符时，应根据该引脚电压对IC正常工作有无重要影响以及其他引脚电压的相应变化进行分析，才能判断IC的好坏。

⑤ IC引脚电压会受外围元器件影响。当外围元器件发生漏电、短路、开路或变值时，或外围电路连接的是一个阻值可变的电位器，则电位器滑动臂所处的位置不同，都会使引脚电压发生变化。

⑥ 若IC各引脚电压正常，则一般认为IC正常；若IC部分引脚电压异常，则应从偏离正常值最大处入手，检查外围元件有无故障，若无故障，则IC很可能损坏。

⑦ 对于动态接收装置，如电视机，在有无信号时，IC各引脚电压是不同的。如发现引

脚电压不该变化的反而变化大，该随信号大小和可调元件不同位置而变化的反而不变化，就可确定 IC 损坏。

⑧ 对于多种工作方式的装置，如录像机，在不同工作方式下，IC 各引脚电压也是不同的。

任务 7.7 自主学习

7.7.1 任务巩固

① 在电子电路中对电压测量有哪些基本要求？

② 一个交流电压可用哪些参数来表征？有何相互关系？

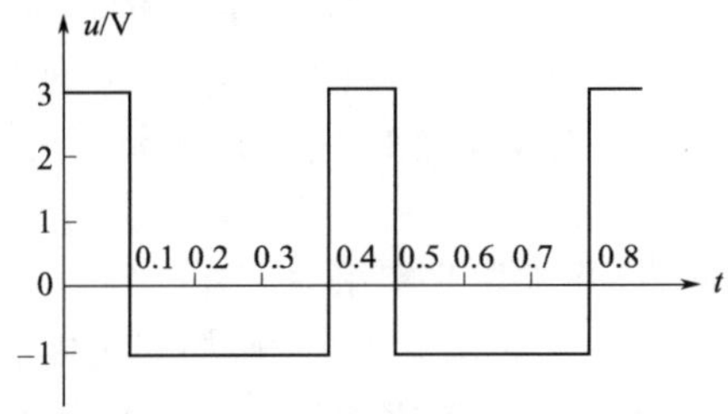

题③图

③ 写出题③图所示波形的全波平均值、正峰值、负峰值、峰-峰值、有效值。

④ 用全波均值电压表对题④图所示的三种波形交流电压进行测量，读数均为 10V。求各种波形的峰值、平均值和有效值各为多少？并将这三种波形画于同一坐标上进行比较。

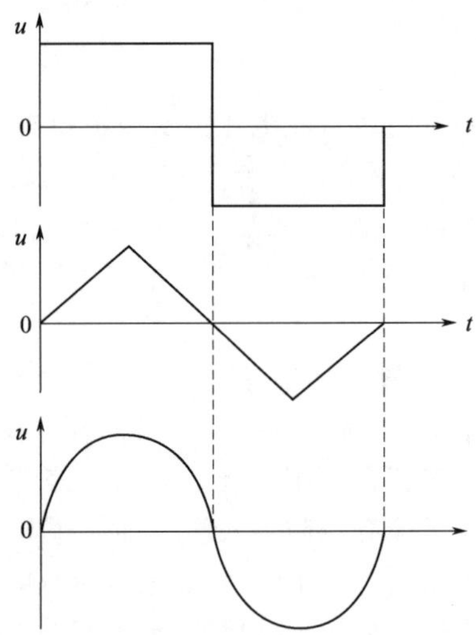

题④图

⑤ 用一种 $4\frac{1}{2}$ 位 DVM2V 量程测量 1.2V 电压，已知该仪器的固有误差 $\Delta U=\pm$(0.05%读数+0.01%满度)，求由于固有误差产生的测量误差。它的满度误差相当于几个字？

⑥ 数字电压表的固有误差 $\Delta U=\pm$(0.001%读数+0.002%满度)，求在 2V 量程测量

1. 8V 和 0. 18V 时产生的绝对误差和相对误差。

⑦ 下面的四种 DVM，最大读数容量分别为 9999；19999；5999；1999；它们各属于几位表？求第二种电压表在 0. 2V 量程的分辨力为多大？

⑧ 模拟式万用表和数字式万用表都有红、黑表笔，在使用时需注意什么？

7.7.2 自我评价

项目 7　电压测量				
评价内容	没有完成	基本完成	大部分完成	完成
是否明确项目目的？				
电压测量的基本要求是什么？				
交流电压的表征值有哪些？				
掌握波形换算的计算方法。				
掌握模拟电压表的组成原理。				
掌握数字电压表的指标参数。				
掌握万用表的使用方法。				

7.7.3 课后思考

① 用均值电压表或峰值电压表测量非正弦信号时，可以将读数充当被测信号的有效值吗？为什么？

② 数字万用表与数字电压表之间有什么联系和区别？

③ 数字电压表能够完全替代模拟式电压表吗？为什么？

7.7.4 课业

收集资料并动手实践，完成一篇约两千字的小论文，从以下几个方面完成：

① 万用表的使用方法与技巧；

② 分类归纳并配图片说明；

③ 利用已有的实验实训条件，设计并完成一个电压测量的实验。

项目8 波形测量

项目目标

【知识目标】 通过完成本项目，使学生掌握以下知识：

① 了解示波器的分类、主要技术指标；

② 掌握模拟（通用）示波器的构成、原理、基本测试技术；

③ 掌握数字示波器的构成、原理、基本测试技术；

④ 掌握晶体管特性图示仪的构成、原理、基本测试技术。

【能力目标】 通过完成本项目，使学生具备以下能力：

① 具备根据测量要求选择示波器的能力；

② 具备熟练使用示波器的能力；

③ 具备用晶体管特性图示仪获取常用电子器件参数的能力。

任务 8.1 示波器认知

示波器是用途广泛的电子测量仪器，可以直观地显示电信号随时间变化的波形。反映被测信号的幅值随时间的变化规律，用于研究电路的瞬态特性。属于时域测量。

8.1.1 模拟示波器

下面以模拟通用示波器为例，简述模拟示波器的基本工作原理。

模拟示波器有四个基本组成部分：示波管（CRT）显示部分、垂直（Y 轴）系统、水平（X 轴）系统、主机系统。

（1）示波管显示部分

示波管主要由电子枪、垂直和水平偏转系统、荧光屏组成。如图 8-1，被测信号从 Y 输入，经 Y 轴放大电路加在垂直偏转板上，垂直偏转板之间形成垂直方向上下变化的电场，电场的变化规律与被测信号规律相同，电子枪发出的电子束通过垂直方向的电场时发生偏移。在荧光屏上形成与被测信号变化规律相同、垂直方向运动的发光点，如果是周期性信号且频率较快，轨迹是一垂直亮线。

扫描电路产生的锯齿波电压加在水平偏转板上，水平偏转板之间形成水平固定方向的电

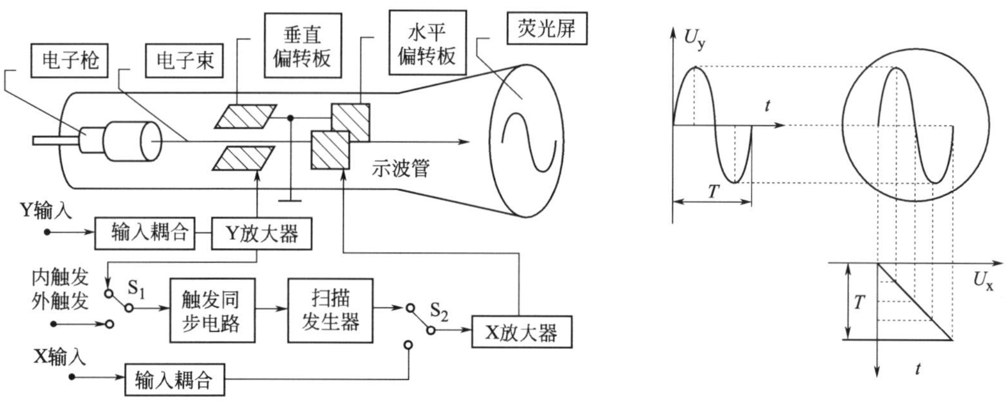

图 8-1 示波器工作原理

场，电子束通过水平固定方向的电场时，在锯齿波电压的一个周期内，随着电压的增大，电场逐渐增大，水平偏转逐渐增大，在荧光屏上形成一水平方向由左向右偏移的发光点，在锯齿波电压的下一个周期，重复这一过程。如果锯齿波频率较快，轨迹是一水平亮线。

在垂直和水平偏转系统的共同作用下，发光点垂直方向的运动与水平方向的运动叠加，将被测信号的波形显示在荧光屏上。

(2) 垂直（Y 轴）系统

垂直系统主要由 Y 输入耦合、Y 轴放大器组成。主要用来控制电子束按被测信号的幅值大小在垂直方向上的偏移。被测信号通过 Y 轴放大器后加到垂直偏转板上，Y 轴放大器的作用是把被测信号进行适当的放大或衰减，以适应观察不同幅度的被测信号。示波器面板上通常设有“Y 轴灵敏度选择”开关，用来调节 Y 轴放大器的衰减量。

(3) 水平（X 轴）系统

水平系统主要由扫描发生器、X 轴放大器和触发电路组成，主要是控制电子束按时间值在水平方向上偏移。扫描发生器产生一定频率的锯齿波，作为水平偏转板的扫描电压。锯齿波频率的调节是由“水平扫描开关”旋钮控制。X 轴放大器用于放大扫描发生器产生的锯齿波。触发电路的作用是产生一个同步信号，用同步信号控制扫描周期的开始，使得每次扫描均从同一特征点开始，每个扫描周期显示的波型完全重叠。得到稳定的波形显示。

(4) 主机系统

主机系统由电源部分和显示控制电路组成，为整机提供各种直流供电及波形显示控制。

8.1.2 数字示波器

下面以数字存储示波器为例，简述数字示波器的结构和原理。

数字存储示波器原理框图如图 8-2 所示，被测信号通过 CH1、CH2 输入，经过前置放大器适当地放大或衰减，然后进行数字化。数字化过程包括“采样”和“量化”。采样是获得输入信号（模拟信号）的离散值，而量化是通过 A/D 转换，把每个离散值转换成二进制数字信号。数字信号在逻辑电路的控制下依次写入到存储器（RAM）中，完成波形的采集。CPU 从存储器中把数字信号读出并在显示屏上显示相应的信号波形。CPU 还可以实现多种波形参数的自动测量与显示。

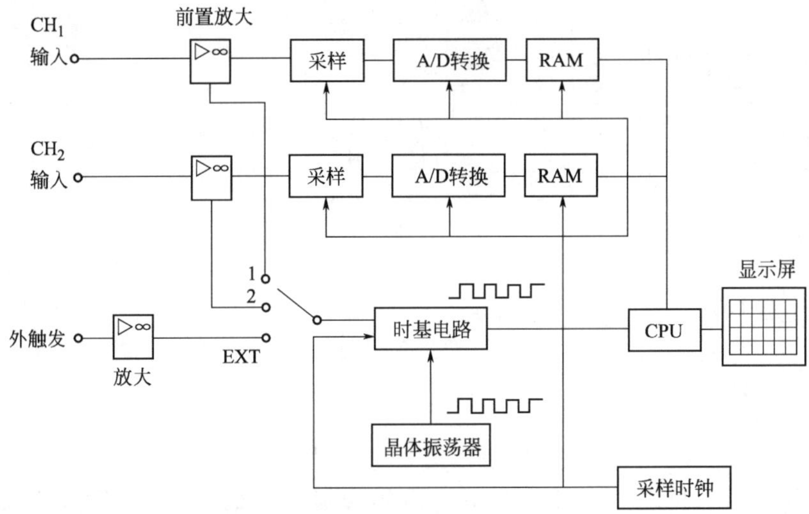

图 8-2　数字示波器原理框图

8.1.2.1　波形的采集

波形的采集包括“采样”和“量化”。采样是将连续信号离散化。采样有很多不同的技术实现方案，数字示波器采用两种基本的采样方法为实时采样和等效时间采样。

(1) 实时采样

实时采样可以通过如图 8-3 所示的采样方法完成，把模拟波形送到加有反偏的采样门的 a 点，在 c 点加入频率为 f_s 的等间隔采样脉冲，在对应时间 t_n（$n=1$，2，3…）采样脉冲打开采样门的一瞬间，在 b 点就得到相应的模拟量 a_n（$n=1$，2，3…），这个模拟量就是离散化了的模拟量。

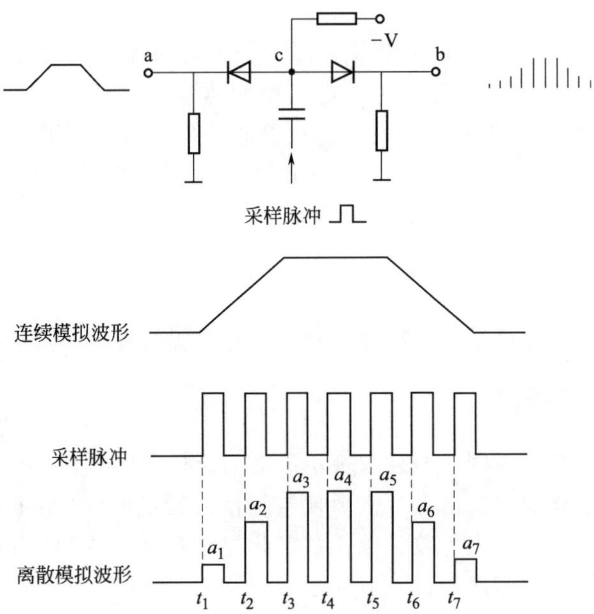

图 8-3　实用采样

实时采样对波形逐点采集，采集的样点是按时间顺序的，易于实现波形的显示功能。根据 Nyquist 采样定理，为了能够完成波形的重建，采样频率至少应为信号最高频率的 2 倍，因此实时采样适合于测量频率范围（频带宽度）不到示波器最大采样频率一半的信号。采样频率限制了测量信号的频带宽度。提高采样频率是提高示波器性能的重要手段。但是，每个样点的量化、存储必须在小于采样间隔的时间内完成。因此，采样频率的提高受到 A/D 转换器（ADC）最高转换速率的限制，而提高 A/D 转换器（ADC）的转换速率，会使系统的稳定性受到挑战，带来成本的大幅上升。因此，对于频率很高的周期性信号可以采用等效时间采样。

（2）等效时间采样

等效时间采样技术可以实现很高的数字化转换速率。等效采样有很多不同的技术实现方案。基本原理就是通过多次采样，把在信号在不同周期中采样得到的数据进行重组，从而能够重建原始的信号波形。前提是信号必须是周期性信号。

（3）波形的量化

采样得到离散化的模拟量，把离散化的模拟量进行 A/D 转换，就可以得到相应的数字信号。如图 8-3 中得到离散化的模拟量 $a_n(n=1, 2, 3\cdots)$，将 a_1→A/D→01H；a_2→A/D→02H；a_3→A/D→03H…。把这些数字量 01H、02H、03H…按序存放在存储器中，相当于把一幅模拟波形以数字信号存储起来。就完成了波形的采集。

8.1.2.2　波形的显示

数字示波器有多种灵活的显示方式：存储显示、双踪显示、插值显示、流动显示等。

（1）存储显示

存储显示是示波器最基本的显示方式。存储显示还有连续捕捉显示和单次捕捉显示之分，在连续捕捉显示方式下，每满足一次触发条件，屏幕上原来的波形就被新存储的波形更新，而单次捕捉显示只保存并显示一次触发形成的波形。

（2）双踪显示

需要显示两个电压波形并保持两个波形在时间上的原有对应关系，采用交替存储技术实现双踪显示。交替存储技术利用存储器写地址的最低位 A0 来控制通道开关，使取样和 A/D 转换轮流对两通道输入信号进行取样和转换，存储方式如图 8-4 所示，当 A0 为 1 时，对通道 1 的信号 Y1 进行采样和转换，并写入技术存储器单元中，读出时，先读偶数地址，再读奇数地址，Y1 和 Y2 信号便交替显示。

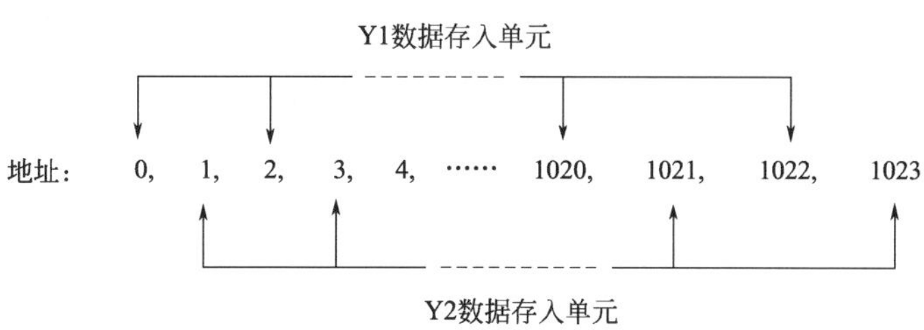

图 8-4　双踪显示的存储方式

（3）锁存和半存显示

锁存显示就是把一幅波形数据存入存储器之后，只允许从存储器中读出数据进行显示，不准新数据再写入。半存显示是指波形被存储之后，允许存储器奇数（或偶数）地址中的内容更新，但偶数（或奇数）地址中的内容保持不变。于是屏幕上便出现两个波形，一个是已存储的波形信号，另一个是实时测量的波形信号。这种显示方法可以实现将现行波形与过去存储下来的波形进行比较的功能。

（4）插值显示

示波器屏幕显示的波形由一些密集的点构成，信号在一个周期内采样点数较少时会引起视觉上的混淆现象，如图 8-5 所示的正弦波形就很难辨认，为了有效地克服视觉的混淆现象，往往采用插值显示，即在波形上两个测试点数据间进行估值。估值方式通常有矢量插值法和正弦插值法两种，矢量插值法是用斜率不同的直线段来连接相邻的点，当被测信号频率为采样频率的 1/10 以下时，采用矢量插值法；正弦插值法是以正弦规律用曲线连接各数据点的显示方式，频率为采样频率的 1/2.5 以下时。采用正弦插值法。

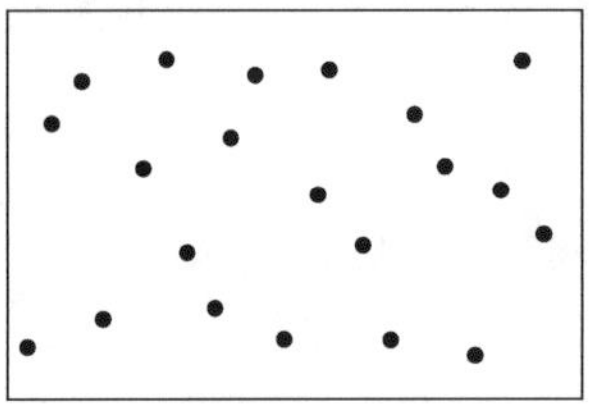

(a)

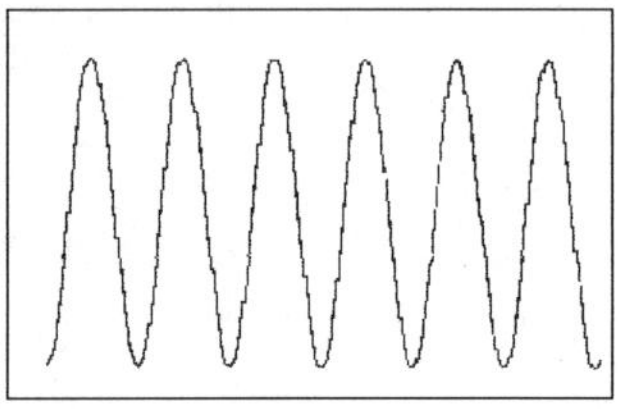

(b)

图 8-5　波形的插值显示

（5）流动显示

流动显示就是被测波形连续不断地从屏幕右端进入，从屏幕左端移出。流动显示中，每当采集到一个新的数据时，就把存储器中第一个单元的数据冲掉，其他单元的数据依次向前递进一个单元，然后在最后一个单元中存入新采集的数据。每写入一个数据，就进行一次读过程，读出和写入的内容不断更新，因而可以产生波形的流动效果。流动显示主要适于缓慢变化的信号。

8.1.2.3　信号的触发

为了实时稳定地显示信号波形，示波器必须重复地从存储器中读取数据并显示。输入信号经衰减、放大后分送至 A/D 转换器的同时也分送至触发电路，触发电路根据一定的触发条件（如信号电压达到某值并处于上升沿）产生触发信号，控制电路一旦接收到来自触发电路的触发信号，就启动一次数据采集与 RAM 写入循环。触发决定了示波器何时开始采集数据和显示波形，触发被正确设定后，每次显示的曲线和前一次重合，可以把不稳定的显示或黑屏转换成有意义的波形。

8.1.3　示波器的主要技术指标

8.1.3.1　模拟示波器的主要技术指标

（1）带宽

示波器输入正弦波信号时，幅度衰减至原信号幅度的 0.707 倍（－3dB）的那个频率点，称之为示波器带宽。带宽决定着示波器对信号的基本测量能力，如果没有足够的带宽，示波器将无法分辨高频变化，幅度将出现失真，边缘将会消失，细节数据将被丢失，得到的信号是没有意义的。例如，一个示波器的带宽为 100MHz 的话，用它测试一个频率为 100MHz，振幅为 1Vp-p 的信号时，所测的信号幅度只有 0.707Vp-p。因此，带宽是示波器的重要指标之一。

（2）垂直偏转灵敏度

光点在荧光屏垂直（Y）方向移动 1 格所需的电压值。它反映了示波器 Y 通道的放大/衰减能力。体现在示波器面板上就是衰减开关（VOLTS/DIV），单位是 V/div、mV/div。

（3）扫描频率

扫描频率表示水平扫描的锯齿波的频率。体现在示波器面板上就是扫描开关（*sec*/DIV），单位是 s/div、ms/div、μs/div。

（4）输入阻抗

输入阻抗是指示波器输入端对地的电阻 R_i 和分布电容 C_i 的并联阻抗。

（5）示波器的瞬态响应

示波器的瞬态响应就是示波器的垂直系统电路在方波脉冲输入信号作用下的过渡特性。上升时间 t_r 越小越好。

8.1.3.2 数字存储示波器的主要技术指标

（1）最大取样速率 f_{max}

最大取样速率是单位时间内完成的完整 A/D 转换的最高次数。单位是 MSa/s、GSa/s。最大取样速率主要由 A/D 转换器的最高转换速率来决定。最大取样速率愈高，仪器捕捉信号的能力愈强。

每台数字存储示波器的最大取样速率是定值，在某个测量时刻的实际取样速率可根据示波器当时设定的扫描时间因数（t/div）推算。其推算公式为

$$f=\frac{N}{t/\mathrm{div}} \tag{8-1}$$

式(8-1）中，N 为每格的取样数，t/div 为扫描一格所占用的时间，称扫描时间因数。

例如，若某数字示波器的扫描时间因数设定为 10μs/div，每格取样数为 100 点，则此时的取样速率等于 10MHz。

（2）带宽

作为数字示波器技术指标所标明的带宽，与模拟示波器相同，是指正弦输入信号衰减至真实幅值的 70.7%（−3dB）的频率点。是表征示波器能准确测量的频率范围。是决定数字示波器准确测量信号的能力的基本参数之一。

（3）分辨率

分辨率用于反映存储信号波形细节的综合特性。分辨率包括垂直分辨率和水平分辨率。垂直分辨率与 A/D 转换器的分辨率相对应，常以屏幕每格的分级数（级/div）表示。水平分辨率由存储器的容量来决定，常以屏幕每格含多少个取样点（点/div）表示。

（4）存储容量

存储容量又称记录长度，用记录一帧波形数据占有的存储容量来表示，常以字（word）为单位。存储容量与水平分辨率在数值上互为倒数关系。数字存储器的存储容量通常采用 256B、512B、1KB、4KB 等。存储容量愈大，水平分辨率就愈高。但存储容量并非越大越好，由于仪器最高取样速率的限制，若存储容量选取不恰当，往往会因时间窗口缩短而失去信号的重要成分，或者因时间窗口增大而使水平分辨率降低。

8.1.4 示波器的分类

根据不同的分类标准，示波器有很多不同的分类方式。

(1) 带宽不同的示波器

从使用的角度来分类，示波器可以分为带宽不同的示波器。

在选择示波器的时候，首先要确定的是带宽。带宽被称为示波器的第一指标，示波器市场的划分也常以带宽作为首要依据。常见的示波器带宽有 40M、50M、100M、200M 等，高端的示波器带宽可达 10G 以上。且价格相差巨大。以带宽为指标选择示波器的时候，常用 5 倍原则，即：示波器需要的带宽＝测量信号的最高频率分量的 5 倍，5 倍原则可以提供＋/－2%的测量误差，波形细节基本得以保留，对于通常的应用已足够。

(2) 模拟示波器和数字示波器

根据对被测信号的处理方式的不同，示波器可以分为模拟示波器和数字示波器。

对比模拟示波器，数字示波器具有以下特点：

① 具有自动测试功能和很强的波形信息处理能力；

② 能长时间地保存信号；

③ 可以无闪烁地观察频率很低的信号；

④ 具有数字信号的输入/输出功能。

上述特点给数字示波器的使用带来很大的便利。随着技术的发展和成本的下降，其应用越来越广泛，已成为常用的测试工具。但是，数字示波器也有局限性，例如，由于受模数转换器（ADC）最大转换速率等因素的影响，数字示波器不能用于观测频率很高的信号。同时，模拟示波器的某些特点是数字示波器所不具备的，例如：波形反应及时、垂直分辨率高。而数字示波器需要较长处理时间、分辨率一般只有 8～10 位。简而言之，模拟示波器采用直接测量的方式，直观地提供波形，在规定的带宽内可放心进行测试。因此，在部分特殊领域的测试中。模拟示波器仍深受欢迎。

(3) 单踪示波器和双踪示波器。

根据输入测量信号的通道数进行分类，无论是模拟示波器还是数字示波器，可以根据其通道数分为：单通道/单踪示波器；双通道/双踪示波器。

以上是三种常见的分类方式。根据电路结构、存储方式、显示方式的不同，示波器有很多其他不同的分类方式。

任务 8.2 模拟示波器的基本测试技术

下面以 CA8022 型双通道示波器（图 8-6）为例介绍模拟示波器的基本测试技术。

8.2.1 CA8022 双通道示波器前面板旋钮、按键功能介绍

(1) 电源及示波管显示部分

电源开关：按下电源接通，弹起电源断开；

辉度旋钮：调节光迹的亮度；

聚焦旋钮：调节光迹的清晰度；

迹线旋转：调节光迹与水平刻度线平行；

探极校正信号：提供幅度为 0.5V，1kHz 的方波信号用于校正 10∶1 探极的补偿电容。

(2) 垂直（Y 轴）部分

Y1/X 和 Y2/Y：被测信号的输入插座（通道 1 和通道 2）；

Y1 移位旋钮：调节通道 1 光迹在屏幕上的垂直位置；

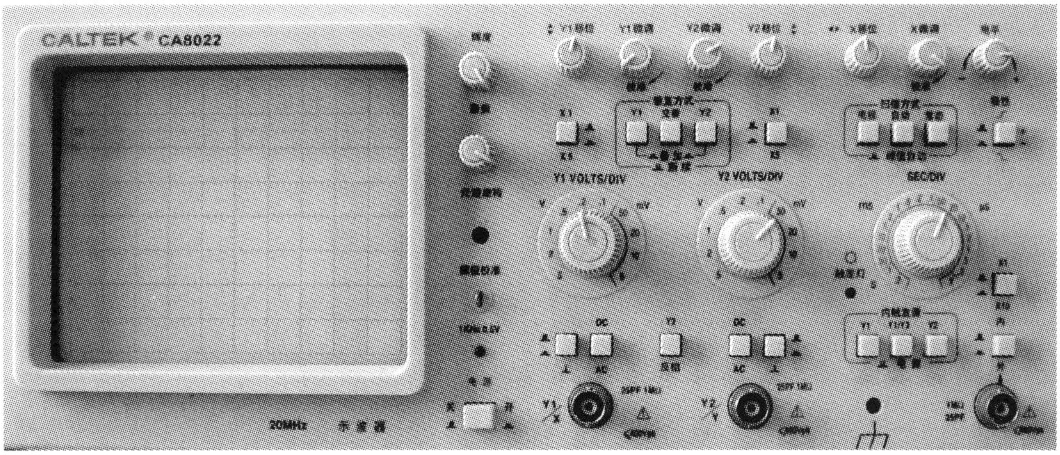

图 8-6　CA8022 示波器

Y2 移位旋钮：调节通道 2 光迹在屏幕上的垂直位置；

垂直方式：按入 Y1 或 Y2：通道 1 或通道 2 单独显示；

按入交替：两个通道交替显示；

三只开关全弹出：两通道断续显示，用于扫速较慢时的双踪显示；

Y1 和 Y2 同时按入：叠加功能，显示两通道的代数和或差；

衰减开关（VOLTS/DIV）：调节垂直偏转灵敏度 V/div；

⊥按键：按入时被测信号接地；

耦合方式按键：弹起 DC（直流耦合），按下 AC（交流耦合）。

(3) 水平（X 轴）部分

X 移位旋钮：调节迹线在屏幕上的水平位置；

扫描开关（SEC/DIV）：用于调节扫描速度；顺时针旋足为 X-Y 方式；

水平扩展×10：按入时扫描速度被扩展 10 倍。

(4) 触发部分

触发源选择按键：弹起为内触发；按下为外触发；

内触发源选择：CH1、CH2、CH1/CH2 或电源触发（全部弹出为电源触发）；

触发方式：
- 常态，无信号时，屏幕上无显示，有信号时，与电平控制配合显示稳定波形；
- 自动，无信号时，屏幕上显示光迹，有信号时，与电平控制配合显示稳定波形；
- 电视场，用于显示电视场信号；
- 峰值自动（三只开关全部弹出）。无信号时，屏幕上显示光迹，有信号时，无需调节电平即显示稳定波形；

电平旋钮：用于调节被测信号在某一电平触发扫描。

8.2.2 测试前准备工作

(1) 调整光迹

① 接通电源，电源指示灯亮，稍预热后，屏幕上出现扫描光迹，分别调节亮度、聚焦、迹线旋转、垂直移位、水平移位等控制件，使光迹清晰并与水平刻度平行。

② 把 Y1 微调、Y2 微调、X 微调顺时针旋转到底至“校准”。

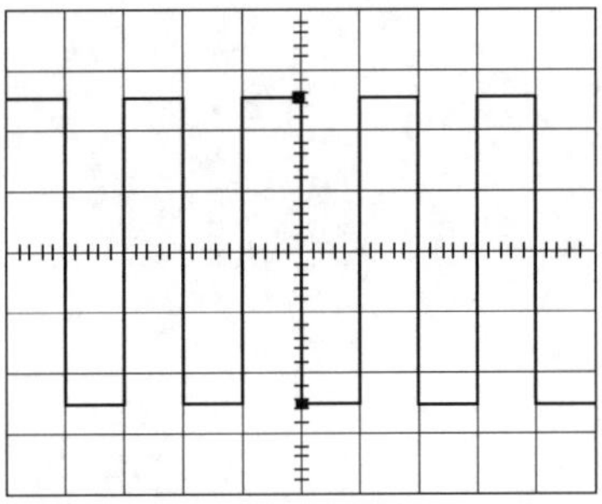

图 8-7　校准信号的波形

（2）探极校正

① 用 10∶1 探极将校正信号（幅度 0.5V，1kHz 的方波信号）输入至 CH1。调节 CH1 移位与 X 移位，使荧光屏上显示校正信号波形与图 8-7 相同。再将校正信号输入至 CH2。将垂直方式置于 CH2，内触发源置于 CH2，调节 CH2 移位与 X 移位，使荧光屏上显示波形与图 8-7 相同。

② 观察校准信号的波形，如需要调整，用非金属质地的改锥调整探头上的可变电容，调整到显示的波形“补偿适中”，如图 8-8 所示。探极调整元件位置如图 8-9 所示。

图 8-8　探极补偿波形

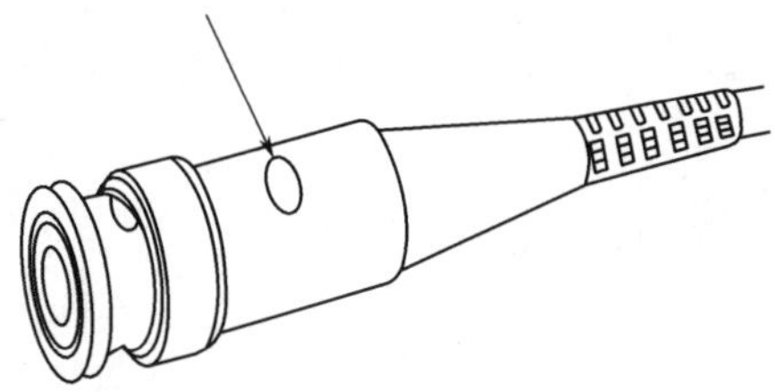

图 8-9　探极调整元件位置

8.2.3　基本测试技术

（1）信号电压峰—峰值的测量

① 将信号输入至 CH1 或 CH2 插座，将垂直方式置于被选用的通道。

② 调节衰减开关（VOLTS/DIV）并观察波形，使被显示的波形在 5 格左右。

③ 调整电平使波形稳定（如果是峰值自动，无需调节电平）。

④ 调节扫描开关（SEC/DIV），使屏幕显示至少一个完整的波形周期。

⑤ 调节垂直移位，使波形底部在屏幕中某一水平坐标上（如图 8-10 的 A 点）。

⑥ 调整水平移位，使波形顶部在屏幕中央的垂直坐标上（如图 8-10 的 B 点）。

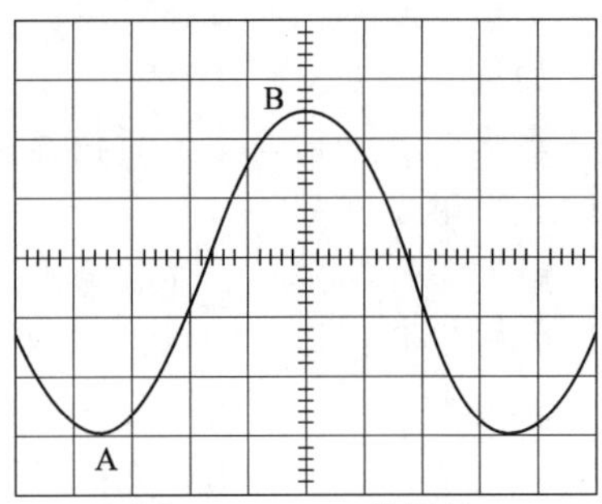

图 8-10　V_{p-p} 的测量

⑦ 读出垂直方向 A、B 两点之间的格数。

⑧ 计算被测信号的峰—峰电压：V_{p-p}＝垂直方向的格数×垂直偏转因数 V/div。

（2）时间间隔的测量

① 将信号输入 CH1 或 CH2 输入插座，设置垂直方式为被选通道。

② 调整电平使波形稳定显示（如峰值自动，则无须调节电平）。

③ 调整扫描开关（SEC/DIV），使屏幕上显示 1～2 个信号周期。

④ 调整垂直移位和水平移位，使波形中需测量的两点位于屏幕中央水平刻度线上。

⑤ 测量两点之间的水平刻度（如图 8-11 中 A、B 两点）按下列公式计算出时间间隔。

时间间隔 S＝两点间水平距离（格）×扫描时间因数（SEC/DIV）

如果进行了水平扩展×10 上述计算值除以水平扩展倍数。

（3）周期和频率的测量

在以上的例子中，被测信号为正弦信号，所测得的时间间隔恰为完成一个周期的时间（如图 8-11 中 A、B 两点），即为该信号的周期 T，该信号的频率为 $1/T$。

(4) 上升或下降时间的测量

上升（或下降）时间的测量方法和时间间隔的测量方法一样，只不过是测量被测波形满幅度的 10%和 90%两处之间的水平轴距离，如图 8-12 所示。

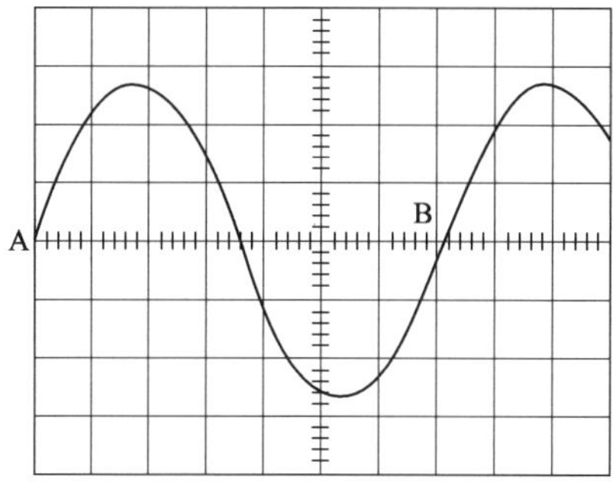

图 8-11 时间间隔的测量

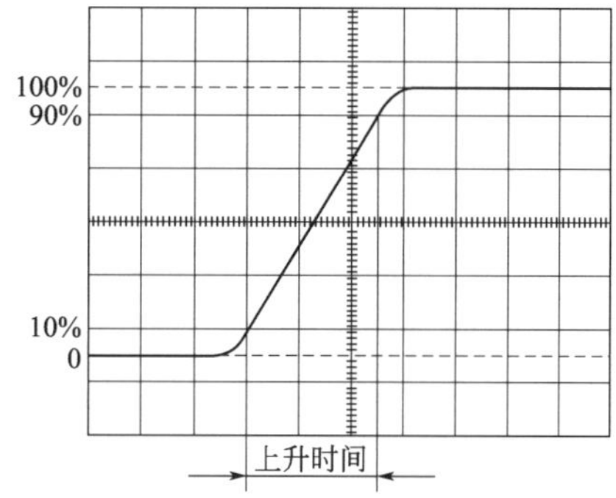

图 8-12 上升时间的测量

(5) 相位差的测量

① 根据信号频率，设置垂直方式为（交替 ALT）或（断续 CHOP）。

② 将两路信号分别输入 CH1 和 CH2。内触发源选在参考信号所在通道。

③ 按下 CH1 和 CH2 的⊥按键，调整 Y1 移位、Y2 移位，使两条扫描基线重合于水平中线。

④ 调整衰减开关（VOLTS/DIV）和扫描开关（SEC/DIV），使波形的显示幅度适中。如图 8-13 所示。

⑤ 读出两波形水平方向差距格数 D 及信号周期所占格数 T，则按下列公式计算出两信号的相位差：相位差 θ=(差距格数 D/信号周期所占格数 T)×360°

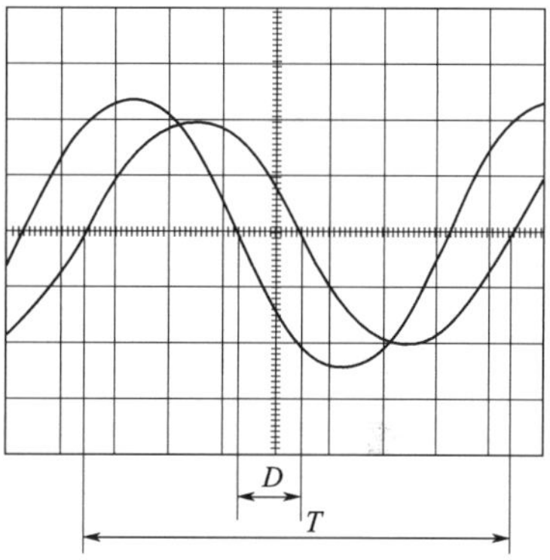

图 8-13 相位差的测量

(6) X-Y 方式的应用

将扫描开关顺时针旋到底至（X）位置，两输入信号分别接入 Y1/X、Y2/Y。某些场合，X 轴偏转需外来信号控制，如接外扫描信号、阶梯信号及李沙育图形的观察，或作其他设备的显示装备，都要用到这种方式。

任务 8.3 数字示波器的基本测试技术

下面以 RIGOL—DS1052E 数字示波器为例，介绍数字示波器的操作。

8.3.1 DS1052E 数字示波器前面板介绍

前面板如图 8-14 所示。包括旋钮和功能按键，通过它们，可以进入不同的功能菜单或直接获得特定的功能应用。显示屏右侧的 5 个灰色按键为菜单操作键（自上而下定义为 1～5 号）。使用它们可以设置当前菜单的不同选项。

(1) 垂直控制区（VERTICAL）

如图 8-15 所示：共有两个旋钮五个按键。

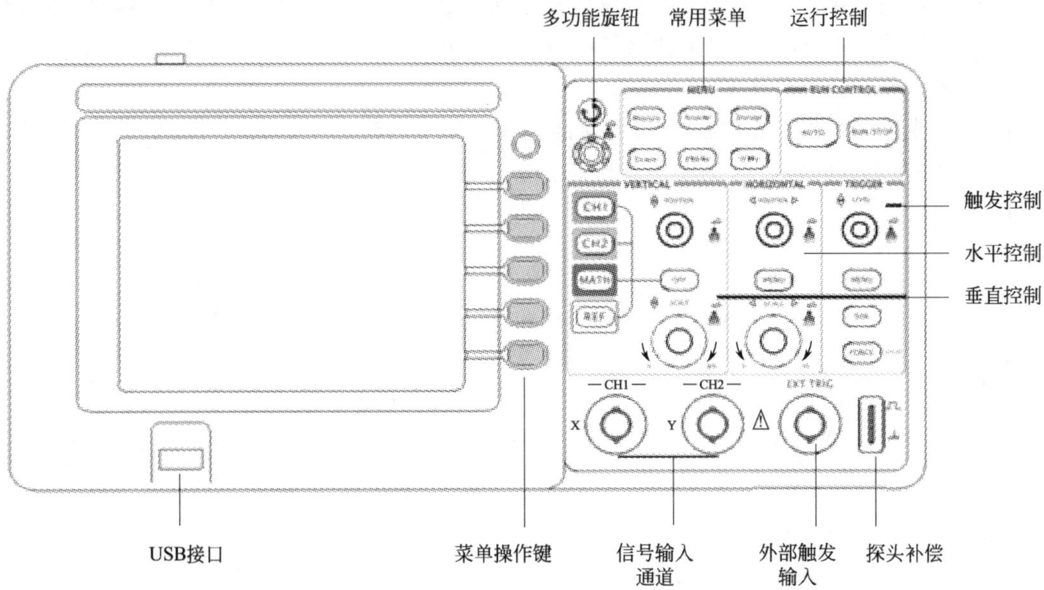

图 8-14　DS1052E 数字示波器前面板

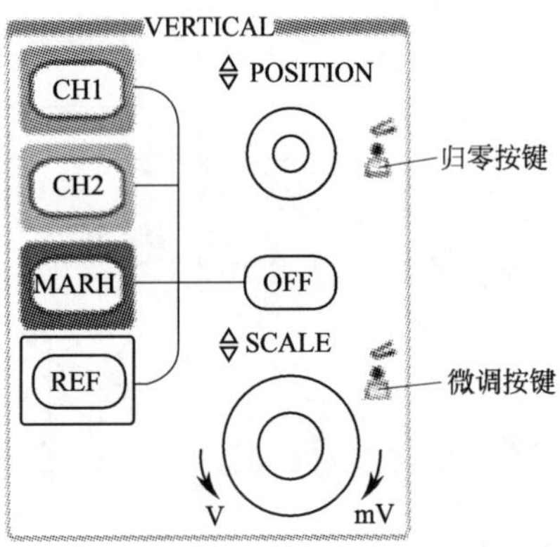

图 8-15　垂直控制区

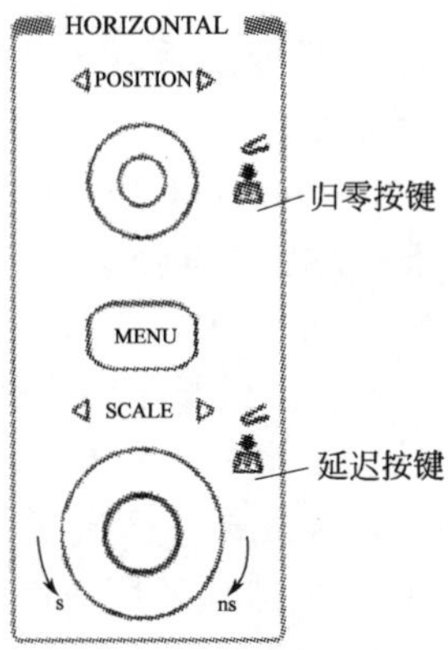

图 8-16　水平控制区

垂直 POSITION 旋钮：控制信号的垂直显示位置。按该旋钮，垂直显示位置恢复到零点。

垂直 SCALE 旋钮：改变“Volt/div（伏/格）”垂直挡位，按下垂直 SCALE 旋钮作为粗调/微调状态的快捷键，调节该旋钮即可粗调/微调垂直挡位。

CH1、CH2、MATH、REF 按键：屏幕显示对应通道的操作菜单、标志、波形和挡位状态信息。

OFF 按键：关闭当前选择的通道。

(2) 水平控制区（HORIZONTAL）

如图 8-16 所示：共有两个旋钮一个按键。

水平 POSITION 旋钮：调整信号在波形窗口的水平位置。按下该键使触发位移（或延迟扫描位移）恢复到水平零点处。

水平 SCALE 旋钮：改变“s/div（秒/格）”水平挡位，水平扫描速度从 2ns 至 50s，以 1→2→5 的形式步进。也可以作为 Delayed（延迟扫描）快捷键，按下此按钮切换到延迟扫描状态。

MENU 按键：屏幕显示 TIME 菜单。在此菜单下，可以开启/关闭延迟扫描或切换 Y－T、X－Y 和 ROLL 模式，还可以将水平触发位移复位。

（3）触发控制区（TRIGGER）

如图 8-17 所示：共有一个旋钮三个按键。

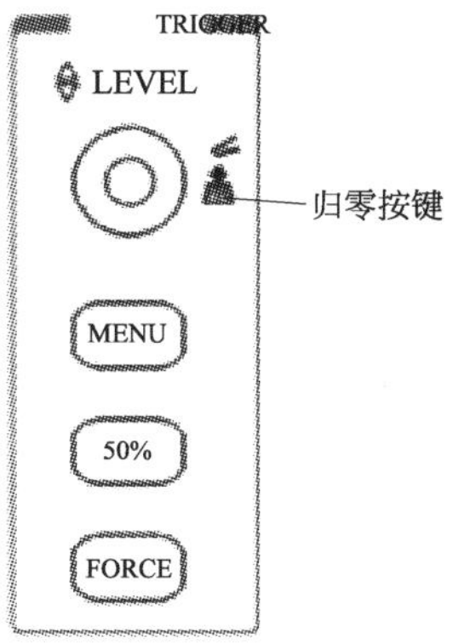

图 8-17　触发控制区

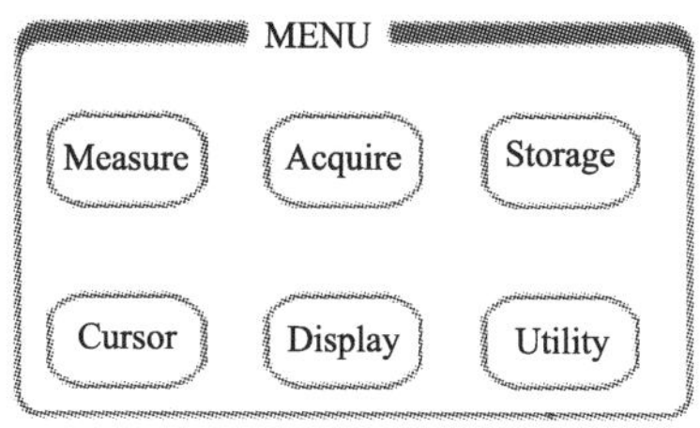

图 8-18　常用菜单

LEVEL 旋钮：改变触发电平设置。转动该旋钮，屏幕上出现一条橘红色的触发线以及触发标志，随旋钮转动而上下移动。停止转动旋钮，触发线和触发标志会在约 5s 后消失。在移动触发线的同时，在屏幕上触发电平的数值发生了变化，按下该旋钮触发电平复到零点。

MENU 按键：调出触发操作菜单。

50%按键：设定触发电平在触发信号幅值的垂直中点。

FORCE 按键：强制产生一个触发信号。

（4）常用菜单

如图 8-18 所示：共有六个按键。

Measure（自动测量）功能按键。Acquire（采样系统）功能按键。

Cursor（光标测量）功能按键。Storage（存储系统）功能按键。

Display（显示系统）功能按键。Utility（辅助系统）功能按键。

（5）运行控制按键

AUTO 按键：自动测量功能。RUN/STOP：运行/停止按键。

8.3.2　显示界面

显示界面如图 8-19 所示。

8.3.3　测试前准备工作

（1）开机自检

按下电源开关接通电源。仪器将执行所有自检项目，自检通过后出现开机画面。

（2）设定的衰减系数

按 CH1 功能键显示通道 1 的操作菜单，如图 8-20 所示，选择与使用的探头同比例的衰减系数。探头比例为 10X，此时设定的衰减系数为 10X。

衰减系数将改变仪器的垂直档位比例，选择与使用的探头同比例的衰减系数。以使得测

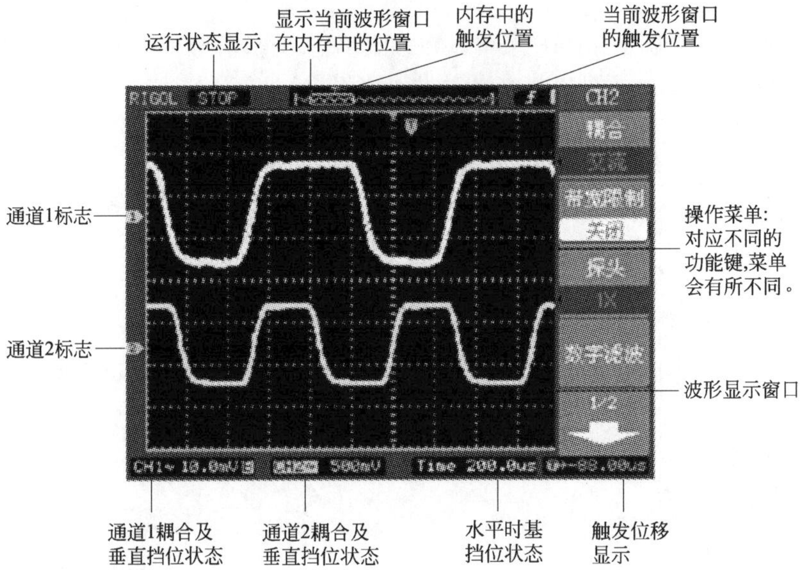

图 8-19　显示界面说明

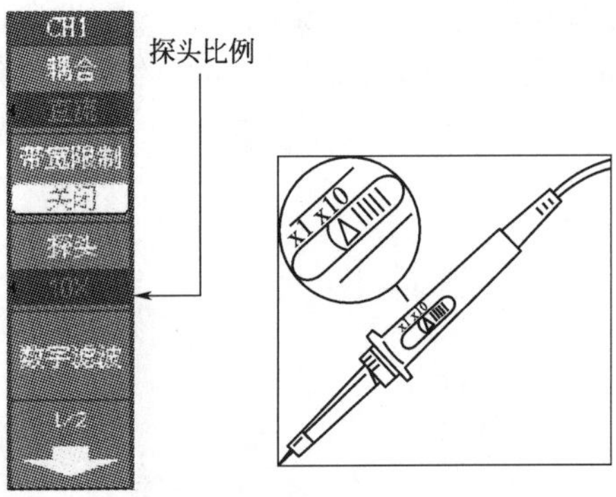

设定菜单中的系数　　设定探头上的系数

图 8-20　设定衰减系数

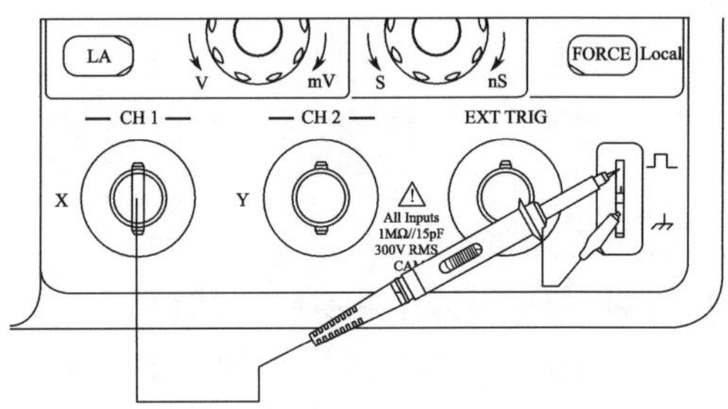

图 8-21　探头补偿的连接

量结果正确反映被测信号的电平。如果采用 Q9 同轴电缆时，其衰减系数为 1X，因此操作菜单的衰减系数应设定为 1X。

(3) 探头补偿

把探头端部和接地夹接到探头补偿器的连接器上如图 8-21 所示。按 AUTO（自动设置）按钮。几秒钟内，可见到方波显示。

检查所显示波形的形状（波形的形状参考图 8-8 探极补偿波形）。如必要，用非金属质地的改锥调整探头上的可变电容，调整方法与模拟示波器的调整方法一样。

8.3.4 基本测试技术

8.3.4.1 自动测试

将被测信号连接到输入通道 CH1 或 CH2；按 AUTO（自动测试）键，仪器自动设定各项控制值，产生适宜观察的波形。同时显示自动设置菜单如图 8-22，菜单说明如表 8-1。可用显示屏右侧的 5 个灰色菜单操作键设置菜单的不同选项。还可用垂直 SCALE 旋钮和水平 SCALE 旋钮，对波形垂直挡位和水平时基在一定的范围内调整，相当于对信号进行水平或垂直方向上的扩展。

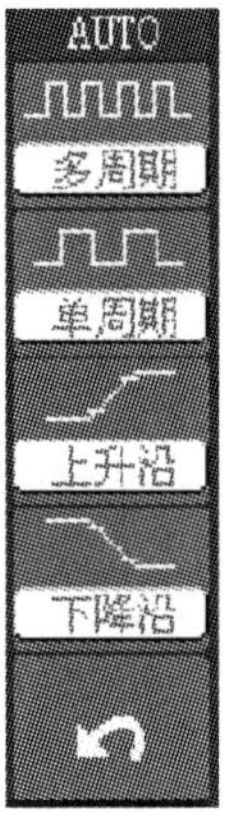

图 8-22　自动设置菜单

表 8-1　自动设置菜单说明

功能菜单	设定	说　明
多周期		设置屏幕自动显示多个周期信号
单周期		设置屏幕自动显示单个周期信号
上升沿		自动设置并显示上升时间
下降沿		自动设置并显示下降时间
（撤消）		撤消自动设置，返回前一状态

当按下 AUTO（自动测试）键，显示的波形不能满足观测要求时。有时候需要对垂直系统、水平系统、触发系统进行设置。

8.3.4.2　垂直系统设置

DS1000E 示波器提供双通道输入。每个通道都有独立的垂直菜单。按 CH1 或 CH2 功能键，系统将显示 CH1 或 CH2 通道的操作菜单，以 CH1 为例，垂直通道操作菜单如图 8-23，说明见表 8-2。用显示屏右侧的 5 个灰色菜单操作键设置菜单的不同选项。例如按下与“耦合”对应的菜单操作键，可调出子菜单，其中有直流、交流、接地三个选项，通过旋转多功能旋钮（↺）选择。如需关闭 CH1 的垂直菜单，先按一下 CH1 功能键（相当于选中该功能菜单），再按一下 OFF 按键即可关闭。其他的功能菜单用同样的方法关闭。

8.3.4.3　水平系统设置

按水平 MENU 功能键，系统将显示水平系统的操作菜单如图 8-24 所示。菜单说明见表 8-3。

8.3.4.4　触发系统设置

触发决定了示波器何时开始采集数据和显示波形。一旦触发被正确设定，它可以将不稳定的显示转换成有意义的波形。

（1）触发模式

DS1000E 数字示波器具有的触发模式包括：边沿触发（当触发输入沿给定方向通过某一给定电平时，边沿触发发生）。脉宽触发（设定脉宽条件捕捉特定脉冲）。斜率触发（根据信号的上升或下降速率进行触发）。视频触发（对标准视频信号进行场或行视频触发）。交替触发（稳定触发双通道不同步信号）。

下面以边沿触发模式为例，了解触发模式的设置过程。

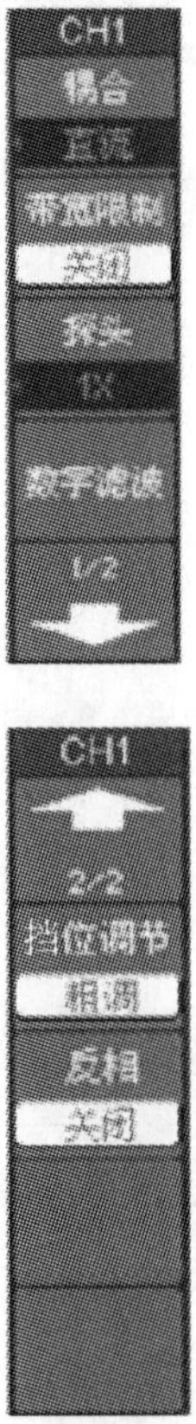

图 8-23 垂直通道菜单

表 8-2 垂直通道操作菜单说明

功能菜单	设定	说明
耦合	直流 交流 接地	通过输入信号的交流和直流成分 阻挡输入信号的直流成分 断开输入信号
带宽限制	打开 关闭	限制带宽至 20MHz，以减少显示噪音满带宽
探头	1× 5× 10× 50× 100× 500× 1000×	根据探头衰减因数选取相应数值，确保垂直标尺读数准确
数字滤波		设置数字滤波
(下一页)	1/2	进入下一页菜单(以下均同，不再说明)
(上一页)	2/2	返回上一页菜单(以下均同，不再说明)
挡位调节	粗调 微调	粗调按 1-2-5 进制设定垂直灵敏度 微调是指在粗调设置范围之内以更小的增量改变垂直挡位
反相	打开 关闭	打开波形反向功能 波形正常显示

表 8-3 水平系统操作菜单说明

功能菜单	设定	说明
延迟扫描	打开 关闭	进入 Delayed 波形延迟扫描 关闭延迟扫描
时基	Y—T X—Y Roll	Y—T 方式显示垂直电压与水平时间的相对关系 X—Y 方式在水平轴上显示通道 1 幅值，在垂直轴上显示通道 2 幅值 Roll 方式下示波器从屏幕右侧到左侧滚动更新波形采样点
采样率		显示系统采样率
触发位移复位		调整触发位置至中心零点

图 8-24 水平系统操作菜单

按触发系统的 MENU 功能键→触发模式→边沿触发，进入边沿触发菜单如图 8-25 所示。边沿触发菜单说明如表 8-4。其他触发模式的设置过程与此相似。

(2) 触发设置

按触发系统的 MENU 功能键→触发设置。进入触发设置菜单如图 8-26 所示，说明如表 8-5。

触发释抑：使用触发释抑可稳定触发复杂的波形。释抑时间是指示波器重新启用触发电路所等待的时间。在释抑期间，示波器不会触发，直至释抑时间结束。旋动多功能旋钮改变释抑时间，直至波形稳定触发。

图 8-25　边沿触发菜单

表 8-4　边沿触发菜单说明

功能菜单	设定	说　明
信源选择	CH1 CH2 EXT AC Line	设置通道 1 作为信源触发信号； 设置通道 2 作为信源触发信号； 设置外触发输入通道作为信源触发信号； 设置市电触发
边沿类型	(上升沿) (下降沿) (上升 & 下降沿)	设置在信号上升边沿触发； 设置在信号下降边沿触发； 设置在信号上升沿和下降沿触发
触发方式	自动 普通 单次	在没有检测到触发条件下也能采集波形； 设置只有满足触发条件时才采集波形； 设置当检测到一次触发时采样一个波形，然后停止
触发设置		进入触发设置菜单

图 8-26　触发设置菜单

表 8-5　触发设置菜单说明

功能菜单	设定	说　明
耦合	交流 直流 低频抑制 高频抑制	设置阻止直流分量通过； 设置允许所有分量通过； 阻止信号的低频部分通过，只允许高频分量通过； 阻止信号的高频部分通过，只允许低频分量通过
灵敏度	〈灵敏度设置〉	设置触发灵敏度，范围为：0.1div～1div
触发释抑	〈触发释抑设置〉	设置重新启动触发电路的时间间隔，时间范围为：500ns～1.5s
触发释抑	复位	使触发释抑复位到 500ns

8.3.4.5　常用菜单操作

常用菜单区包括六个功能按键：如图 8-27 所示。

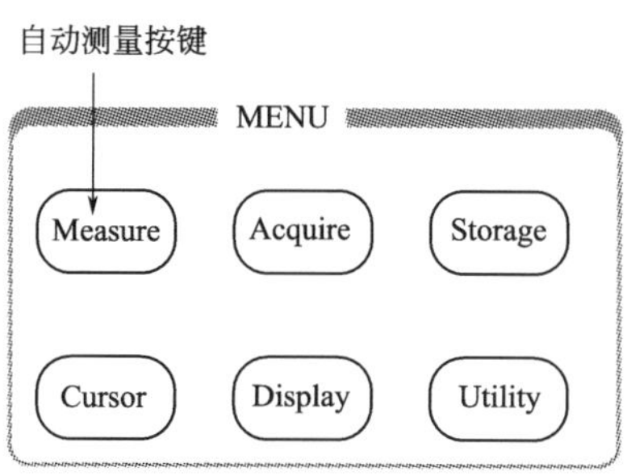

图 8-27　常用菜单区

下面以 Measure（自动测量）为例，说明常用菜单操作方法。

按 Measure 功能键，系统将显示自动测量操作菜单如图 8-28 所示。说明如表 8-6。

图 8-28　自动测量操作菜单

表 8-6　测量功能菜单说明

功能菜单	显示	说　　明
信源选择	CH1 CH2	设置被测信号的输入通道
电压测量		选择测量电压参数
时间测量		选择测量时间参数
清除测量		清除测量结果
全部测量	关闭 打开	关闭全部测量显示 打开全部测量显示

（1）电压测量

按 Measure 功能键→电压测量，进入电压测量子菜单。通过旋转多功能旋钮（↻）选择被测参数。选定被测电压参数后，再按“电压测量”对应的菜单操作键，自动测量的结果显示在屏幕下方。

（2）时间测量

按 Measure 功能键→时间测量，进入时间测量子菜单。通过旋转多功能旋钮（↻）选择被测参数。选定被测时间参数后，再按“时间测量”对应的菜单操作键，自动测量的结果显示在屏幕下方。

电压、时间测量的结果显示在屏幕下方，最多可同时显示 3 个。当显示已满时，新的测量结果会导致原结果左移，从而将原屏幕最左端的结果挤出屏幕之外。

（3）全部测量

按 Measure 功能键→全部测量，直接提供 22 种自动测量的波形参数，包括 10 种电压参数和 12 种时间参数，全部显示在屏幕下方。

（4）清除测量

按 Measure 功能键→清除测量，所有的测量结果全部从屏幕上清除。

常用菜单区的其他五个功能按键，其操作过程与 Measure 功能键的操作类似，按不同的功能键，可调出对应的操作菜单，用 1～5 菜单操作键进行操作，以实现其对应的功能。

【例 8-1】 用数字示波器测量信号的频率和峰峰值。

（1）显示信号波形的操作步骤

① 采用 Q9 同轴电缆时，操作菜单的衰减系数设定为 1X；

② 将被测未知信号连接到信号输入通道 CH1；

③ 按下 AUTO（自动设置）按键。示波器将自动设置使波形显示达到最佳状态。在此基础上，可以进一步调节垂直、水平挡位，直至波形的显示符合要求。

（2）自动测量

① 测量峰峰值　按 Measure 键，显示自动测量菜单。

按 1 号菜单操作键选择信源 CH1。

按 2 号菜单操作键选择测量类型：“电压测量”。弹出电压测量菜单。

用多功能旋钮（↻）在电压测量弹出菜单中选择测量参数：“峰峰值”。

再次按 2 号菜单操作键，此时，“峰峰值”显示在屏幕下方。

② 测量频率　按下 3 号菜单操作键选择测量类型：“时间测量”。弹出时间测量菜单。

用多功能旋钮（↻）在时间测量弹出菜单中选择测量参数：“频率”。

再次按 3 号菜单操作键，此时，“频率”显示在屏幕下方。

【例 8-2】 减少信号上的随机噪声

如果被测试的信号上叠加了随机噪声（如图 8-29），可以通过调整示波器的设置，滤除或减小噪声，避免其在测量中对本体信号的干扰。

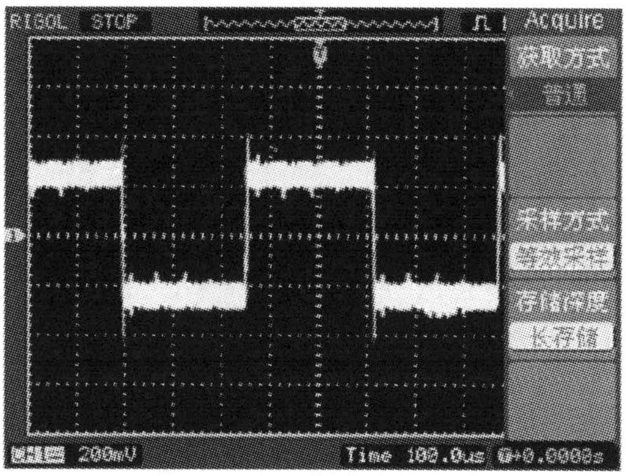

图 8-29　叠加噪声的波形（一）

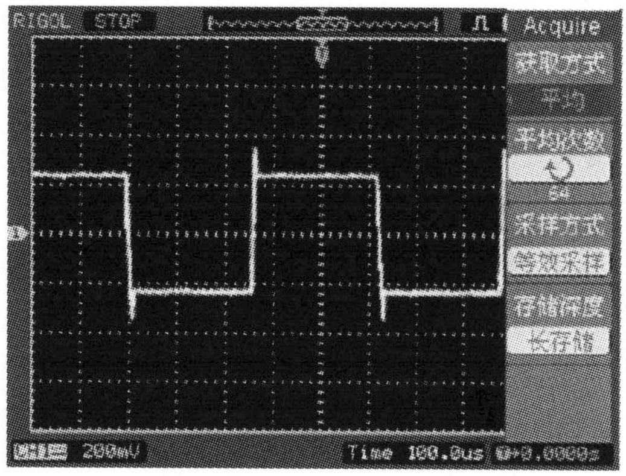

图 8-30　叠加噪声的波形（二）

操作步骤如下。

（1）连接信号使波形在示波器上稳定地显示（参见例 8-1）。

（2）通过设置触发耦合改善触发

① 按下触发（TRIGGER）控制区域 MENU 按键，显示触发设置菜单。

② 按“触发设置”→耦合，选择“低频抑制”或“高频抑制”。

低频抑制是设定一个高通滤波器，可滤除 8kHz 以下的低频信号分量，允许高频信号分量通过。

高频抑制是设定一个低通滤波器，可滤除 150kHz 以上的高频信号分量（如 FM 广播信号），允许低频信号分量通过。通过设置“低频抑制”或“高频抑制”可以分别抑制低频或高频噪声，以得到稳定的触发。

（3）通过设置采样方式减少显示噪声

如果被测信号上叠加了随机噪声，导致波形过粗。可以应用平均采样方式，去除随机噪声的显示，使波形变细，便于观察和测量。取平均值后随机噪声被减小而信号的细节更易观察。具体的操作是：

① 按面板 MENU 区域的 Acquire 按钮，显示采样设置菜单；

② 按 1 号菜单操作键设置获取方式为“平均”状态，按 2 号菜单操作键调整平均次数，依次由 2 至 256 以 2 倍数步进，直至波形的显示满足观察和测试要求。

（4）通过设置数字滤波减少显示噪声

按 CH1 或 CH2 功能键，系统将显示 CH1 或 CH2 通道的操作菜单，以 CH1 为例，垂直通道操作菜单如图 8-23，按 4 号菜单操作键设置数字滤波，DS1000E 提供 4 种实用的数字滤波器（低通滤波器、高通滤波器、带通滤波器和带阻滤波器）。用多功能旋钮（↻）设置数字滤波类型，通过设定带宽范围，能够滤除信号中特定的波段频率，从而达到很好的滤波效果如图 8-30 所示。

*任务 8.4 晶体管特性图示仪及其测试技术

晶体管特性图示仪是利用电子扫描的原理，在示波管的荧光屏上直接显示半导体器件特性的仪器。可以直接观测器件的静态特性曲线和参数；还可以迅速比较 2 个同类晶体管的特性，以便于挑选配对。

8.4.1 晶体管特性图示仪的组成

晶体管特性图示仪主要是由阶梯波信号源、集电极扫描电压发生器、工作于 X-Y 方式的示波器、测试转换开关以及附属电路等组成。

在测试过程中，阶梯信号源为被测晶体管提供基极偏置电压；集电极扫描电压发生器提供所需的集电极扫描电压；示波器用于显示晶体管特性曲线；开关及附属电路的作用是为了测试不同的晶体管与参数时，实现电路的转换。

8.4.2 晶体管特性图示仪的原理

晶体管特性图示仪的原理框图如图 8-31 所示。

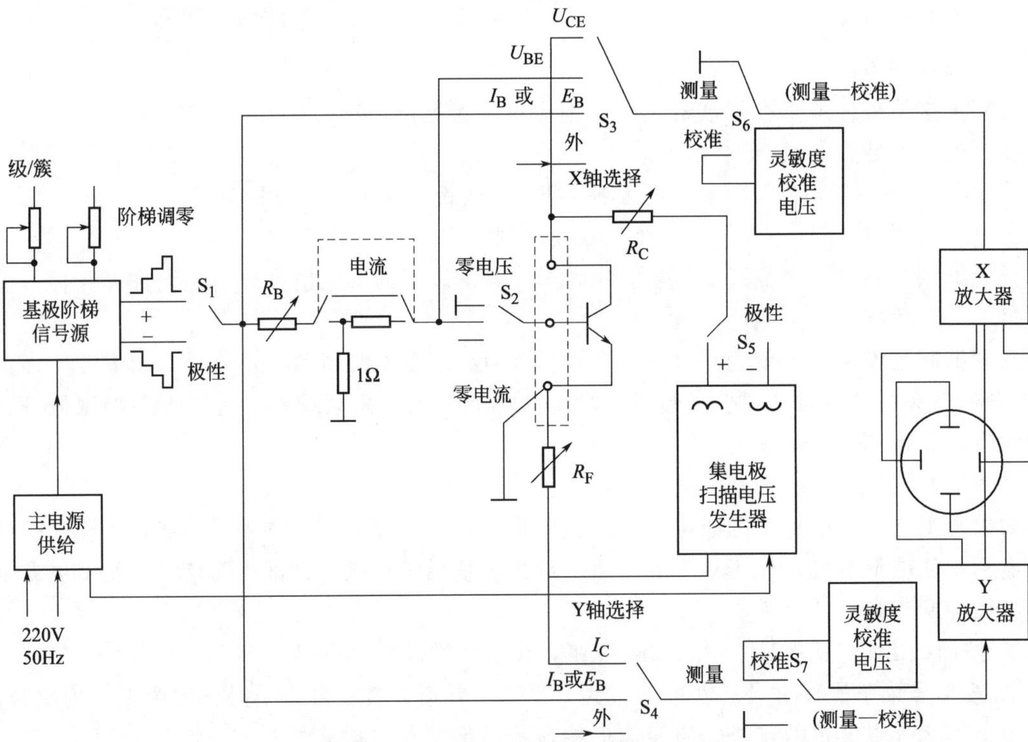

图 8-31 晶体管特性图示仪的原理框图

8.4.2.1 基极阶梯信号源

(1) 阶梯波产生电路

如图 8-32 所示电路中，100Hz 的正弦电压经脉冲形成电路得到 100Hz 的脉冲电压，将此脉冲电压加到三个触发器组成的分频器（即为二进制计数器），则其输出即是 $T_1:T_2:T_3=1:2:4$ 的三个方波电压。再将三个方波电压分别加到开关管 VT_1、VT_2、VT_3 的基极。

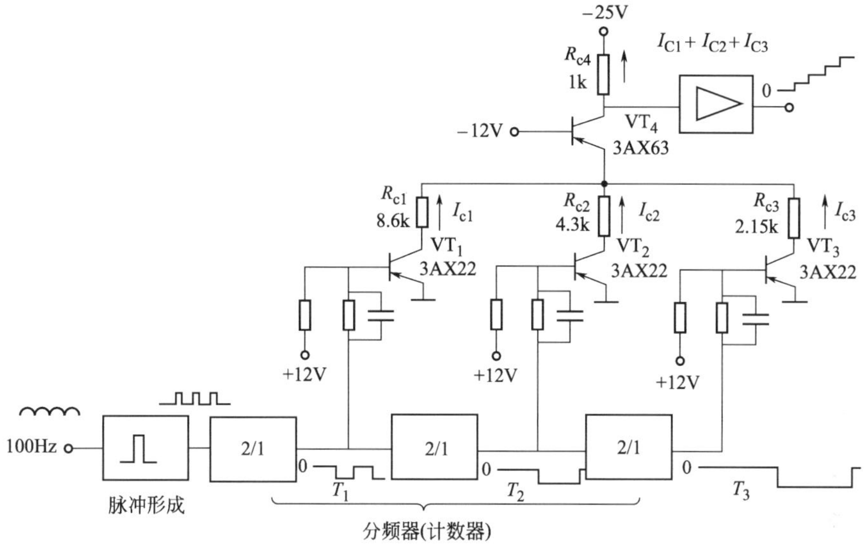

图 8-32　阶梯波产生电路

三个触发器组成的分频器（即为二进制计数器），则其输出即是 $T_1:T_2:T_3=1:2:4$ 的三个方波电压。再将三个方波电压分别加到开关管 VT_1、VT_2、VT_3 的基极。

当方波电压为 0V 时，开关管截止；当方波电压为负半周时，开关管导通。则三个开关管中的电流波形与加到三个开关管基极的方波电压波形类似。

I_{C1}、I_{C2}、I_{C3} 方波波形的周期比为 1∶2∶4。

接在三个开关管集电极的电阻为 $R_{C1}:R_{C2}:R_{C3}=4:2:1$

三个方波电流的振幅比为 $I_{C1}:I_{C2}:I_{C3}=1:2:4$。

电流合成管 VT_4 的集电极电流 $I_{C4}=I_{C1}+I_{C2}+I_{C3}$。

此时 $T_1:T_2:T_3=1:2:4$，幅度为 $U_1:U_2:U_3=1:2:4$。

由串联在 VT_4 管集电极的电阻 R_{C4}，将阶梯电流转变成阶梯波电压的形式输出。

其波形变换如图 8-33 所示，利用三个不同周期的方波 T_1、T_2、T_3 相加而得。

（2）阶梯波放大电路

阶梯波放大器实际上是一个电压-电流转换电路；它的作用是将阶梯波电压转换成为不受负载变化影响的恒定阶梯波电流。

如图 8-34，A_1 为对称输入、单端输出的主放大器电路。接在反馈电路中的放大器 A_2，实际接成电压跟随器形式，即 $U_3=U'$。电压跟随器 A_2 的输入阻抗很高，能

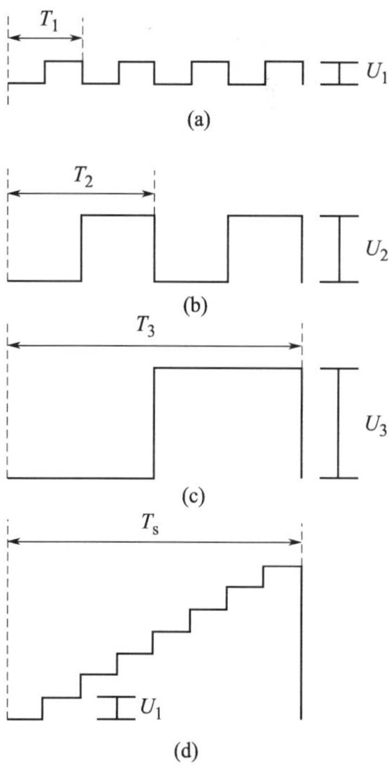

图 8-33　阶梯波电压的形

减少反馈电阻对输出阶梯电流的影响，起着缓冲或隔离级的作用。

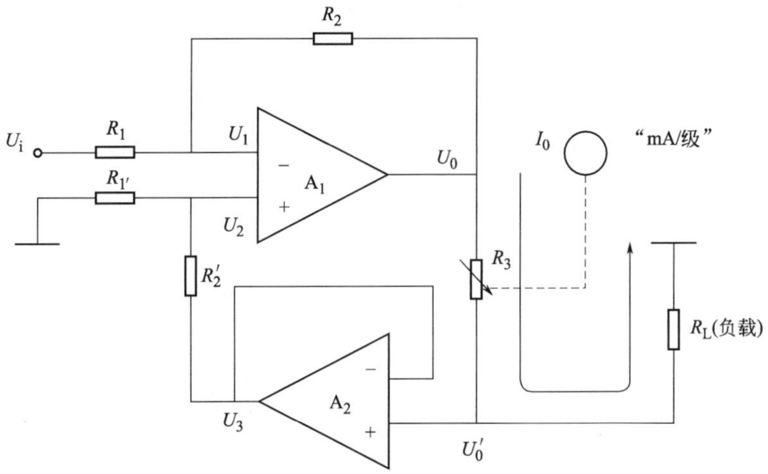

图 8-34　阶梯波放大电路

把放大器 A_1 当作一理想运算放大器（即 $A_1=\infty$），根据对理想运算放大器的分析，其输出电压为

$$U_0=\frac{R_2}{R_1}U_i+\left(1+\frac{R_2}{R_1}\right)U_2 \tag{8-2}$$

$$U_2=\frac{R_1'}{R_1'+R_2'}U_3=\frac{R_1'}{R_1'+R_2'}U_0'=\frac{R_1'R_LI_0}{R_1'+R_2'} \tag{8-3}$$

将 U_2 代入式(8-2) 得

$$U_0=\frac{R_2}{R_1}U_i+\left(1+\frac{R_2}{R_1}\right)\frac{R_1'R_LI_0}{R_1'+R_2'} \tag{8-4}$$

设运算放大器的输入阻抗为无穷大，由输出电路得 $U_0=(R_3+R_L)I_0$

根据上面的公式可以得到

$$I_0=\frac{R_2(R_1R_1'+R_1R_2')U_i}{R_1[R_L(R_1'R_2-R_1R_2')-R_3(R_1R_1'+R_1R_2')]} \tag{8-5}$$

为使输出电流 I_0 与 R_L 无关，应使

$$(R_1'R_2-R_1R_2')=0 \tag{8-6}$$

即
$$R_1=\frac{R_1'R_2}{R_2'} \tag{8-7}$$

则
$$I_0=-\frac{R_2U_i}{R_1R_3} \tag{8-8}$$

从上式可知，I_0 与负载 R_L 无关，式中负号表示输入电压 U_i 为正阶梯波时，输出电流为负阶梯波。R_1、R_2 取为固定值的电阻，可改变 R_3 来调节电流幅值/级。因此 R_3 是步进可变的 mA/级选择开关。

8.4.2.2　集电极扫描电压发生器

集电极扫描电压发生器的作用是供给测试电路所需的集电极扫描电压。由电源变压器、全波整流电路和极性转换开关所组成的。市电交流 220V 电压经电源变压器降压后全波整流而得到的 100Hz 单向脉动电压。它与基极阶梯信号同时由 50Hz 电源而得到，能够保证两者之间同步工作。利用开关改变扫描电压的正负极性，用来以满足对集电极不同电压极性的要求，如 PNP 型或 NPN 型晶体管；集电极扫描电压大小的调整是通过改变电源变压器次级绕组的抽头来实现的，可以适应晶体管对集电极电压不同大小的要求。

8.4.2.3 晶体管特性图示仪的工作原理

（1）测量晶体三极管的输出特性曲线

如图 8-35 的电路是测量晶体三极管输出特性的原理图。调整 E_B，确定一个 i_B 值为 I_{B0}，这样每固定一个 i_B 值，然后每改变 E_C 测量 u_{CE}，测量 i_c，让 u_{CE} 从零逐步变到某固定值，测出一组 u_{CE}-i_c 的值，描绘出一条 i_B 为 I_{B0} 固定值的 $i_{CE}=f(u_{CE})$ 的曲线；然后逐个改变 i_B 值为 I_{B1}、I_{B2}、I_{B3}、I_{B4}……，每固定一个 i_B，再改变 E_C 就可以得另一条曲线；……这样采用逐点逐点测量的方法。就可得到被测晶体管的输出特性曲线，如图 8-36 的波形图。

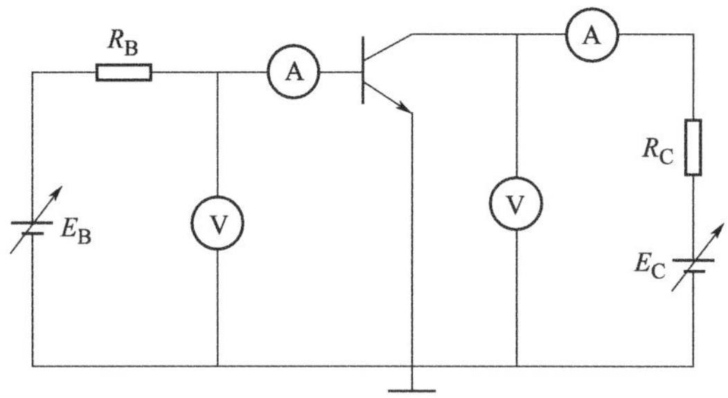

图 8-35 测量三极管输出特性原理图

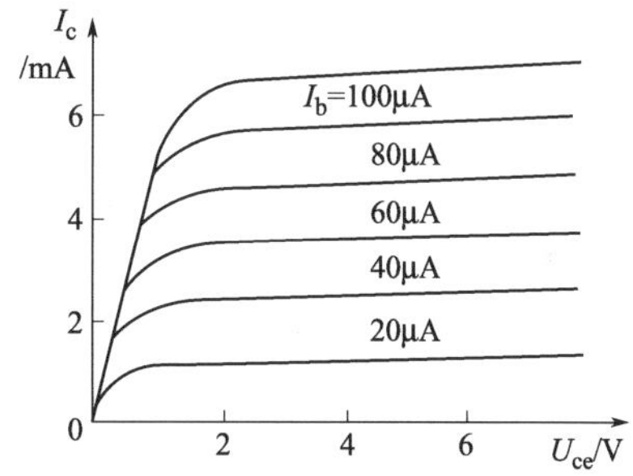

图 8-36 三极管输出特性曲线

在原理框图（图 8-31）中，将 S5 接通“＋”（NPN 型管时）用集电极扫描电压代替可调直流电源 E_C，S_1 接通“＋”用一个阶梯波电压发生器，代替提供基极电流的可调直流电源 E_B，S_2 接中间位置，S_3 接 UCE，S_4 接 IC 位置，S_6 接测量位置，S_3 接测量位置，得到如图 8-37 所示的等效电路，也称为动态测量电路。

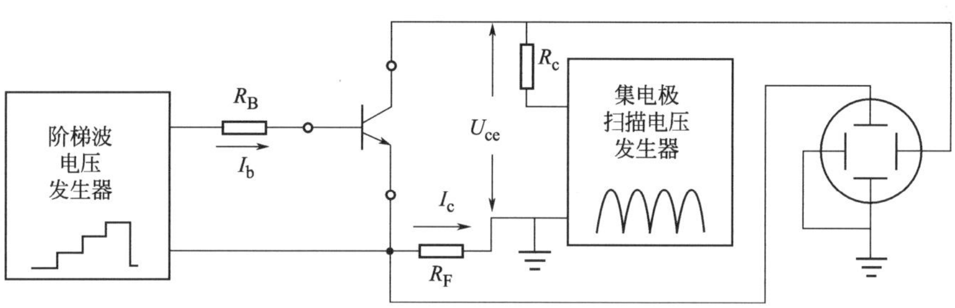

图 8-37 晶体管图示仪的等效电路

阶梯波电压加入到基极回路，通过 R_B 形成基极阶梯电流 I_B。集电极扫描电压的变化使 u_{CE} 可以自动从零增至最大值，然后又降至零；阶梯波基极电流与集电极扫描电压都是由 50Hz 交流电得来的，可以实现集电极扫描电压与阶梯波基极电流保持同步，即 $T_B=nTc$（n 为正整数），如图 8-38 所示，阶梯波电压每一级的时间正与集电极扫描电压变化一次相同，测绘输出特性所需的 u_{CE} 和 i_B 就能同步地自动变化。

（2）测量晶体三极管的输入特性曲线

三极管的输入特性体现在发射结电压 U_{be} 与电流 I_b 之间的关系上。基极和发射极之间相似于一个正向偏置的二极管，所以其伏安特性也与二极管相似，当集电极与发射极之间的

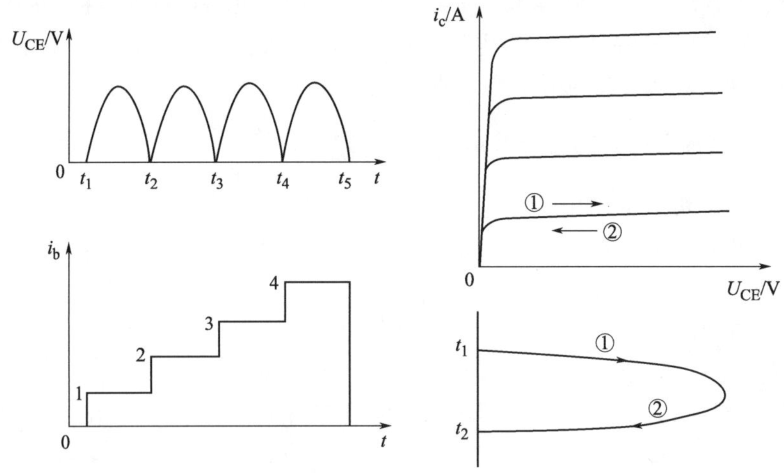

图 8-38 集电极扫描电压与阶梯波基极电流保持同步

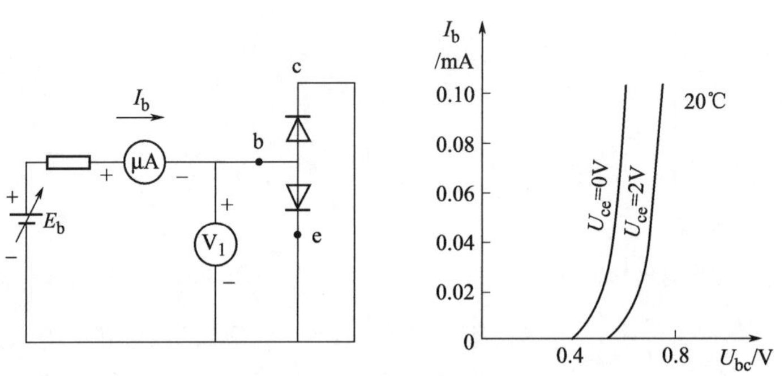

(a) (b)

图 8-39 测量三极管输入特性原理图和三极管输入特性曲线

电压 U_{ce} 变化时，曲线的左右位置也不相同（图 8-39）。

在实际测量时，仍采用全波整流电压作为集电极扫描电压，而用阶梯波提供基极电流。在原理框图（图 8-31）中，将 S_1 接“+”（NPN 型管），S_2 接中间位置，S_3 接 UBE，S_4 接 IB，S_5 接“+”（NPN 型管），S_6 接测量，S_7 接测量，取 U_{ce} 为扫描电压，u_{BE} 用作阶梯波电压，测试时，一般只显示一条曲线即可。

8.4.3 晶体管图示仪的基本测试技术

下面以 XJ4810 晶体管图示仪为例，讲述晶体管图示仪的基本操作方法。晶体管图示仪的基本操作包括面板部分和测试台部分的操作。

8.4.3.1 晶体管图示仪的前面板部分

晶体管图示仪的前面板如图 8-40 所示。

（1）电源及示波管显示部分

① 电源开关及辉度调节：旋钮拉出，接通仪器电源，旋转旋钮可以改变示波管光点亮度。

② 聚焦旋钮：调节旋钮可使光迹最清晰。

③ 辅助聚焦旋钮：与聚焦旋钮配合使用。

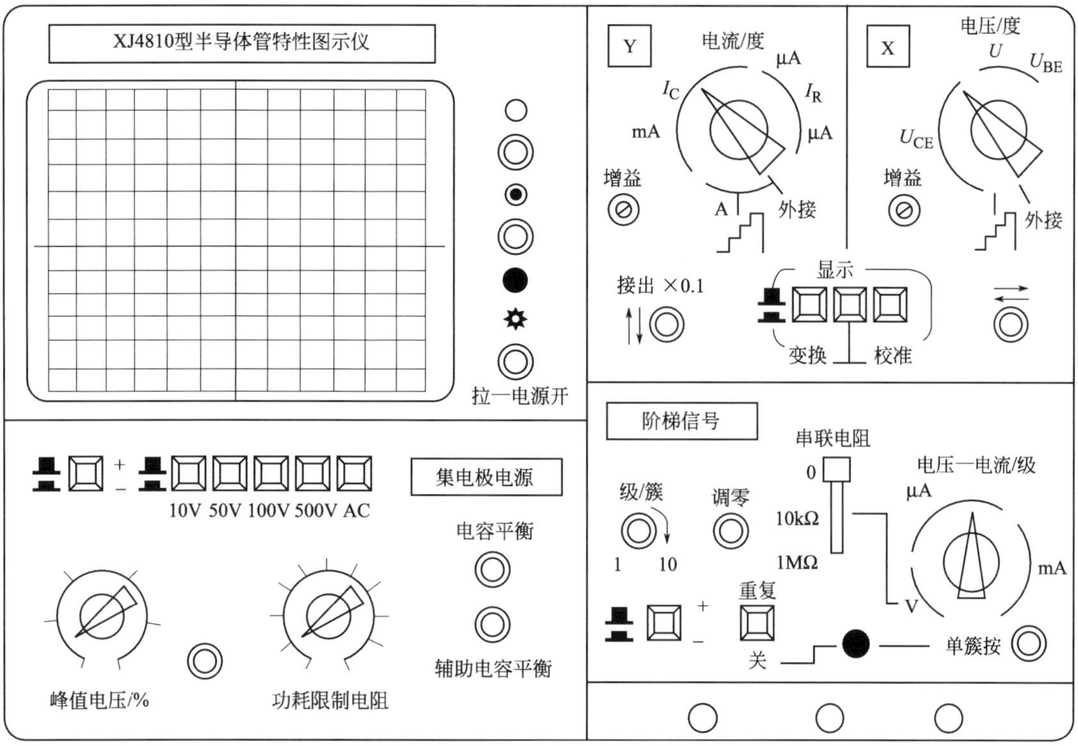

图 8-40　XJ4810 晶体管图示仪前面板

④ 荧光屏幕：示波管屏幕，外有坐标刻度片。

(2) X 轴部分

① X 轴选择（电压/度）开关：可以进行集电极电压、基极电流、基极电压和外接四种功能的转换，共 17 挡。

当旋钮置于 U_{CE}；选择集电极电压（电压/度）

当旋钮置于 U_{BE}；选择基极电压（电压/度）

当旋钮置于“⎍”位置时，可使屏幕 X 轴代表基极电流或电压量程旋钮；

当旋钮置于“外接”时，X 轴系统处于外接收状态，输入灵敏度为 0.05V/div。外输入端位于仪器左侧面。

② X 轴增益电位器：校正 X 轴增益。

③ X 轴移位旋钮：调节光迹在水平方向的移位。

(3) Y 轴部分

① Y 轴选择（电流/度）开关：具有 22 挡四种偏转作用的开关。可以进行集电极电流、基极电压、基极电流和外接的不同转换。

当旋钮置于 I_C；测量二极管反向漏电流 I_R 及三极管集电极电流 I_C 的量程旋钮。

当旋钮置于“⎍”（该挡称为基极电流或基极源电压）位置时，可使屏幕 Y 轴代表基极电流或电压。

当旋钮置于“外接”时，Y 轴系统处于外接收状态，外输入端位于仪器左侧面。

② X 轴增益电位器：校正 X 轴增益。

③ 垂直移位及“电流/度”倍率开关：调节迹线在垂直方向的移位。旋钮拉出，放大器增益扩大 10 倍，电流/度各挡 IC 标值×0.1，同时指示灯亮。

(4) 显示部分

显示开关：分转换、接地、校准三挡，其作用是：

① 转换：使图像在Ⅰ、Ⅲ象限内相互转换，便于由 NPN 管转测 PNP 管时简化测试操作。

② 接地：X、Y 放大器的输入端同时接地，以便确定零基准点。

③ 校准：用来校准 X 轴和 Y 轴的放大器增益。开关按下时，在荧光屏有刻度的范围内，亮点应自左下角准确地跳至右上角，否则，应调节 X 轴或 Y 轴的增益电位器来校准。以便达到校正 10div 的目的。

(5) 集电极电源

① 集电极电源极性按钮：按下此按钮集电极电源极性为负，弹起时为正。

②"峰值电压范围"选择按钮：用来选择集电极电源的最大值。

峰值电压范围：分 0～10V/5A、0～50V/1A、0～100V/0.5A、0～500V/0.1A 四挡。当由低挡改换高挡观察半导体管的特性时必须先将"峰值电压%"旋钮旋至 0，换挡后再按需要的电压逐渐增加，否则易击穿被测晶体管或烧毁保险丝。

AC 挡的设置专为二极管或其他元件的测试时把集电极电源变为双向扫描，使屏幕同时显示出被测二极管的正、反方向特性曲线。

③"峰值电压%"旋钮：调节"峰值电压%"旋钮，使集电极电源在确定的峰值电压范围内连续变化。如选择"100V 的峰值电压范围"，调节"峰值电压%"旋钮，使集电极电源在 0～100V 连续变化。面板上的标称值作近似值使用，精确读数应由 X 轴偏转灵敏度读测。

④"电容平衡"、"辅助电容平衡"旋钮：由于集电极电流输出端对地存在各种杂散电容，都将形成电容性电流，因而在电流取样电阻上产生电压降，造成测量误差。为了尽量减小电容性电流，测试前应调节电容平衡，使容性电流减至最小。

辅助电容平衡是针对集电极变压器次级绕组对地电容的不对称，而再次进行电容平衡调节而言的。

当 Y 轴为较高电流灵敏度时，调节"电容平衡"、"辅助电容平衡"两旋钮使仪器内部容性电流最小，使荧光屏上的水平线基本重叠为一条。一般情况下无需调节。

⑤"功耗限制电阻"旋钮："功耗限制电阻"是串联在被测三极管的集电极电路中，用来改变集电极回路电阻的大小。限制超过功耗，亦可作为被测半导体管集电极的负载电阻。

测量被测管的正向特性，应置于低电阻挡；测量其反向特性却应置于高阻挡。

(6) 阶梯信号

①"电压-电流/极"旋钮即阶梯信号选择旋钮：可以调节每级电流大小注入被测三极管的基极，作为测试各种特性曲线的基极信号源，共 22 挡。一般选用基极电流/级，当测试场效应管时选用基极源电压/级。

②"串联电阻"开关用于改变阶梯信号与被测管输入端之间所串接的电阻大小，但只有当"电压-电流/级"旋钮置于电压挡时，本开关才起作用。

③"级/簇"旋钮用于调节阶梯信号一个周期的级数，可在 1～10 级之间连续调节。

④"调零"旋钮用于调节阶梯信号起始级电平，正常时该级为零电平。测试前，应首先调整阶梯信号的起始级零电平的位置。当荧光屏上已观察到基极阶梯信号后，按下测试台上选择按键"零电压"，观察光点停留在荧光屏上的位置，复位后调节零旋钮，使阶梯信号的起始级光点仍在该处，这样阶梯信号的零电位即被准确校正。

⑤“+，—”极性按键：用于确定阶梯信号的极性。极性的选择取决于被测管的特性。

⑥“重复-关”按键：当“重复-关”按键开关弹起时，阶梯信号重复出现，用做正常测试；当开关按下时，阶梯信号处于待触发状态。

⑦“单簇按”开关：“单簇按”开关与“重复-关”按键开关配合使用。当阶梯信号处于调节好的待触发状态时，按下该开关，指示灯亮，阶梯信号出现一次，然后又回至待触发状态。

8.4.3.2　测试台部分

XJ4810 晶体管图示仪操作台面板如图 8-41。

(1)“左”、“右”选择开关

“左”选择开关按下时，接通左边的被测管。

“右”选择开关按下时，接通右边的被测管。

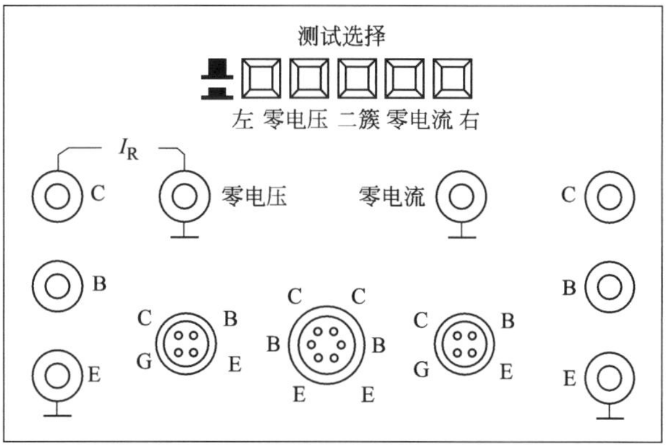

图 8-41　XJ4810 晶体管图示仪操作台面板

(2)“二簇”选择开关

“二簇”选择开关按下时，图示仪自动交替接通左、右两只被测管，可同时观测到两管的特性曲线，以便对它们进行比较。

(3)“零电压”键

按下此键用于调整阶梯信号的起始级在零电平的位置。

(4)“零电流”键

按下此键时被测管的基极处于开路状态，即能测量 ICEO 特性。

8.4.3.3　测量晶体三极管的输出特性曲线

(1) 测量前应注意的事项

为保证仪器的合理使用，既不损坏被测晶体管，也不损坏仪器内部线路，在使用仪器前应注意下列事项。

① 对被测管的主要直流参数应有一个大概的了解和估计，特别要了解被测管的集电极最大允许耗散功率 P_{CM}、最大允许电流 I_{CM} 和击穿电压 BU_{EBO}、BU_{CBO}。

② 选择好扫描和阶梯信号的极性，以适应不同管型和测试项目的需要。

③ 根据所测参数或被测管允许的集电极电压，选择合适的扫描电压范围。一般情况下，应先将峰值电压调至零，更改扫描电压范围时，也应先将峰值电压调至零。选择一定的功耗

电阻，测试反向特性时，功耗电阻要选大一些，同时将 X、Y 偏转开关置于合适挡位。测试时扫描电压应从零逐步调节到需要值。

④ 对被测管进行必要的估算，以选择合适的阶梯电流或阶梯电压，一般宜先小一点，再根据需要逐步加大。测试时不应超过被测管的集电极最大允许功耗。

⑤ 在进行 ICM 的测试时，一般采用单簇为宜，以免损坏被测管。

⑥ 在进行 IC 或 ICM 的测试中，应根据集电极电压的实际情况选择，不应超过本仪器规定的最大电流，如表 8-7。

表 8-7 最大电流对照表

电压范围/V	0～10	0～50	0～100	0～500
允许最大电流/A	5	1	0.5	0.1

⑦ 进行高压测试时，应特别注意安全，电压应从零逐步调节到需要值。观察完毕，应及时将峰值电压调到零。

(2) 测量步骤

① 按下电源开关，指示灯亮，预热 5min 后，即可进行测试。

② 调节辉度、聚焦及辅助聚焦，使光点清晰。

③ 将峰值电压旋钮调至零，峰值电压范围、极性、功耗电阻等开关置于测试所需位置。

④ 对 X、Y 轴放大器进行 10 度校准。

⑤ 调节阶梯调零。

⑥ 选择需要的基极阶梯信号，将极性、串联电阻置于合适挡位，调节级/簇旋钮，使阶梯信号为 10 级/簇，阶梯信号置重复位置。

⑦ 插上被测晶体管，缓慢地增大峰值电压，荧光屏上即有曲线显示。

(3) 测试完毕应该注意的问题

测试完毕应将“峰值电压范围”置于（0～10V）挡，“峰值电压调节”调至 0 位，“阶梯信号选择”开关置于“关”位置，“功耗电阻”置于最大位置。

【例 8-3】 测量稳压二极管 2CW19 的稳压特性曲线

① 查手册得知 2CW19 稳定电压的测试条件 $I_R=3mA$。

② 按下电源开关，指示灯亮，预热后，将光点移至荧光屏的中心点作坐标零点。

③ 调整面板开关、旋钮的位置

“峰值电压范围” AC0～10V。

“峰值电压” 调到零。

“功耗电阻” 5kΩ。

X 轴：集电极电压：5V/div

Y 轴：集电极电流：1mA/div

阶梯信号 “重复-关” 按钮置于 “关”

④ 在操作台插上 2CW19 [图 8-42(a)]，根据所插位置，按“测试选择”左或右。然后，逐渐加大“峰值电压”，即可在荧光屏上看到被测管的特性曲线，如图 8-42(b) 所示。由该曲线即可进行稳压值的测量。

⑤ 根据 2CW19 稳定电压的测试条件 $I_R=3mA$。稳压值约 12.5V。操作结束后，“峰值电压”调回到零。

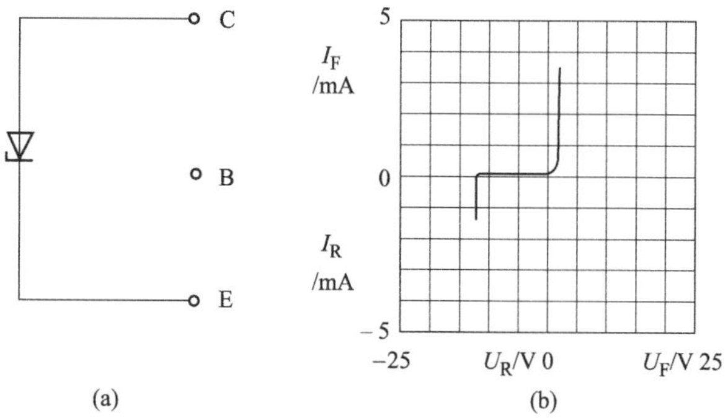

图 8-42　稳压二极管的测量

【例 8-4】　测量整流二极管 IN4001 的特性曲线

(1) IN4001 正向特性的测量

① 按下电源开关，指示灯亮，预热后，将光点移至荧光屏的中心点左下方作坐标零点。

② 调整面板上开关、旋钮的位置

“峰值电压范围” 0～10V。

“峰值电压” 调到零。

“集电极电源极性”＋（正）。

“功耗电阻” 50Ω。

X 轴：集电极电压 0.1V/div。

Y 轴：集电极电流 10mA/div。

阶梯信号 “重复-关” 按钮置于 “关”。

③ 在操作台插上 IN4001［图 8-43(a)］，根据所插位置，按 “测试选择” 左或右。然后，逐渐加大 “峰值电压”，可在荧光屏上看到被测管的正向特性曲线，如图 8-43(b) 所示。由该曲线即可进行正向压降 U_F 的测量。

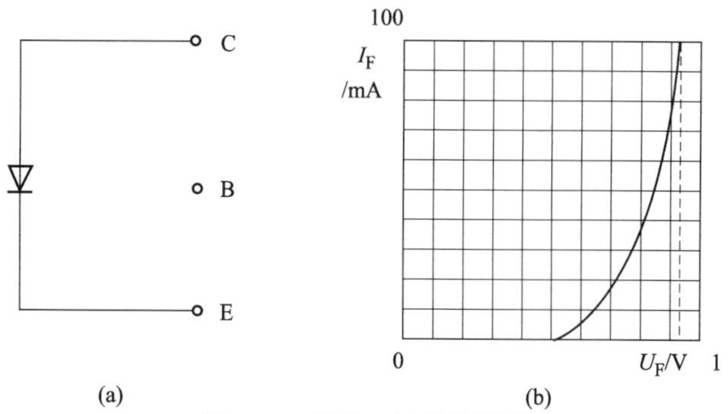

图 8-43　整流二极管的测量

④ 当没有给定测试条件时，一般是以相关的待测参数作为测试条件。测量时，在曲线上电流为 100mA 处所对应的 X 轴上读测电压，即可得被测管的正向压降 U_F（参见图中虚线）。图中，U_F＝0.93V。操作结束后，“峰值电压” 调回到零。

(2) IN4001 反向特性的测量

① 将屏幕上光点移至右上角，调整面板上开关、旋钮的位置：

“峰值电压范围” 0～200V。

“集电极电源极性”－（负）。

"功耗限制电阻" 25Ω。

Y— "电流/度" IC10μA/度

X— "电压/度" VCE20V/度

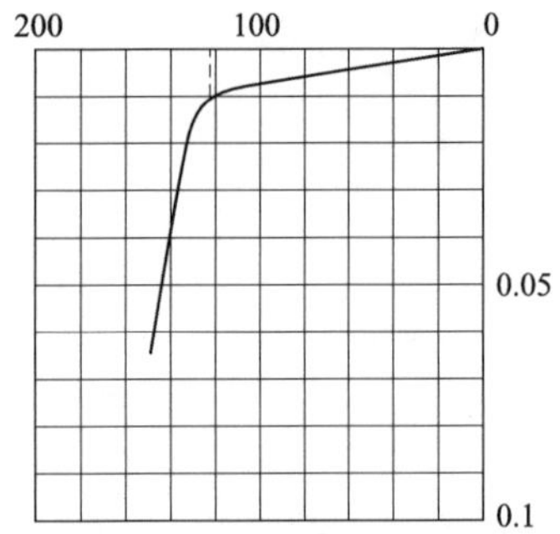

图 8-44 IN4001 的反向特性曲线

阶梯 "重复—关" 选择关。

② 被测二极管仍按图 8-43(a) 连接，逐渐增大峰值电压，则屏幕上将显示出如图 8-44 所示的曲线，即二极管的反向特性曲线。在曲线拐弯处所对应的 X 轴上读测电压，即得被测管的反向击穿电压 BVR（图中 BVR=110V），而二极管的最高反向峰值电压 U_{RM} 约为 BVR 的 1/2，故 U_{RM}=55V。反向电流 I_R 是在 U_{RM} 条件下测得，显然，图中 I_R ≪10μA。

【例 8-5】 测量 9013（小功率 NPN 型管）的特性曲线

① 将屏幕上的光点移至左下角，对阶梯信号调零。

② 将面板上的有关开关、旋钮置于如下位置。

"峰值电压范围" 0～10V。

"集电极电源极性" +（正）。

"功耗限制电阻" 500Ω。

Y— "电流/度" IC2mA/度。

X— "电压/度" VCE0.2V/度。

阶梯 "重复—关" 选择重复。

"电压—电流/级" 20μA/级。

将 "级/簇" 旋钮旋至适中位置。

③ 在操作台插上 9013［图 8-45(a)］逐渐加大峰值电压就能在显示屏上看到一簇特性曲线；再调节 "级/簇" 旋钮使屏幕上在 I_C=10mA 附近存在曲线。

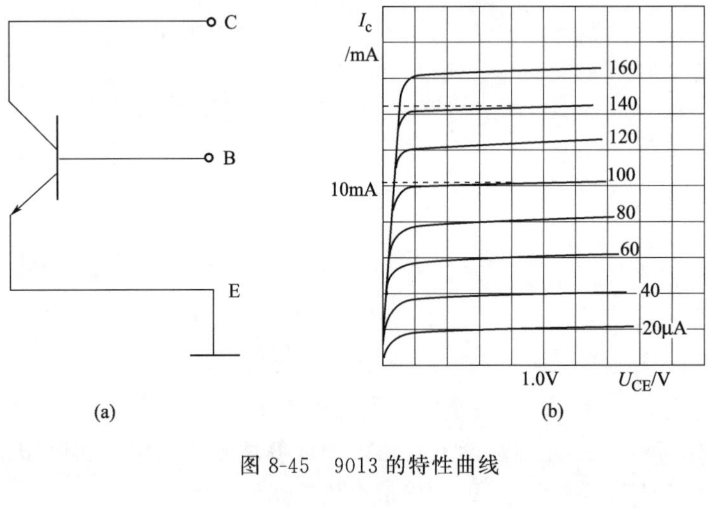

图 8-45 9013 的特性曲线

④ 如图 8-45(b) 所示。h_{FE} 是三极管的直流电流放大系数，其定义是在规定的 U_{CE} 及 I_C 条件下，集电极电流 I_C 与基极电流 I_B 之比，即

$$h_{FE}=I_C/I_B(U_{CE}=\text{常数},I_C=\text{常数})$$

例如，根据测试条件，从曲线簇中读出 U_{CE}=1V，I_C=10mA 所对应的 I_B 值大约为

98μA，则 h_{FE} 为：

$$h_{FE}=10/0.098=102$$

β 是三极管的交流电流放大系数，其定义是在规定的 U_{CE} 条件下，集电极电流的变化量 ΔI_C 与基极电流的变化量 ΔI_B 之比，即

$$\beta=\Delta I_C/\Delta I_B(U_{CE}=\text{常数})$$

交流电流放大系数 β 的大小与工作点有关，因此，测得 β 时要在规定的工作点 Q 附近进行。例如，假设工作点 Q 为 $U_{CE}=1.0\text{V}$、$I_B=120\mu\text{A}$，取 $\Delta I_B=40\mu\text{A}$（$I_B=100\sim140\mu\text{A}$），则 β 为

$$\beta=\frac{6.2-4.2}{0.14-0.10}=\frac{2(\text{mA})}{0.04(\text{mA})}=50$$

任务 8.5　自主学习

8.5.1　任务巩固

① 模拟示波器的垂直系统与水平系统的作用是什么？

② 模拟示波器与数字示波器的主要区别是什么？

③ 以带宽作为技术指标选择示波器的常用原则是什么？

④ 数字示波器的波形采集由几部分构成？各部分的作用是什么？

⑤ 模拟示波器与数字示波器的使用中，波形幅度（显示屏上波形的大小）的调整，应该分别用哪一个旋钮调整？

⑥ 调整水平系统的什么参数可以调整波形显示的周期个数？

⑦ 晶体管特性图示仪主要由哪几部分组成？各起什么作用？

⑧ 使用晶体管特性图示仪时，负载变化影响阶梯波电流的大小吗？

⑨ 使用晶体管特性图示仪测量晶体管前，应该了解晶体管的哪些主要参数？

⑩ 晶体管特性图示仪使用完毕，应该特别注意的是什么？

8.5.2　自我评价

项目 8　波形测量				
评价内容	没有完成	基本完成	大部分完成	完成
波形测量的意义				
模拟示波器的组成、原理				
数字示波器的组成、原理				
示波器的主要技术指标				
示波器的基本测试技术				
晶体管特性图示仪的组成、原理				
晶体管特性图示仪的基本测试技术				
使用晶体管特性图示仪的注意事项				

8.5.3　课后思考

① 波形测量和所学的专业有什么关联？

② 在实验实训课中，示波器和晶体管特性图示仪的使用是否熟练？存在哪些问题。

8.5.4　课业

使用晶体管特性图示仪测量 9012（小功率 PNP 型管）的特性曲线，并计算 h_{FE} 和 β。

项目9 时间频率测量

项目目标

【知识目标】 通过完成本项目，使学生掌握以下知识：

① 掌握周期测量和频率测量的基本原理；

② 掌握电子计数器的基本工作原理及性能指标。

【能力目标】 通过完成本项目，使学生具备以下能力：

① 具备利用电子计数器进行周期测量的能力；

② 具备利用电子计数器进行频率测量的能力。

任务9.1 时间频率测量方法

电子计数器指能完成频率测量、时间测量、计数等功能的电子测量仪器的通称。频率和时间是电子测量技术领域中最基本的参量，因此，电子计数器是一类重要的电子测量仪器。

(1) 时间

时间有两个含义：

“时刻”：即某个事件何时发生；

“时间间隔”：即某个时间相对于某一时刻持续了多久。

(2) 频率

频率的定义：周期信号在单位时间（1s）内的变化次数（周期数）。如果在一定时间间隔 T 内周期信号重复变化了 N 次，则频率可表达为

$$f=N/T$$

时间与频率的关系：可以互相转换。

(3) 时频测量

时频测量最常见和最重要的测量，时间是7个基本国际单位之一，时间、频率是极为重要的物理量，在通信、航空航天、武器装备、科学试验、医疗、工业自动化等民用和军事方面都存在时频测量。

时间频率基准具有最高准确度（可达 10^{-14}），校准（比对）方便，因而数字化时频测

量可达到很高的准确度。因此，许多物理量的测量都转换为时频测量。

任务 9.2　电子计数器的主要技术性能分析

（1）电子计数器的分类

根据仪器所具有的功能，电子计数器有通用计数器和专用计数器之分。

通用计数器是一种具有多种测量功能、多种用途的电子计数器。它可以测量频率、周期、时间间隔、频率比、累加计数、计时等；配上相应的插件，还可以测量相位、电压等。一般把凡具有测频和测周两种以上功能的电子计数器都归类为通用计数器。

专用计数器是指专门用于测量某种单一功能的电子计数器。例如，专门用于测量高频和微波频率的频率计数器、用以测量时间为基础的时间计数器和具有某种特殊功能的特种计数器。时间计数器测时分辨率很高，可达到 ns 量级；特种计数器如可逆计数器、预置计数器、差值计数器等，主要用于工业自动化方面。

电子计数器按测量范围可分为：

① 低速计数器（低于 10MHz）；

② 中速计数器（10～100MHz）；

③ 高速计数器（高于 100MHz）；

④ 微波计数器（1～80GHz）。

（2）主要技术指标

① 测量范围：几毫赫～几十 GHz。

② 准确度：可达 10^{-9} 以上。

③ 晶振频率及稳定度：晶体振荡器是电子计数器的内部基准，一般要求高于所要求的测量准确度的一个数量级（10 倍）。输出频率为 1MHz、2.5MHz、5MHz、10MHz 等，普通晶振稳定度为 10^{-5}，恒温晶振达 $10^{-7}\sim10^{-9}$。

④ 输入特性：包括耦合方式（DC、AC）、触发电平（可调）、灵敏度（10～100mV）、输入阻抗（50Ω 低阻和 1MΩ//25pF 高阻）等。

⑤ 闸门时间（测频）：有 1ms、10ms、100ms、1s、10s。

⑥ 时标（测周）：有 10ns、100ns、1ms、10ms。

⑦ 显示：包括显示位数及显示方式等。

（3）电子计数器的发展

测量方法的不断发展：模拟→数字技术→智能化。

测量准确度和频率上限是电子计数器的两个重要指标，电子计数器的发展体现了这两个指标的不断提高及功能的扩展和完善。

任务 9.3　电子计数器的测频方法

时间和频率的测量主要分为模拟测量和数字测量。根据测量原理，模拟测量又分为直接法和比较法；数字测量分为门控计数法测量和通用计数器测量。

9.3.1　模拟测量原理

（1）直接法

利用电路的某种频率响应特性来测量频率值，其又可细分为谐振法和电桥法两种。

① 谐振法：调节可变电容器 C 使回路发生谐振，此时回路电流达到最大（高频电压表指示），如图 9-1，则

$$f_x = f_0 = \frac{1}{2\pi\sqrt{LC}} \tag{9-1}$$

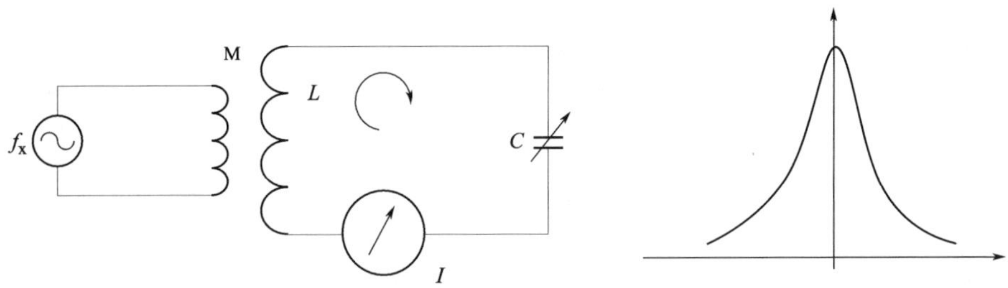

图 9-1　谐振法测量频率

可测量 1500MHz 以下的频率，准确度± (0.25～1)%。

② 电桥法：利用电桥的平衡条件和频率有关的特性来进行频率测量，通常采用如图 9－2 所示的文氏电桥来进行测量。

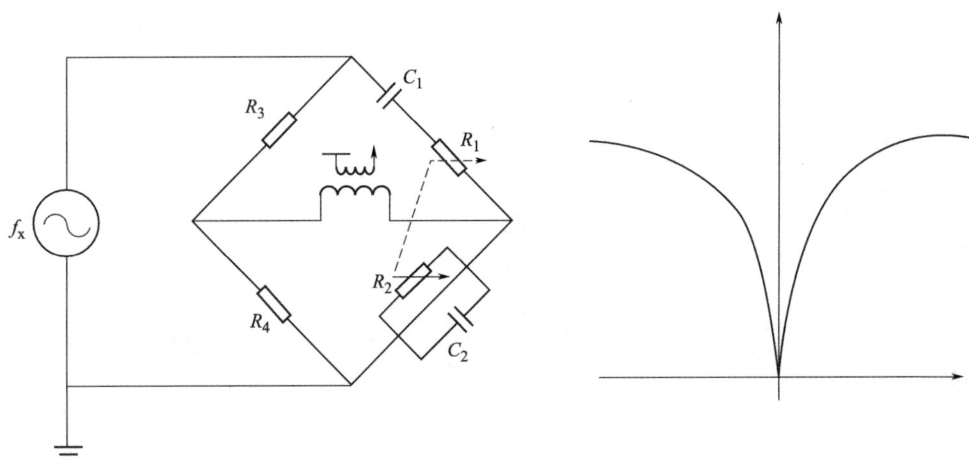

图 9-2　电桥法测量频率

调节 R_1、R_2 使电桥达到平衡，则有

$$\left(R_1 + \frac{1}{j\omega_x C_1}\right) R_4 = \left(\frac{1}{\frac{1}{R_2} + j\omega_x C_2}\right) R_3 \tag{9-2}$$

被测信号频率为

$$f_x = \frac{\omega_x}{2\pi} = \frac{1}{2\pi\sqrt{R_1 R_2 C_1 C_2}} \tag{9-3}$$

通常取 $R_1 = R_2 = R$，$C_1 = C_2 = C$，则

$$f_x = \frac{1}{2\pi RC} \tag{9-4}$$

测量准确度：受桥路中各元件的精确度、判断电桥平衡的准确程度（取决于桥路谐振特性的尖锐度即指示器的灵敏度）和被测信号的频谱纯度的限制，准确度不高，一般约为±(0.5～1)%。

（2）比较法

利用标准频率 f_s 和被测量频率 f_x 进行比较来测量频率。有拍频法、外差法、示波法以及计数法等。数学模型为

$$f_x = Nf_s \tag{9-5}$$

① 拍频法：将标准频率与被测频率叠加，由指示器（耳机或电压表）指示。适于音频测量（很少用）。

② 外差法：将标准频率与被测频率混频，取出差频并测量。可测量范围达几十兆赫兹（外差式频率计）。

③ 示波法：李沙育图形法：将 f_x 和 f_s 分别接到示波器 Y 轴和 X 轴（X—Y 图示方式），当 $f_x = f_s$ 时显示为斜线（椭圆或圆）。

④ 测周期法：直接根据显示波形由 X 通道扫描速率得到周期，进而得到频率。

9.3.2　数字测量原理

（1）门控计数法测量原理

频率是在时间轴上无限延伸的，因此，对频率量的测量需确定一个取样时间 T，在该时间内对被测信号的周期累加计数（若计数值为 N），根据 $f_x = N/T$ 得到频率值。

为实现时间（这里指时间间隔）的数字化测量，需将被测时间按尽可能小的时间单位（称为时标）进行量化，通过累计被测时间内所包含的时间单位数（计数）得到。

将需累加计数的信号（频率测量时为被测信号，时间测量时为时标信号），由一个“闸门”（主门）控制，并由一个“门控”信号控制闸门的开启（计数允许）与关闭（计数停止）。

闸门可由一个“与”（或“或”）逻辑门电路实现。这种测量方法称为门控计数法。其原理如图 9-3 所示。

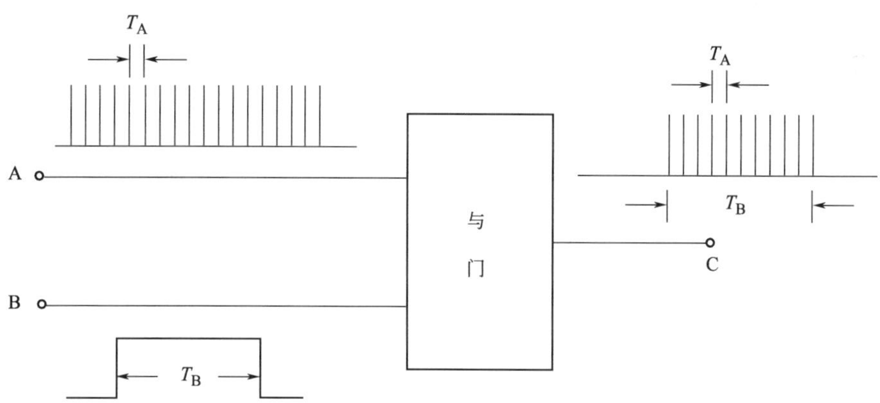

图 9-3　门控计数法测量频率

图 9-3 为由“与”逻辑门作为闸门，其门控信号为“1”时闸门开启（允许计数），为“0”时闸门关闭（停止计数）。

测频时，闸门开启时间（称为“闸门时间”）即为采样时间。

测时间（间隔）时，闸门开启时间即为被测时间。

（2）通用计数器的基本组成

通用电子计数器的组成框图如图 9-4 所示。

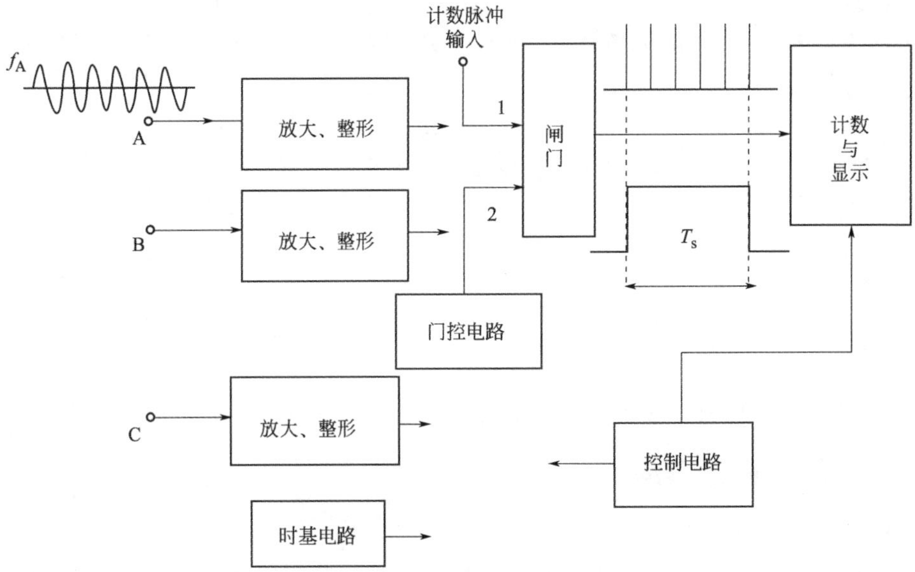

图 9-4　电子计数器的组成框图

通用计数器包括如下几个部分。

① 输入通道：通常有 A、B、C 多个通道，以实现不同的测量功能。输入通道电路对输入信号进行放大、整形等（但保持频率不变），得到适合计数的脉冲信号。通过预定标器还可扩展频率测量范围。

② 主门电路：完成计数的闸门控制作用。

③ 计数与显示电路：计数电路是通用计数器的核心电路，完成脉冲计数；显示电路将计数结果（反映测量结果）以数字方式显示出来。

④ 时基产生电路：产生机内时间、频率测量的基准，即时间测量的时标和频率测量的闸门信号。

⑤ 控制电路：控制协调整机工作，即准备-测量-显示。

任务 9.4　电子计数器的组成原理及应用

通用计数器主要由 A、B 输入通道、主门电路、计数与显示电路、时基产生电路、控制电路、组成。电子计数器的测量功能有：频率测量、频率比测量、周期测量、时间间隔测量和自检功能。

组成原理框图如图 9-5 所示。

9.4.1　电子计数器的基本组成

(1) A、B 输入通道

输入通道的作用是将被测信号进行放大、整形，使其变换为标准脉冲。输入通道部分包括 A、B 两个通道，它们均由衰减器、放大器和整形电路等组成。凡是需要计数的外加信号（例如测频信号），均由 A 输入通道输入，经过 A 通道适当的衰减、放大整形之后，变成符合主门要求的脉冲信号。而 B 输入通道的输出与一个门控双稳相连，如果需要测量周期，则被测信号就要经过 B 输入通道输入，作为门控双稳的触发信号。

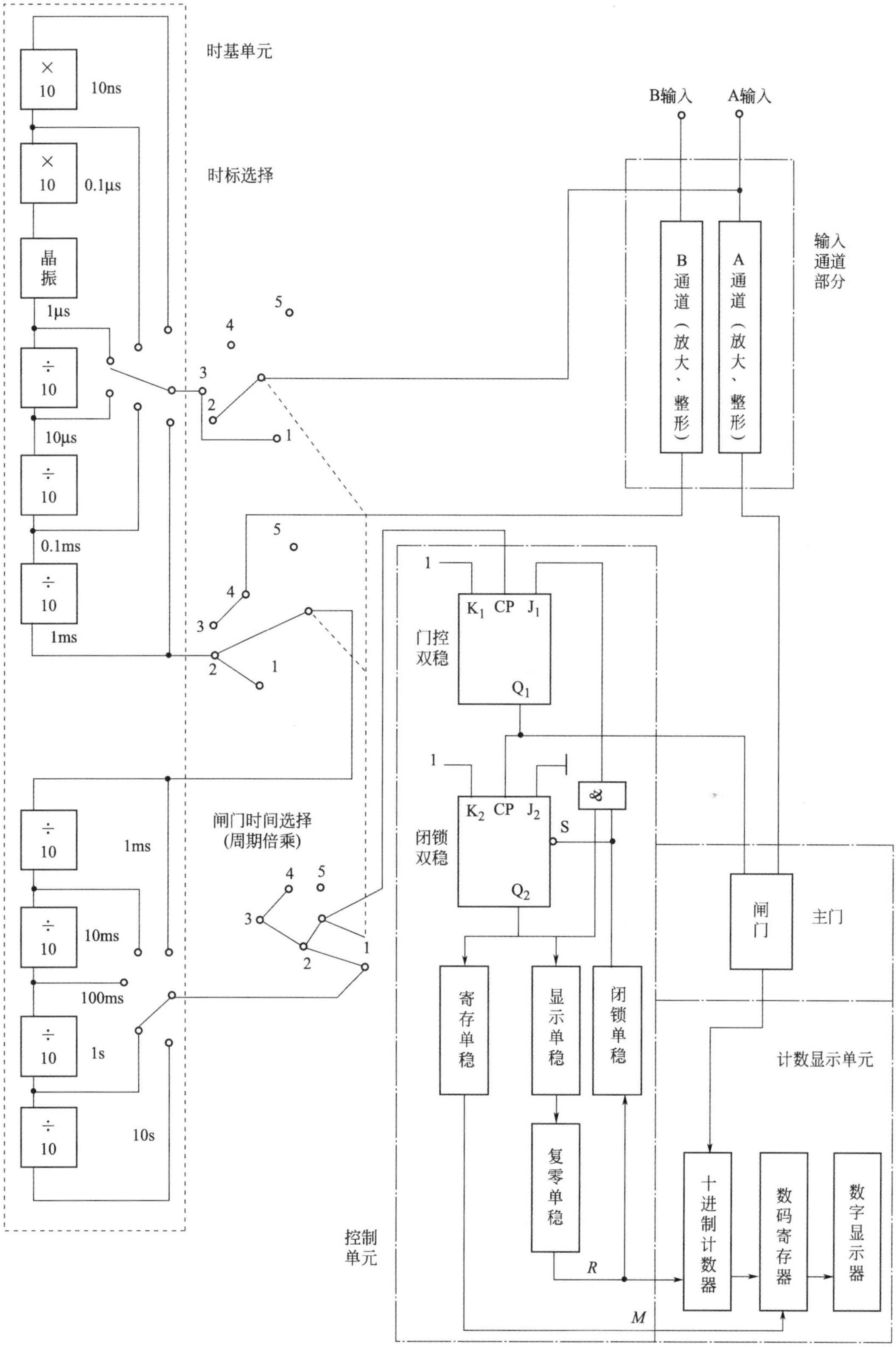

图 9-5 电子计数器组成原理框图

1—自校；2—频率测量；3—周期测量；4—f_A/f_B 测量；5—累计计数

(2) 主门

主门又称闸门，它是用于实现量化的比较电路，它可以控制计数脉冲信号能否进入计数器。

主门电路是一个双输入端逻辑与门。它的一个输入端接受来自控制单元中门控双稳态触发器的门控信号，另一个输入端则接受计数（脉冲）信号。在门控信号作用有效期间，允许计数（脉冲）通过主门进入计数器计数。

(3) 计数与显示单元

计数与显示电路是用于对来自主门的脉冲信号进行计数，并将计数的结果以数字的形式显示出来。为了便于读数，计数器通常采用十进制计数电路。带有微处理器的仪器也可用二进制计数器计数，然后转换成十进制并译码后再进入显示器。

(4) 时基单元

时基电路主要由晶体振荡器、分频及倍频器组成。

时基电路主要用于产生各种标准时间信号。标准时间信号有两类，一类时间较长的称为闸门（时间）信号，通常根据分频级数的不同有多种选择；另一类时间较短的称为时标信号。时标信号可以是单一的，也可以有多种选择。

由于电子计数器类仪器是基于被测信号的时间与标准时间进行比较而进行测量的，其测量精度与标准时间有直接关系，因而要求时基电路具有高稳定性和多值性。为了使时基电路具有足够高的稳定性，时基信号源采用了晶体振荡器。在一些精度要求更高的通用计数器中，为使精度不受环境温度的影响，还对晶体振荡器采取了恒温措施。为了实现多值性，在高稳定晶体振荡器的基础上，又采用了多级倍频和多级分频器。电子计数器共需时标和闸门时间两套时间标准，它们由同一晶体振荡器和一系列十进制倍频和分频来产生。例如图 6-1 中，1MHz 晶体振荡器经各级倍频及前几级分频器得到 10ns、0.1μs、1μs、10μs、0.1ms 和 1ms 六种时标信号；若再经后几级分频器可进一步得到 1ms、10ms、100ms、1s 和 10s 五种闸门时间信号。

(5) 控制单元

控制电路的作用是产生门控信号（Q）、寄存信号（M）和复零信号（R）三种控制信号，使仪器的各部分电路按照准备→测量→显示的流程有条不紊地自动进行测量工作。

控制单元中包括前述的门控双稳态电路，它输出的门控信号用于控制主门的开闭，在触发脉冲作用下双稳态电路发生翻转。通常以一个输入脉冲开启主门，另一路输入脉冲信号使门控双稳复原，关闭主门。

9.4.2 电子计数器控制电路的工作过程

在测频功能下控制电路的工作过程为：在准备期，计数器复零，门控双稳复零，闭锁双稳置“1”，门控双稳解锁（即 J1 为 1），处于等待一个时标信号触发的状态。在第一个时标信号的作用下，门控双稳翻转（Q1 为 1），使主门（闸门）打开，被测信号通过主门进入计数器计数，仪器进入测量状态；当第二个时标信号到来时，门控双稳再次翻转使主门关闭，于是测量期结束而进入显示期；在显示期，门控双稳在翻转的同时也使闭锁双稳翻转（Q2 为 0）。闭锁双稳的翻转一方面使门控双稳闭锁（J1 为 0），避免了在显示期门控双稳被下一个时标信号触发翻转；

另一方面也通过寄存单稳产生寄存信号 M，将计数结果送入寄存器寄存并译码驱动显示器显示。为了使显示的读数保持一定的时间，显示单稳产生了用于显示时间的延时信号。

显示延时结束时，又驱动复零单稳电路产生计数器复零信号 R 和解锁信号，使仪器又恢复到准备期的状态，于是上述过程又将自动重复。通用计数器控制部分电路控制信号的时间波形图如图 9-6 所示。从以上过程可以看出，控制电路是整个仪器的指挥中心。

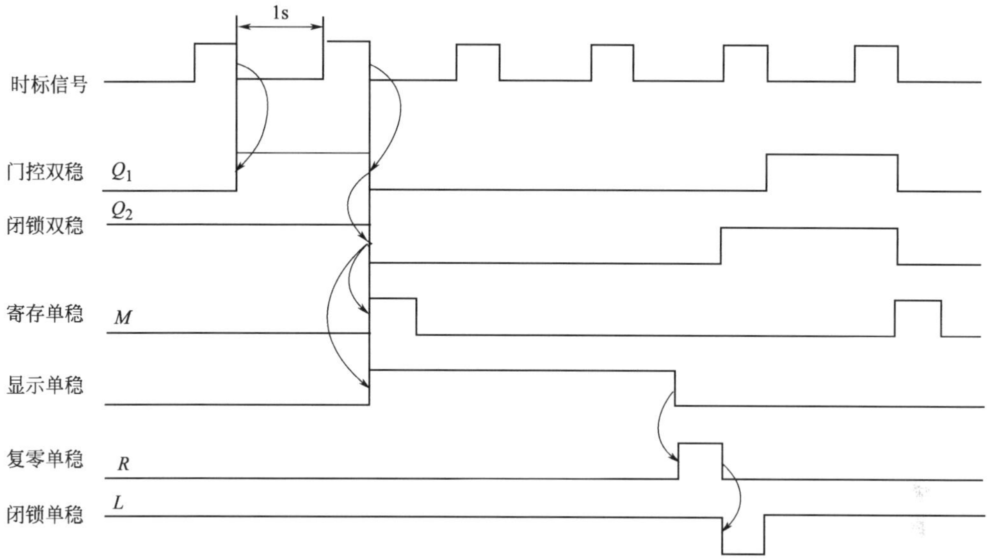

图 9-6　控制信号的时间波形图

9.4.3　通用电子计数器的基本功能

通用电子计数器共含有五个基本功能，它是通过功能开关进行选择的。

① 当功能开关置于位置“2”时，仪器处于频率测量功能，此时被测信号从 A 端输入。

② 当功能开关置于位置“3”时，仪器处于周期测量功能，此时被测信号从 B 端输入。

③ 当功能开关置于位置“4”时，仪器处于 A 信号与 B 信号的频率比（f_A/f_B）测量功能。

④ 当功能开关置于位置“5”时，仪器处于累加计数功能。累加计数是在一定的人工控制的时间内记录 A 信号的脉冲个数，其人工控制的时间通过操作开关 S 来实现。

⑤ 功能开关置于位置“1”时，仪器处于自校功能。从电路的连接可以看出其电路连接如同频率测量电路，所不同的是在自校功能下被测信号是机内时标信号，因而其计数与显示的结果应是已知的。若显示的结果与应显示的结果不一致，则说明仪器工作不正常。

9.4.4　通用电子计数器的测量原理

（1）测量频率

频率定义为一个周期性过程在单位时间内重复的次数。只要在一定的时间间隔 T 内测出这个过程的周期数 N，即可按下式求出频率

$$f_x=\frac{N}{T} \tag{9-6}$$

图 9-7 为传统的频率测量原理框图。频率为 f_x 的被测信号，由 A 端输入，经 A 通道放大整形后输往主门（闸门）。晶体振荡器（简称晶振）产生频率准确度和稳定度都非常高的振荡信号，经一系列分频器逐级分频之后，可获得各种标准时间脉冲信号（简称时标）。通

过闸门时间选择开关将所选时标信号加到门控双稳，再经门控双稳形成控制主门启、闭作用的时间 T（称闸门时间），则在所选闸门时间 T 内主门开启，被测信号通过主门进入计数器计数。若计数器计数值为 N，则被测信号的频率 $f_x=N/T$。

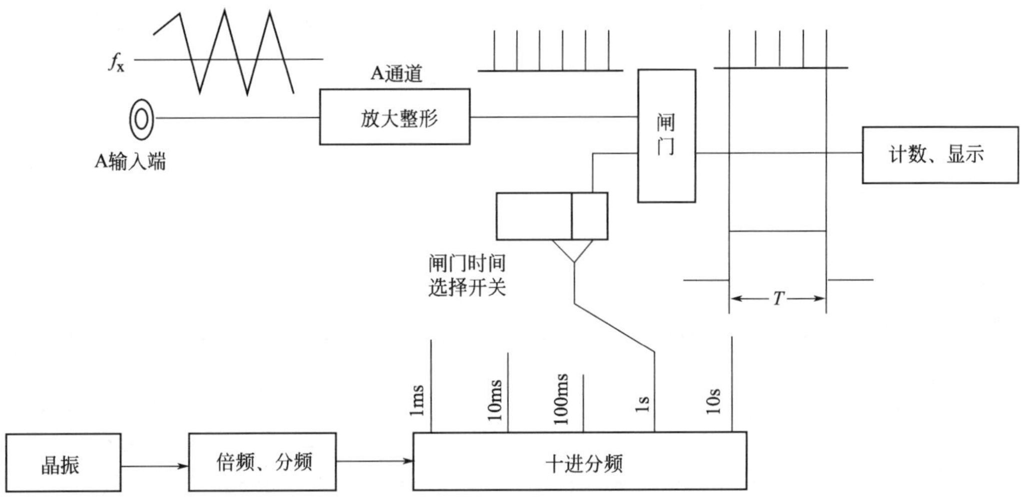

图 9-7　频率测量原理框图

仪器闸门时间 T 的选择一般都设计为 10^ns（n 为整数），并且闸门时间的改变与显示屏上小数点位置的移动同步进行，故使用者无须对计数结果进行换算，即可直接读出测量结果。例如，被测信号频率为 100kHz，闸门时间选 1s 时，$N=100000$，显示为 100.00kHz；若闸门时间选 100ms，则 $N=10000$，显示为 100.00kHz。测量同一个信号频率时，闸门时间增加，测量结果不变，但有效数字位数增加，提高了测量精确度。

（2）测量周期

周期是频率的倒数，因此，测量周期时可以把测量频率时的计数信号和门控信号的来源相对换来实现。图 9-8 为传统的周期测量原理图。周期为 T_x 的被测信号由 B 通道进入，经 B 通道处理后，再经门控双稳输出作为主门启闭的控制信号，使主门仅在被测周期 T_x 时间内开启。晶体振荡器输出的信号经倍频和分频得到了一系列的时标信号，通过时标选择开关，所选时标经 A 通道送往主门。在主门的开启时间内，时标进入计数器计数。若所选时标为 T_0，计数器计数值为 N，则被测信号的周期为：$T_x=NT_0$。

由于 $T_0(f_0)$ 为常数，因此 T_x 正比于 N。T_0 通常设计为 10^ns（n 为整数），配合显示屏上小数点的自动定位，可直接读出测量结果。

例如，某通用计数器时标信号 $T_0=0.1\mu s$（$f_0=10MHz$），测量周期 T_x 为 1ms 的信号，得到 $N=T_x/T_0=10000$，则显示结果为 $1000.0\mu s$。

如果被测周期较短，为了提高测量精确度，还可采用多周期法（又称周期倍乘），即在 B 通道和门控双稳之间加设几级十进分频器（设分频系数为 K_f），这样使被测周期得到倍乘即主门的开启时间扩展 K_f 倍。若周期倍乘开关 K_f 选为 $\times 10^n$，则计数器所计脉冲个数将扩展 10^n 倍，所以被测信号的周期应为

$$T_x=\frac{NT_0}{10^n} \tag{9-7}$$

周期倍乘率（K_f）的改变与显示屏上小数点位置的移动同步进行，故使用者无需对计数结果进行换算，即可直接读出测量结果。例如，前例中若采用多周期法，设周期倍乘率选

10^2，则计数结果 N' 为 1000000，显示结果为 1000.000μs。测量结果不变，但有效数字位数增加了，测量精确度提高了。

（3）测量频率比

测量频率比的原理框图如图 9-9 所示。当 $f_A > f_B$ 时，被测信号 f_B 由 B 通道输入，经（放大）整形后控制主门的启闭，门控信号的脉宽等于 B 通道输入信号的周期；而被测信号 f_A 由 A 通道输入，经（放大）整形后作为计数脉冲，在主门开启时送至计数器计数。计数结果为

$$N = \frac{T_B}{T_A} = \frac{f_A}{f_B} \tag{9-8}$$

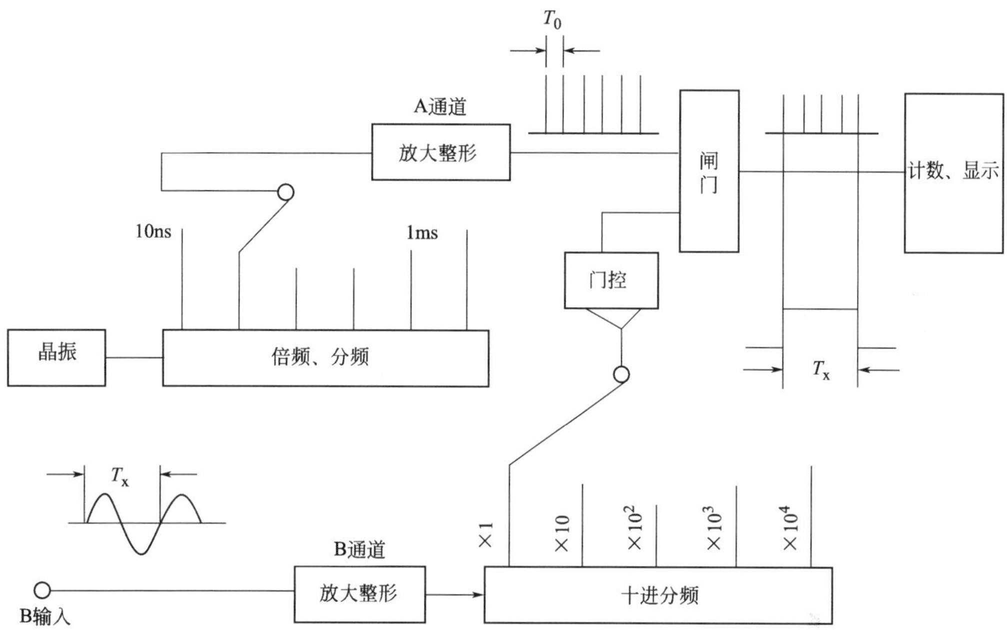

图 9-8　周期测量原理图

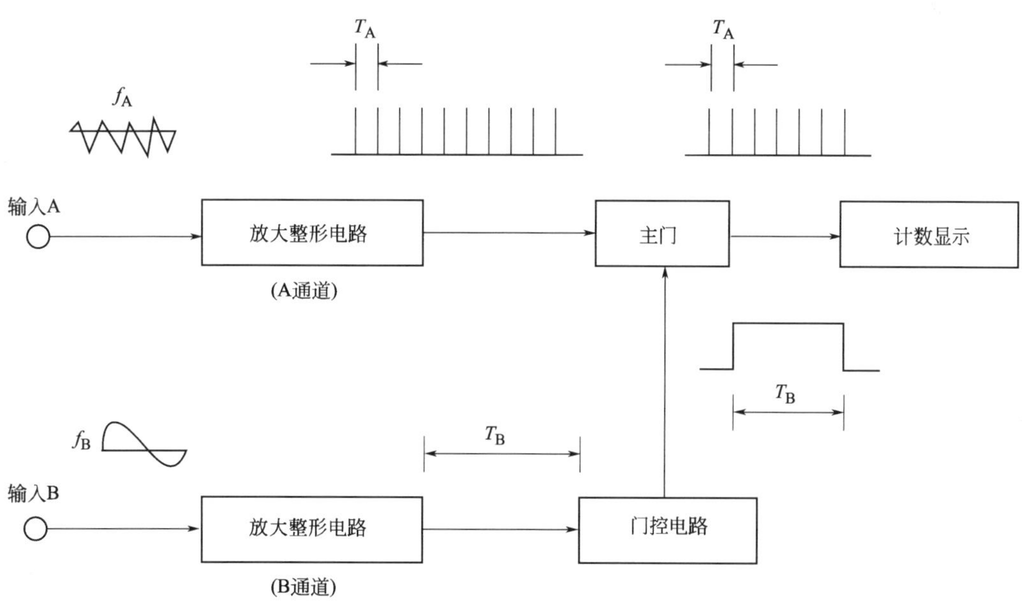

图 9-9　测量频率比的原理框图

为了提高测量精确度，也可采用类似多周期的测量方法，即在B通道后加设分频器，对 f_B 进行 K_f 次分频，使主门开启的时间扩展 K_f 倍，于是

$$N'=\frac{K_f T_B}{T_A}=K_f\frac{f_A}{f_B} \tag{9-9}$$

（4）测量时间间隔

测量时间间隔的原理框图如图9-10所示。

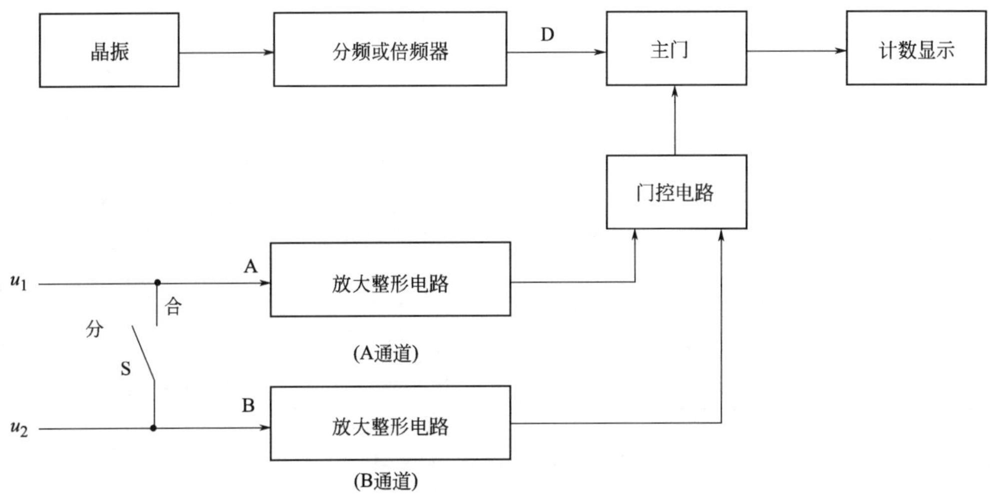

图9-10　测量时间间隔的原理框图

测量时间间隔时，利用A、B输入通道分别控制门控电路的启动和复原。在测量两个输入脉冲信号 u_1 和 u_2 之间的时间间隔（双线输入）时，将工作开关S置“分”位置，把时间超前的信号加至A通道，用于启动门控电路；另一个信号加至B通道，用于使门控电路复原。

测量时，A通道的输出脉冲较早出现，触发门控双稳开启主门，开始对时标信号 T_0（D处信号）计数；较迟出现的B通道的输出脉冲使门控电路复原，关闭主门，停止对 T_0 计数，有关波形如图9-11所示。主门开启期间计数器的计数结果 N 与两脉冲信号间的时间间隔 t_d 的关系为

$$t_d=NT_0 \tag{9-10}$$

为了适应测量的需要，在A、B通道内分别设置有斜率（极性）选择和触发电平调节功能。根据所要测量的时间间隔所在点的信号极性和电平的特征来选择触发极性和触发电平，就可以在被测时间间隔的起点和终点所对应的时刻决定主门的启闭。

当需要测量一个脉冲信号内的时间间隔时，将工作开关S置“合”的位置，两通道输入并联，被测信号由此公共输入端输入。调节两个通道的触发极性和触发电平，可测量脉冲信号的脉冲宽度、前沿、休止期等参数。

如要测量某正脉冲的脉宽，将A通道触发极性选择为“+”，B通道触发极性选择为“−”，调节两通道触发电平均为脉冲幅度的50%，则计数结果即为脉宽值。若A、B通道的触发极性分别改选为“−”和“+”，则可测得脉冲休止期时间。如果要测量正脉冲的前沿，则将两通道的极性均选择为“+”，调节A通道的触发电平到脉冲幅度的10%处，调节B通道的触发电平到脉冲幅度的90%处，则计数结果即为该脉冲的前沿值。

上述控制门控电路启动和复原的两个输入通道可以是围绕图9-11所述的测量过程中的

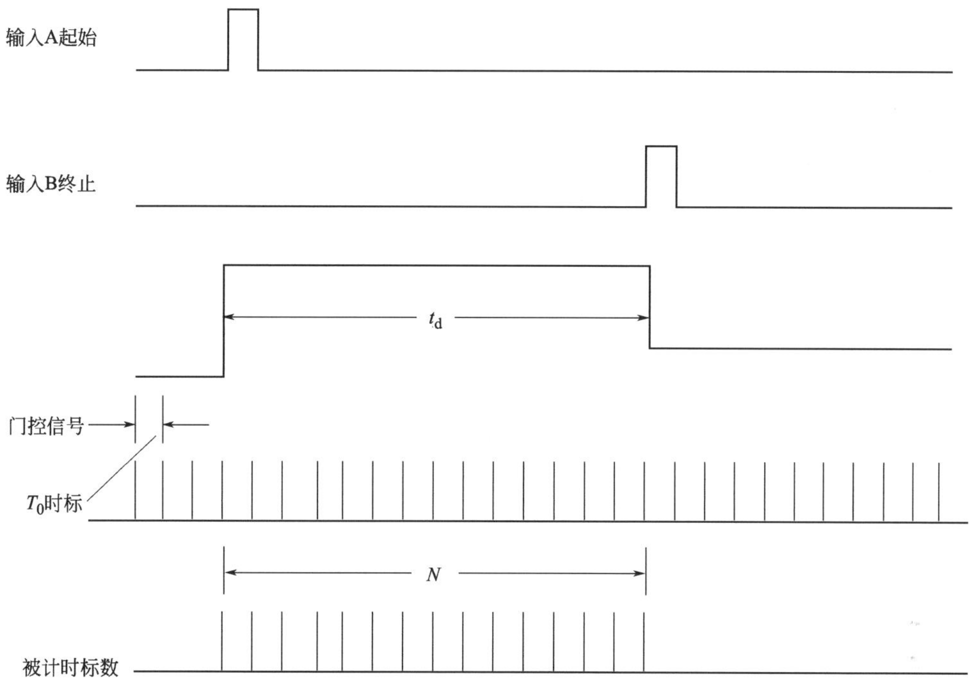

图 9-11　测量时间间隔的波形图

两个输入通道，有的计数器也另外增设辅助输入通道。

9.4.5　通用电子计数器测量误差的类型

(1) 最大计数误差（±1 误差）

通用计数器各测量功能在计数时，如果主门的开启时刻与计数脉冲的时间关系是不相关的，那么，同一信号在相同的主门开启时间内两次测量所记录的脉冲数 N 可能是不一样的（图 9-12）。其结果可能为 N，也可能为 $N+1$ 或者是 $N-1$。由此可见，最大计数误差为 $\Delta N=\pm 1$，该项误差将使仪器最后的显示结果会有一个字的闪动。

$$\frac{\Delta N}{N}=\pm\frac{1}{N} \tag{9-11}$$

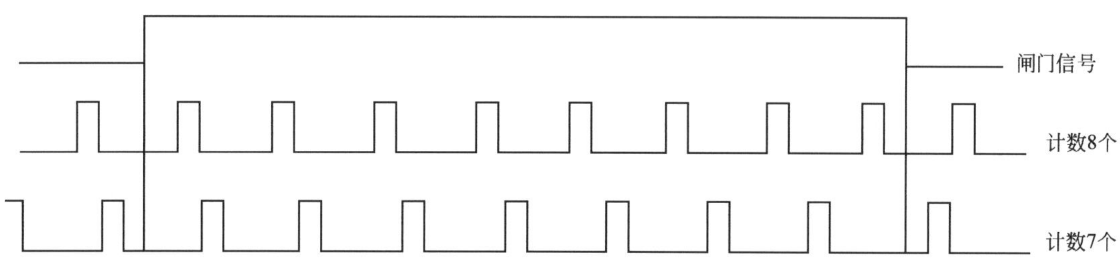

图 9-12　±1 误差示意图

在测频率、测周期、测 f_A/f_B 等功能中，主门开启信号与通过主门被计数信号的时间关系不相关，都存在该项误差。但在自校功能中，时标信号和闸门时间信号来自同一信号源，应不存在±1 误差。

最大计数误差的特点是：不管计数 N 是多大，ΔN 的最大值都为±1。因此，为了减少最大计数误差对测量精度的影响，在仪器使用中所采取的技术措施是：尽量使计数值 N 大，

使 $\Delta N/N$ 误差相应减少。例如在测频时，应尽量选用大的闸门时间；在测周时，应尽量选用小的时标信号，必要时使用周期倍乘率开关，进行多周期平均测量。

（2）标准频率误差

标准频率误差在测频时取决于闸门时间的准确度，在测周时取决于时标的准确度。由于闸门时间和时标均由晶体振荡器多次倍频或分频获得，因此，通用计数器有关功能的标准频率误差就是指通用计数器内（或外部接入）的晶体振荡器的准确度 $\Delta f_0/f_0$。

凡是使用时标和闸门时间标准信号的功能都存在此项误差，例如测频、测周、测时间间隔等。而测 f_A/f_B、累加计数等功能中不存在该项误差。

为了使标准频率误差对测量结果产生的影响足够小，应认真选择晶振的准确度。一般说来，通用计数器显示器的位数愈多，所选择的内部晶振准确度就应愈高。例如，7 位数字的通用计数器一般采用准确度优于 10^{-7} 数量级的晶体振荡器。这样，在任何测量条件下，由标准频率误差引起的测量误差，都不大于±1 误差所引起的测量误差。

（3）触发误差

当进行周期等功能的测量时，门控双稳的门控信号由通过 B 通道的被测信号所控制。当无噪声干扰时，主门开启时间刚好等于一个被测信号的周期 T_x。如果被测信号受到干扰，当信号通过 B 通道时，将会使整形电路（施密特触发器）出现超前或滞后触发，致使整形后波形的周期与实际被测信号的周期发生偏离 ΔT_x，引起所谓的触发误差（或转换误差）。

任务 9.5 自主学习

9.5.1 任务巩固

① 简述电子计数器测量频率、周期的基本原理。

② 简述电子计数器的主要技术指标。

③ 电子计数器的常用测频方法有哪些？

9.5.2 课后思考

① 电子计数器除了上面指出的用途还用到了哪里？

② 能不能通过所学数字电路或单片机知识，自己设计一个简单的电子计数器。

9.5.3 课业

了解电子实验室都有哪些仪器设备能够用来测量周期和频率，并写出测量方法。

项目10
测量电子元器件参数

项目目标

【知识目标】 通过完成本项目，使学生掌握以下知识：

① 掌握晶体管、电阻、电容、电感等电子元器件性能参数；

② 掌握万用表、电桥、QS18A 万用电桥、Q 表等测试仪器的组成原理及使用方法；

③ 掌握伏安法、电桥法、谐振法等集中参数元件的测量方法；

④ 了解电子元器件的测量原理。

【能力目标】 通过完成本项目，使学生具备以下能力：

① 具备借助测试仪器测量各种电子元器件参数的能力；

② 具备通过元器件外形识别元器件，能借助测量仪器对元器件进行正确测量并对元器件质量作出正确评价的能力。

任务 10.1 电阻的测量

10.1.1 常用电子器件等效模型

(1) 电阻器的等效模型

如图 10-1(a) 所示是理想电阻的等效模型，其阻抗为 $Z=R$；实际电阻器可以等效为纯电阻 R 与寄生电感 L_R 的串联。寄生电感是由于绕制电阻的金属丝或碳膜电阻制造过程中的刻槽等原因而产生的。图 10-1(b) 所示电路是考虑电感时的等效电路模型，其阻抗为 $Z=R+j\omega L_R$；在低频状态下，ωL_R 很小，故可以忽略绕制电阻产生的寄生电感 L_R 的影响，高频状态下，应考虑 L_R 的影响。图 10-1(c) 是考虑寄生电感和分布电容时的电阻的等效模型。

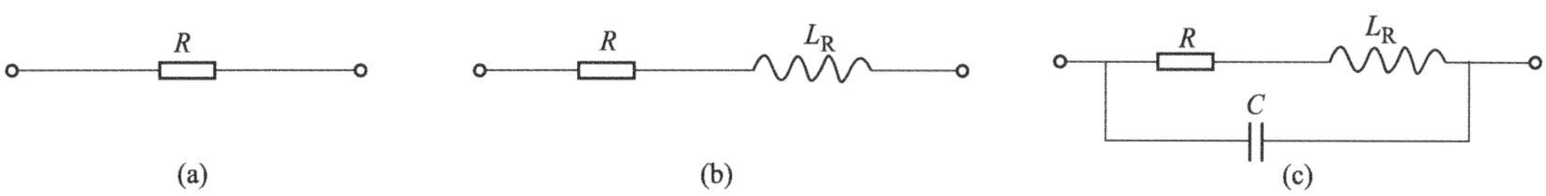

图 10-1 电阻器的等效电路

(2) 电容器的等效模型

如图 10-2(a) 是理想电容的等效模型。实际电容器可以等效为串联损耗电阻 R_{CS} 与纯电容 C 的串联或者并联，如图 10-2(b)、图 10-2(c) 所示。损耗电阻包括电容漏电阻和介质损耗电阻。事实上实际电容还可以存在引线电感，因为低频状态下引线电感的感抗很小，可以忽略。通常用损耗因数 D（或者损耗角正切 $\tan\delta$）来表示电容器的损耗大小。图 10-2(a)、图 10-2(b) 分别具有如下关系：

$$D_X=\tan\delta=R_{CS}/X_C=\omega CR_{CS} \tag{10-1}$$

$$D_X=\tan\delta=X_C/R_{CP}=\frac{1}{\omega CR_{CP}} \tag{10-2}$$

式中，X_C 为电容的容抗，δ 为电容器损耗角。图 10-2(d) 是考虑泄漏、引线电阻和电感的电容等效电路。

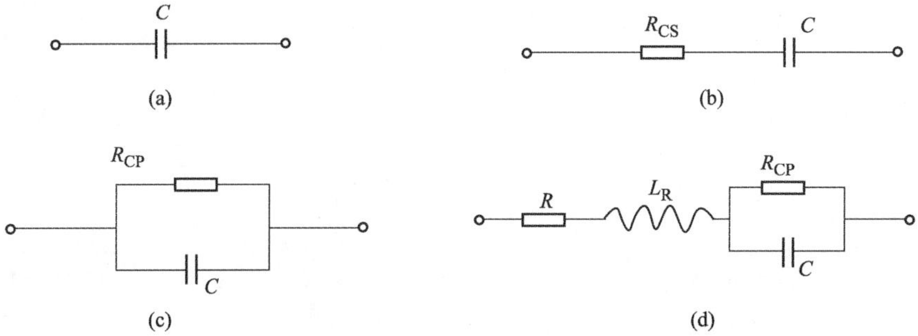

图 10-2　电容器的等效电路

(3) 电感器的等效模型

图 10-3(a) 是理想电感器的等效模型。实际电感器可以等效为串联损耗电阻 R_{LS} 与纯电感 L 的串联如图 10-3(a) 所示。事实上实际电感器还包括分布电容如图 10-3(b) 所示，但在频率不高的情况下，由于分布电容的影响较小，故可以忽略。通常用品质因数 Q 表示电容器的损耗大小，图 10-3(a)、图 10-3(b) 分别具有如下关系：

$$Q=X_L/R_{LS}=\omega L/R_{LS} \tag{10-3}$$

$$Q=R_{LP}/X_L=R_{LP}/\omega L \tag{10-4}$$

集中参数元件的测量方法包括伏安法、电桥法和谐振法三种。

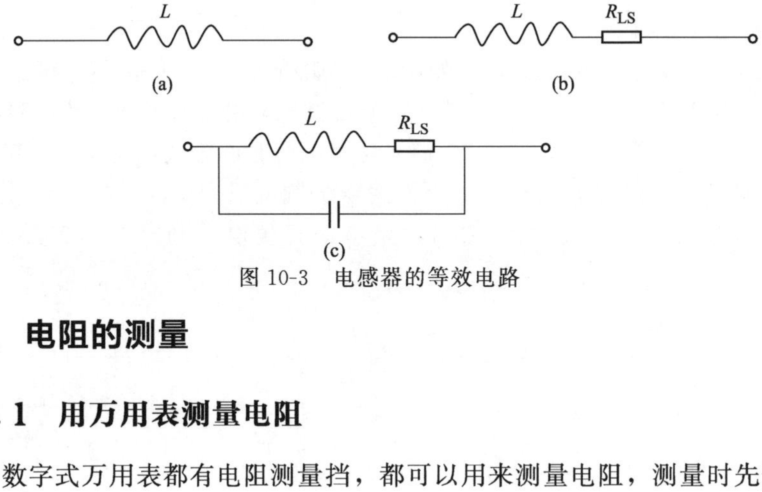

图 10-3　电感器的等效电路

10.1.2 电阻的测量

10.1.2.1 用万用表测量电阻

模拟式和数字式万用表都有电阻测量挡，都可以用来测量电阻，测量时先选择好万用表的电阻挡的倍率或量程范围，再将两个表笔短路调零，再将万用表并接在被测电阻的两端，读出电阻值即可。在用万用表测量电阻时应注意以下几个问题。

① 要防止把双手和电阻的两个端子及万用表的两个表笔并联捏在一起，如果并联捏在一起，测量值为人体电阻与被测电阻并联后的等效电阻的阻值，并不是被测电阻的阻值，与实际值的误差超出容许值的测量范围。

② 当电阻连接电路中时，首先应将电路的电源断开，不允许带电测量电阻值。若电路中有电容时，应先将电容放电后再进行测量。若电阻两端与其他元件相连，则应断开一端后再测量，否则电阻两端连接的其他电路会造成测量结果的错误。

③ 由于用万用表测量电阻时，万用表内部电路通过被测电阻构成回路，测量时被测电阻中有直流电流流过，并在被测电阻两端产生一定的电压降，因此在用万用表测量电阻时应注意被测电阻所能承受的电压和电流值，以免损坏被测电阻。

④ 万用表测量电阻时不同的倍率挡零点不同，每换一次挡时都应重新进行一次调零，当某一挡调零电位器不能使指针回到零欧姆挡时，表明表内电池电压不足，需要更换电池。

⑤ 由于模拟式万用表电阻挡刻度的非线性，刻度误差较大，测量误差也较大，因而模拟式万用表只能作一般的粗略检查测量。数字式万用表测量电阻的误差比模拟式万用表的误差小，但当它用以测量阻值较小的电阻时，误差仍然比较大。

10.1.2.2　电桥法测量电阻

当对电阻值的测量精度要求很高时，可用电桥法进行测量。

(1) 伏安法测量电阻

伏安法：即电压表—电流表法，是根据欧姆定律来测量集中元件参数的。该方法使用方便，但测量精度较差，仅使用于低频测量，比较适合直流电阻的测量。

图 10-4(a)、图 10-4(b) 分别是电流表外接、内接的伏安法测量集中参数元件原理图。在忽略电压表、电流表内电阻影响的情况下，根据欧姆定律有：

$$Z=U/I \tag{10-5}$$

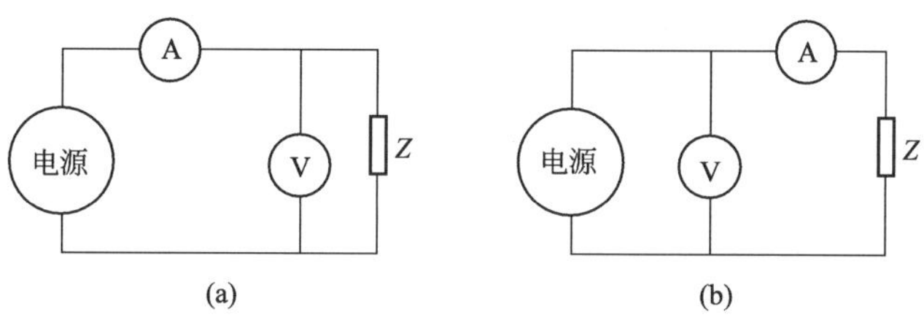

图 10-4　伏安法测量原理图

当测量直流电阻时，电源为直流电源，则

$$R=Z=U/I \tag{10-6}$$

当测量电容、电感等效电路的分析可知，二者都可以等效为电阻与电抗的串联，即阻抗的模值 Z 为

$$Z=\sqrt{R^2+X^2} \tag{10-7}$$

在忽略电阻影响的情况下存在关系

$$U/I=Z=\sqrt{R^2+X^2}\approx X \tag{10-8}$$

$$X_C=1/\omega C \tag{10-9}$$

$$X_L = \omega L \tag{10-10}$$

$$L = U/\omega I \tag{10-11}$$

$$C = I/\omega U \tag{10-12}$$

在上述分析中，均忽略了电压表、电流表内电阻的影响，实际测量的准备度较低。当被测元件阻抗远大于或者可以与电压表输入阻抗相比拟时，比较适合采用电流表内接的方法；反之，比较适合采用电流表外接的方法。

由式(10-11)、式(10-12) 可知，如果测量时保持两个参数不变，而只能改变一个参数，就可以用一个测量仪表进行测量。例如，测量电容器的电流 I 与电容 C 存在单值对应的关系，电流表即可以刻度成电容的单位，该仪表为法拉计。

伏安法可以测量 1Ω 到数百欧姆范围内的电阻以及 1pF 到数百微法的电容。

(2) 电位器的测量

用万用表测量电位器的方法与测量固定电阻的方法相同。先测量电位器固定端之间的总固定电阻值，然后测量滑动端对任意一端之间的电阻值，并不断改变滑动端的位置，观察电阻值的变化情况，直到滑动端调到另一端为止。在缓慢调节滑动端时，应滑动灵活，松紧适度，听不见咝咝的噪声，阻值指示平稳变化，没有跳变现象，否则说明滑动端接触不良，或滑动端的引出机构内部存在故障。

(3) 非线性电阻的测量

非线性电阻如热敏电阻、二极管的内阻等，它们的阻值与工作环境及外加电压和电流的大小有关，一般采用专门的设备测量其特性，当无专用设备时，可采用伏安法，测量一定直流电压下的直流电流值，然后改变电压的大小，逐点测量相应的电流，最后做出伏安特性曲线，所得电阻值只表示在一定电压或一定电流下的电阻值。如果电阻值与环境温度有关时还应设置一定的外界环境。

(4) 用万用表估测电容的容量和漏电阻。

用模拟式万用表的电阻挡测量电容器，不能测出其容量和漏电阻的确切值，更不能知道电容器所能承受的耐压，但对电容器的好坏程度可以粗略判断，在实际工作中经常使用。

① 估测电容量　将万用表设置在电阻挡，表笔并接在被测电容器的两端，在电容与表笔接触的瞬间，表针摆动幅度越大，表示电容量越大，这种方法一般用来估测 0.01μF 以上的电容器。

② 电容器漏电阻的估测　除铝电解电容外，普通电容的绝缘电阻应大于 100MΩ，用万用表测量电容器漏电阻时，万用表置 $R\times 1\text{k}$ 或 $R\times 10\text{k}$ 倍率挡，当表笔与被测电容连接的瞬间，表针会偏转很大的角度，然后逐渐回转，经过一定时间，表针退回到∞处，说明被测电容的漏电阻极大，若表针回不到∞处，则指示值即为被测电容的漏电阻值。铝电解电容的漏电阻应超过 200kΩ 才能使用。若表针偏转一定角度后，无逐渐回转现象，说明被测电容已被击穿，不能使用。

10.1.2.3　阻抗的数字化测量

阻抗的测量包括电感、电容、电阻等元器件的测量。阻抗的数字化测量是利用正弦信号在被测阻抗两端产生交流电压，然后对电压实部和虚部进行分离，最后利用电压的数字化测量来实现阻抗的测量。

(1) 电感元件的测量

图 10-5 为电感—电压（L—V）变换器原理图。图中左半部分为阻抗—电压变换部分；

同步检波器实现实部、虚部分离，峰值检波器完成交—直流电压变换，并提供基准电压。U_1、U_2、U_T 都要送到电压表双积分式 A/D 转换器。

经分析得到：
$$U_1=-\frac{U_r}{R_1}R_X \tag{10-13}$$
$$U_2=-\frac{U_r}{R_1}\omega L_X \tag{10-14}$$

分析式(10-13)、式(10-14) 可见，因为 U_rR_1 均为常数，只要利用双积分式数字多用表测出 U_1U_2 来，即可换算出 R_X、L_X、Q_X 的大小来。

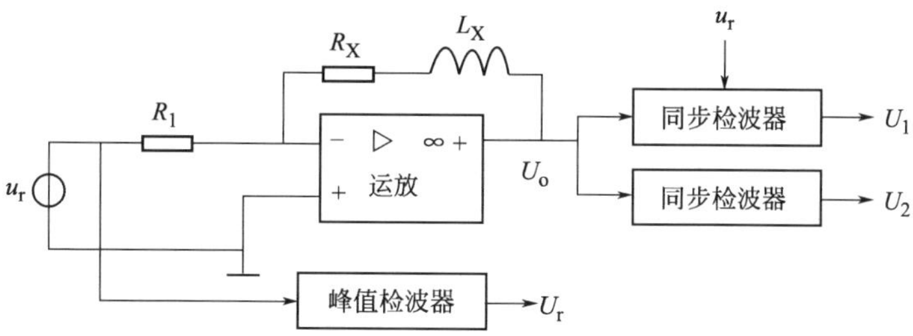

图 10-5　电感-电压（L-V）变换器

(2) 电容元件的测量

图 10-6 为电容—电压变换器的阻抗—交流变换部分，其他部分与电感—电压变换器的结构相似。利用上述方法可得
$$U_1=\frac{R_1}{R_X}U_r \tag{10-15}$$
$$U_2=-R_1U_r\omega C_X \tag{10-16}$$

由此可见，也可以利用数字多用表来实现 C_X、R_X、D_X 的测量。

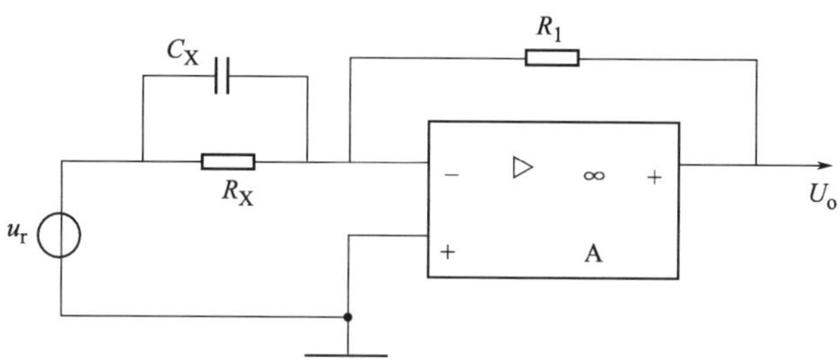

图 10-6　电容-电压变换器

(3) LCR 参数测试仪

图 10-7 为 LCR 参数测试仪原理图。经分析得知
$$\frac{\dot{U}_O}{\dot{U}_i}=\frac{\dot{R}_S}{\dot{Z}}=-\dot{Y}R_S \tag{10-17}$$
$$\dot{U}_i=-\frac{\dot{U}_O}{R_S}(G+jX) \tag{10-18}$$
$$\dot{Z}=\frac{\dot{U}}{\dot{I}}=R+jX(\Omega) \tag{10-19}$$
$$\dot{Y}=\frac{\dot{I}}{\dot{U}}=G+jB(S) \tag{10-20}$$

式中，R 为等效串联电阻；X 为等效串联电抗；G 为等效并联电导；B 为等效并联电纳。

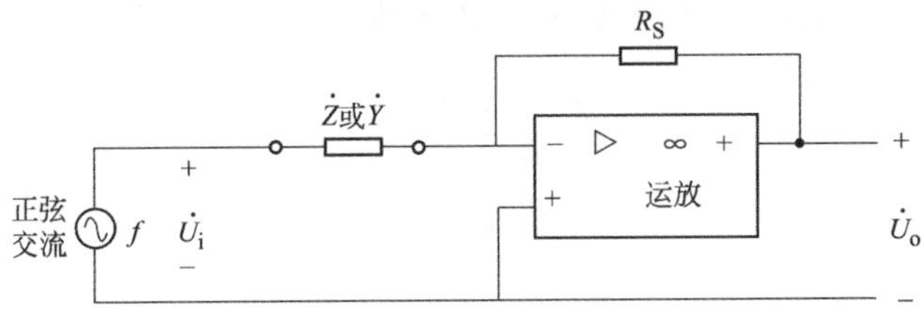

图 10-7　LCR 参数测试仪原理图

由上述分析可见，只要先测出 $\dot{U}_i$ 和 $\dot{U}_o$，再把 $\dot{U}_i$ 和 $\dot{U}_o$ 同步整流并分解出实部和虚部，进而计算出上式中 R、X、G、B，最后以数字形式显示出被测元件 R、L、C、D、Q 等参数。

测量线圈或者电容时，可以选择它们的串联等效电路或并联等效电路来进行测量。一般来说，对于小容量电容和高阻抗线圈，采用并联等效电路测量，而对电解电容等大容量或小阻抗线圈采用串联等效电路测量。

*任务 10.2　电桥法测量集中参数元件

电桥法又称指零法，是利用零指示器作为电桥平衡指示器，根据电桥平衡时，各桥臂之间的关系来确定被测量。该方法的工作频率较宽，测量精度较高，可达 10^{-4} 比较适合低频阻抗元件的测量，该方法构成的测试称为电桥法。电桥分为直流电桥和交流电桥两大类，前者用于测量直流电阻，后者用于测量电容、电感等参数，在此主要讨论交流电桥。

10.2.1　交流电桥

10.2.1.1　工作原理

图 10-8 为交流电桥原理图，主要由桥体、电源 G 及平衡指示器 P 等组成。桥体由 Z_1、Z_2、Z_3、Z_X 四个桥臂组成，桥臂由电阻和电抗元件组成。电源为纯正弦交流电源。当 $I_P=0$ 时，电桥处于平衡状态，电桥平衡条件如下：

$$\dot{Z}_X\dot{Z}_2=\dot{Z}_1\dot{Z}_3 \tag{10-21}$$

或

$$|Z_X||Z_2|e^{j(\varphi_X+\varphi_2)}=|Z_1||Z_3|e^{j(\varphi_1+\varphi_3)} \tag{10-22}$$

即

$$|Z_X||Z_2|=|Z_1||Z_3| \tag{10-23}$$

$$\varphi_X+\varphi_2=\varphi_1+\varphi_3 \tag{10-24}$$

由此可见，要使交流电桥完全平衡，必须同时满足式(10-23) 和式(10-24)，即振幅平衡条件和相位平衡条件。所以当相邻两桥臂为纯电阻时，另外两个桥臂呈现同性电抗；当某一对角桥臂为纯电阻时，另外一对角桥臂应呈现异性电抗；当两个桥臂由纯电阻构成时，呈现电抗特性的桥臂必须由标准可调电阻和电抗件构成，该电抗件一般选用标准可调电容。于是，当 Z_1、Z_2 为纯电阻 R_1、R_2 时满足关系

$$\dot{Z}_X=\frac{R_1}{R_2}\dot{Z}_3 \tag{10-25}$$

当 Z_1、Z_3 为纯电阻 R_1、R_3 时满足关系：

$$\dot{Z}_X=\frac{R_1R_3}{\dot{Z}_2} \tag{10-26}$$

由式(10-25)和式(10-26)得，当两个邻臂为纯电阻时的电桥称为臂比电桥，它比较适于测量电容；当两个相对桥臂为纯电阻时的电桥为臂乘电桥，它比较适合测量电感。

交流电桥的电源必须为纯正弦波交流电源，否则，由于电源中频率成分的复杂性，会使电桥产生假平衡，从而产生很大的误差。为了提高测量精确度，电流 I_P 要经过选频放大、检波器检波后送入检流计。为了减小杂散耦合的影响，电桥各部分之间要良好屏蔽，但即使如此，交流电桥也只适合在音频或低射频段使用，高频段的测量适合选用谐振法。

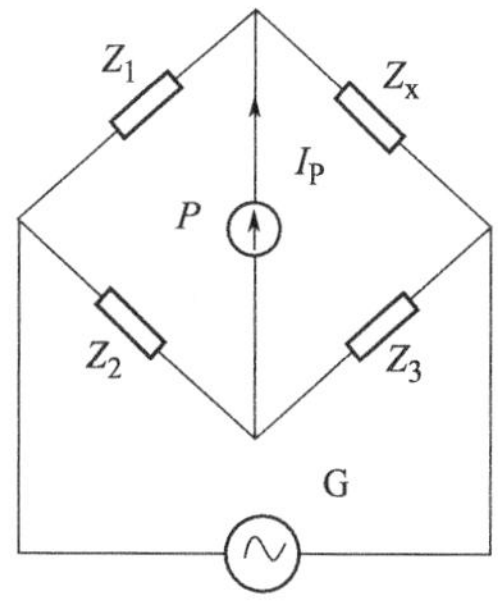

图 10-8　交流电桥原理图

【例 10-1】 图 10-9(a) 为测量低 Q 电感的麦克斯韦电桥桥体，试求 R_X、L_X、Q_X 各是多少？

解　该交流电桥平衡条件为

$$R_1R_2=(R_X+j\omega L_X)\frac{1}{\frac{1}{R_S}+j\omega C_S}$$

经推导，得 $R_X=R_1R_2/R_S$

$$L_X=R_1R_2C_S$$

$$Q_X=\omega L_X/R_X=\omega R_SC_S$$

【例 10-2】 图 10-9(b) 为测量高 Q 电感的海氏电桥桥体，试求 R_X、L_X、Q_X 各是多少？

解　该交流电桥平衡条件为

$$R_1R_2=\left(R_S+\frac{1}{j\omega C_S}\right)\frac{j\omega L_XR_X}{R_X+j\omega L_X}$$

经推导，得：$R_X=R_1R_2/R_S$

$$L_X=R_1R_2C_S$$

$$Q_X=\frac{1}{\omega R_SC_S}$$

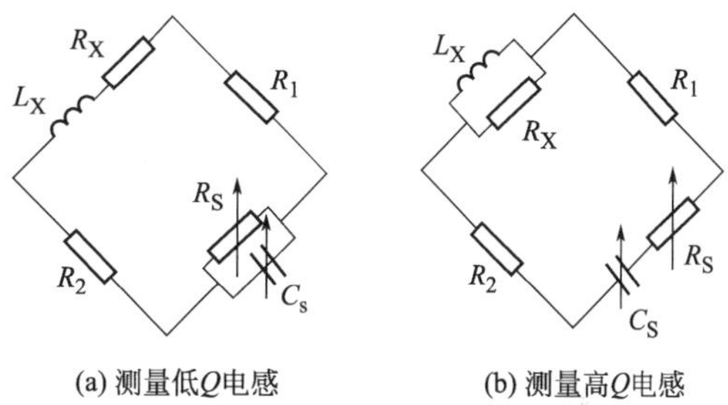

(a) 测量低Q电感　　(b) 测量高Q电感

图 10-9　测量电感的电桥桥体

【例 10-3】 图 10-10(a) 为测量低损耗电容的串联电阻式比较电桥，试求 R_X、C_X、D_X 各是多少？

解　该交流电桥平衡条件为

$$R_1\left(R_S+\frac{1}{j\omega C_S}\right)=\left(R_X+\frac{1}{j\omega C_X}\right)R_2$$

经推导，得$R_X=\frac{R_1}{R_2}R_S$

$$C_X=\frac{R_2}{R_1}C_S$$

$$D_X=\omega C_XR_X=\omega R_SC_S$$

【例 10-4】 图 10-10(b) 所示为测量高损耗电容的并联电阻式比较电桥桥体，试求 R_X、C_X、D_X 各是多少？

解　该交流电桥平衡条件为$\frac{R_1}{\frac{1}{R_S}+j\omega C_S}=\frac{R_2}{\frac{1}{R_X}+j\omega C_X}$

经推导，得$R_X=\frac{R_1}{R_2}R_S$

$$C_X=\frac{R_2}{R_1}C_S$$

$$D_X=\frac{1}{\omega C_S R_S}$$

10.2.1.2 QS18A万用电桥

（1）组成

QS18A 万用电桥是一种便携式交流电桥，主要用于测量电阻、电感、电容等参数。其组成如图 10-11 所示，主要由桥体、信号源（1kHz）和晶体管检流计三部分组成。桥体是电桥的核心部分，实际上是由直流电桥、交流电容电桥及电感电桥组合而成。使用时，通过变换开关进行切换，以实现不同参数或量程的测量。

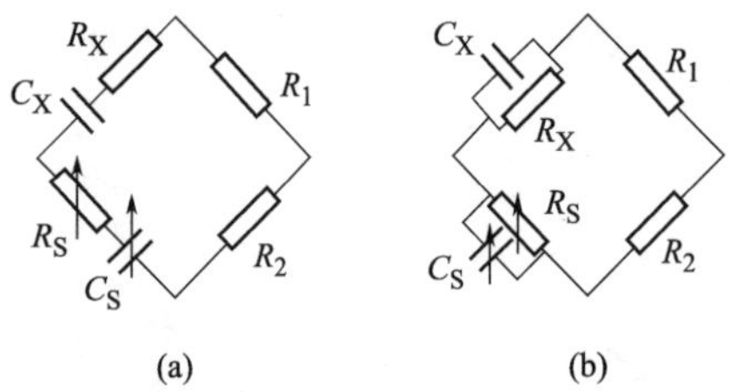

图 10-10　并联电阻式比较电桥桥体

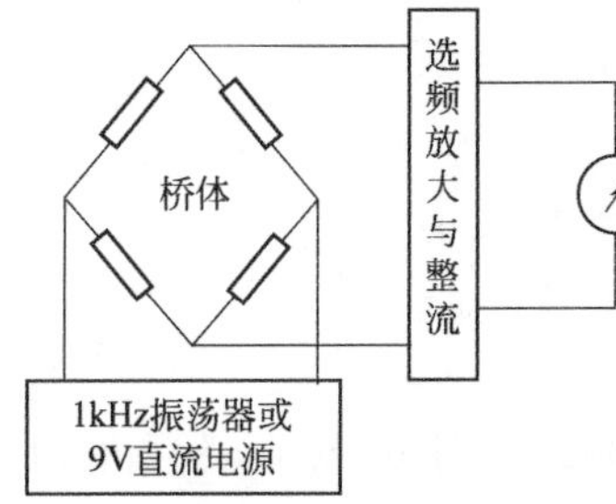

图 10-11　QS18A 万用电桥组成框图

（2）测量电容

测量电容时，桥体连接成如图 10-12 所示的形式。R_X、C_X 分别为测电容的容量、串联等效电阻阻值，R_2 由标准粗调、细调电阻器组成。调节桥体中可调电阻器使电桥平衡，根据电桥平衡条件，可推导出

$$R_X=\frac{R_1}{R_3}R_2 \tag{10-27}$$

$$C_X=\frac{R_3}{R_1}C_2 \tag{10-28}$$

$$D_X=\omega C_2 R_2 \tag{10-29}$$

由此可知，在量程确定的情况下，只有 C_2 保持不变，可以通过调节 R_3 使电桥平衡。其中，R_X、C_X、D_X 可由有关度盘读出数值。

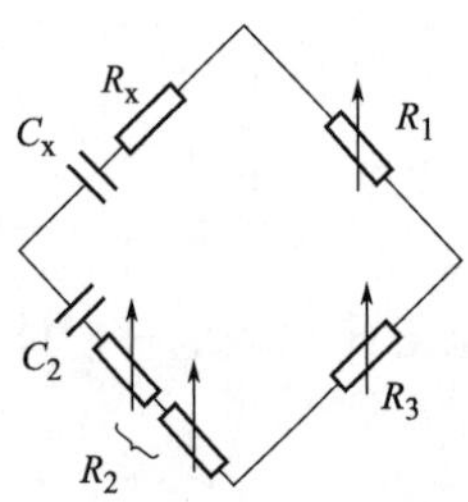

图 10-12　测量电容原理图

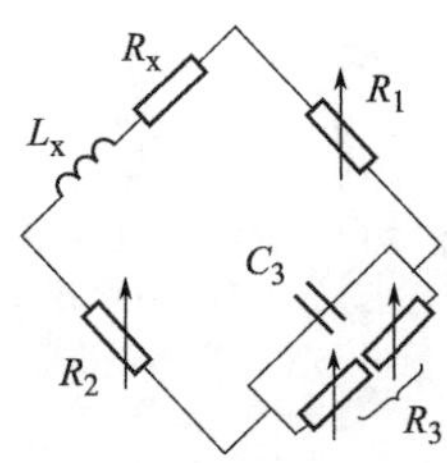

图 10-13　测量电感原理图

（3）测量电感

测量电感时，桥体连接如图 10-13 所示。R_X、L_X 分别是被测电感的电感量、串联等效损耗电阻。当电桥平衡时有

$$L_X = R_1 R_2 C_3 \tag{10-30}$$

$$R_X = \frac{R_1}{R_3} R_2 \tag{10-31}$$

$$Q_X = \omega C_3 R_3 \tag{10-32}$$

(4) 使用方法

图 10-14 为 QS18A 型万用电桥面板结构图。面板上各开关旋钮的作用如下。

① 被测元件接线柱，用于连接被测元件。

② 外接插孔，用于外接音频电源。

③ 外、内 1kHz 选择开关，用于选择电桥工作电源。

④ 量程开关，确定测量范围，各示值是指电桥读数在满刻度时的最大值。

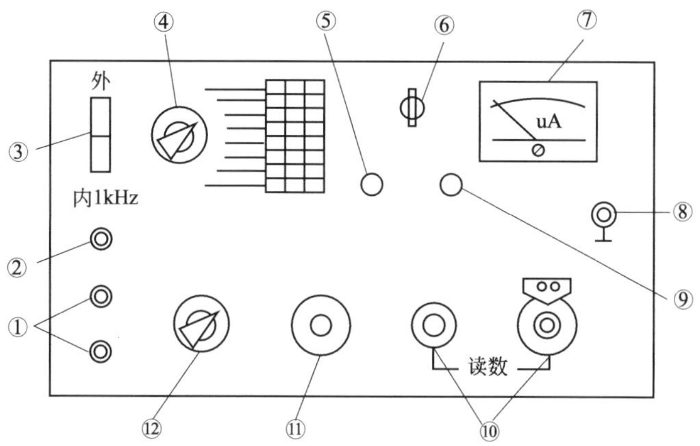

图 10-14　QS18A 型万用电桥面板结构图

⑤ 损耗微调旋钮，用于细调平衡时的损耗，一般情况下置于“0”位置。

⑥ 损耗倍率选择开关，分为三挡：$Q\times1$，$D\times0.1$，$D\times1$。根据不同情况，按照表 10-1 选择合适档位测量电阻时，该开关不起作用。

⑦ 指示电表，用于指示电桥的平衡状态。当电桥平衡时，由表指示为零。

⑧ 接地。

⑨ 灵敏度调节旋钮，用于控制电桥放大器的放大倍数。开始测量时，应降低灵敏度，然后再逐渐增大。

⑩ 读数调节旋钮（读数盘），用于调节电桥的平衡状态，由粗调和细调组成。

表 10-1　倍率开关位置

测量元件	位置
空心电感线圈	$Q\times1$
高 Q 值线圈和小损耗电容	$D\times0.1(Q=1/D)$
带铁芯线圈和大电解电容	$D\times1(Q=1/D)$

⑪ 损耗平衡调节旋钮，用于指示被测元件（电容或电感）的损耗因数或品质因数。

⑫ 测量选择开关，用于确定电桥的测量内容。测量完毕，此开关应置于“关”位置，以降低机内干电池的损耗。

使用方法如下。

① 将被测元件接到“被测元件接线柱”，拨动电源选择开关至“内 1kHz”：位置，如果用外部电源，则将外部电源接到“外接”插孔上，拨动电源选择开关至“外”的位置。

② 根据被测量，将测量选择开关旋钮至“C”、“L”或“R>10”处。

③ 估计被测量的大小，选择量程开关的位置。

④ 根据被测元件的情况，按照表 10-1 选择合适的损耗倍率开关挡位。

⑤ 根据电桥平衡情况，调整灵敏度调节旋钮指示电表读数由小逐步增大。

⑥ 反复调节电桥的读数盘和损耗平衡旋钮，并在调整过程中逐步提高指示电表的灵敏度直至电桥平衡。此时存在如下关系

$$L_X(\text{或 } C_X)=\text{量程开关指示值}\times\text{电桥读数盘示值}$$

$$Q_X(\text{或 } D_X)=\text{损耗倍率指示值}\times\text{损耗平衡盘指示值}$$

【例 10-5】 用 QS18A 万用电桥测量线圈的电感量 L_X 及 Q_X 值，当电桥平衡时，左边读数盘（粗调）示值为 0.10，左边读数盘（细调）示值为 0.028，量程开关在 100mH 挡上，损耗倍率开关在 $Q\times1$ 挡上，损耗平衡盘读数为 3.5，求被测电感 L_X 和品质因数 Q_X。

解 由 QS18A 万用电桥的使用方法介绍，可知

$$L_X=(0.6+0.028)\times100\text{mH}=62.8\text{mH}$$

$$Q_X=1\times3.5=3.5$$

10.2.2 不平衡电桥

依据电桥平衡条件进行测量的电桥称为平衡电桥，它的操作繁琐、测量时间长，平时所说的电桥通常是指平衡电桥。不平衡电桥是通过直接测量电桥非平衡状态下流经指示器的电流或两端电压大小来测量集中参数元件的，它的操作简便、测量时间短、易实现数字化测量。

(1) 测量电阻

图 10-15 为新型不平衡电桥测量电阻的电路图，图中 $U_O=\dfrac{U'_{AB}}{U'_{BD}}$。

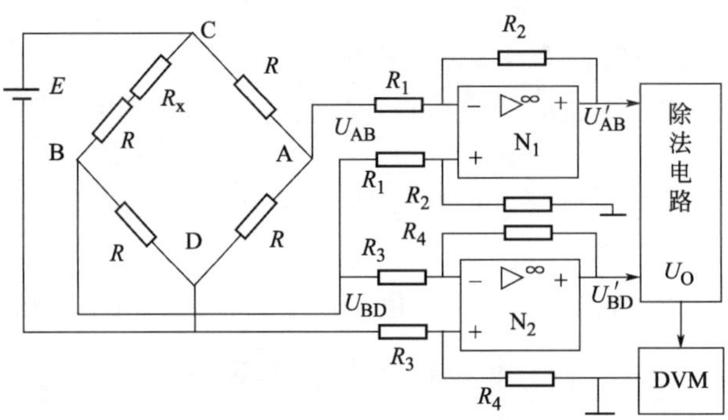

图 10-15 新型不平衡电桥测量电阻电路

经推导，得知 $U_{AB}=\dfrac{R_X/(2R)}{1+R_X/(2R)}\dfrac{E}{2}$

$$U_{BD}=\frac{1}{1+R_X/(2R)}\frac{E}{2}$$

$$U'_{AB}=-\frac{R_2}{R_1}U_{AB}=-\frac{R_2}{R_1}\frac{R_X/(2R)}{1+R_X/(2R)}\frac{E}{2}$$

$$U'_{BD}=-\frac{R_4}{R_3}U_{BD}=-\frac{R_4}{R_3}\frac{1}{1+R_X/(2R)}\frac{E}{2}$$

$$U_O=\frac{U'_{AB}}{U'_{BD}}=-\frac{R_2R_3}{R_1R_4}\frac{R_X}{2R} \tag{10-33}$$

分析式(10-33) 可见，不平衡电桥可以快速方便地测量电阻量；新型不平衡电桥电压 U_O 与其电源无关，电源电压的波动对测量不产生影响；电压 U_O 与被测电阻 R_X 成正比，使测量示值线性化，测量准确度较高。老式不平衡电桥示值非线性，受电源电压等的影响大，测量准确度较低。

(2) 测量电感、电容

不平衡电桥测量电感电路与图 10-15 相似，分别用标准电感 L、被测电感 L_X 代替标准电阻。测量电容时，分别用标准电容 C、被测电容 C_X 代替 R 和 R_X。测量电感、电容时，用交流电源代替直流电源。

经进一步推导得知，测量电感、电容时存在下列关系：

$$U_O=\frac{U'_{AB}}{U'_{BD}}=-\frac{R_2R_3}{R_1R_4}\frac{L_X}{2L} \tag{10-34}$$

$$U_O=\frac{U'_{AB}}{U'_{BD}}=-\frac{2R_1R_4}{R_2R_3}\frac{C_X}{C} \tag{10-35}$$

因此，不平衡电桥可以快速方便地测量电感量、电容量，其不足之处是不能测量品质因数、损耗因数等参数。

*任务 10.3　谐振法测量集中参数元件

谐振法又称为 Q 表法，是以 LC 谐振回路谐振特性为基础而进行测量的方法。在高频段，谐振法受杂质耦合等的影响较小，且比较符合电感、电容的实际工作情况，因此。谐振法高频段测量结果比较可靠，是测量高频元件的常用方法。

10.3.1　Q 表的组成及工作原理

谐振法构成的测量仪器称为 Q 表，适合在高频状态下测量电容量、电感量、电容损耗因数、谐振回路或电感品质的因数。它由测量回路、信号源、耦合回路及 Q 值电压表等部分组成，图 10-16 为 Q 表工作原理图，设测量回路直流有效值、总电感、总电容为 I、L、C。

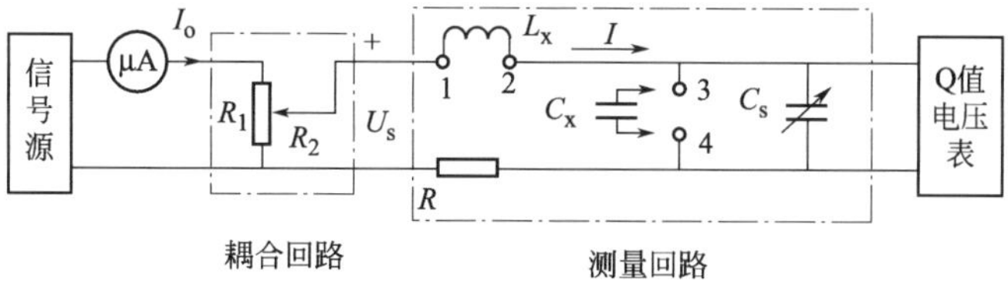

图 10-16　Q 表工作原理图

Q 表各组成部分的作用如下。

① 信号源：信号源为正弦信号源，其振荡频率范围即为 Q 表工作频率范围。

② 耦合回路：它将信号源输出的信号馈回到测量回路，其耦合方式通常为电阻耦合方式，称之为插入电阻，为减少信号源对测量回路的影响，要求耦合电阻 R_2 很小（如 0.04Ω）。高频段、超高频段 Q 表则分别选用电容、电感作为 Q 表耦合元件。

③ Q 值电压表：即 Q 值刻度的电压表，用于指示 Q 值大小。当 Q 值电压表指示电压大

时，测量回路处于谐振状态。

④ 测量回路：即 LC 谐振回路，它由电感、电容及回路等效损耗电阻 R 组成。Q 表就是根据该回路的谐振特性来测量的。

如果测量回路处于谐振状态，则存在如下关系：$f_s = f_o = \dfrac{1}{2\pi\sqrt{LC}}$

$$L = \frac{1}{\omega_o^2 C} \tag{10-36}$$

$$I = U_S/R = U_L/X_L = U_C/X_C \tag{10-37}$$

$$Q = X_L/R = X_C/R \tag{10-38}$$

可见，在 U_S 一定时，电压表可以刻度成为 Q 值指示器：改变 I_O 值可以扩大品质因数的测量范围，电流表则变成了 Q 值倍乘指示器。

10.3.2 谐振法测量电感和电容

10.3.2.1 谐振法测量电感

谐振法测量电感，除了直接测量（直接法）外，还包括串联替代法和并联替代法。

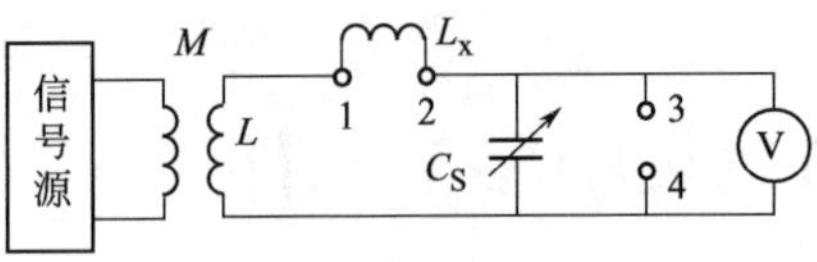

图 10-17　串联替代法测量电感原理图

（1）串联替代法

串联替代法适合测量大电容、小电感，如图 10-17 所示，图中信号源与测量回路之间采用的互感耦合方式为松耦合，否则，信号源内阻将严重影响测量回路的谐振特性而产生谐振点误判。其测量步骤如下：

① 将 1、2 端短接，调小可变电容 C_S 为 C_1，调节信号源频率，使回路谐振，设谐振频率为 f_o 此时满足

$$L = \frac{1}{4\pi^2 f_o C_1} \tag{10-39}$$

② 去掉 1、2 之间的短路线，将被测电感 L_X 接入回路，保持信号源频率 f_o 不变，调节 C_S 至 C_2 使回路重新谐振，此时满足

$$L_X + L = \frac{1}{4\pi^2 f_o^2 C_1 C_2} \tag{10-40}$$

③ 求解公式(10-39) 和公式(10-40) 组成的方程组，得

$$L_X = \frac{C_1 - C_2}{4\pi^2 f_o^2 C_1 C_2} \tag{10-41}$$

（2）并联替代法

并联替代法适合测量小电容、大电感。其测量步骤如下。

① 将图 10-17 的 1、2 端子短接。不接入 L_X，调小可变电容 C_S 为 C_1，调节信号源频率，使回路谐振，设谐振频率为 f_o 此时满足

$$\frac{1}{L} = 4\pi^2 f_o C_1 \tag{10-42}$$

② 将 L_X 接至 3、4 端，保持信号源频率 f_o 不变，调节 C_S 至 C_2 使回路重新谐振，此时满足：

$$\frac{1}{L_X}+\frac{1}{L}=4\pi^2 f_o^2 C_2 \tag{10-43}$$

③ 求解式(10-42) 和式(10-43) 组成的方程组，得

$$L_X=\frac{1}{4\pi^2 f_o^2(C_2-C_1)}$$

10.3.2.2 谐振法测量电容

谐振法测量电容一般采用串联替代法和并联替代法。替代法可以有效地消除由分布电容或者引线电感造成的影响。

(1) 串联替代法

串联替代法适合测量大电容，如图 10-17 所示。其测量步骤如下。

① 将 1、2 端短接，调小可变电容 C_S 为 C_1，调节信号源频率，使回路谐振，设谐振频率为 f_o 此时满足：

$$L=\frac{1}{4\pi^2 f_o C_1} \tag{10-44}$$

② 去掉 1、2 之间的短路线，将被测电容 C_X 接入 1、2 端，保持信号源频率 f_o 不变，调节 C_S 至 C_2 使回路重新谐振。

③ 上述两步，测量回路中的电感以及前后两次的谐振频率未变，因此，前后两次测量回路的等效电容值是相等的，即

$$C_1=\frac{C_X C_2}{C_X+C_2} \tag{10-45}$$

(2) 并联替代法

并联替代法适合测量小电容，如图 10-17 所示，图中 1、2 端始终短接或者接入一个标准电感，测量步骤如下。

① 不接入被测电容 C_X，调大可变电容 C_S 为 C_1，调节信号源频率，使回路谐振，设谐振频率为 f_o。

② 将被测电容接至 3、4 端，保持信号源频率 f_o 不变，调节 C_S 至 C_2 使回路重新谐振。

③ 上述两步，测量回路中的电感以及前后两次的谐振频率未变，因此，前后两次测量回路的等效电容值是相等的，即

$$C_1=C_X+C_2$$

$$C_X=C_1-C_2 \tag{10-46}$$

10.3.3 Q 表实例及使用方法

图 10-18 为 QBG.3 型 Q 表面板结构图，它的使用方法如下。

(1) 测量准备

测量前先对定位表和 Q 值表进行机械调零，然后将定位粗调逆时针调到底，将“定位零位校直”和“Q 值零位校直”置于中间，“微调（电容）”调到零，开机预热 10min。

(2) 电感线圈 Q 值的测量

将被测线圈接到 L_X 接线柱上；调节频率旋钮及波段开关至测量所需的频率点；选择合适的 Q 值挡级；调节“定位零位校直”旋钮使定位表指示为零，调节定位粗调及定位细调旋钮使定位表指针指到“$Q\times1$”处；调整主调电容度盘远离谐振点，再调节“Q 值零位校直”使 Q 值表指针指在零点上，最后调节主调电容度盘和微调旋钮使回路谐振（Q 值表指

示最大）则Q值表的示值即为被测线圈的Q值。

(3) 电感的测量

首先估计一下被测线圈的电感量，按照表10-2选出对应频率，再调节波段开关及频率旋钮使信号源频率达到所需频率值；将“微调”置于零点，调节主调电容度盘使Q值表指示最大。此时，被测线圈的电感量等于主调电容度盘上读出的电感值乘以L、f、倍率对照表中的倍率。

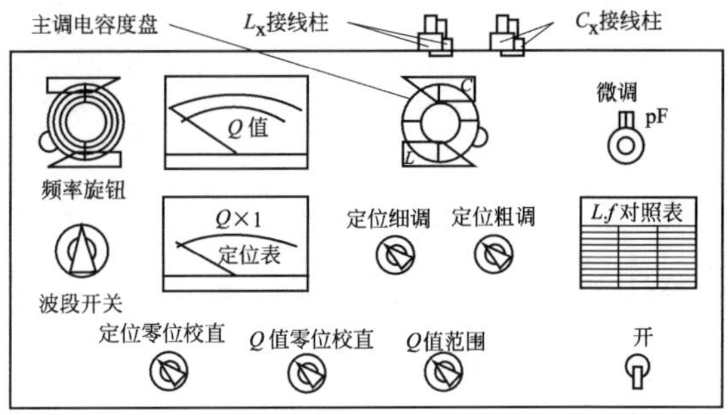

图 10-18　QBG.3 型 Q 表面板结构图

表 10-2　L、f、倍率对照表

电　感	倍　率	频　率
0.1～1.0μH	×0.1	25.2MHz
1.0～10μH	×1	7.95MHz
10～100μH	×10	2.52MHz
0.1～1.0mH	×0.1	795MHz
1.0～10mH	×1	252MHz
10～100mH	×10	79.5MHz

(4) 线圈分布电容的测量

将主调电容度盘调至某一适当电容值上（一般为200pF），记为C_1；再调节波段开关及频率旋钮使Q值表指示最大，即找到谐振点频率f_1；重新调节波段开关、频率旋钮使信号源频率为f_1的两倍，然后调节主调电容度盘使Q值表指示最大，记为C_2。则分布电容C_o可由下式计算

$$C_o=(C_1-4C_2)/3 \tag{10-47}$$

(5) 电容的测量

被测电容量的大小不同，其测量方法也不同。主要有以下两种情况。

① 小于4100pF电容的测量　可以采用并联替代法来测量。从Q表附件中选取一只电感量大于1mH的标准电感接至L_X接线柱，将“微调”调到零，主调电容度盘调至最大(500pF)，记为C_1；然后调节“定位零位校直”旋钮使定位表及Q值表指示为零，再调节定位粗调及定位细调旋钮使定位表指针指在“Q×1”处；最后调节频率旋钮及波段开关，使Q值表指示最大。将被测电容接至C_X接线柱重调主调电容度盘使Q值表指示最大，此时度盘读数为C_2，则被测电容C_X为$C_X=C_1-C_2$。

② 大于4100pF电容的测量　可以采用串联替代法来测量。将标准电感接至L_X接线柱，调节主调电容度盘，使Q值表指示最大，读盘读数记为C_1；取下标准电感，将其与被测电容串联后再接于L_X接线柱上，重调主调电容度盘使Q值表指示再次达到最大，此时度盘读数记为C_2。被测电容C_X为

$$C_X=\frac{C_1C_2}{C_2-C_1} \tag{10-48}$$

(6) 电容损耗因数的测量

首先将主调电容度盘调至500pF，记为C_1，将大于1mH的标准电感接至L_X接线柱，

调节波段开关及频率旋钮使 Q 值表指示最大，设它的读数为 Q_1；然后将被测电容并接于 C_X 接线柱上，调小主调电容度盘至某值，设为 C_2，重调信号源频率使 Q 值表指示再次达到最大，设读数为 Q_2，则损耗因数 D_X 为

$$D_X=\frac{D_1-D_2}{D_2D_1}\times\frac{C_1}{C_2-C_1} \tag{10-49}$$

(7) 注意事项

使用 Q 值表测量过程中应注意，被测元件不能直接放在仪器顶板上，要加一块高频损耗小的如聚乙烯之类的衬垫板；被测元件接线要短且接触良好；被测元件的屏蔽罩要接到低电平接线柱上。

任务 10.4　晶体管的测量

晶体管的测量包括二极管和三极管的测量。

10.4.1　二极管的测量

(1) 用万用表测量二极管

① 二极管的识别。二极管正负极、规格、功能和制造材料一般可以通过管壳上的标志和查阅手册，如 IN4001 通过壳上的标志可判断正负极，查阅手册可知它是整流管，参数是 1A/50V；2CW15 查阅手册可知它是 N 型硅材料稳压管。如果管壳上无符号或标志不清，就需要用万用表来检测。

② 用模拟式万用表检测二极管。二极管的检测主要是判断其正负极和质量好坏。

基本方法如下。

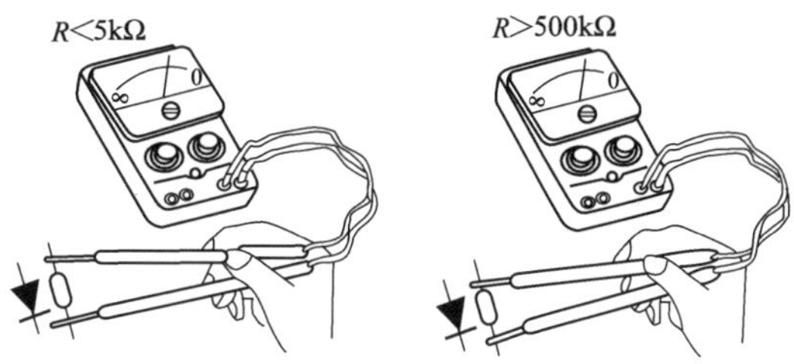

(a) 测正向电阻　(b) 测反向电阻

图 10-19　二极管极性的判断

首先将万用表量程调至 $R\times100\Omega$ 或 $R\times1k\Omega$ 挡（一般不用 $R\times1\Omega$ 挡，因其电流较大，而 $R\times10K$ 挡电压过高管子易击穿），然后，将两表笔分别接触二极管两个电极，测得一个电阻值，交换一次电极再测一次，从而得到两个电阻值。一般来说正向电阻小于 5kΩ，反向电阻大于 500kΩ，如图 10-19 所示。性能好的二极管，一般反向电阻比正向电阻大几百倍。如两次测得的正、反向电阻很小或等于零，则说明管子内部已击穿或短路；如果正、反向电阻均很大或接近无穷大，说明管子内部已开路；如果电阻值相差不大，说明管子性能变差，在上述三种情况的二极管均不能使用。

在测量小功率二极管时，万用表置 $R\times100\Omega$ 或 $R\times1k\Omega$ 挡，以防万用表的 $R\times1k\Omega$ 挡输出电流过大，或 $R\times10k\Omega$ 挡输出电压过大而损坏被测二极管，对于面接触型大电流整流二极管可用 $R\times10\Omega$ 或 $R\times10k\Omega$ 挡进行测量。

③ 用数字式万用表测二极管。一般数字式万用表上都有二极管测试挡，例如，DW909C 型数字万用表，其测量原理与模拟式万用表测量电阻完全不同，它测二极管的等效电路如图 10-20 所示，实际上测量的是二极管的直流电压降。

(2) 发光二极管的测量

发光二极管内部存在一个 PN 结，具有单向导电性，当它正向导通时就发光。

① 用模拟式万用表判断发光二极管。模拟式万用表判断发光二极管的极性的方法与判断普通二极管的方法是一样的，只不过一般发光二极管的正向导通电压可超过1V，实际使用电流可达100mA以上，测量时可用量程较大 $R\times10\text{k}\Omega$ 或 $R\times1\text{k}\Omega$ 挡挡位测其正向和反向电阻。一般正向电阻小于50kΩ，方向电阻大于200kΩ为正常。

② 发光二极管工作电流的测量。发光二极管的工作电流是很重要的参数，工作时电流太小，发光二极管不亮；太大则易使管子的使用寿命缩短，甚至烧毁。可以用如图10-21所示的电路来测量发光二极管的工作电流。图中 $R=100\Omega$ 为保护限流电阻，以防测量开始时，电位器 RP 调在小阻值上引起电流过大而损坏发光二极管。测量时，慢慢调节电位器 RP，使发光二极管工作正常，发光即不太亮也不太暗，此时毫安表指示的数值即为发光二极管的工作电流值。若在此时用一直流电压表并接在发光二极管两端即可测得此发光二极管正向压降的值。

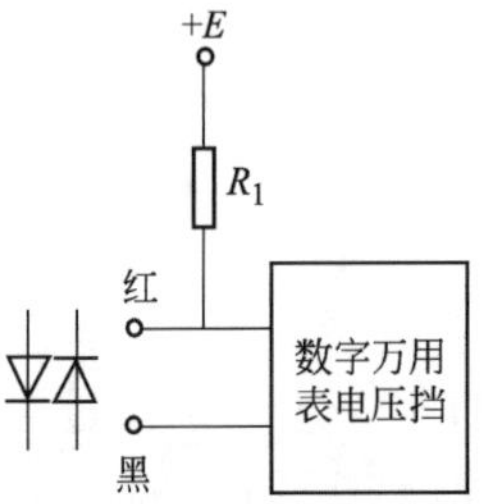

图10-20 数字式万用表测量二极管的等效电路

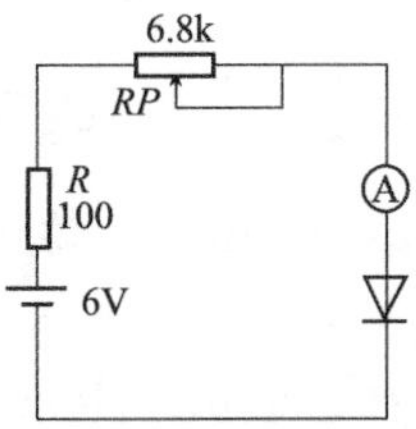

图10-21 发光二极管工作电流的测量电路

10.4.2 半导体三极管的测量

由于晶体三极管内部有两个PN结，所以可以用万用表欧姆挡测量PN结的正、反向电阻来确定晶体三极管的管脚、管型并可判断三极管性能的好坏。

(1) 三极管管脚极性和管型判别

将万用表量程调到 $R\times100\Omega$ 或 $R\times1\text{k}\Omega$ 挡，假定一个电极是b极，并用黑表笔与假定的b极相接，用红表笔分别与另外两个电极相接，如图10-22所示。如果两次测得电阻均很小，即为PN结正向电阻，则黑表笔所接的就是b极，且管子为NPN；如果两次测得的电阻一大一小，则表明假设的电极不是真正的b极，则需要将黑表笔所接的管脚调换一下，再

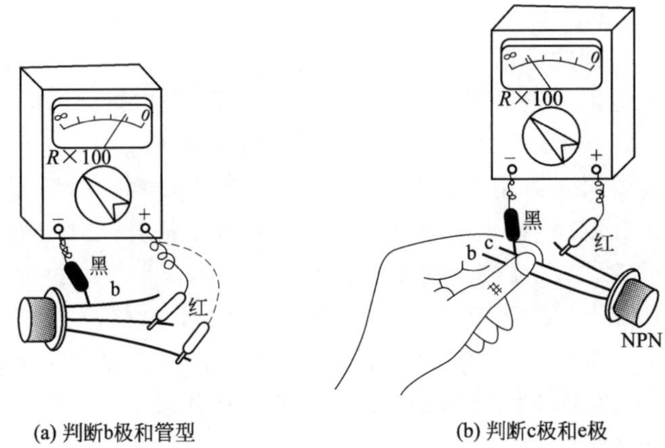

(a) 判断b极和管型　(b) 判断c极和e极

图10-22 三极管极性和管型的判断

按上述方法测试。若为 PNP 管则应用红表笔与假定的 b 极相接，用黑表笔接另外两个电极。两次测得电阻均很小时，红表笔所接的为 b 极，且可确定为 PNP 管。当 b 极确定后，可接着判别发射极 e 和集电极 c。若是 NPN 管，可将黑表笔和红表笔分别接触两个待定的电极，然后用手指捏紧黑表笔和 b 极（不能将两极短路，即相当于接入一个 100k 的电阻），观察表的指针摆动幅度，如图 10-22（b）。然后将黑、红表笔对调，按上述方法重测一次。比较两次表针摆动幅度，摆动幅度较大的一次黑表笔所接的管脚为 c 极，红表笔所接的为 e 极。若为 PNP 管，上述方法中将黑、红表笔调换即可。

（2）三极管质量好坏判断（以 NPN 型管为例）

用万用表的 $R\times 1\text{k}\Omega$ 挡，将黑表笔接在三极管的基极，红表笔分别接在三极管的发射极和集电极，测得两次的电阻值应在 10kΩ 左右，然后将红表笔接在基极，黑表笔分别接三极管的 e 极和 c 极，测得的电阻应该为无穷大，再将红表笔接三极管的 e 极，黑表笔接在 c 极，然后调换表笔，其测量电阻值应该为无穷大。然后用万用表测量三极管 e 极和 c 极之间的电阻，其阻值也是无穷大。若测量结果符合上述结论，则三极管基本完好。

任务 10.5 自主学习

10.5.1 任务巩固

① 交流电桥平衡必须同时满足哪两个平衡条件？

② 引起电桥法测量集中参数元件的误差的因数主要有哪几个？

③ 判断图 10-23 所示电路中的交流电桥哪些接法是错误的？哪些是正确的？并说明理由。

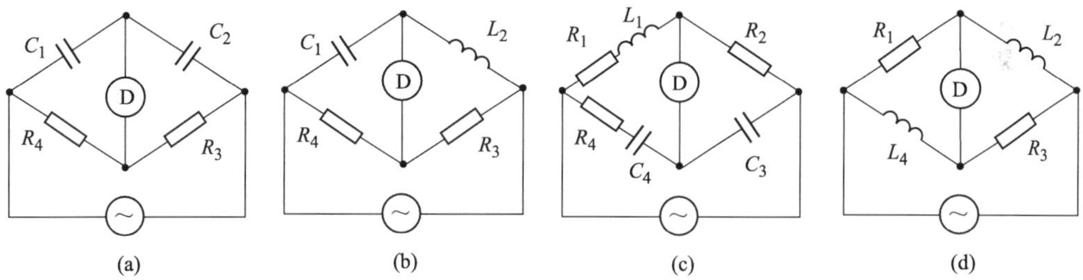

图 10-23 题③图

④ 某直流电桥当电桥平衡时，三个桥臂电阻分别是 $R_1=100\Omega$，$R_2=50\Omega$，$R_3=25\Omega$。求测量电阻 R_X 等于多少？

⑤ 某交流电桥平衡时有下列参数：Z_1 为 $R_1=2000\Omega$ 与 $C_1=0.5\mu\text{F}$ 相并联，Z_2 为 $R_2=1000\Omega$ 与 $C_2=1\mu\text{F}$ 相串联，Z_4 为电容 $C_4=0.5\mu\text{F}$，信号源角频率 $\omega=10^2\text{rad/s}$，求阻抗 Z_3 的元件值。

⑥ 如果谐振法测量高频时，谐振回路电容可以在 25.250pF 范围内变化，而电感 $L=40\mu\text{H}$，试决定它的频率范围。

⑦ 简述如何用万用表判别三极管管脚极性和管型。

⑧ 用晶体管特性测试仪测量 NPN 型三极管和测量 PNP 型三极管有什么不同？

10.5.2 自我评价

项目 10 测量电子元器件参数				
评价内容	没有完成	基本完成	大部分完成	完成
是否明确项目目标?				
电阻测量的原理是什么?				
电阻测量的方法有哪几种?分别适用于什么类型电阻的测量?				
阻抗数字化测量原理是什么?				
掌握 LCR 参数测试仪的使用方法。				
掌握用不平衡电桥测量电阻、电感、电容参数的方法。				
掌握用 Q 表测量电感、电容参数的方法。				
掌握二极管、三极管参数及质量好坏的测量。				

10.5.3 课后思考

① 常见的电桥有哪些?

② 测量电阻、电容、电感的主要方法有哪些?它们各自有什么特点?

③ 画出高频状态下实际电阻、电容、电感的等效电路。

④ 如何用万用表估测电容的容量和漏电阻。

10.5.4 课业

调查电子元器件市场，完成一篇约二千字的小论文，从以下几个方面完成：

① 目前常用电子器件（三极管、场效应管、二极管）的生产厂家、型号、价格、适用场合、工艺结构特点、外观等；

② 目前国内的三极管、二极管、场效应管的生产厂家有哪些?其价格和市场占有率怎样?

③ 目前常用电阻、电容、电感的型号、适用场合、工艺结构特点、外观等；

④ 目前国内电阻、电容、电感的生产厂家有哪些?其价格和市场占有率怎样?

⑤ 测量电阻、电感、电容参数的测量仪器有哪些?主要测量方法有哪些?

⑥ 测量三极管、二极管的参数测量仪器有哪些?主要测量方法有哪些?

项目11 智能仪器

项目目标

【知识目标】 通过完成本项目，使学生掌握以下知识：

① 掌握智能仪器的特点及原理；

② 掌握虚拟仪器及 LABVEIW 的简单应用。

【能力目标】 通过完成本项目，使学生具备以下能力：

① 具备利用智能仪器测量的能力；

② 具备虚拟仪器及 LABVEIW 测量能力。

任务 11.1 智能仪器认知

智能仪器是一类新型的、内部装有微处理器或单片机的微机化电子仪器，它是由传统的电子仪器发展而来的，但在结构和内涵上已经发生了本质的变化。

11.1.1 智能仪器的发展历程

回顾电子仪器的发展历程可以发现，从仪器使用的器件来看大致经历了三个阶段。即真空管时代、晶体管时代和集成电路时代。若从仪器的工作原理来看，又可以分为以下几个阶段。

第一代，模拟式电子仪器（又称指针式仪器）。这一代仪器应用和处理的信号均为模拟量，如指针式电压表、电流表、功率表及一些通用的测试仪器，均为典型的模拟式仪器。这一代仪器的特点是：体积大、功能简单、精度低、响应速度慢。

第二代，数字式电子仪器，如数字电压表、数字式测温仪、数字频率计等。它们的基本工作原理是将待测的模拟信号转换成数字信号并进行测量，测量结果以数字形式输出显示。数字式电子仪器与第一代模拟式电子仪器相比，具有精度高、速度快、读数清晰、直观的特点。其结果既能以数字形式输出显示，还可以通过打印机打印输出。此外，由于数字信号便于远距离传输，因此数字式电子仪器适用于遥测遥控。

第三代，智能型仪器。这一代仪器是计算机科学、通信技术、微电子学、数字信号处理、人工智能、VLSI 等新兴技术与传统电子仪器相结合的产物。智能型仪器的主要特征是仪器内部含有微处理器（或单片机），它具有数据存储、运算和逻辑判断的能力，能根据被测参数的变化自动选择量程，可实现自动校正、自动补偿、自寻故障，以及远距离传输数据、遥测遥控等功能，可以做一些需要人类的智慧才能完成的工作。也就是说，这种仪器具备了一定的智能，故称为智能仪器。

11.1.2 智能仪器的组成

智能仪器一般是指采用了微处理器（或单片机）的电子仪器。由智能仪器的基本组成可知，在物理结构上，微型计算机包含于电子仪器中，微处理器及其支持部件是智能仪器的一个组成部分；但是从计算机的角度来看，测试电路与键盘、通信接口及显示器等部件一样，可看作是计算机的一种外围设备。因此，智能仪器实际上是一个专用的微型计算机系统，它主要由硬件和软件两大部分组成。

（1）硬件部分

硬件部分主要包括主机电路、模拟量（或开关量）输入输出通道、人-机联系部件与接口电路、串行或并行数据通信接口等，其组成结构如图 11-1 所示。

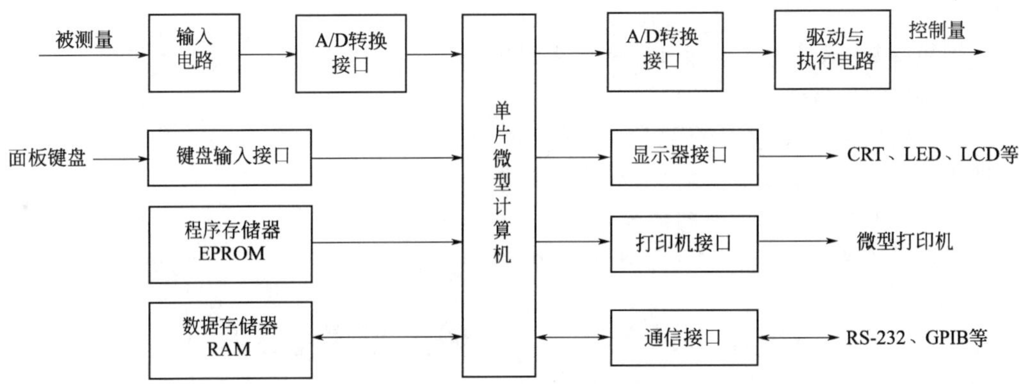

图 11-1　智能仪器的组成结构

智能仪器的主体部分是由单片机及其扩展电路（程序存储器 EPROM、数据存储器 RAM 及输入输出接口等）组成的。主机电路是智能仪器区别于传统仪器的核心部件，用于存储程序、数据，执行程序并进行各种运算、数据处理和实现各种控制功能。

输入电路和 A/D 转换接口构成了输入通道；而 D/A 转换接口及驱动电路则构成了输出通道；键盘输入接口、显示器接口及打印机接口等用于沟通操作者与智能仪器之间的联系，属于人-机接口部件；通信接口则用来实现智能仪器与其他仪器或设备交换数据和信息。

（2）软件部分

智能仪器的软件包括监控程序和接口管理程序两部分。其中，监控程序主要是面向仪器操作面板、键盘和显示器的管理程序。

其内容包括：

① 通过键盘操作输入并存储所设置的功能、操作方式与工作参数；

② 通过控制 I/O 接口电路对数据进行采集；

③ 对仪器进行预定的设置；

④ 对所测试和记录的数据与状态进行各种处理；

⑤ 以数字、字符、图形等形式显示各种状态信息以及测量数据的处理结果等。

接口管理程序主要面向通信接口，其作用是接收并分析来自通信接口总线的各种有关信息、操作方式与工作参数的程控操作码，并通过通信接口输出仪器的现行工作状态及测量数据的处理结果来响应计算机的远程控制命令。

(3) 智能仪器的工作过程

智能仪器的工作过程是：外部的输入信号（被测量）先经过输入电路进行变换、放大、整形和补偿等处理，然后再经模拟量通道的 A/D 转换接口转换成数字量信号，送入单片机。单片机对输入数据进行加工处理、分析、计算等一系列工作，并将运算结果存入数据存储器 RAM 中。同时，可通过显示器接口送至显示器显示，或通过打印机接口送至微型打印机打印输出，也可以将输出的数字量经模拟量通道的 D/A 转换接口转换成模拟量信号输出，并经过驱动与执行电路去控制被控对象，还可以通过通信接口（例如 RS-232、GPIB 等）实现与其他智能仪器的数据通信，完成更复杂的测量与控制任务。

11.1.3 智能仪器的主要功能和特点

单片机的出现与应用，对科学技术的各个领域都产生了极大的影响，与此同时也导致了一场仪器仪表技术的巨大变革。单片机影响着智能仪器对测试过程的控制和对测试数据、结果的处理。智能仪器的主要功能和特点表现在以下方面。

(1) 具有友好的人-机对话功能

智能仪器使用键盘代替了传统仪器中的切换开关，操作人员只需通过键盘输入命令，就能实现某种测量功能。与此同时，智能仪器还可以通过显示屏将仪器的运行情况、工作状态以及对测量数据的处理结果及时告诉操作人员，使仪器的操作更加方便、直观。

(2) 自动校正零点、满度和切换量程

智能仪器的自校正功能大大降低了因仪器的零点漂移和特性变化所造成的误差，而量程的自动切换又给使用带来了很大的方便，并可以提高测量精度和读数的分辨率。

(3) 多点快速检测

智能仪器能对多个参数（模拟量或开关量信号）进行快速、实时检测，以便及时了解生产过程的各种工况。

(4) 自动修正各类测量误差

许多传感器的固有特性是非线性的，且受环境温度、压力等参数的影响，从而给智能仪器带来了测量误差。在智能仪器中，只要能掌握这些误差的规律，就可以依靠软件进行修正。常见的有测温元件的非线性校正、热电偶冷端温度补偿、气体流量的温度压力补偿等。

(5) 数字滤波

通过对主要干扰信号特性的分析，采用适当的数字滤波算法，可以有效地抑制各种干扰（例如低频干扰、脉冲干扰）的影响。

(6) 数据处理

智能仪器能实现各种复杂运算，对测量数据进行整理和加工处理，例如统计分析、查找排序、标度变换、函数逼近和频谱分析等。

(7) 各种控制规律

智能仪器能实现 PID 及各种复杂的控制规律，例如，可进行串级、前馈、解耦、非线性、纯滞后、自适应、模糊等控制，以满足不同控制系统的需要。

(8) 多种输出形式

智能仪器的输出形式有数字（或指针）显示、打印记录和声光报警，也可以输出多点模拟量（或开关量）信号。

（9）数据通信

智能仪器配有GP-IB、RS-232、RS-485等标准的通信接口，可以很方便地与其他仪器和计算机进行数据通信，以便构成不同规模的计算机测量控制系统。

（10）自诊断和故障监控

在运行过程中，智能仪器可以自动地对仪器本身各组成部分进行一系列的测试，一旦发现故障即能报警，并显示出故障部位，以便及时处理。有的智能仪器还可以在故障存在的情况下，自行改变系统结构，继续正常工作，即在一定程度上具有容忍错误存在的能力。

（11）掉电保护

仪器内部装有后备电池和电源自动切换电路。当掉电时，能自动地将电池接至RAM，使数据不致丢失。也可以采用电可改写只读存储器EEPROM来代替RAM，存储重要数据，以实现掉电保护的功能。

在一些常规仪器中，通过增加器件或变换电路也能或多或少地实现以上的一些功能，但往往要付出较大的代价。性能上的少许提高，会使仪器的成本大大增加。而在智能仪器中，性能的提高、功能的扩大是比较容易实现的，往往不会使仪器成本大幅度增加。因此，低廉的单片机芯片使得智能仪器具有较高的性能价格比。

11.1.4 智能仪器的发展趋势

智能仪器的发展趋势主要表现在以下几方面。

（1）微型化

智能仪器的微型化是指将微电子技术、微机械技术、信息技术等综合应用于智能仪器的设计与生产中，从而使仪器成为体积较小、功能齐全的智能化仪器。它能够完成信号采集，线性化处理，数字信号处理，控制信号的输出、放大，与其他仪器接口以及与人交互等功能。微型智能仪器随着微电子技术、微机械技术的不断发展，其技术不断成熟，价格不断降低，因此其应用领域也必将不断扩大。它不但具有传统仪器的功能，而且能在自动化技术、航天、军事、生物技术、医疗等领域起到独特的作用。

（2）多功能化

多功能本身就是智能仪器的一个特点。例如，为了设计速度较快和结构较复杂的数字系统，仪器生产厂家制造了具有脉冲发生器、频率合成器和任意波形发生器等多种功能合一的函数发生器。这种多功能的综合型产品不但在性能上（如准确度）比专用脉冲发生器和频率合成器高，而且在各种测试功能上提供了较好的解决方案。

（3）人工智能化

人工智能是计算机应用的一个崭新领域，利用计算机模拟人的智能，用于机器人、医疗诊断、专家系统、推理证明等各个方面。智能仪器的进一步发展将含有一定的人工智能，即代替人的一部分脑力劳动，从而在视觉（图形及色彩辨读）、听觉（语音识别及语言领悟）、思维（推理、判断、学习与联想）等方面具有一定的能力。这样，智能仪器可以无需人的干预而自主地完成检测或控制功能。显然，人工智能在现代仪器中的应用，不仅可以解决用传统方法很难解决的一些问题，而且还可望解决用传统方法根本不能解决的一些问题。

（4）部分结构虚拟化

测试仪器的主要功能都是由数据采集、数据分析和数据显示等三大部分组成的。随着计算机应用技术的不断发展，人们利用PC机强大的图形环境和在线帮助功能，建立了图形化的虚拟仪器面板，完成了对仪器控制、数据采集、数据分析和数据显示等功能。因此，只要额外提供一定的数据采集硬件，就可以与 PC 机组成测量仪器。这种基于 PC 机的测量仪器称之为虚拟仪器。在虚拟仪器中，使用同一个硬件系统，只要使用不同的软件编程，就可以得到功能完全不同的测量仪器。可见，软件系统是虚拟仪器的核心，因此，也有人称“软件就是仪器”。

（5）通信与控制网络化

在系统编程技术（In System Programming，简称 ISP 技术）是对软件进行修改、组态或重组的一种最新技术。ISP 技术消除了传统技术的某些限制和连接弊病，有利于在板设计、制造与编程。ISP 硬件灵活且易于软件修改，便于设计开发。由于 ISP 器件可以像任何其他器件一样在印刷电路板（PCB）上处理，因此编程 ISP 器件不需要专门的编程器和较复杂的流程，只要通过 PC 机、嵌入式系统处理器，甚至 Internet 远程网就可进行编程。

任务 11.2　智能仪器的数据通信技术

智能仪器配有 GP-IB、RS-232、RS-485 等标准的通信接口，可以很方便地与其他仪器和计算机进行数据通信，以便构成不同规模的计算机测量控制系统。

11.2.1　串行数据通信技术

（1）串行通信的基本概念

① 波特率　所谓波特率，是指每秒串行发送或接收的二进制位（bit）数目，其单位为 b/s（每秒比特数）。它是衡量数据传输速度的指标，也是衡量传送通道频带宽度的指标。

② 单工、半双工与全双工　按照智能设备发送和接收数据的方向，以及能否同时进行数据传输，可将数据传输分为单工、半双工与全双工三种，如图 11-2 所示。

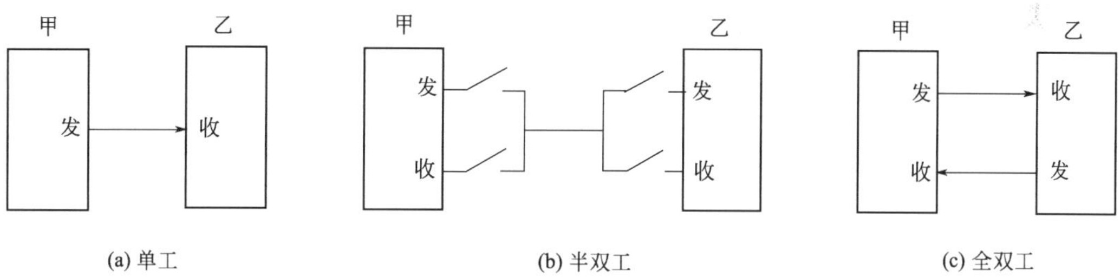

图 11-2　单工、半双工和全双工示意图

• 单工（Simplex）方式：相互通信的任何一方仅允许数据单方向传送。

• 半双工（Half Duplex）方式：通信的双方既可以发送又可以接收数据，但是发送和接收数据只能分时使用同一传输线路，即在某一时刻只允许进行一个方向的数据传送。

• 全双工（Full Duplex）方式：通信的双方采用两根传输线连接两端设备，可同时进行数据的发送和接收。

③ 异步串行传送　异步传送是以字符为单位传送的。异步传送的每个字符必须由起始位（1 位“0”）开始，之后是 7 位或 8 位数据和一位奇偶校验位。数据的低位在先，高位在后，字符以停止位（1 位、1 位半或 2 位逻辑“1”）表示字符的结束，从起始位开始到停止位结束组成一帧信息。因此，异步串行传送的一帧字符信息由四部分组成：起始位、数据

位、奇偶校验位和停止位。停止位后面可能不会立刻紧接下一字符的起始位，这时停止位后面一直维持“1”状态，这些位称为“空闲位”。

图 11-3　RS-232 接口线

异步传送的标准波特率有很多种，目前常用的是 300、600、1200、2400、4800、9600 和 19200（bps）。异步传送对每个字符都附加了同步信息，降低了对时钟的要求，硬件较为简单，但冗余信息（起始位、停止位和奇偶校验位）所占比例较大，数据的传输速度一般低于同步传送方式。

（2）RS-232C 标准串行接口

① 总线描述　RS-232C 标准定义了数据通信设备（DCE）与数据终端设备（DTE）之间进行串行数据传输的接口信息，规定了接口的电气信号和接插件的机械要求。RS-232 接口线见图 11-3。

RS-232C 对信号开关电平规定如下。

驱动器的输出电平为：逻辑“0”，＋5～＋15V；逻辑“1”，－5～－15V。

接收器的输入检测电平为：逻辑“0”，＞＋3V；逻辑“1”，＜－3V。RS-232C 采用负逻辑，噪声容限可达 2V。

全双工最简系统连接如图 11-4。

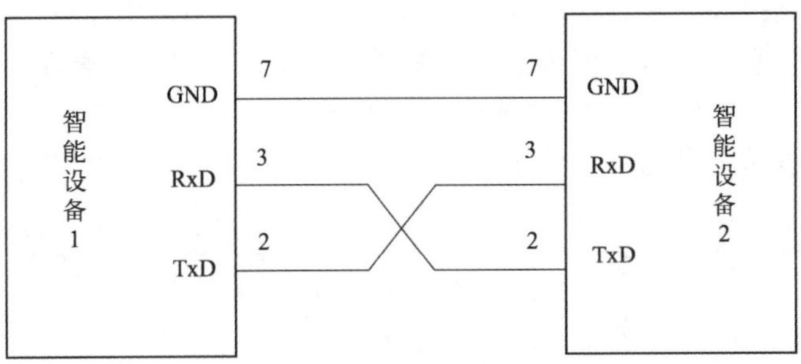

图 11-4　全双工最简系统连接

② 电平转换　在计算机及智能仪器内，通用的信号是正逻辑的 TTL 电平。而 RS-232C 的逻辑电平为负逻辑的±12V 信号，与 TTL 电平不兼容，必须进行电平转换。用于电平转换的集成电路芯片种类很多，RS-232C 总线输出驱动器有 MC1488、SN75188、SN75150 等，总线接收器有 MC1489、SN75199、SN75152 等。

③ 计算机接口　计算机中的数据是并行的，为了实现异步串行传输，发送时必须进行并—串转换；接收时再进行串—并转换。此外，还要检验传送是否正确。这些工作一般采用专用集成电路芯片 UART（通用异步接收器/发送器）来完成。

UART 作为计算机的串行通信接口电路芯片，在相应的控制软件配合下，实现异步串行数据传输。UART 芯片种类很多，常用的有 Intel 8251、Intel 8250、Zilog Z80-SIO、Motorola MC6850 等，许多单片计算机也有集成了 UART 功能。

（3）RS-422A 与 RS-423A 标准串行接口总线

虽然 RS-232C 使用很广泛，但它存在着一些不足，主要有：

① 数据传输速率低，一般低于 20kb/s；

② 传输距离短，一般局限于 15m。即使采用较好的器件及优质同轴电缆，最大传输距离也不能超过 60m；

③ 有 25 芯 D 型插针和 9 芯 D 型插针等多种连接方式，不利于标准化设计；

④ 信号传输电路为单端电路，共模抑制性能较差，抗干扰能力弱。

针对以上不足，EIA 于 1977 年制定了新标准（RS-449），目的在于支持较高的传输速率和较远的传输距离。RS-449 标准定义了 RS-232C 所没有的 10 种电路功能，规定了 37 脚的连接器标准。RS-422A 和 RS-423A 实际上只是 RS-449 标准的子集。

RS-423A 与 RS-232C 兼容，单端输出驱动，双端差分接收。正信号逻辑电平为 +200mV～+6V，负信号逻辑电平为 −2000mV～−6V。差分接收提高了总线的抗干扰能力，从而在传输速率和传输距离上都优于 RS-232C。

RS-422A 与 RS-232C 不兼容，双端平衡输出驱动，双端差分接收，从而使其抑制共模干扰的能力更强，传输速率和传输距离比 RS-423A 更进一步。

RS-423A 与 RS-422A 带负载能力较强，一个发送器可以带动 10 个接收器同时接收。

11.2.2 并行数据通信技术

（1）Centronics 标准并行接口

微型计算机配备的并行接口遵从 Centronics 标准，这是一个得到工业界普遍支持的标准，多用于计算机与打印机的并行连接，在智能仪器和其他智能设备（如仿真开发装置）与微型计算机的连接中也被采用（图 11-5）。

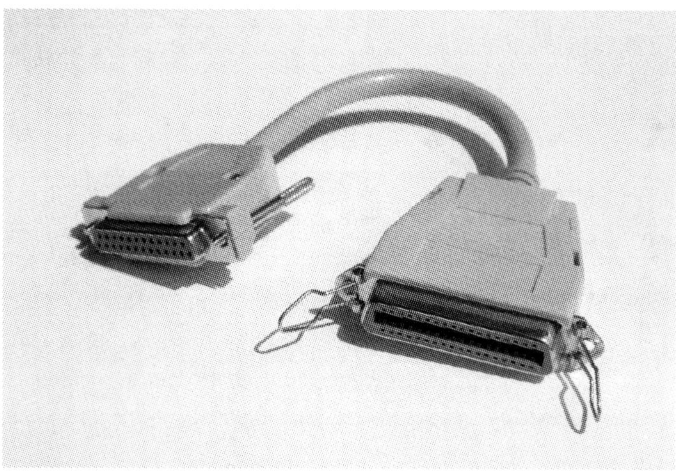

图 11-5 Centronics 接口线

这个标准开始规定了一个 36 芯插头座，并对每个引脚的信号做了明确的规定（表 11-1），其中有 8 条数据线、3 条联络线和一些特殊的控制线。后来将这个标准简化为 25 芯插头座。

（2）GP-IB（IEEE 488）总线

自动测试系统中典型的并行总线是 GP-IB（IEEE488）总线，GP-IB（General Purpose Interface Bus，通用接口总线）是国际通用的仪器接口标准（图 11-6）。GP-IB 总线可将多台配置有 GP-IB 接口的独立仪器连接起来，在具有 GP-IB 接口的计算机和 GP-IB 协议的控制下形成协调运行的有机整体。由于数据传输距离较近，并行数据电缆的导线数目较多，因此可以体现并行通信高速传输的优势。

表 11-1　Centronics 标准接口

引　脚	信　号	说　明
1	$\overline{\text{STROBE}}$	选通
2～9	D_0～D_7	数据信号(8 位)
10	$\overline{\text{ACK}}$	数据接收响应
11	BUSY	外设“忙”状态信号
12	PE	缺纸状态信号
13	SLCT	联机状态信号
14	$\overline{\text{AUTOFEDXT}}$	自动走纸一行(控制)
15、18、34	NC(不用)	
16	逻辑地	
17	机壳地	
19～30	信号地	
31	$\overline{\text{INIT}}$	初始化
32	$\overline{\text{ERROR}}$	错误状态信号
33	屏蔽地	
35	+5V	
36	$\overline{\text{SLCTIN}}$	选择输入(控制)

图 11-6　GP-IB 接口线

在自动测试系统中，配置有 GP-IB 接口的智能仪器（一般称之为 GP-IB 仪器）之间的通信是通过接口系统发送“仪器消息”和“接口消息”来实现的。仪器消息即通常概念中的数据或数据消息，主要包含该仪器的特定信息（如编程指令、测量结果、机器状态和数据文件等）；接口消息则用于管理总线，通常称之为命令（Command）或命令消息。接口消息执行诸如总线初始化，对仪器寻址，将仪器设置为远程方式或本地方式等操作。此处的“命令”与特定仪器的专用命令是两个不同的概念，特定仪器的专用命令在 GP-IB 系统中是作为数据消息来处理的。

在一个 GP-IB 标准接口总线系统中要进行有效的通信联络，至少有“讲者”（Talker）、“听者”（Listener）和“控者”（Controller）三类仪器装置。讲者通过总线向接收数据的一个或多个听者发送数据信息；听者是通过总线接收由讲者发出消息的装置；控制器（控者）则通过向所有的仪器发送命令来管理 GP-IB 总线上的信息流。自动测试系统中的某台 GP-IB 仪器既可能是讲者，也可能是听者。但在某一时刻，只能有一个讲者在起作用。

GP-IB 标准接口由 16 根信号线组成，分为数据线（8 根）、挂钩线（Hand Shake）（3 根）和接口管理线（5 根）三组。数据线 DIO1～DIO8 传输数据消息和命令消息。ATN 线的状态决定数据线上的消息是数据还是命令。所有的命令和大多数数据采用 7 位 ASCII 或 ISO 代码，故数据线的第 8 位（DIO8）可用做奇偶校验位或不用。3 根挂钩线控制仪器之间信息字节的传输，形成“三线互锁挂钩”过程，以保证数据线上信息字节的发送和接收不产生传输错误。

(3) VXI 总线 (VMEbus Extensions for Instrumentation)

VXI 总线仪器系统是模板插卡式结构的智能仪器系统，可将各种具有独立功能的模板式智能仪器连接在一起，构成自动测试系统或计算机测控系统。VXI 总线仪器系统中的模板式智能仪器被称为卡式仪器 (IAC，InstrumentAtCard)，如卡式数字电压表、示波器、函数发生器、AI/AO 和 DI/DO 通道等。按照自动测试系统或测控系统的功能要求，将选定的若干 IAC 安置在同一个机箱中，并挂在机箱背板的高速并行总线（背板总线）上，即可构成不同用途和规模的 VXI 总线仪器系统。这些 IAC 可以在本机 (Local) 方式下独立工作，在需要彼此呼应或与仪器系统外部交换数据时，可通过背板总线进入远程 (Remote)。VXI 总线仪器系统具有信息吞吐量大、配置灵活、结构紧凑、仪器体积小等特点，是当前实验室仪器系统研究和发展的热点。

VXI 总线装置是 VXI 总线系统中的基本部件。每个装置都有惟一的地址编码 (0～255)，每个 VXI 总线仪器系统中最多可容纳 256 个装置。一个装置可以占据数个槽位，也允许几个装置共用一个槽位。电压表、计数器或信号发生器等一般都是单槽位装置。VXI 总线装置的类型共有 4 种：寄存器基装置、存储器装置、消息基装置和扩展装置。寄存器基装置只有组态寄存器和由装置决定的寄存器，而没有通信寄存器。装置的通信通过寄存器读/写来实现，在命令者/受令者的分层结构中担任受令者。寄存器基装置电路简单、易于实现，节省了指令的译码时间，数据传输速度快。存储器装置与寄存器基装置很相似，也没有通信寄存器，只能靠寄存器的读/写来进行通信。一般可将存储器装置与寄存器基装置同等对待。

以消息为基础的消息基寄存器不但具有组态寄存器和若干由装置决定的寄存器，而且还具有通信寄存器来支持复杂的通信规程，进行高水平的通信。消息基装置属于智能化的较复杂的装置，如计算机、资源管理者、各类高性能测试仪器插件等，可以担任分层结构中的命令者，也可以担任受命者，或者同时兼任上层的受命者及下层的命令者。扩展装置是有特定目的的装置，用于为 VXI 未来的发展定义新的装置门类。

11.2.3 USB 总线技术

(1) USB 总线概述

USB 系统分为 USB 主机、USB 设备和 USB 连接 3 部分。任何 USB 系统中只有一台主机，USB 系统和主机系统的接口称为主机控制器 (Host Controller)，它是由硬件和软件综合实现的。USB 设备包括集线器 (Hub) 和功能部件 (Function) 两种类型。集线器为 USB 提供了更多的连接点，功能部件则为系统提供了具体的功能。USB 的物理连接为分层星型布局，每个集线器处于星型布局的中心，与其他集线器或功能部件点对点连接。根集线器置于主机系统内部，用以提供对外的 USB 连接点。USB 系统拓扑结构如图 11-7。

USB 系统通过一种 4 线的电缆传送信号和电源，分两种数据传输模式：12Mb/s 高速信号模式和 1.5Mb/s 低速信号模式，两种模式可在同一 USB 总线传输时自动切换。由于过多采用低速模式会降低总线的利用率，因此该模式只支持有限几个低速设备（如鼠标等）。若采用同步传送方式，时钟信号与差分数据将一同发送（时钟信号转换成单极性非归零码），每个数据包中均带有同步信号以保证接收方还原出时钟。

(2) USB 数据流

USB 总线上的数据流就是主机与 USB 设备之间的通信。这种数据流可分为应用层、USB 逻辑设备层和 USB 总线接口层，共有 4 种基本的数据传送类型。

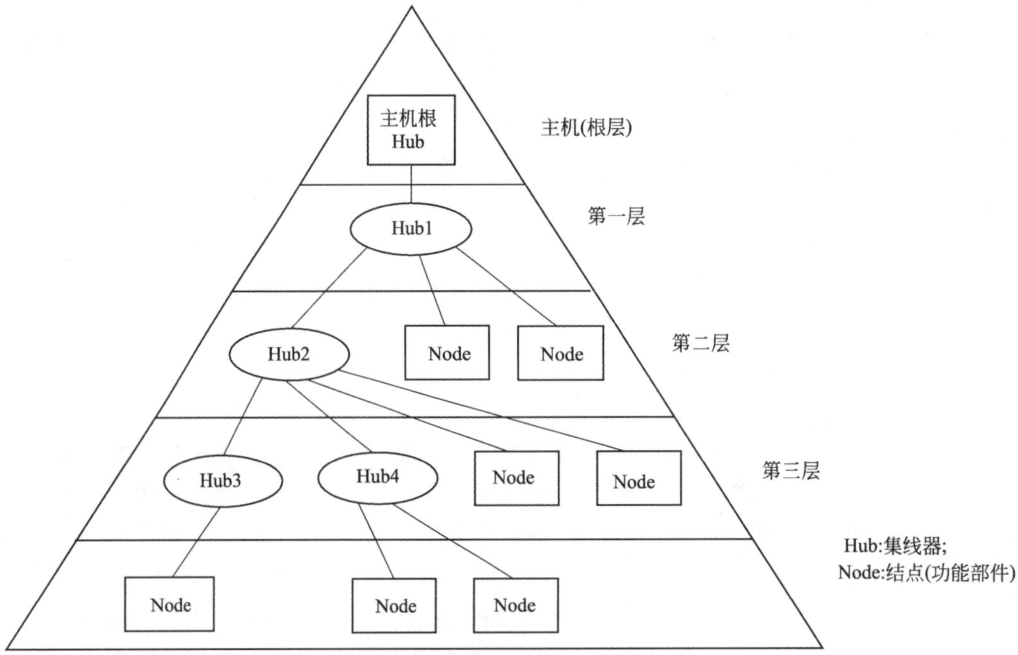

图 11-7　USB 系统拓扑结构

① 控制传送。控制传送采用了严格的差错控制机制，其数据传送是无损的。USB 设备在初次安装时，USB 系统软件使用控制传送来设置参数。

② 批传送。批量数据即大量数据，如打印机和扫描仪中所使用的。批量数据是连续传送的，在硬件级上使用错误检测以保证可靠的数据传输，在协议中引入了数据的可重复传送。根据其他的一些总线动作，批量数据占用的带宽可做相应的改变。

③ 中断传送。中断数据是少量的，要求传送延迟时间短。这种数据可由设备在任何时刻发送，并且以不慢于设备指定的速度在 USB 上传送。中断数据一般由事件通告、特征及坐标组成，只有一个或几个字节。

④ 同步传送。在建立、传送和使用同步数据时，需满足其连续性和实时性。同步数据以稳定的速率发送和接收。为使接收方保持相同的时间安排，同步信道带宽的确定必须满足对相关功能部件的取样特征。除了传输速率，同步数据对传送延迟非常敏感，因此也需做相关处理。一个典型的例子是声音传送，如果数据流的传输速率不能保证，则数据丢失将取决于缓冲区和帧的大小。即使数据在硬件上以合适的速率传输，但软件造成的传输延迟也会对实时系统造成损害。一般 USB 系统会从 USB 带宽中给同步数据流分配专有部分，以满足所需要的传输速率。

USB 的带宽可容纳多种不同数据流，因此可连接大量设备，可容纳从 1B＋D（64kb/s＋16kb/s）到 T1（1.5Mb/s）速率的电信设备；而且 USB 支持在同一时刻的不同设备具有不同的传输速率，并可动态地变化。

（3）USB 设备

USB 设备有集线器和功能部件两类。在即插即用的 USB 结构体系中，集线器（图 11-8）简化了 USB 互连的复杂性，可使更多不同性质的设备连入 USB 系统中。集线器各连接点被称作端口，上行端口向主机方向连接（每个集线器只有 1 个上行端口），下行端口可连接另外的集线器或功能部件。集线器具有检测每个下行端口设备的安装或拆卸的功能，并可对下行端口的设备分配能源，每个下行端口可辨别所连接的设备是高速还是低速。集线器包括两部分：集线控制器和集线再生器。集线再生器位于上行端口和下行端口之间，可放大衰减的信号和恢复畸变的信号，并且支持复位、挂起、唤醒等功能。通过集线控制器所带的接口寄存器，可使主机对集线器的状态参数和控制命令进行设置，并监视和控制其端口。

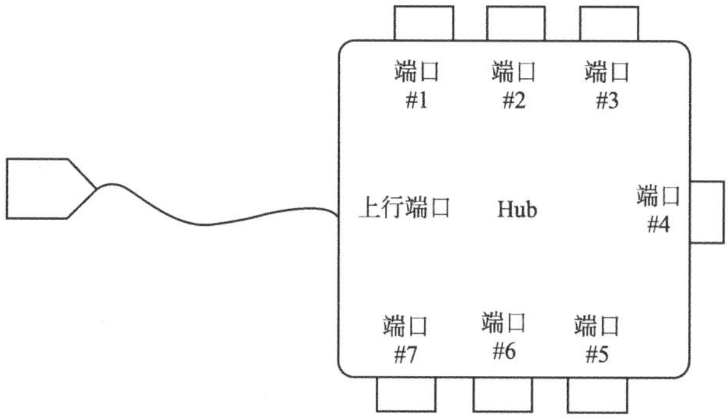

图 11-8 USB 集线器示意图

功能部件是通过总线进行发送数据、接收数据或控制信息的 USB 设备，由一根电缆连在集线器某个端口上。功能部件一般相互独立，但也有一种复合设备，其中有多个功能部件和一个内置集线器，并共同利用一根 USB 电缆。每个功能部件都含有描述该设备的性能和所需资源的设置信息。主机应在功能部件使用前对其设置，如分配 USB 带宽等。定位设备（鼠标、光笔）、输入设备（键盘）、输出设备（打印机）等都属于功能部件。

任务 11.3 虚拟仪器和 Labview

11.3.1 概念

虚拟仪器是指通过应用程序将通用计算机与必要的功能化硬件模块结合起来的一种仪器，用户可以通过友好的图形界面来操作这台计算机，就像操作自己定义、自己专门设计的一台单个传统仪器一样，从而完成对被测控参数的采集、运算与处理、显示、数据存储、输出等任务。虚拟仪器通常由计算机、仪器模块和软件三部分组成。仪器模块的功能主要靠软件实现，通过编程在显示屏上构成波形发生器、示波器或数字万用表等传统仪器的软面板。

而波形发生器发生的波形、频率、占空比、幅值和偏置，或者示波器的测量通道、标尺比例、时基、极性、触发信号（沿口、电平、类型……）等都可用鼠标或按键进行设置，如同常规仪器一样使用，不过，虚拟仪器具有更强的分析处理能力。随着计算机技术和虚拟仪器技术的发展，用户只能使用制造商提供的仪器功能的传统观念正在改变，而用户自己设计、定义的范围进一步扩大。同一台虚拟仪器可在更多场合应用，比如既可在电量测量中应用，又可在振动、运动和图像等非电量测量中应用，甚至在网络测控中应用。

虚拟仪器强调软件的作用，提出“软件就是仪器”的理念。它克服了传统仪器的功能在制造时就被限定而不能变动的缺陷，摆脱了由传统硬件构成一件件仪器再连成系统的模式，变为由用户根据自己的需要，通过编制不同的测控软件来组合成各种虚拟仪器。其中许多功能直接就由用户软件来实现，打破了仪器功能只能由厂家定义，用户无法改变的模式。当用户的测控要求变化时，可以方便地由用户自己来增减软、硬件模块，或重新配置现有系统以满足要求。所以虚拟仪器是由用户自己定义、自由组合的计算机平台、硬件、软件以及完成系统功能所需的附件。

11.3.2 虚拟仪器的组成

（1）虚拟仪器的硬件系统

虚拟仪器的硬件系统一般分为计算机硬件平台和测控功能硬件。计算机硬件平台可以是各种类型的计算机，如普通台式计算机、便携式计算机、工作站、嵌入式计算机等。计算机管理着虚拟仪器的硬、软件资源，是虚拟仪器的硬件基础。计算机技术在显示存储能力、处理性能、网络、总线标准等方面的发展，导致了虚拟仪器系统的快速发展。

虚拟仪器不强调每一个仪器功能模块就是一台仪器，而是强调选配一个或几个带共性的基本仪器硬件来组成一个通用硬件平台，通过调用不同的软件来扩展或组成各种功能的仪器或系统。与传统的智能仪器一样，虚拟仪器也可以划分成数据采集、数据分析与处理、结果表达三个部分。

传统的智能仪器是由厂家将上述三种功能的部件根据仪器功能按固定方式组建的，一般一种仪器只有一种功能或数种功能。而虚拟仪器是将具有上述一种或多种功能的通用模块组合起来，通过编制不同的测控软件来构成任何一种仪器，而不是某几种仪器。例如，激励信号可先由微机产生数字信号，再经 D/A 变换产生所需的各种模拟信号，这相当于一台任意波形发生器。被测信号经过采样、A/D 变换成数字信号，再经过处理，可以直接以数字显示而形成数字电压表一类仪器；也可以用图形显示而成为示波器类仪器。

或者再对数据进一步分析，即可形成频谱分析类仪器。其中，数据分析与处理以及显示等功能可以直接由软件完成。这样就摆脱了由传统硬件构成一件件仪器然后再连成系统的模式，而变成仅仅由计算机、A/D 转换器及 D/A 转换器等带共性的硬件资源和应用软件共同组成虚拟仪器的新理念。许多厂家已研制出多种用于构建虚拟仪器的数据采集卡（DAQ）。一块 DAQ 卡即可以完成 A/D 转换、D/A 转换、数字 I/O、计数器/定时器等多种功能，再配以相应的信号调理组件以及 GP-IB 仪器、VXI 总线仪器、PC 总线仪器、带有 RS-232 的串行口仪器、现场总线仪器等，形成现阶段虚拟仪器的硬件平台，如图 11-9 所示。

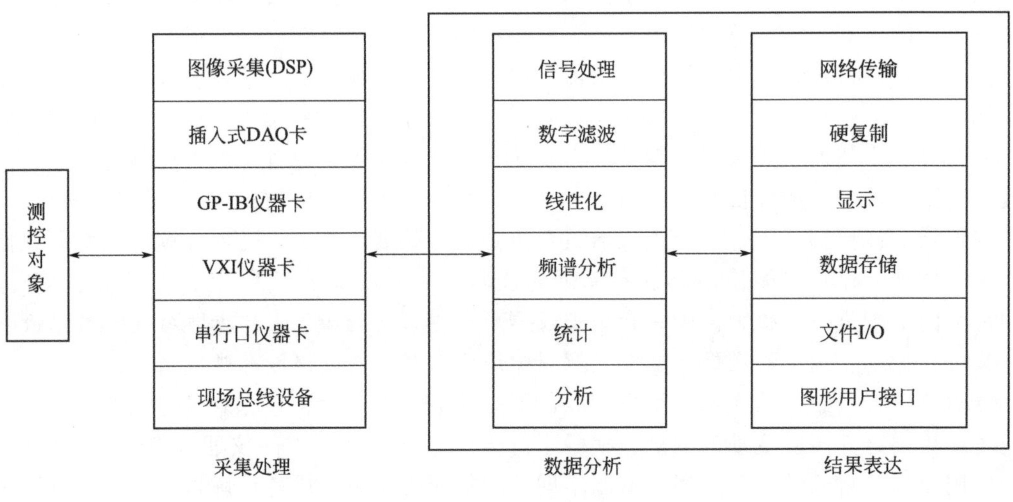

图 11-9 虚拟仪器硬件平台

(2) 虚拟仪器的软件系统

基本硬件确定之后，要使虚拟仪器能按用户要求自行定义，必须有功能强大的软件平台支持。早先的软件开发环境很不理想，即使是用 C、C++高级语言也会感到与高速测试及缩短开发周期的要求极不适应。经过大量工作，现在基于图形的用户接口和开发环境是虚拟仪器软件工作中最流行的发展趋势。典型的软件产品有 NI 公司的 Lab VIEW（Laboratory Virtual Instrument Workbench，实验室虚拟仪器工作平台）；HP 公司的 HPVEE 和 HP TIG；Tektronix 公司的 Ez-Test 和 TNS 等，其中 Lab VIEW 应用的影响最大。

虚拟仪器最核心的思想，就是利用计算机的软件和硬件资源，使本来需要硬件或电路实现的技术软件化和虚拟化，最大限度地降低系统成本，增强系统的功能与灵活性。虚拟仪器的软件结构如图 11-10 所示。基于软件在虚拟仪器系统中的重要作用，从低层到顶层，虚拟仪器的软件系统框架包括三个部分：VISA 库、仪器驱动程序、应用软件。

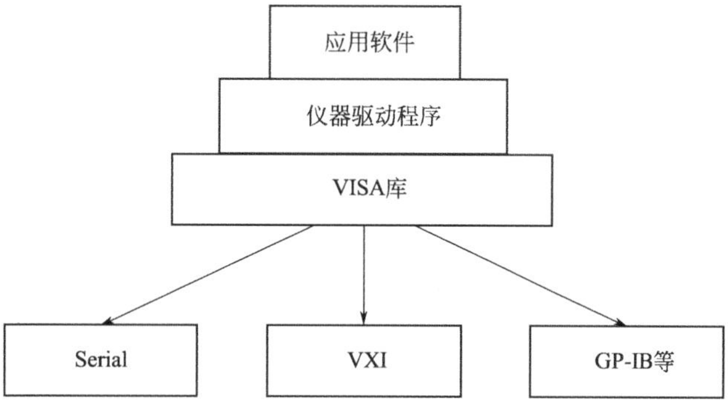

图 11-10 虚拟仪器的软件结构

① VISA（Virtual Instrumentation Software Architecture）库。VISA 库实质就是标准的 I/O 函数库及其相关规范的总称，一般称这个 I/O 函数库为 VISA 库。它驻留于计算机系统之中，执行仪器总线的特殊功能，是计算机与仪器之间的软件层连接，用来实现对仪器的控制。对于仪器驱动程序开发者来说，VISA 库是一个可调用的操作函数库或集合。

② 仪器驱动程序。仪器驱动程序是完成对某一特定仪器的控制与通信的软件程序集合，是应用程序实现仪器控制的桥梁。每个仪器模块都有自己的仪器驱动程序，仪器厂商将其以源代码的形式提供给用户，用户在应用程序中调用仪器驱动程序。

③ 应用软件。应用软件建立在仪器驱动程序之上，直接面对操作用户，通过提供直观、友好的操作界面，丰富的数据分析与处理功能来完成自动测试任务。应用软件还包括通用数字处理软件。通用数字处理软件包括用于数字信号处理的各种功能函数，如频域分析的功率谱估计、FFT、FHT、逆 FFT、逆 FHT 和细化分析等；时域分析的相关分析、卷积运算、反卷运算、均方根估计、差分积分运算和排序等；滤波设计中的数字滤波等。这些功能函数为用户进一步扩展虚拟仪器的功能提供了基础。

11.3.3 虚拟仪器的特点

与传统仪器相比，虚拟仪器除了在性能、易用性、用户可定制性等方面具有更多优点外，在工程应用和社会经济效益方面也具有突出优势。

一方面，目前我国高档台式仪器如数字示波器、频谱分析仪、逻辑分析仪等还主要依赖进口，这些仪器加工工艺复杂，要求很高的制造技术，国内生产尚有困难。采用虚拟仪器技术，可以通过只采购必要的通用数据采集硬件来设计自己的仪器系统。另一方面，用户可以将一些先进的数字信号处理算法应用于虚拟仪器设计，提供传统台式仪器不具备的功能，而且完全可以通过软件配置实现多功能集成的仪器设计。因此，可以说虚拟仪器代表了未来测量仪器设计发展的方向。

与传统仪器比较，虚拟仪器还有许多其他优点。

① 融合计算机强大的硬件资源，突破了传统仪器在数据处理、显示、存储等方面的限制，大大增强了传统仪器的功能。高性能处理器、高分辨率显示器、大容量硬盘等已成为虚拟仪器的标准配置。

② 利用了计算机丰富的软件资源，实现了部分仪器硬件的软件化，节省了物质资源，增加了系统灵活性。通过软件技术和相应数值算法，实时、直接地对测试数据进行各种分析与处理；通过图形用户界面（GUI）技术，真正做到界面友好、人机交互。

③ 基于计算机总线和模块化仪器总线，仪器硬件实现了模块化、系列化，大大缩小了系统尺寸，可方便地构建模块化仪器（Instrument on a Card）。

④ 基于计算机网络技术和接口技术，VI 系统具有方便、灵活的互联（Connectivity）特性，该特性广泛支持诸如 CAN、FieldBus、PROFIBUS 等各种工业总线标准。因此，利用 VI 技术可方便地构建自动测试系统（ATS，Automatic Test System），实现测量、控制过程的网络化。

⑤ 基于计算机的开放式标准体系结构，虚拟仪器的硬、软件都具有开放性、模块化、可重复使用及互换性等特点。因此，用户可根据自己的需要，选用不同厂家的产品，使仪器系统的开发更为灵活、效率更高，缩短了系统组建时间。

⑥ 研制费用低而且部分软、硬件可以重复利用，技术更新快（周期 1～2 年）。

11.3.4 Lab VIEW 虚拟仪器开发平台

(1) Lab VIEW 概述

Lab VIEW 是美国 NI 公司研制的一个功能强大的虚拟仪器系统开发平台，是具有直观界面、便于开发、易于学习且具有多种仪器驱动程序和工具的大型仪器系统开发工具。

Lab VIEW 基于图形化编程语言 G 开发环境，它采用了工厂人员所熟悉的术语、图标等图形化符号来代替基于文字的常规程序语言，把复杂烦琐、费时的语言编程简化成简单、直观、易学的图形编程，同传统的程序语言相比，可以节省约 80％的程序开发时间。这一特点也为那些不熟悉 C、C＋＋等计算机语言的开发者带来了很大的方便。

Lab VIEW 整合了 GP-IB、VXI、PXI、RS-232C 和 RS-485 以及数据采集卡 DAQ 等硬件通信的全部功能；它还提供了调用 TCP/IP、Activex 等软件标准的库函数及代码接口节点等功能，方便了用户直接调用由其他语言编制成的可执行程序，使得 Lab VIEW 编程环境具有一定的开放性。

Lab VIEW 的基本程序单位是 VI。可以通过图形编程的方法，建立一系列的 VI，来完成用户指定的测试任务。对于简单的测试任务，可由一个 VI 完成；对于一项复杂的测试任务，则可按照模块设计的概念，把测试任务分解为一系列的任务，每一项的任务还可以分解为多项小任务，直至把一项复杂的测试任务变成一系列的子任务。

设计时，先设计各种 VI 以完成每项子任务，然后把这些 VI 组合起来以完成更大的任务，最后建成的顶层虚拟仪器就成为一个包括所有子功能虚拟仪器的集合。Lab VIEW 可以让用户把自己创建的 VI 程序当作一个 VI 子程序节点，以创建更复杂的程序，且这种调用是无限制的。Lab VIEW 中各 VI 之间的层次调用结构如图 11-11 所示。

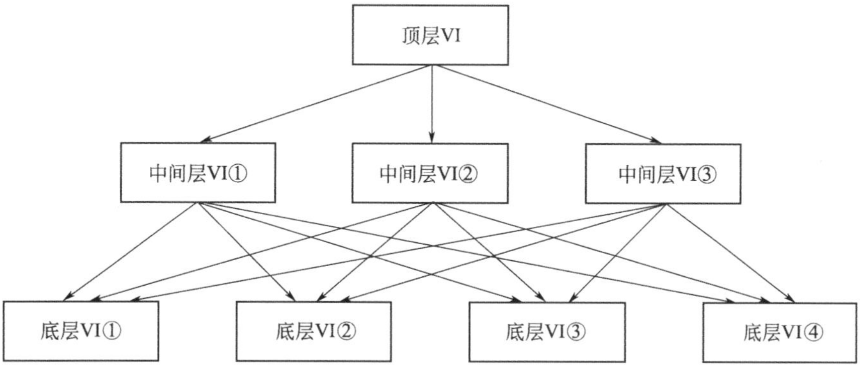

图 11-11 Lab VIEW 层次调用结构

(2) Lab VIEW 开发界面及使用

所有的 Lab VIEW 程序，即虚拟仪器（VI）都包括前面板（Front Panel）、流程图（Block Diagram）、图标/接口三部分。

前面板用于设置输入数据和观察输出量。由于程序前面板是模拟真实仪表前面板的，输入量被称为 Controls，输出量被称为 Indicators，因此，用户可以使用许多图标，如旋钮、开关、按钮、图表、图形等，来使前面板易懂易看。图 11-12 是 LABVIEW 仿真信号采集例程。

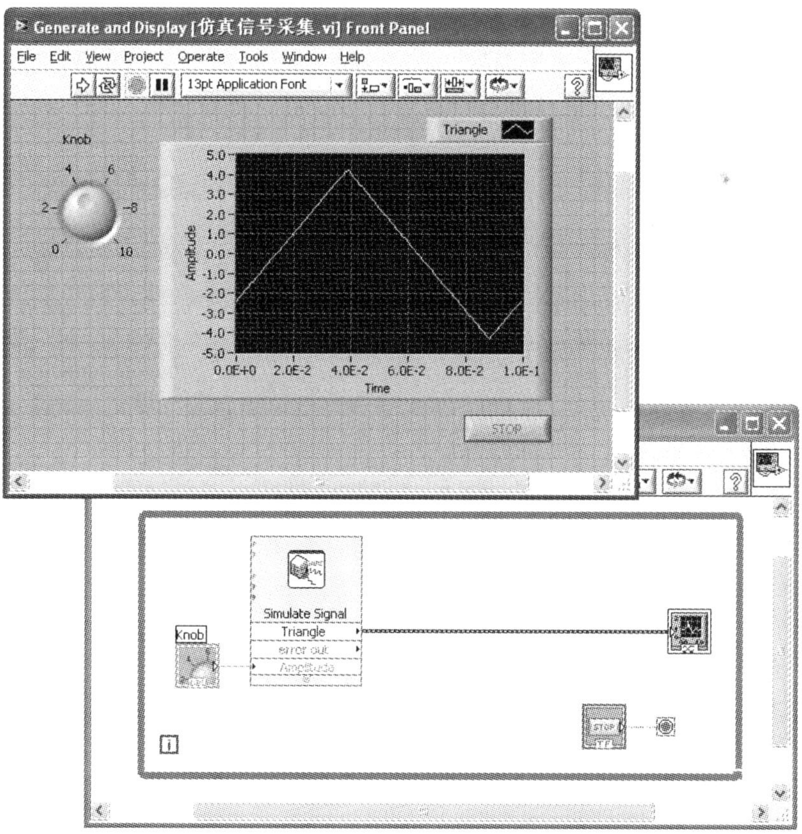

图 11-12 是 LABVIEW 仿真信号采集

LabVIEW 使用中的一些常用工具如下。

① LabVIEW 的三种选板：控件选板（为前面板添加控件）；

函数选板（在程序框图中添加函数或数据等）；

工具选板（选择各种编辑工具，前面板和后面板都要用到）。

② 帮助信息。LabVIEW 为用户提供了非常全面的帮助信息，有效地利用帮助信息是快速掌握 LabVIEW 的一条捷径。获取帮助信息的方法，包括实时上下文帮助（Show Context Help）、联机帮助、LabVIEW 范例查找器（Find Examples）、网络资源（Web Resources）等。

选择菜单栏中 Help->Show ContextHelp 选项或按下 Ctrl+H，就会弹出 Context Help 窗口。当鼠标移到某个对象或函数上时，上下文帮助窗口就会显示相应的帮助信息。

③ LabVIEW 范例。LabVIEW 提供了大量的范例，这些范例几乎包含了 LabVIEW 所有功能的应用实例，并提供了大量的综合应用实例。在菜单栏中选择 Help->Find Examples 选项可以打开范例查找器（图 11-13）。

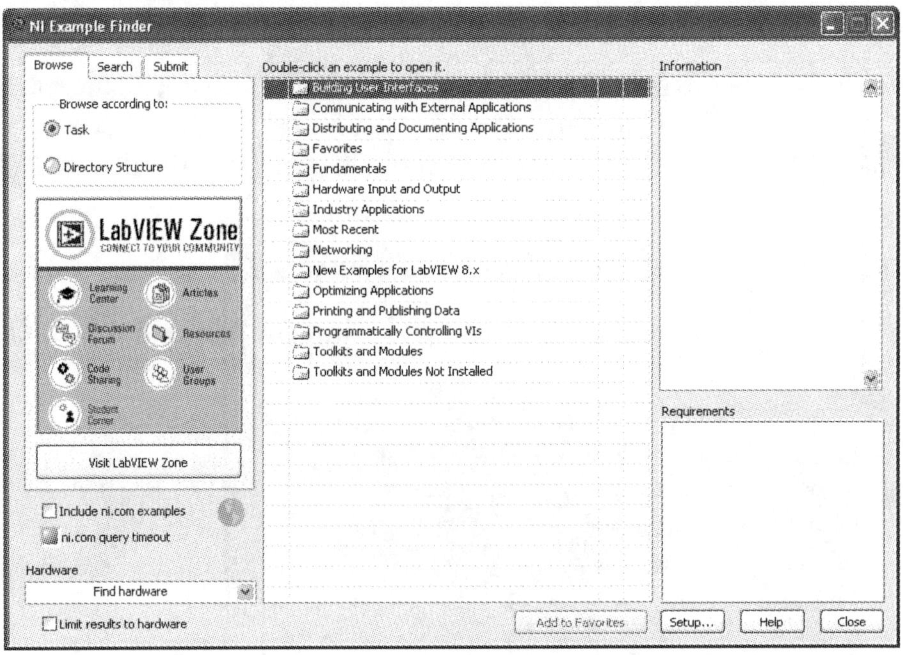

图 11-13　LabVIEW 的范例查找器

④ 输入控件（Controls）和显示控件（Indicator）。前面板中的一些控件既可以作为输入控件也可以作为显示控件。右击控件，选择 Change to Indicator 或 Change to Control 可以进行输入控件与显示控件之间的切换。

前面板中的每个控件都有自己的属性，如控件的颜色、最大最小值、显示精度和方式等。许多属性都可以根据不同的需要进行编辑。右击前面板任何一个控件选择 Properties 选项就可以弹出该控件的属性配置窗口。

⑤ 运行 VI。单击前面板或程序框图工具栏中的运行按钮，就可以运行 VI 一次。当程序运行时，停止按钮由编辑时的状态，单击此按钮可强行停止程序的运行。如果调试程序时，使程序无意中进入死循环或无法退出时，这个按钮可以强行结束程序运行。

任务 11.4 自主学习

11.4.1 任务巩固

① 简述智能仪器的组成。
② 简述智能仪器的发展趋势。
③ 智能仪器常用的数据通信技术是什么?
④ 虚拟仪器的特点是什么?

11.4.2 课后思考

① 智能仪器较之传统仪器能为测量带来哪些方便?
② 尝试采用 LABVIEW 软件编写一段测试程序。

11.4.3 课业

了解电子实验室都有哪些仪器设备具有智能仪器特点?上网了解智能仪器的应用现状。

附录
实验

实验一　应力的测量

一、实验目的

① 掌握应变金属箔式应变片的工作原理及其测量电路。

② 了解金属应变片的安装方式。

③ 掌握三种电桥的工作方式及输出特性比较。

④ 掌握电阻应变片的实际工程应用。

二、实验仪器设备

① 实训台	一台
② 金属箔式应变片实验模块	一块
③ 交直流、全桥、测量、差动放大实验模块	一块
④ 砝码	若干
⑤ 导线	若干
⑥ 万用表	一块

三、实验原理

金属箔式应变片传感器是利用金属丝在外力作用下产生电阻应变效应的原理制成的一种传感器，描述电阻应变效应的关系式为

$$\Delta R/R=K\varepsilon \tag{1-1}$$

式中，$\Delta R/R$ 为电阻丝电阻相对变化，K 为应变灵敏系数，$\varepsilon=\Delta l/l$ 为电阻丝长度相对变化，金属箔式应变片就是通过光刻、腐蚀等工艺制成的应变敏感元件，通过它转换被测部位受力状态变化、通过电桥把电阻的变化转换为电压变化，电桥的输出电压反映了相应的受力状态。

四、实验内容及步骤

① 用万用表对金属箔式应变片传感器模块上的应变片进行测量判别，是否阻值一致。

② 接入交直流、全桥、测量、差动放大实验模块±15V 电源，调节增益调整旋钮得到合适增益，然后进行调零。

③ 按照单臂电桥进行连接应变片，然后进行再次调零操作。

④ 在秤盘上放一只 20g 砝码，读取数显表数值，依次增加砝码和读取相应的数显表值，直到 200g 砝码加完。记下实验结果填入表实 1-1，关闭电源。

⑤ 重复以上步骤，完成半桥、全桥性能测试。

表实 1-1

重量/g		20	40	60	80	100	120	140	160	180	200
电压/mV	单臂电桥										
	半桥双臂										
	全桥										

五、思考题

(1) 单臂电桥时，作为桥臂电阻应变片应选用：①正（受拉）应变片；②负（受压）应变片；③正、负应变片均可以。

(2) 半桥测量时两片不同受力状态的电阻应变片接入电桥时，应放在：①对边；②邻边。

(3) 桥路（差动电桥）测量时存在非线性误差，是因为：①电桥测量原理上存在非线性？②应变片应变效应是非线性的；③调零值不是真正为零。

(4) 全桥测量中，当两组对边（R_1、R_3 为对边）电阻值 R 相同时，即 $R_1=R_3$，$R_2=R_4$，而 $R_1 \neq R_2$ 时，是否可以组成全桥：①可以；②不可以。

(5) 某工程技术人员在进行材料拉力测试时在棒状材料上贴了两组应变片，如何利用这四片电阻应变片组成电桥，如何贴？请画出示意图并说明。

实验二　位移的测量

一、实验目的

① 了解电容式传感器结构及其特点。

② 掌握电容式传感器测量位移的方法。

③ 掌握电容式传感器的实际应用。

二、实验仪器设备

① 实训台　　一台

② 电容式传感器实验模块　　一块

③ 测微头　　一个

三、实验原理

利用平板电容 $C=\varepsilon A/d$ 和其他结构的关系式，通过相应的结构和测量电容可以选择 ε、A、d 中三个参数中，保持两个参数不变，而只改变其中一个参数，则可以测谷物干燥度

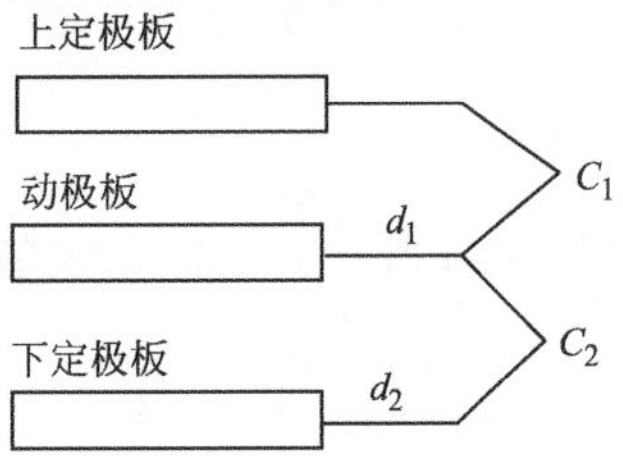

图实 2-1 变 d 型差动电容传感器结构示意图

(变 ε)、测微小位移（变 d）和测量液位（变 A）等多种电容传感器。本实验装置中应用变极距 d 的方法测量位移。这种变极距型电容器传感器为差动式结构。中间为一个动极板，上下极为定极板。如图实 2-1 所示。

起始时 $C_1=C_2 d_1=d_2=d$　$A_1=A_2=A$ 若动极板向上有一位移 Δd，则

$$C_1=C_0+\Delta C_1 \tag{2-1}$$

$$C_2=C_0-\Delta C_2 \tag{2-2}$$

$\frac{\Delta C}{C_0}=\frac{C_1-C_2}{C_0}$运算后略去高次项$\frac{\Delta C}{C_0}=\frac{\Delta d}{d_0}$为近似线性参数

四、实验内容及步骤

① 接入+15V、−15V 电源。

② 接好连接线，把测微头安装在测微头支架上，旋钮测微头使电容动片基本居中。

③ 将电容传感器实验模板的输出端与数显表单元相接，调节数显表为零。

④ 旋动测微头，向上或向下推进电容传感器动极板位置，每间隔 0.2mm 记下位移 X 与输出电压值，填入表实 2-1。

表实 2-1

X/mm										
V/mV										

五、思考题

试设计利用 ε 的变化测谷物湿度的传感器原理及结构？能否叙述一下在设计中应考虑哪些因素？

实验三　振动的测量

一、实验目的

① 了解压电传感器的测量振动的原理和方法。

② 了解磁电式传感器的原理、性能。

③ 掌握压电式传感器的实际应用。

二、实验仪器设备

① 实训台　　　　　　一台

② 振动测量模块　　　一块

③ 示波器　　　　　　一台

三、实验原理

利用各类不同的传感器特性，把物体动态参数振转变为电信号，用示波器观察其电信

号，就能检测振动大小和频率。

四、实验内容及步骤

1. 压电式传感器振动

把交变力通过刚性连接至压电晶片上，压电晶片产生正比于交变力的表面电荷，通过场效应管的阻抗变换取得正比于交变力的输出电压。

① 压电传感器已安装在振动测量模块。

② 将实验台的1～30Hz的低频震荡器接在实验模块的C、D端，幅度由小到大。

③ 接上+15电源。

④ 示波器A通道接在TP2端，观察其输出波形的大小。

⑤ 可以固定1～30Hz输出电压，改变其频率观察TP2输出波形、频率。数值填入表实3-1。

表实 3-1

振动频率/Hz									
TP2 输出(U_{p-p})									

2. 磁电式传感器测量振动

磁电式传感器是一种能将非电量的变化转化为感应电动势的传感器，利用感应电动势的大小可检测振动的大小。

① 将1～30Hz低频振荡器输出端接入C、D端，幅度调至最小。

② 调整好示波器，将示波器探头接在TP1端。低频振荡器的输出幅度固定在某一定值上，调节频率旋钮，读数可在频率计上读，用示波器读出峰值。填入表实3-2。

表实 3-2

F/Hz																					
U_{P-P}																					

五、思考题

① 利用压电原理做一个微振动仪还需增加什么测量电路？

② 磁电式传感器可以直接测量振动端，设计一个简单的地震仪或车床床身振动仪。

实验四　转速的测量

一、实验目的

① 了解磁电式测量转速的原理。

② 了解霍尔转速传感器的应用。

二、实验仪器设备

① 实训台　　　　　　　　　　一台

② 转速实验模块　　　　　　　　一块
③ 示波器　　　　　　　　　　　一台
④ 导线　　　　　　　　　　　　若干

三、实验原理

利用不同的传感器特性，把圆盘的转速转换为电信号，通过对电信号的频率测量就能根据相应的公式计算出圆盘的转速。

四、实验内容及步骤

1. 磁电式传感器测速电路

基于电磁感应原理，n 匝线圈据磁场的磁通变化时，线圈中感应电势：$e=\frac{\mathrm{d}\phi}{\mathrm{d}t}n$ 发生变化，因此当转盘上嵌入 N 个磁铁时，每转一周线圈感应电势产生 N 次的变化，通过放大、整形和计数等电路即可以测量转速。

① 磁电式转速传感器安装端面离转动盘面 1～2mm 左右，并且将磁电传感器中心对准磁钢中心。本模块已安装 2 块磁铁，将磁电式传感器输出端经过整形电路到输出端。

② 将频率计开关放置外接频率输入端接到输出端。

③ 将转速电源 2～15V 用引线引入到转速实验模块上的插孔，合上实验台电开关。使转速电机带动转盘旋转，逐步增加电源电压观察转速变化情况。

④ 同时用示波器观察输入与输出端波形。

⑤ 记录下马达电压与频率计读数，并用 $N=\frac{60f}{2}=30f$ 转/分求出转速。

马达电压	2	4	6	8	10	12	14	16	18
频率计读数/Hz									

2. 霍尔式传感器测速电路实验

利用霍尔效应表达式：$U_H=K_H I_B$，当被测圆盘上装上 N 只磁性体时，圆盘每转一周磁场就变化 N 次。每转一周霍尔电势就同频率相应变化，输出电势通过放大、整形和计数电路就可以测量被测旋转物的转速。

① 将转速实验模块接上±15V 电源，2～15V 调速电源。

② 合上实验台电源开关，调速电源置于最低挡。

③ 频率计置在外接频率位置，输入端接入转速实验模块。

④ 将转速调节中的 2～15V 转速电源接转速实验模块的转动电源插孔中。

⑤ 同时观察输入和输出端波形。

⑥ 调节转速调节电压使转动速度变化。观察频率显示的变化。并记录马达电压与频率计读数。

马达电压	2	4	6	8	10	12	14	16	18
频率计读数/Hz									

⑦ 公式 $N=\frac{60f}{2}=30f\,\mathrm{r/min}$，计算各挡转速。

五、思考题

① 为什么说磁电式转速传感器不能测很低速的转动，能说明理由吗？
② 用霍尔元件测转速，在测量上有否限制？
③ 本实验装置上用了 2 只磁钢，能否用一只磁钢？

实验五　光纤传感器测速

一、实验目的

① 熟悉光纤式传感器的结构及工作原理；
② 了解光纤式传感器测量速度、位移的原理和方法；
③ 掌握光纤式传感器的实际应用。

二、实验仪器设备

① 实训台　　一台
② 转速实验模块　　一块
③ 光纤探头及测微头　　一套
④ 导线　　若干

三、实验原理

① 测速时光源发出的光由发射光纤传输并投射到反射镜片的表面，反射后由接收光纤接收并传至光敏元件，当反射片随转盘转动时位置发生变化，其变化周期即为转动周期，由此可测量转动速度。

② 测量位移时利用传光型光纤，通过由位移变化导致光纤反射路径不同所造成的损耗来测量位移。

四、实验内容及步骤

① 将光线探头接好，测速时同霍尔测速步骤基本相同。

② 按照表实 5-1 所示，调节直流电源的输出电压，改变电机转速并观察频率计，并记录结果。

表实 5-1

电压/V	2	4	6	8	10	12	14	16	18
频率/Hz									

③ 位移特性实验时，安装好测微头及光线探头，并调节探头与反射面接触。旋转测微头，被测物体离开探头，每隔 0.1mm 读出数字表电压值并填入表实 5-2 中。

表实 5-2

位移/mm	0.1	0.2	0.3	0.4	0.5	0.6	0.7	0.8	0.9
U/mV									

五、思考题

① 与其他传感器相比，你认为光纤测速有哪些优缺点？
② 光纤位移传感器测位移时对被测体表面有什么要求？

实验六　信号发生器的使用

一、实验目的

① 掌握信号发生器的基本使用方法；
② 利用信号发生器进行实际测量。

二、实验仪器设备

① 低频信号发生器　　　　　　　　　　一台
② 交流毫伏表　　　　　　　　　　　　一台
③ 万用表　　　　　　　　　　　　　　一块

三、实验内容及步骤

1. 低频信号发生器的基本使用

① 将低频信号发生器的输出端与毫伏表的输入端相连。

② 将低频信号发生器的输出衰减开关置于“0dB”处，并调节输出旋钮使输出保持到5V，再调节输出频率分别为50Hz、100Hz、1kHz、100kHz、500kHz，同时用毫伏表分别测量相应的电压值，填入表实6-1。

③ 把低频信号发生器的衰减开关置于：20dB、40dB、60dB、80dB，重复上面的测试过程。

表实 6-1

衰减值/dB		0	20	40	60	80
衰减倍数						
毫伏表读数	50Hz					
	100Hz					
	1kHz					
	100kHz					
	500kHz					

2. 利用低频信号发生器测试万用表交流5V挡的频率特性。

① 将低频信号发生器、万用表、毫伏表连接。

② 将万用表置于交流5V挡，将低频信号发生器的衰减开关置于“0dB”处，并调节输出旋钮使输出保持到5V，用毫伏表监测。

③ 调节低频信号发生器的输出频率如表实6-2所示，同时读出万用表读数。

④ 以万用表的交流电压读数为纵轴，低频信号发生器的输出频率为横轴，做出万用表5V交流挡的频率特性曲线。

表实 6-2

输入信号频率/Hz	50	100	500	1k	5k	10k	50k	100k	500k
交流 5V 挡读数/V									

四、思考题

① 低频信号发生器开机前为什么要求将输出电平调节旋钮置于最小值处？
② 简要分析信号发生器各开关旋钮的作用是什么？

实验七 电压测量

一、实验目的

① 掌握常用电子测量仪器测量交、直流信号电压。
② 掌握测量直流电压和交流电压参数的方法。
③ 掌握根据测量值计算各种电压值的方法。

二、实验仪器设备

① 直流稳压电源 一台
② 函数信号发生器 一台
③ 万用表 一块
④ 交流毫伏表 一台
⑤ 示波器 一台

三、实验内容及步骤

1. 直流电压的测量

将直流稳压电源的输出分别调至3V、6V、9V，然后分别使用万用表和示波器测量各电压值，将测量值记录在表实7-1中。

表实 7-1

直流稳压电源	3V	6V	9V
万用表测量数据			
示波器测量数据			

2. 正弦交流电压的测量

将函数信号发生器的频率调至1kHz，利用交流毫伏表作为标准将正弦波输出电压分别调至2V、6V、8V，然后使用万用表、示波器分别测量出相应的正弦波电压，将测量数据记录在表实7-2中。

表实 7-2

正弦波电压		4V	6V	8V
使用万用表测量数据	读数值			
	绝对误差			
	示值相对误差			
使用示波器测量数据	峰-峰值			
	有效值			
	绝对误差			
	示值相对误差			

3. 三角波、方波电压的测量

将函数信号发生器的频率调至 1kHz，利用交流毫伏表作为标准将三角波和方波输出电压分别调至 4V、6V、8V，然后使用万用表、示波器分别测量出相应三角波和方波的电压，将测量数据记录在表实 7-3 中。如果把万用表的读数作为被测三角波和方波的有效值，根据波形因数和波峰因数计算测量误差。

表实 7-3

电压值		三角波			方波		
		4V	6V	8V	4V	6V	8V
交流毫伏表测量数据	读数值						
	平均值						
	有效值						
	峰值						
万用表测量数据	读数值						
	绝对误差						
	示值相对误差						
示波器测量数据	峰-峰值						
	有效值						

四、思考题

① 如果仅使用交流毫伏表调节函数信号发生器的输出电压，要求分别使正弦波、三角波和方波的输出电压峰值、有效值均为 5V/kHz，那么交流毫伏表的示值应该分别为多少？为什么？

② 请判断在本次试验中存在哪些误差。

实验八　波 形 测 量

一、实验目的

① 了解示波器组成及工作原理，熟练使用示波器。

② 了解示波器的特性及测试功能。

③ 掌握示波器对各种信号的检测方法。

二、实验仪器设备

① 函数信号发生器	一台
② 交流毫伏表	一台
③ 双踪示波器	一台
④ 连接导线	若干
⑤ 电子线路实验箱	一台

三、实验内容及步骤

1. 示波器校准及电压测量

① 利用 CAL 输出的 1kHz、0.5V 方波信号对示波器进行校准。

② 利用 CAL 输出的 1kHz、0.5V 方波信号对示波器的探头进行校准。

③ 用信号发生器输出任意频率幅度的信号电压，用示波器进行测量，然后用毫伏表、万用表进行测量，比较其测量结果并将测量结果填入表实 8-1。

表实 8-1

信号发生器输出/V						
示波器读数(U_{p-p})						
毫伏表读数/V						
万用表读数/V						

④ 用信号发生器分别输出 1kHz、1V 的正弦波、方波、三角波，用示波器、万用表、毫伏表分别进行测量，比较其测量结果并将测量结果填入表实 8-2。

表实 8-2

输入波形	正弦波	方波	三角波
示波器读数(U_{p-p})			
毫伏表读数/V			
万用表读数/V			

2. 用示波器进行二阶 RC 移相网络的测量

① 按图实 8-1 在实验箱上连接测量电路。u_s 为函数信号发生器，输出等副正弦波。图中电压表 V 为交流毫伏表。1、2 两端连接示波器的 Y_1 通道，3、4 两端连接示波器的 Y_2 通道。

② 先将函数信号发生器频率调至 1kHz，然后利用交流毫伏表将函数信号发生器的输出电压 u_s 调至 1V，再将交流毫伏表连接到输出端。

③ 设 u_s 的初相位为零，调节信号源频率，使输出信号与输入信号的相位差分为−45°、−90°；记录相应的信号源频率和输出电压大小。调整示波器相关旋钮得到两个稳定的正弦波，用扫描法测出两个信号的相位差。

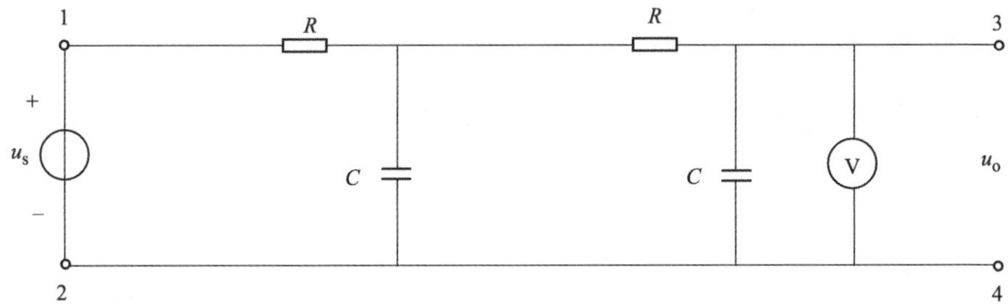

图实 8-1　RC 移相网络

四、思考题

① 得到稳定波形的条件是什么？造成显示波形不稳定的原因有哪些？
② 示波器的相位测试的理论依据是什么？

实验九　频 率 测 量

一、实验目的

① 熟悉电子计数器的测量原理及其组成。
② 掌握用电子计数器测量信号的频率、周期、累加计数、自检等。

二、实验仪器设备

① 高频信号发生器　　一台
② 函数信号发生器　　一台
③ 数字频率计　　一台

三、实验内容及步骤

1. 测量频率

调整信号发生器使之输出 10kHz 正弦波，并与电子计数器的输入端相接，利用电子计数器测量正弦波信号的频率值，填入表实 9-1。

表实 9-1

闸门时间 T	显示结果/kHz	测频量化误差
10ms		
0.1s		
1s		
10s		

2. 测量周期

分别调整信号发生器使之输出 200kHz、100kHz 的正弦波，并与电子计数器的输入端相接，利用电子计数器测量信号的周期，填入表实 9-2。

表实 9-2

周期倍乘	200kHz 显示结果/μs	100kHz 显示结果/μs
1		
10		
100		
1000		

3. 累加计数

分别调整信号发生器使之输出 10Hz 的方波，用秒表或其他计时器计时 30s，将测得的累加计数结果填入表实 9-3。

表实 9-3

信 号	结果(可以多次测量求平均)
10Hz 方波	

4. 测频率比

将计数器功能开关置于频率比档位，调节函数信号发生器的输出为 1MHz，送入频率计的 B 输入端；调节高频信号发生器的输出分别为 1MHz、2 MHz、3 MHz，由 A 输入端输入，测试并完成表实 9-4。

表实 9-4

f_B	f_A	显示数据 f_A/f_B
1MHz	1MHz	
1MHz	2 MHz	
1MHz	3 MHz	

5. 自检

将电子计数器的输入与输出相连，按下自检按钮，根据实验显示结果，验证表实 9-5 是否正确。

表实 9-5

闸门时间	显示数字/kHz
10ms	10000.0
0.1s	10000.00
1s	10000.000
10s	0000.0000(溢出指示灯亮)

四、思考题

① 为什么说自校功能可以起到检查计数器工作是否正常的作用？

② 说明在频率测量时，如何选择闸门时间？测量周期时，如何选择时标？

实验十　放大电路动态指标的测量

一、实验目的

① 进一步熟悉示波器、电压表、信号发生器等仪器的工作原理及使用方法。

② 掌握放大电路幅频特性曲线、频带宽度、输入信噪比等的测量。

二、实验仪器设备

① 直流稳压电源　　一台

② 示波器　　一台

③ 信号发生器　　一台

④ 交流毫伏表　　一台

⑤ 万用表　　一块

⑥ 电子线路实验箱及导线　　一套

三、实验内容及步骤

① 如图实 10-1 所示连接电路，调节信号发生器使之输出频率为 1kHz 的正弦波，利用示波器、万用表调整放大电路的动态工作点，使放大电路输出端得到最大的不失真电压。稍微调小输入信号，并利用毫伏表测出该输入信号的大小 U_i。

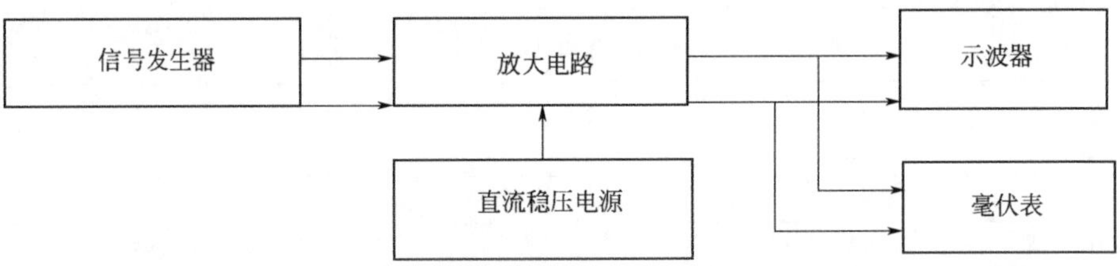

图实 10-1

② 利用交流毫伏表测出放大电路输出电压 U_o，记录下此时信号发生器输出信号的频率 f_i。

③ 逐渐改变信号发生器输出信号频率，并分别用毫伏表测出放大电路输出电压的大小，填入表实 10-1 中，表中频率可选用。

表实 10-1

U_i/mV	100	150	200	250	300	400	500	600	700	800
f_i/Hz										
U_o/mV										
A_u/dB										
f_i/Hz	1k	3k	7k	15k	20k	25k	30k	40k	50k	60k
U_o/mV										
A_u/dB										
f_i/Hz	70k	80k	90k	100k	150k	200k	300k	400k	500k	600k
U_o/mV										
A_u/dB										

④ 按上述表格测出的数据，画出放大电路幅频特性曲线。在画出的特性曲线上找出放大电路大致的 3dB 带宽。

⑤ 拆除放大电路与信号发生器的连接，将放大电路的输入端短路，利用毫伏表测量放大电路此时输出信号的大小 U_n，并利用示波器观察显示出的波形。

⑥ 计算放大电路输入信噪比 $S=20\lg(U_i/U_n)$，其中 U_i 为放大电路输入信号 1kHz 正弦波。

四、思考题

① 简述如何在幅频特性曲线上估算放大电路的带宽。

② 写出实验中可能遇到的问题及解决措施。

实验十一 基于声卡的数据采集系统实验

一、实验目的

① 学习用声卡作为数据采集装置的 LabVIEW 编程方法。

② 从设计中深入理解虚拟仪器的组成，理解数据采集、数据分析的重要性，用 LabVIEW 实现测试系统的优点。

③ 实验的应用：计算机中的声卡本身就是一个 A/D、D/A 的转化装置，而且造价低廉，性能稳定，在教学实验中完全可以满足实验的需求。

二、实验器材

① 计算机（含声卡）	1 台
② LabVIEW 软件（已安装）	1 套

三、实验内容和原理

设计一个基于声卡的频谱分析仪，它可以采集从麦克风输入的声音，仪器可以调节采样频率、数据缓冲区的大小等，可显示其波形，并对波形作幅值谱分析。

（一）关于声卡

声卡是现在计算机中非常常见的一个组件，是多媒体的标准配置。

目前市场上的一般声卡按照其位数可以分成 8 位和 16 位。

8 位：8 位声卡把音频信号的大小（音量）分成 256 个等级（0～255）。

16 位：16 位声卡把音频信号的大小分成为 65536 个等级（0～65535）。

位数的每一等级对应一个相应的二进制数。在声音录入（采样）时，按其音量大小给定一个二进制数，播放时按此二进制数实施还原。显然，在 LabVIEW 软件中，对于声卡的声道可以分为 mono 8-bit（单声道 8 位）、mono 16-bit（单声道 16 位）、stereo 8-bit（立体声 8 位）、stereo 16-bit（立体声 16 位）。其中，16 位声道比 8 位声道采样的信号质量好，立体声（stereo）比单声道（mono）采样信号好，采样的波形稳定，而且干扰小。另外，用单声道采样，左右声道信号都相同，而且每个声道的幅值只有原来幅值的 1/2；用立体声采样，左右声道信号互不干扰，可以采两路不同的信号，而且采样的信号幅值与原幅值相同。

声卡的采样频率（rate）有 4 种选择，即 8000Hz、11025 Hz、22050 Hz、44100 Hz，采样频率不同，采到波形的质量也不同，应该根据具体情况而采用合适的频率。

（二） LabVIEW 中有关声卡的函数简介

LabVIEW 中提供了一系列使用 Windows 底层函数编写的与声卡有关的函数。这些函数集中在图实 11-1 所示的 Sound VI 下。由于使用 Windows 底层函数（不是更高级更方便的 MCI 函数以及 DirectX 接口）直接与声卡驱动程序打交道，因此封装层次低，速度快，而且可以访问、采集缓冲区中任意位置的数据，具有很大的灵活性，能够满足实时不间断采集的需要。

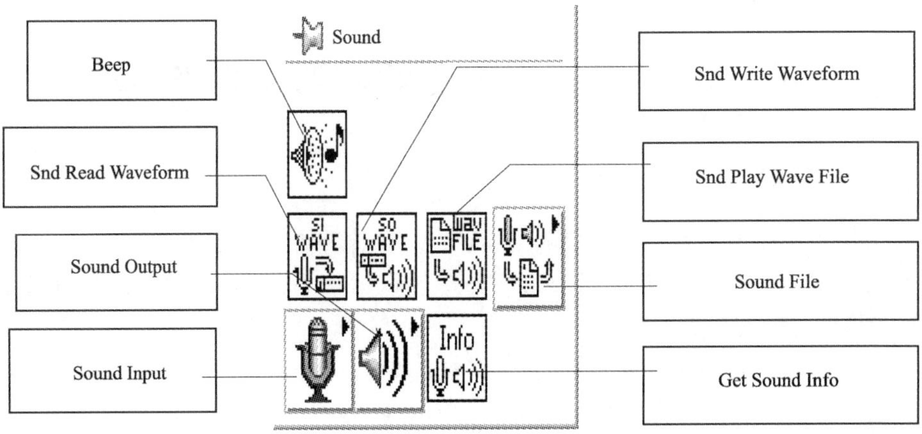

图实 11-1　Sound VI

本节主要关心的是 Sound Output 和 Sound Input 这两个子模板。表实 11-1 是 Sound Input 中提供的函数。

表实 11-1

图标	函数名称	功能说明
	SI Config	该函数的功能是设置声卡中与数据采集相关的一些硬件，如采样率、数据格式、缓冲区长度。声卡的采样率由内部时钟控制，只有 3～4 种固定频率可以选择，一般采样频率设置为 44100Hz，数据格式设置为 16 位字长。缓冲区长度可取默认值
	SI Start	该函数用于通知声卡开始采集外部数据。采集到的数据会被暂存在缓冲区中，这一过程无需程序干预，由声卡硬件使用 DMA 直接完成，保证了采集过程的连续性
	SI Read	该函数用于等待数据缓冲区满的消息。当产生这一消息时，它将数据缓冲区的内容读取到用户程序的数组中，产生一个采集数据集合。若计算机速度不够快，使得缓冲区内容被覆盖，则会产生一个错误信息。这时应调节缓冲区大小，在采样时间与读取数据之间找到一个理想的平台
	SI Stop	该函数用于通知声卡停止采集外部数据。已采集而未被读出的数据会留在缓冲区中，可以使用 SI Read 函数一次完成
	SI Clear	该函数用于完成最终的清理工作，例如关闭声卡的采样通道，释放请求的一系列系统资源（包括 DMA、缓冲区内存、声卡端口等）

由上面的介绍可以看出，使用 LabVIEW 构建基于声卡的虚拟仪器思路是相当清晰的。实际的数据采集流程如图实 11-2 所示，这个流程与一般数据采集卡并无多大差别。

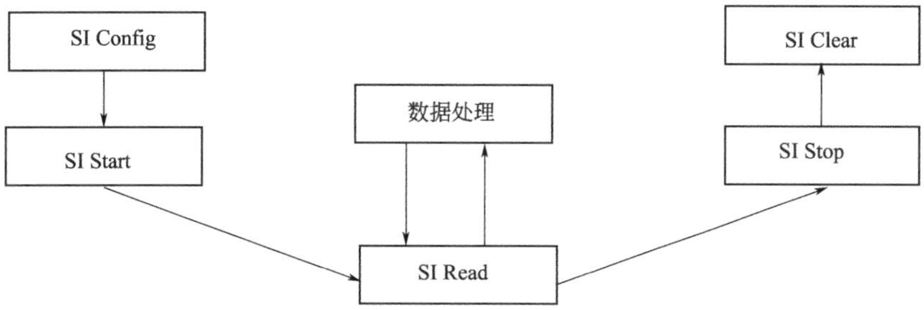

图实 11-2　声卡数据采集的流程

声音的输出是声卡的主要功能。Sound Output 中提供的有关声音输出的函数比 Sound Input 的函数相对多一些，有：

SO Clear	SO Stop
SO Config	SO Volume
SO Pause	SO Waite
SO Start	SO Write
SO Set Num Buffers	

四、实验步骤

① 选择 File〉〉New，打开一个新的前面板窗口。

② 从 All Control〉〉Graph 中选择 2 个 Waveform Graph 放到前面板中。

③ 在第一个 Waveform Graph 的标签文本框中输入“Time Waveform”。

④ 在第二个 Waveform Graph 的标签文本框中输入“Spectrum”，然后在其属性对话框选择 Scales，将纵坐标的 name 改为 Magnitude。

⑤ Windows〉〉Show Block Diagram 打开流程图窗口。从功能模块中选择对象，将它们放到流程图上，如图实 11-3 所示。

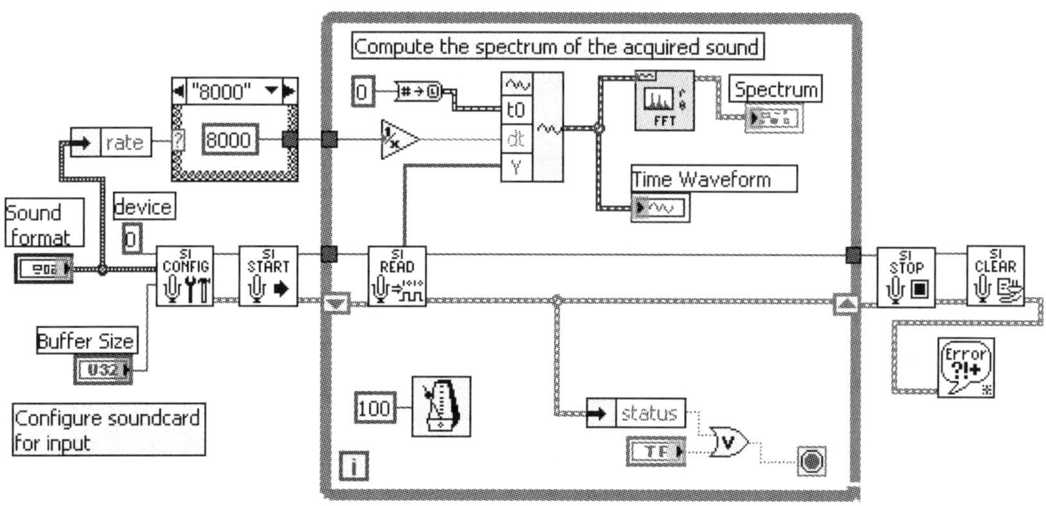

图实 11-3　流程图

该流程图中新增加的控件有 While Loop、Case Structure、SI Config、SI Start、SI Read、SI Stop、SI Clear、Build Waveform、以及减法器等，Spectrum、Time Waveform 是由前面板的设置后自动带出来的。

⑥ 由 Functions〉〉Numeric 中拖出。

⑦ 从 Functions〉〉Structure 中选择 While 循环、Case 结构，把它们放置在流程图中。将其拖至适当大小，再将相关对象移到循环圈内。

⑧ 

从 Functions〉〉Graphics & Sound〉〉Sound〉〉Sound Input 中选择 SI Config、SI Start、SI Read、SI Stop、SI Clear，按图实 11-4 所示将连续的模出和连续的模入通过 Error 的数据线相互关联在一起。

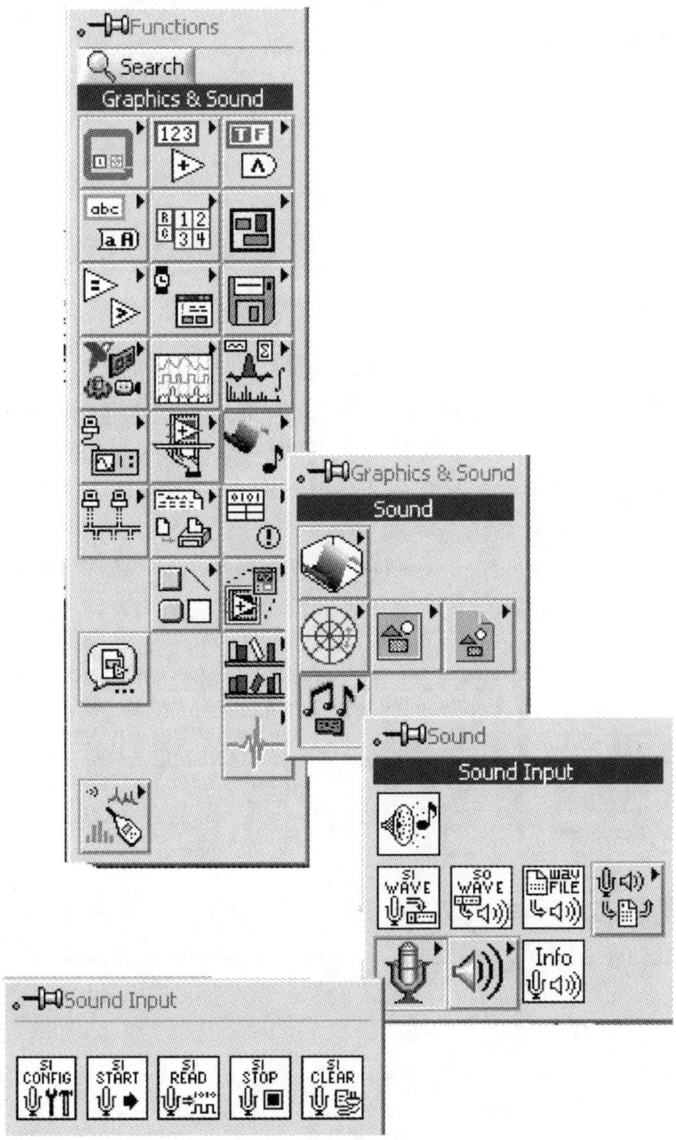

图实 11-4　数据线关联

⑨ 从 Functions〉〉Build Waveform 中选择 Build Waveform 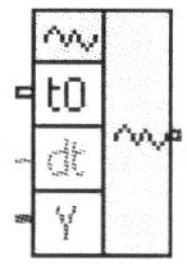。

⑩ 幅值谱分析 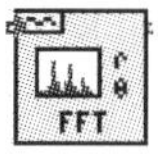 从 Functions〉〉Analyze〉〉Waveforme Measurements〉〉FFT Spectrum（Mag—Phase）.vi 拖出。

⑪ 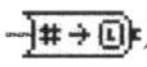从由 Functions〉〉Numeric〉〉Conversion〉〉To Time Stamps 拖出。

⑫ 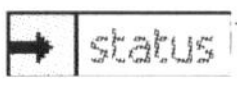可从 的 error out，用 create 中导出一个 cluster 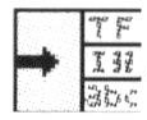，选 TF 得到。

⑬ 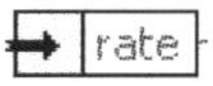可从  用 create 中导出一个 cluster 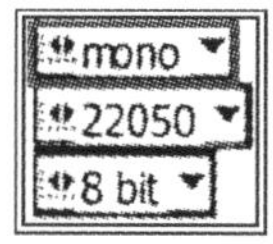，选（22050）rate 得到。

⑭ 用连线工具将各对象按流程图所示连接起来。

⑮ 选择 File〉〉Save as，把该 VI 保存为 SoundSpectrum，在前面板中，单击 Run（运行）按钮，运行该 VI。运行后，对麦克风轻轻哼一个小调，所得到的声音波形和其幅值谱显示如图实 11-5 所示。

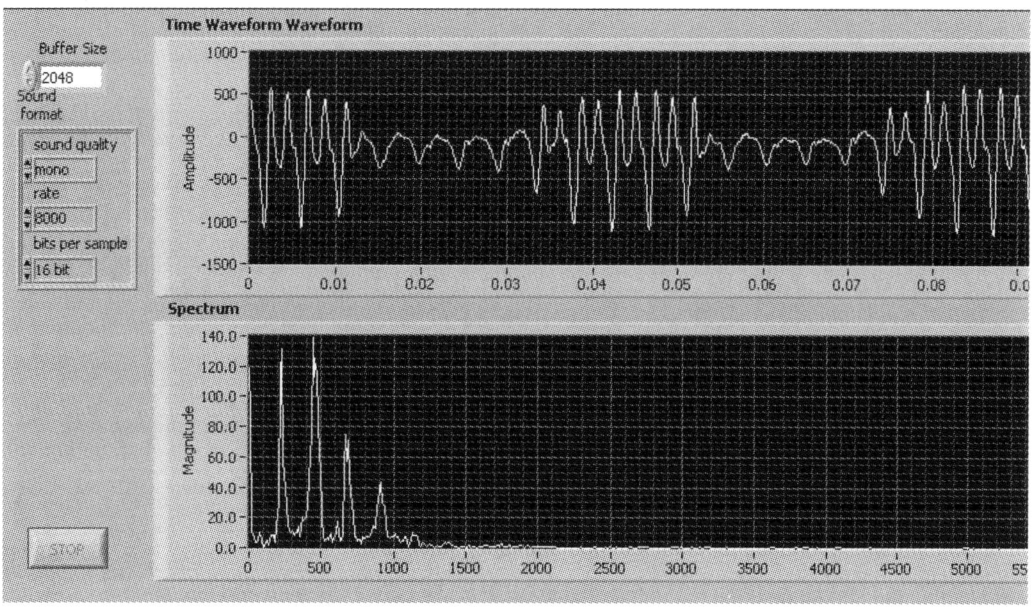

图实 11-5 声音波形和其幅值谱

五、思考题

声卡能否采集从测量仪输出的信号吗？如果可以请查阅资料，设计相关电路图；如果不行，说明理由。

实验十二　虚拟信号生成和处理

一、实验目的

① 熟悉正弦波、方波、三角波、锯齿波几种典型信号的波形和参数特征。

② 学习 LABVIEW 用于信号发生的编程方法。

二、实验器材

① 计算机	1 台
② LabVIEW 软件（已安装）	1 套

三、实验内容和原理

设计一个虚拟信号发生器，信号发生器的频率、幅度、波形均可调整。

本实验利用 LabVIEW 仿真生成正弦波、方波、三角波、锯齿波几种典型信号波形，实验结果利用虚拟示波器用时域波形方式在计算机上显示出来。同时可以随机变换信号的参数，观察信号的幅值、频率、相位等主要信息，并分析采样频率和采样点数等对信号波形的影响。

四、实验步骤

① 打开 NI 范例查找器，打开“函数波形生成 . vi”（图实 12-1）。

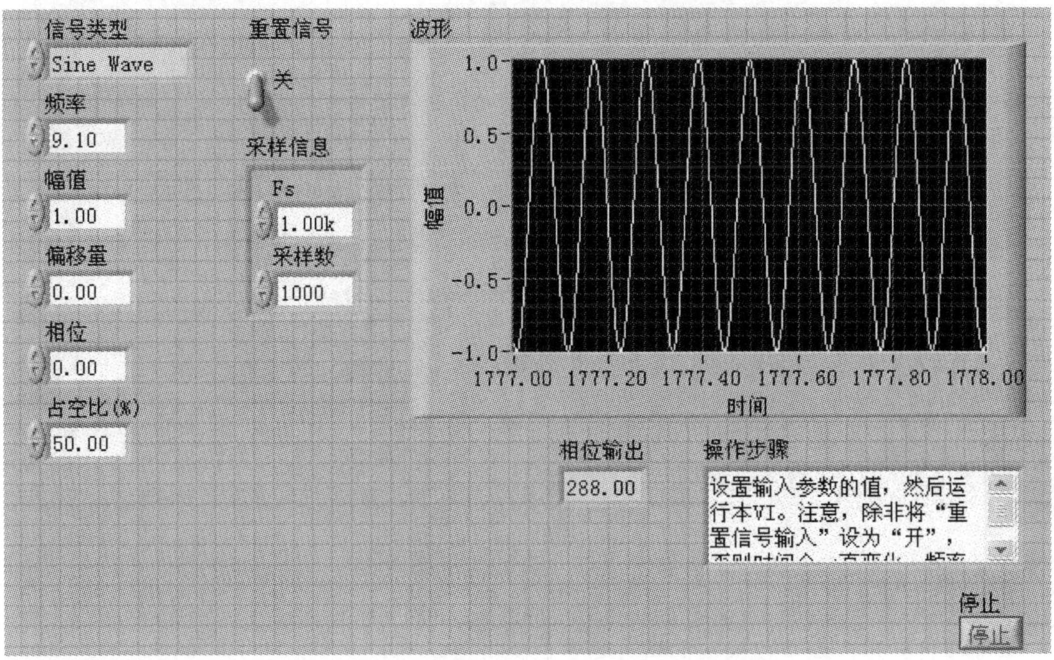

图实 12-1　打开“函数波形生成 . vi”

② 选择信号类型，输入相应的信号频率、相位、幅值和采样频率、采样点数等信息，点击工具栏上的“运行”按钮，分析和观察信号波形，可以根据需要更改波形显示方式，如

数字量描述、模拟量描述、线性、颜色显示等。

③ 重复实验 2 步骤，更换不用实验参数，观察性能参数对信号波形的影响。

④ 重复实验 2 步骤，选择不同信号进行分析和性能比较。

⑤ 实验过程中，将实验结果记录在表实 12-1。

表实 12-1

信号类型	波形	主要参数	采样参数

五、思考题

分别整理出四种信号的波形及相应的特性参数，进行波形比较和分析。

参 考 文 献

[1] 徐洁. 检测技术与仪器. 北京：清华大学出版社，2005.

[2] 宋雪臣. 传感器与检测技术. 北京：人民邮电出版社，2009.

[3] 俞云强. 传感器与检测技术. 北京：高等教育出版社，2008.

[4] 张永瑞，刘振起等. 电子测量技术基础. 西安：西安电子科技大学出版社. 2002.

[5] 陆绮荣. 电子测量技术. 北京：电子工业出版社. 2003.

[6] 肖晓萍. 电子测量实训教程. 北京：机械工业出版社. 2006.

[7] 曹建平. 智能化仪器原理及应用. 西安：西安电子科技大学出版社，2004.

[8] 徐洁. 电子测量与仪器. 北京：机械工业出版社，2008.

[9] 宋文绪. 传感器与检测技术. 北京：高等教育出版社，2004.